## ***ACCESO GRATIS*** *a la Lectura en la Nube*

Para visualizar el libro electrónico en la nube de lectura envíe junto a su nombre y apellidos una fotografía del código de barras situado en la contraportada del libro y otra del ticket de compra a la dirección:

**ebooktirant@tirant.com**

En un máximo de 72 horas laborables le enviaremos el código de acceso con sus instrucciones.

# SALUD MENTAL Y GÉNERO

*Respuestas alternativas y restaurativas*

Procedimiento de selección de originales, ver página web:
www.tirant.net/index.php/editorial/procedimiento-de-seleccion-de-originales

# SALUD MENTAL Y GÉNERO

## *Respuestas alternativas y restaurativas*

Directoras:
VICENTA CERVELLÓ DONDERIS
M.ª ASUNCIÓN COLÁS TURÉGANO

Coordinador:
DAVID COLOMER BEA

Proyecto de investigación "Estudio crítico del uso de sanciones alternativas penales: una mirada a la salud mental y al género" (SANALSAMGE) PID2021-126236OB-I00. Proyectos de Generación de Conocimiento 2021. Financiado por el Ministerio de Ciencia e Innovación, junto a la Unión Europea.

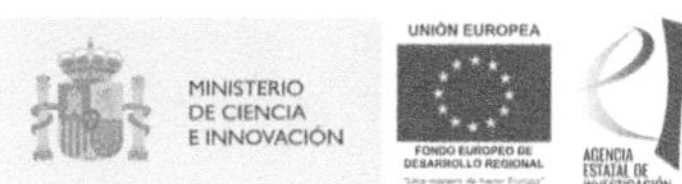


tirant lo blanch
Valencia, 2026

En caso de erratas y actualizaciones, la Editorial Tirant lo Blanch publicará la pertinente corrección en la página web www.tirant.com.

La presente obra ha sido sometida a la revisión de pares ciegos según el protocolo de publicación de la editorial a efectos de ofrecer el rigor y calidad correspondiente tanto en su contenido como en su forma, aplicándose los criterios específicos aprobados por la Comisión Nacional E 016 (BOE num. 286, de 26 de noviembre de 2016).


EDITA: TIRANT LO BLANCH
C/ Artes Gráficas, 14 - 46010 - Valencia
TELFS.: 96/361 00 48 - 50
FAX: 96/369 41 51
Email: tlb@tirant.com
www.tirant.com
Librería virtual: www.tirant.es
DEPÓSITO LEGAL: V-233-2026
ISBN: 979-13-7021-641-2

Si tiene alguna queja o sugerencia, envíenos un mail a: *atencioncliente@tirant.com*. En caso de no ser atendida su sugerencia, por favor, lea en *www.tirant.net/index.php/empresa/politicas-de-empresa* nuestro procedimiento de quejas.

Responsabilidad Social Corporativa: *http://www.tirant.net/Docs/RSCTirant.pdf*

# *Índice*

# *Presentación de las directoras*

La obra que se presenta *Salud mental y género: respuestas alternativas y restaurativas* constituye la continuación del estudio iniciado con la publicación de la monografía: *Salud mental y género: el debate entre el punitivismo y la despenalización*, en 2024. Con este nuevo trabajo continuamos abordando dos cuestiones de gran relevancia en el panorama penal actual: la salud mental y el género.

En el primer trabajo se analizó la situación de dos colectivos especialmente desatendidos por el sistema penal y penitenciario: las personas con enfermedades mentales y las mujeres. Desde una perspectiva crítica, se denunció la expansión del punitivismo, que ignora tanto la normativa internacional como las aportaciones doctrinales, y que descarga toda la carga aflictiva del sistema penal y penitenciario sobre quienes padecen enfermedades mentales -a pesar de sus necesidades sanitarias- y sobre las mujeres – a pesar de la discriminación sistémica que enfrentan.

La obra que ahora se presenta se orienta a explorar respuestas que trasciendan las sanciones tradicionales, con especial atención a las alternativas penales y a la justicia restaurativa. Con dicha perspectiva se pretende abrir nuevas vías de intervención que permitan abordar de forma más humana, eficaz y equitativa las situaciones que enfrentan determinados colectivos en el sistema penal.

Este volumen es fruto del segundo periodo de trabajo del proyecto de investigación "Estudio crítico del uso de sanciones alternativas penales: una mirada a la salud mental y al género" (SANALSAMGE) PID2021-126236OB-I00. Proyectos de Generación de Conocimiento 2021 financiado por el Ministerio de Ciencia e Innovación junto a la Unión Europea. El proyecto tiene como objetivo principal analizar críticamente el uso de medidas penales alternativas, especialmente en relación con personas con trastornos mentales y mujeres, colectivos que suelen ser invisibilizados o tratados inadecuadamente por el sistema penal.

Gran parte de los trabajos que integran esta obra se presentaron en el Congreso *Salud mental y género: respuestas alternativas y restaurativas,* celebrado los días 9 y 10 de abril de 2025 en la Facultad de Derecho de la Universitat de València. En dicho encuentro, un grupo interdisciplinar de expertos y profesionales del ámbito jurídico, psicológico, criminológico debatió sobre la necesidad de replantear las respuestas institucionales frente a la criminalización de la enfermedad mental y la discriminación de género.

En el Congreso se abordaron cuestiones clave como las alternativas penales al encarcelamiento femenino, los programas de tratamiento con perspectiva de género, y los efectos de la prisión en la salud mental, especialmente en mujeres y menores infractores. También se exploraron prácticas de justicia restaurativa frene a la violencia contra las mujeres, el bienestar psicológico de la población carcelaria y los retos y oportunidades que plantea la justicia restaurativa para personas con enfermedades mentales. Todo ello se analizó desde un enfoque crítico que pone en el centro las desigualdades del poder, el acceso a recursos y los desafíos de la resocialización en contextos penitenciarios y restaurativos.

Los trabajos que se presentan responden a un estudio interdisciplinar en el que se han querido tratar aspectos de fundamentación teórica y reflexión crítica, sin olvidar la necesaria atención a los problemas que plantea aplicación práctica, lo que ha sido posible por contar con investigadores especializados en la materia y profesionales experimentados en salud mental y género, cuya implicación y esfuerzo ha sido vital para el desarrollo de la investigación.

Las contribuciones que conforman esta publicación reflejan con claridad una visión interdisciplinar que articula teoría y práctica en el análisis de las respuestas que el sistema penal puede ofrecer frente al inadecuado tratamiento penal y penitenciario de las personas con trastornos mentales, así como ante la discriminación estructural que enfrentan las mujeres. En ambos casos, se plantea la necesidad de observar rigurosamente el principio de intervención mínima, limitando el recurso a la privación de libertad a los supuestos estrictamente indispensables. Asimismo, se propone el uso de medidas alternativas y la justicia restaurativa como modelos que priorizan el diálogo y la reparación frente a la confrontación y el castigo.

De esta manera, en una primera parte se recogen una serie de trabajos que exploran alternativas en conductas delictivas cometidas por las mujeres o que afectan a sus intereses personales como son las contribuciones de Emiliano Borja Jiménez (El más feminizado de todos los delitos: sustracción de menores), Vicenta Cervelló Donderis (Alternativas penitenciarias al encarcelamiento femenino), Asunción Colás Turégano (Los trabajos en beneficio de la comunidad en casos de violencia doméstica y de género: entre la resocialización y la reparación), Verónica Gisbert Gracia y Alejandro Pizzi (De la teoría a la práctica desde lo común: prácticas restaurativas en violencias sexuales, Santiago Leganés Gómez (Programas de tratamiento en las penas alternativas desde una perspectiva de género) y en una segunda parte se abordan propuestas alternativas al tratamiento de la enfermedad mental con los trabajos de César Chaves Pedrón (Encuentros restaurativos en el ámbito penal con enfermos mentales), David Colomer Bea (La desatención a los problemas de salud mental de los presos como violación de la Octava Enmienda), Cristina Guisasola Lerma (La salud mental en menores infractores: prevención y medidas específicas: La experiencia en los Juzgados de Menores de Valencia),

Marisa Cuerda Arnau y Alejandro Gañán (La necesidad de programas públicos de atención especializada ante personas con adicciones/patología mental judicializados), Margarita Roig Torres (Jurisprudencia sobre libertad condicional en delitos de terrorismo y delincuencia organizada. Contraste con la postura del TEDH y riesgos para la salud mental), Elena Torres, Rosa Trenado y Ángel Romero Martínez (Análisis comparativo de variables psicológicas en ofensores: implicaciones para la justicia restaurativa), Rosa Trenado Santarén, Gloria Bernabé Valero y Elena Torres Avinyo (Percepción y Conocimiento de la Justicia Restaurativa en la Población Carcelaria: Evaluación del Bienestar Psicológico) y (Condiciones psicológicas y familiares de las personas implicadas en los procesos restaurativos) y Raquel Quiles Mínguez (Violencia obstétrica y salud mental. Retos y posibilidades para la reparación del daño).

A todos ellos expresamos nuestro agradecimiento por sus valiosas contribuciones, cuyas propuestas ofrecen ideas relevantes para mejorar el abordaje de la salud mental y la perspectiva de género en el ámbito penal y penitenciario. Estas líneas de reflexión han guiado el desarrollo del proyecto de investigación que nos ha ocupado estos últimos tres años, gracias a la ayuda concedida por el Ministerio de Ciencia e Innovación. Con ello, se pretende que esta iniciativa no se limite a un mero interés puntual o circunstancial, sino que se consolide como un compromiso firme y continuado de atención a los colectivos más vulnerables.

Finalmente, de una manera especial queremos reconocer la labor del Prof. David Colomer Bea por su inestimable tarea de coordinación de la obra, sin cuya constante ayuda y dedicación no hubiera sido posible su culminación.

**VICENTA CERVELLÓ DONDERIS**
**ASUNCIÓN COLÁS TURÉGANO**
*Valencia, septiembre 2025*

*Capítulo 1*

# *El más feminizado de todos los delitos: sustracción de menores*[1]

**EMILIANO BORJA JIMÉNEZ**
*Catedrático de Derecho Penal*
*Universidad de Valencia*

## I. INTRODUCCIÓN

En un trabajo que publiqué recientemente llevé a cabo un estudio sobre aquellas figuras delictivas que se caracterizaban por su frecuente perpetración por parte de la mujer en comparación con el varón. Como criterio metodológico para delimitar el grupo de hechos delictivos objeto de investigación, partí de una hipótesis que definía la categoría de criminalidad con relevancia femenina, y que se expone a continuación[2].

---

1 Esta contribución se ha desarrollado en el ámbito del proyecto I+D+i Modalidad "Generación de Conocimiento" 2021, Estudio crítico del uso de sanciones alternativas penales: una mirada a la salud mental y al género PID2021-126236OB-I00, financiado por MCIN/AEI/10.13039/501100011033/ y por "FEDER Una manera de hacer Europa", siendo las investigadoras principales las doctoras Vicenta Cervelló Donderis y Asunción Colás Turégano.

2 Borja Jiménez, E. (2024). "Política criminal del Código Penal frente a los hechos delictivos perpetrados con relevancia femenina". *Revista Penal,* núm. 53; pp. 38-63.

En la medida en que se pretendía delimitar el conjunto de delitos perfilados por una cifra elevada de su comisión por parte del sujeto activo femenino en comparación con el varón, se consideró necesario alcanzar dos resultados[3].

El primero de ellos, en relación con el total de infracciones perpetradas por ambos sexos, tenía que desvelar el tanto por ciento genérico de la criminalidad femenina en relación con la masculina. A este respecto del global de infracciones condenadas en los cinco últimos años estadísticamente registradas en el momento en el que se desarrolló aquella investigación (en el periodo 2017-2021) en torno al 80% habían sido atribuidas a varones y un 20% aproximadamente a mujeres. De ahí que, teniendo en cuenta estas cifras, se consideró como delitos con

---

[3] Los trabajos e investigaciones que se han centrado en el estudio de la mujer como sujeto activo del sistema penal se han preocupado más de los aspectos del análisis de la problemática del cumplimiento de la pena de prisión que del examen de la criminalidad feminizada. En este sentido, entre otras muchas, destacan las siguientes contribuciones que a continuación se mencionan. Alcazar Escribano, M. A. (2021). "Alternativa a la prisión: una cuestión de justicia y género" *Revista General de Derecho Penal,* núm. 37. Caravaca Sánchez, F./García-Jarillo, M. (2017). "Factores de riesgo asociados a la reincidencia entre el colectivo femenino penitenciario en España". *Cuadernos de Medicina Forense,* vol. 23, núm. 3-4; pp. 76-81. Cervelló Donderis, M. V. (2021). "Mujer, prisión y no discriminación: del legado de Concepción Arenal a las reglas de Bangkok". *Estudios Penales y Criminológicos,* vol. XLI; pp. 551-591. Cervelló Donderis, V. (2006): "Las prisiones de mujeres desde una perspectiva de género". *Revista de Estudios Penitenciarios,* núm. Extra-1; pp. 129-150. Clinaz, M. P. (2021). "Las más malvadas de todas". *Revista Electrónica de Estudios Penales y de la Seguridad (REEPS)*, núm. Extra-7. Picado Valverde, E. M./Yurrebaso, A./Guzmán Ordaz, R./Orgaz Baz, B. (2022): "Factores de riesgo diferenciales entre hombres y mujeres en prisión". *Boletín Criminológico,* vol. 29, núm. 213; pp. 1-22. Vasilescu, C. (2023). *Mujeres y penas alternativas a la prisión: una mirada con perspectiva de género,* Madrid, Dykinson.

notable presencia de autoría femenina aquellos que superaban el umbral del 30% (en relación con la global) de la respectiva figura típica reflejada en la tabla de referencia. Se tuvo presente este valor del 30% como factor que calificaba la respectiva infracción como relevante en la medida en que superaba un 50% el índice relativo genérico de la criminalidad de la mujer frente a la total[4].

Partiendo de estos últimos datos, en segundo lugar, se procedió a extraer de la correspondiente estadística los concretos hechos delictivos que en los últimos cinco años habían superado esta ratio (bien en todo el periodo quinquenal, bien en

---

4 Existen contribuciones dedicadas al análisis de la criminalidad femenina, pero con una metodología diferente de la apuntada aquí, que toma como referencia el elemento cuantitativo y relativo (en relación con la criminalidad masculina) de la elevada frecuencia de comisión en los términos que se explican en el texto. Entre otras, destacan las siguientes que seguidamente se citan. Francés Lecumberri, P. (2021): "La criminalización de las mujeres: De la caza de brujas a las propuestas de transformación del abordaje del delito". *Millars: Espai i història*, vol. 51, núm. 2; pp. 209-241. García Domínguez, I. (2019): "Exclusión social y criminalidad: un análisis de las instituciones aporófobas a través de los delitos patrimoniales". *Revista Penal*, núm. 48; pp. 33-57. Juanatey Dorado, C. (2018). "Delincuencia y población penitenciaria femeninas: situación actual de las mujeres en prisión en España". *RECPC*, núm. 20. Laurenzo Copello, P. (2019). "Mujeres en el abismo: delincuencia femenina en contextos de violencia o exclusión". *RECPC*, núm. 21. López De Zubiría Díaz, S. (2023). "La mujer como delincuente: aproximación a la delincuencia femenina a través de un estudio jurisprudencial". *Revista Penal*, Núm. 51; pp. 165-176. Revelles Carrasco, M. (2019). "Género y delincuencia: de la exclusión a la criminalización", *Revista de Estudios Socioeducativos (RESED)*, núm. 7, pp. 137-153. Serrano Tárraga, M. D. (2021). *Delincuencia femenina: un estudio sobre tendencia, control y prevención diferenciales desde la perspectiva de género*, Valencia, Tirant lo Blanch. Acale Sánchez, M. (2021). "Mujer inmigrante y pobre: una mina para el Derecho Penal". *Revista Penal*, núm. 47; pp. 5-23.

el promedio del mismo), con la pretensión de, ulteriormente, llevar a cabo un análisis de algunas características definitorias del específico tipo penal y de su respectiva sanción a efectos de proyectar en los resultados determinadas consecuencias político-criminales.

Se examinaron, por tanto, aquellas figuras delictivas cuyo índice de perpetración por la mujer superaba el promedio del 30% en los últimos cinco años (que reflejaban la información estadística señalada) con la exigencia, además, de que al menos dicho 30% fuese superado en tres de esos cinco años. De esta forma se evidenciaba que la relevancia (cuantitativa y relativa) de la comisión del respectivo hecho delictivo no era puntual, sino que, por el contrario, mostraba cierta tendencia a su reiteración en los tiempos más recientes. El estudio, en consecuencia, no se centró en los valores absolutos de las cifras de aquellos delitos que eran más frecuentemente cometidos por el sector femenino, ni tampoco en los hechos sentenciados causantes de un mayor número de ingresos en prisión, sino que se puso el acento en la relevancia cuantitativa relativa (y no absoluta) del número de condenas que tomaba en consideración un porcentaje muy superior al que representaba la media del global de todas las infracciones atendiendo al criterio de distinción del sexo femenino en comparación con el varón.

El análisis de estos datos tomó en consideración la fuente que proporcionaba el Instituto Nacional de Estadística (INE), concretamente la explotación que dicho organismo realizaba del Registro Central de Penados.

Se apreció esta característica de la relevancia femenina de la frecuencia de su perpetración en las figuras delictivas que se mencionan a continuación, acompañadas del porcentaje de condenas en el quinquenio señalado (2017-2021) Sustracción de menores (60%), hurtos (41%), usurpación (50%), defraudaciones del fluido eléctrico (32%), acusación y denuncia falsas (56%) y simulación de delito (39%). Para el año 2022, estas cifras fueron para la sustracción de menores (53%), hurtos (39%), usurpación (47%), defraudaciones del fluido eléctrico (28%), acusación y denuncia falsas (61%) y simulación de delito (35%)[5].

Una vez identificados los mencionados hechos punibles, se analizaron las características de estas infracciones cuantitativamente más relevantes en relación con las cometidas por los varones a efectos de indagar en su virtualidad político-criminal para ser sancionadas, precisamente, en coherencia con la condición femenina de sus responsables.

Sin que ahora se pretenda profundizar en las conclusiones del estudio, cabe señalar que destacaron dos características comunes que definían a los mismos por estar, precisamente, ausentes.

Por un lado, ninguno de estos hechos punibles requería la exigencia típica de violencia o intimidación en su consumación. Por otro lado, tampoco el contenido del injusto de los mismos se fundamentaba en el exceso o abuso de situación de poder nacida de una relación jurídica, económica, social o política.

En el presente trabajo se va a profundizar en una de esas figuras delictivas con relevancia femenina, la sustracción de menores, precisamente porque, desde el punto de vista estadístico, es la que mayor importancia adquiere en su frecuencia de perpetración por la mujer frente al varón. Además, en consonancia con lo anterior, llama la atención la gravedad de la sanción que amenaza a esta figura delictiva, sobre todo si se compara con otros hechos punibles contra las relaciones familiares.

---

5 Estas cifras se redondearon a enteros, quedando algo más perfiladas cuando se examinaron concretamente en el análisis de cada figura delictiva.

Partiendo de estas dos hipótesis (relevancia femenina del secuestro parental y contundencia de su sanción), se desarrollan las correspondientes tesis dirigidas a explicar la relación entre una y otra y a valorar desde una perspectiva político-criminal la adecuación de la pena al contenido del injusto perpetrado por el sujeto activo femenino.

El examen de este tipo penal, por tanto, tomará en consideración los mismos criterios metodológicos de análisis que los empleados en los mencionados hechos delictivos desde el prisma que orientaba la esbozada investigación, esto es, tal y como se acaba de señalar, desde la perspectiva político-criminal en orden a la adecuación de su prevención mediante el recurso a la pena privativa de libertad teniendo en cuenta la condición femenina del sujeto activo.

La evaluación de la adecuación político-criminal de la sanción en el secuestro parental se apoya, a su vez, en una metodología asentada en la interpretación del bien jurídico protegido en este delito en consonancia con el análisis de los términos típicos más relacionados con la condición femenina de su autoría. El estudio de algunos casos representativos procedentes de las resoluciones de los tribunales constituirá otro de los parámetros que coadyuvará a una mejor valoración de esta problemática y de las posibles soluciones que se puedan adoptar al respecto.

El recorrido por estos estadios de la investigación transcurre, por tanto, a través de los siguientes apartados de la presente contribución.

## II. EL MÁS FEMINIZADO DE TODOS LOS DELITOS

Dentro de los delitos contra las relaciones familiares, que en su inmensa mayoría son perpetrados por varones, llama la atención el hecho de que, en uno de ellos, la sustracción de menores, se invierta el porcentaje de las condenas del mismo en relación con el sexo de su infractor. Es decir, el número de hechos delictivos perpetrados de esta clase es muy bajo en comparación con otras figuras típicas, pero resalta la circunstancia de que su autoría sea femenina (en el periodo 2017-2021) en torno al 60% del total (en 2022, 53%) y en 2023, 58%).

Aunque no se pretende ahora llenar estas páginas con excesivas cifras, se apuntan los datos que se consignan en los párrafos siguientes.

En 2017, de un total de 33 condenas, 16 correspondían a hombres y 17 a mujeres, lo cual representaba en este último caso el 51% del conjunto. En 2018, 41 condenas, 14 hombres y 27 mujeres (65%). En 2019, 30 condenas, 16 hombres y 14 mujeres (47%). En 2020, 24 condenas, 7 hombres y 17 mujeres (71%). Y, finalmente, en 2021, 37 condenas, 13 hombres y 24 mujeres (65%). Fuera de este quinquenio, en 2022, 40 condenas, 19 hombres y 21 mujeres (53%) y en 2023, 36 condenas, 15 hombres y 21 mujeres (58%)[6].

Como se ha señalado en el apartado anterior, esta es la infracción punible que representa un mayor porcentaje de frecuencia de comisión femenina frente al varón reflejada en el número de condenas recogidas estadísticamente, al menos, en los últimos siete años en los que figura la información referenciada. La feminización de la sustracción de menores se inició en España en 2015 y actualmente esa tendencia parece consolidarse[7].

---

6 Datos extraídos de la explotación del INE del Registro Central de Penados en relación con las tablas individuales anuales del periodo 2017-2021, y el bienio 2022-2023, bajo los parámetros de todos los delitos condenados atendiendo a la clase de infracción y según sexo.

7 En efecto, recurriendo a otras fuentes estadísticas, pero con datos muy similares a los expresados en el texto, se ha manifestado que "...la serie que ha podido construirse abarca los años 2013 a 2021... ...Los primeros años, las condenas recaían con más frecuencia en los varones, alcanzando su máxima presencia en 2014 con un 57,1%

Esta relevancia femenina se ha observado de igual forma en la sustracción internacional de menores, caracterizada porque la retención o el traslado ilegal del descendiente sin el consentimiento del progenitor titular del derecho de guarda o custodia se realiza en país distinto del establecido para la residencia habitual o temporal del menor. Ahora no se pretende tratar esta concreta problemática (que excede notablemente de los objetivos que persigue la presente contribución). Sin embargo, se recurre a uno de los instrumentos internacionales de mayor importancia destinado a resolver los conflictos más graves que presenta este comportamiento ilícito (como es la pronta restitución del menor a la residencia del progenitor legitimado) para extraer de sus informes una valiosa información relacionada con la condición masculina o femenina del infractor.

Me refiero al Convenio de La Haya, sobre los aspectos civiles del secuestro internacional de menores, de 25 de octubre de 1980, el cual cuenta en estos momentos con 103 ratificaciones, cifra que otorga a este tratado el calificativo de más reputado atendiendo a su vigencia y eficacia en relación con el número de países vinculados al mismo[8].

---

de condenados... ...Sin embargo, a partir de 2015 son las mujeres quienes son condenadas con más frecuencia, con un porcentaje que llega al 65,9% en 2018 y al 70,8% en 2020... ...Esto significaría que, desde la perspectiva de condenas, las madres registran un ascenso significativo en los delitos de sustracción de menores". Becerril Ruiz, D. (2023). "La sustracción de menores en España: cuantificación y caracterización", en *Amores, desamores y rupturas,* Valencia, Tirant lo Blanch; pp. 307-328, 323.

8 Existen muchas contribuciones dedicadas a la sustracción internacional de menores y que, evidentemente, llevan a cabo una precisa exposición sobre la correspondiente normativa internacional, y en particular, sobre el referenciado Convenio de La Haya. En ulteriores notas se irán exponiendo las más recientes, si bien se destaca ahora el trabajo Jiménez Fortea , F. J. (2024). "MASC y sustracción internacional de menores por sus propios

Pues bien, el seguimiento de la vigencia de este convenio que se realiza en la Conferencia de La Haya, evaluado a través de los informes de los expedientes de las sustracciones internacionales de menores que regula, revelan de igual forma la predominancia femenina del sujeto activo de estos comportamientos. Recurriendo a los datos que arrojan las respectivas estadísticas emanadas de estos informes, los estudios al respecto confirman que desde 2015 un 73% de las retenciones o traslados ilegales se realizan por la madre del menor[9], esto es, aproximadamente tres de cada cuatro sustracciones[10].

En una primera conclusión, cabe afirmar que, de todos los delitos que cuentan con registro estadístico, el que muestra una cifra más elevada de comisión femenina en comparación con el varón es la sustracción de menores, tanto en el plano nacional como internacional. En los próximos apartados se indagará,

---

padres", en Barona Vilar, S. (Ed.): *Masc, to be or not to be?: (medios adecuados de solución de conflictos en la justicia),* Valencia, Tirant lo Blanch; pp. 793-826, 799 y nota 22.

9 "Dentro de este muestreo, la realidad es que el 73% de las personas sustractoras eran madres. Junto a ello, la gran mayoría de los sustractores son cuidadores principales de los menores (un 80%). En los casos en los que la sustractora era la madre, este porcentaje se eleva hasta un 91% (frente a un 63% entre los padres)". Reig Fabado, I. (2023). "Violencia de género en la sustracción internacional de menores: ¿regulación insuficiente, infrautilizada o ambas cosas?", en Lara Aguado, A. (Coord.): *Protección de menores en situaciones transfronterizas: análisis multidisciplinar desde las perspectivas de género, de los derechos humanos y de la infancia, Valencia,* Tirant lo Blanch; pp. 903-934, 909.

10 "En la media total, desde 2015 se detecta un incremento en las sustracciones protagonizadas por las madres, que alcanza el 73%. Si la misma tendencia se verifica en España, los datos apuntarían a que tres de cada cuatro sustracciones las realiza la madre, habiendo aumentado su presencia delictiva". Becerril Ruiz (2023). "La sustracción de menores en España…", cit.; p. 323.

desde el estudio de mentada figura delictiva, las causas y los contextos de dicha preponderancia femenina y la adecuación de las respuestas punitivas a esta clase de criminalidad teniendo presente la condición del sexo de su autoría.

## III. LA SUSTRACCIÓN DE MENORES: UN DELITO CONTRA LAS RELACIONES FAMILIARES

El delito de sustracción de menores se encuentra tipificado en el art. 225 bis, Sección 2ª del Capítulo III (De los delitos contra los derechos y deberes familiares) del Título XII (Delitos contra las relaciones familiares) del Libro II del CP[11].

---

[11] Art. 225 bis:

"1. El progenitor que sin causa justificada para ello sustrajere a su hijo menor será castigado con la pena de prisión de dos a cuatro años e inhabilitación especial para el ejercicio del derecho de patria potestad por tiempo de cuatro a diez años.

2. A los efectos de este artículo, se considera sustracción:

1.º El traslado de una persona menor de edad de su lugar de residencia habitual sin consentimiento del otro progenitor o de las personas o instituciones a las cuales estuviese confiada su guarda o custodia.

2.º La retención de una persona menor de edad incumpliendo gravemente el deber establecido por resolución judicial o administrativa.

3. Cuando el menor sea trasladado fuera de España o fuese exigida alguna condición para su restitución la pena señalada en el apartado 1 se impondrá en su mitad superior.

4. Cuando el sustractor haya comunicado el lugar de estancia al otro progenitor o a quien corresponda legalmente su cuidado dentro de las veinticuatro horas siguientes a la sustracción con el compromiso de devolución inmediata que efectivamente lleve a cabo, o la ausencia no hubiere sido superior a dicho plazo de veinticuatro horas, quedará exento de pena.

El tipo de injusto requiere unos presupuestos previos sobre los que se desarrolla el comportamiento prohibido.

Estos presupuestos vienen constituidos por la presencia de un menor de edad sometido a la patria potestad o guarda o custodia de sus progenitores o titulares de estas últimas. De ahí nacen unos derechos y deberes, entre otros, relacionados con la mencionadas guarda y custodia de dicho menor.

Tratándose de una figura delictiva contra las relaciones familiares (Título XII, y contra los derechos y deberes familiares (Capítulo III), la sustracción de menores (Sección 2ª) se configura como un delito especial propio[12]. Pues el tipo requiere que dicha sustracción se tiene que llevar a cabo por uno de los progenitores (o por alguno de los sujetos activos mencionados en el art. 225 bis, 5). En consecuencia, el autor rompe la relación de guarda o custodia con el menor del otro progenitor sin causa que lo justifique. Dicha ruptura implicaba que, con carácter general, el sujeto activo no solía tener asignado en exclusiva el derecho de custodiar (por sí solo) al menor.

En efecto, con anterioridad a la L. O. 8/2021, de 4 de junio, la modalidad de sustracción establecida en el art. 225 bis, 2, 1º consistente en el traslado de una persona menor de edad de su lugar de residencia sin el consentimiento del otro progenitor

---

Si la restitución la hiciere, sin la comunicación a que se refiere el párrafo anterior, dentro de los quince días siguientes a la sustracción, le será impuesta la pena de prisión de seis meses a dos años. Estos plazos se computarán desde la fecha de la denuncia de la sustracción.

5. Las penas señaladas en este artículo se impondrán igualmente a los ascendientes del menor y a los parientes del progenitor hasta el segundo grado de consanguinidad o afinidad que incurran en las conductas anteriormente descritas."

[12] Así, la SAP Barcelona 461/2024, de 20 de mayo (Tol 10198940) considera que se trata de un delito especial propio.

exigía que el descendiente conviviese habitualmente con éste. Semejante requisito típico fue eliminado por la mentada reforma y de esta manera se posibilitó que el progenitor custodio pudiera ser considerado sujeto activo del delito cuando llevase a cabo la acción sustractora en el periodo pactado en el que el menor se encontrara a cargo del otro ascendiente[13].

De este modo se resolvió una controversia en la jurisprudencia de las Audiencias Provinciales en la que había imperado una línea de interpretación en la que se negaba la consideración de sujeto activo del delito del art. 225 bis, 2, 1° al progenitor que ostentaba en exclusiva la titularidad de la custodia[14].

Sin embargo, cuando la sustracción se lleva a cabo a través de la segunda modalidad del art. 225 bis, 2, esto es, cuando se retiene ilegalmente al descendiente incumpliendo una resolución judicial o administrativa no existen inconvenientes legales

---

13 La STS 186/2024, de 29 de febrero (*Tol 9911963*) explica con nitidez este cambio legislativo:
"La reforma que tiene lugar en el art. 225 bis CP mediante LO 8/2021, de 4 de junio, posterior, por tanto, a la Sentencia del Pleno 339/2021, de 23 de abril, además de ser coherente con la jurisprudencia de Sala, pretende contribuir a dilucidar el debate existente en la jurisprudencia menor, con las siguientes palabras que recogemos de su Preámbulo: "Se modifica el tipo penal de sustracción de personas menores de edad del artículo 225 bis, permitiendo que puedan ser sujeto activo del mismo tanto el progenitor que conviva habitualmente con la persona menor de edad como el progenitor que únicamente lo tenga en su compañía en un régimen de estancias"".
En similares términos, SSAP Barcelona 381/2024, de 13 de mayo (*Tol 10160708*) y 461/2024, de 20 de mayo (Tol 10198940).

14 En tal sentido, siguiendo esta nueva interpretación impuesta por la reforma del art. 225 bis 2, 1°, la SAP Barcelona 613/2022, de 19 de septiembre (*Tol 9339634*). condena a la madre custodia que se marcha a chile con el menor sin el consentimiento del padre no custodio que tiene derecho a las correspondientes visitas y comunicaciones con el descendiente.

para exigir responsabilidad penal al progenitor que, habiéndole sido otorgada la plena titularidad de dicho derecho de custodia, viole de forma grave el régimen de visitas, de comunicaciones o de otra naturaleza que le corresponda legalmente al otro progenitor[15]. En todo caso, se mantiene este otro requisito típico que pone el acento en la gravedad del incumplimiento del deber de restitución establecido por resolución judicial o administrativa[16].

Ciertamente, la mayoría de las sustracciones perpetradas entre los progenitores del menor se llevan a cabo en un contexto de crisis de la pareja. Sin embargo, esto no implica que necesariamente exista un proceso de separación o divorcio. Aunque de forma excepcional, se conocen casos en los que el comportamiento prohibido se desarrolla en situaciones de convivencia común de los ascendientes[17].

---

15 Criterio generalizado en la jurisprudencia de los tribunales. En esta línea, la SAP Madrid 605/2021, de 30 de noviembre (Tol 8.797.141) consideró que había perpetrado el ilícito penal del art. 225 bis la madre que, correspondiéndole en exclusiva el derecho de custodia sobre la hija común, actuó en contra de la decisión judicial que establecía el régimen de visitas en favor del progenitor, impidiéndole todo acercamiento y comunicación con la menor durante más de un año: "... desde el mes de octubre de 2017 y hasta el 11 de mayo de 2019, fecha en que fue encontrada la menor Cecilia, la acusada mantuvo a la menor totalmente apartada de su ámbito familiar y de su entorno, sin tener ningún tipo de contacto ni relación con su padre".

16 Así, la SAP Sevilla 591/2022, de 28 de octubre (*Tol 9725588*) apeló (otorgando la absolución) la sentencia de instancia que condenaba a la abuela del menor por no proceder a la entrega a la madre titular de la guarda y custodia con base en que el incumplimiento no fue grave.

17 Por poner un ejemplo, la STS 156/2023, de 8 de marzo (*Tol 9490853*) entiende que también el progenitor custodio puede ser sujeto activo de este delito, aun cuando no exista separación de hecho o de derecho en los ascendientes del menor que conforman la pareja.

Aunque es cierto que en los últimos tiempos la jurisdicción de familia suele otorgar la custodia compartida de los hijos en los respectivos procesos de separación y divorcio de la correspondiente pareja, todavía son mayoría las mujeres que mantienen en exclusiva la titularidad de dicho derecho. Con el cambio legislativo y la actual interpretación jurisprudencial (sin fisuras) que considera que el progenitor custodio puede ser sujeto activo del delito de sustracción de menores en estos supuestos de exclusividad, se puede entender que dicha modificación legal y jurisprudencial afecta más al progenitor femenino que al masculino, pudiéndose explicar así uno más de los factores que influyen en la relevancia cuantitativa de condenas a la mujer por la perpetración del injusto del art. 225 bis.

Pero lo común en la práctica, es que la mayoría de los asuntos de sustracción por vía de traslado ilegal del art. 225 bis, 2, 1° se presenten tras un proceso de separación o divorcio siendo el infractor el progenitor que viola la regulación establecida judicialmente en relación con estos específicos derechos orientados a garantizar los intereses superiores del descendiente. No obstante (y excepcionalmente), tal y como se manifestó párrafos atrás, se conocen casos, sobre todo en la modalidad de retención sin justificación, en los que, sin existencia previa de separación o disolución matrimonial, se consuma la sustracción del menor que adquiere reproche penal por no acatar el infractor una decisión judicial o administrativa que obliga a la restitución del mismo.

Para que este hecho punible se consume, por tanto, es necesario que se actúe con el traslado o la retención del hijo (en general) en contra de una decisión de un órgano jurisdiccional.

También puede ocurrir que sea un órgano administrativo quien dicte resolución otorgándose provisionalmente la tutela del menor y el correspondiente derecho de custodia sobre los afectados. En tales casos pueden ser sujetos activos del delito de sustracción de menores los dos padres que procedan al traslado ilícito de sus hijos[18].

La sustracción, por tanto, constituye la conducta prohibida que consiste en excluir la presencia física del menor del ámbito legal de disposición inherente a la patria potestad o tutela del ascendiente o tutor legitimado. El propio texto punitivo indica más propiamente el significado de este vocablo cuando lo equipara a dos distintas acciones: el traslado del menor de su residencia habitual sin el consentimiento de la parte legitimada o la retención ilegal del mismo (art. 225 bis, 2).

No se pretende ahora llevar a cabo un estudio dogmático de esta figura delictiva, dado que el objetivo de la presente contribución es otro muy distinto, tal y como se ha reiterado con anterioridad[19]. Ahora interesa destacar aquellas características de la infracción punible que puedan estar más relacionadas con la relevancia de su comisión por parte de la mujer[20].

---

18 Este fue el supuesto que finalmente resolvió la STS 901/2021, de 18 de noviembre (Tol 8667443).

19 Una panorámica general del delito se encuentra en Carbonell Mateu, J. C. (2023). "Delitos contra las relaciones familiares", en González Cussac, J. L. (Coord.): *Derecho Penal. Parte Especial,* 8ª Ed., Valencia, Tirant lo Blanch; pp. 343-359, 351 y 352. De Vicente Martínez, R. (2018). "Sustracción de menores", *Vademécum de Derecho Penal,* 5ª Ed., Valencia, Tirant lo Blanch; pp.350 y ss.

20 Sin ánimo de ser exhaustivo, entre los trabajos más recientes dedicados a esta figura delictiva, con especial referencia al ámbito internacional, destacan los que se citan a continuación. Adam Muñoz, M. D. (2023). "Las situaciones de violencia doméstica en los supuestos de la sustracción internacional de menores en el marco de la Unión Europea", en *De los retos a las oportunidades en el derecho de familia y sucesiones internacional,* Valencia, Tirant lo Blanch; pp. 317-344. Becerril Ruiz, D. (2023). "La sustracción de menores en España: cuantificación y caracterización", en *Amores, desamores y rupturas,* Valencia, Tirant lo Blanch; pp. 307-328. Espinosa Calabuig, R. (2023). "Combatiendo la violencia contra la mujer en

casos de sustracción internacional de menores: el ODS nº 5.2", en *La comunidad internacional ante el desafío de los objetivos de desarrollo sostenible,* Valencia, Tirant lo Blanch; pp. 527-547. Herranz Ballesteros, M. (2024). "El retorno seguro del menor: ¿puente entre la excepción de grave riesgo y la obligación de devolución?". *Bitácora Millennium DIPR,* núm. 19. Jiménez Fortea , F. J. (2024). "MASC y sustracción internacional de menores por sus propios padres", en Barona Vilar, S. (Ed.): *Masc, to be or not to be?: (medios adecuados de solución de conflictos en la justicia),* Valencia, Tirant lo Blanch; pp. 793-826. Lorente Martínez, I. (2023). "Sustracción internacional de menores", en Castellanos Ruiz, E. (Dir.)/Castellanos Ruiz, M. J. (Coord.): *Comentario al nuevo Reglamento (UE) Bruselas II ter,* Valencia, Tirant lo Blanch; pp. 383-422. Muñoz Ruiz, J. (2024). *La sustracción de menores en contextos de violencia intrafamiliar y de género : aspectos penales, civiles y procesales,* Pamplona, Aranzadi. Reig Fabado, I. (2023). "Violencia de género en la sustracción internacional de menores: ¿regulación insuficiente, infrautilizada o ambas cosas?", en Lara Aguado, A. (Coord.): *Protección de menores en situaciones transfronterizas: análisis multidisciplinar desde las perspectivas de género, de los derechos humanos y de la infancia, Valencia,* Tirant lo Blanch; pp. 903-934. González Marimón, M. (2022). *La sustracción internacional de menores en el espacio jurídico europeo,* Valencia, Tirant lo Blanch. Palao Moreno, G. (2022). *El nuevo marco europeo en materia matrimonial, responsabilidad parental y sustracción de menores,* Valencia, Tirant lo Blanch. Palao Moreno, G. (Dir.)/González Marimón, M. (Ed.) (2024). *El nuevo marco europeo en materia matrimonial, responsabilidad parental y sustracción de menores: Comentarios al Reglamento (UE) nº 2019/1111,* Valencia, Tirant lo Blanch. Gudín Rodríguez-Magariños, A. E. (2022). "El bien jurídico protegido del delito de sustracción de menores tras la reforma del artículo 225 bis por la Ley Orgánica 8/2021, de 4 de junio". *Diario la Ley,* núm. 10052. Muñoz Cuesta, J. (2022). "Sustracción de varios hijos menores: ¿un delito o tantos como menores afectados?". *Revista Aranzadi Doctrinal,* Núm. 6. Dolz Lago, M. J. (2021). "Caso Juana Rivas: sustracción de menores", *Diario la Ley,* Núm. 9903 . Monge Fernández , A. (2024). "El delito de sustracción de menores", en Monge Fernández , A. (Dir.). *La protección jurídica del menor,* Valencia, Tirant lo Blanch; pp. 119-158. Monge Fernández, A. (Dir.)

## IV. ALGUNAS REFLEXIONES SOBRE EL BIEN JURÍDICO PROTEGIDO EN EL SECUESTRO PARENTAL

La sustracción de menores lleva aparejada una severa sanción si se compara con otras figuras delictivas contra las relaciones familiares. Dicha penalidad, como se ha puesto de manifiesto en los apartados anteriores, la sufre en mayor medida la mujer que el varón, pues (sobre todo en la última década) el sujeto activo femenino aparece como su más frecuente perpetrador. Si se quiere responder a la cuestión político-criminal de la adecuación de la pena en este hecho punible, habrá que preguntarse por la legitimidad de la misma, lo cual conduce a plantearse la problemática del bien jurídico.

En efecto, en la medida en que el bien jurídico representa la razón legitimadora del castigo del hecho punible de referencia, la perspectiva político-criminal de adecuación de la sanción penal es de la mayor importancia. De ahí que la interpretación del objeto de tutela en esta figura delictiva con relevancia de género se valore como imprescindible en su estudio y análisis.

Se postula aquí por una comprensión del bien jurídico bajo los términos que plantea la teoría procedimental de VIVES ANTÓN. Esto es, como un proceso argumentativo dirigido a la justificación racional del castigo de una determinada figura delictiva conforme a los valores constitucionales y no como concepto con un contenido material o ideal más o menos universal[21].

---

(2019). *La sustracción internacional de menores desde una perspectiva multidisciplinar*, Barcelona, Bosch. Monge Fernández, A. (2017). *El delito de sustracción de menores: aspectos dogmáticos y jurisprudenciales*, Barcelona, Bosch.

21 Al respecto, Vives Antón, T. S (2010). *Fundamentos del sistema penal: acción significativa y derechos constitucionales*, Valencia, Tirant lo Blanch; pp. 826 y ss., 829: "...el bien jurídico no es sino un momento del proceso de justificación racional de la limitación de la libertad".

Una vez examinado el interés jurídico preponderante en este hecho punible, se proyectará su impronta exegética sobre los términos típicos más relacionados con la condición femenina del sujeto activo de la infracción. De este modo se complementará el estudio en relación con las causas legales que coadyuvan a la explicación del elevado índice de comisión del delito por parte de la mujer.

Es importante resaltar en la determinación del bien jurídico que la referencia típica nuclear de sustracción de menores reside, como señala el Diccionario de la Lengua Española en su primera acepción del vocablo, en apartar o separar al descendiente, lo cual implica la imposición de un distanciamiento físico activo (mediante el traslado ilegal) o pasivo (mediante la retención ilícita) perpetrada por el sujeto activo y en contra de la voluntad del otro progenitor a quien le corresponde la guarda o custodia cuando se lleva a cabo dicho comportamiento. Este término típico de sustracción también está muy relacionado con un símil a una infracción patrimonial, y en consonancia con la segunda acepción del Diccionario, equivalente a un hurto o apropiación indebida, en el sentido de que se provoca un apoderamiento ilegal del ámbito de custodia en relación con la disposición del menor que no le corresponde al autor. También la tercera acepción, cuyo significado se acerca al de restar o detraer, se refleja en la situación de pérdida de contacto y del ejercicio de derechos y deberes sobre el hijo en la que queda el ascendiente legitimado.

Por tanto, el contenido del injusto de este delito, descrito como sustracción de un hijo menor por parte de su progenitor (art. 225 bis, 1), entendido bajo esta semántica, se complementa con la sanción de esta figura delictiva, que además de la prisión, contempla la inhabilitación especial para el ejercicio del derecho de patria potestad. Precisamente el núcleo esencial de esa patria potestad, proyectado fundamentalmente sobre la guarda o custodia del descendiente, constituye una parte relevante del objeto de tutela.

Y, teniendo presente las dos anteriores matizaciones, también hay que observar otra consideración relacionada con los deberes inherentes a esa patria potestad. Pues el incumplimiento de la obligación de entrega o devolución del menor debe infringir una resolución judicial o, en su caso, administrativa, y, además, el autor ha de proceder sin el consentimiento del progenitor legitimado.

Hechas estas precisiones, cabe resaltar que el bien jurídico protegido fundamenta el castigo de la sustracción de menores desde una doble perspectiva.

Por un lado, pretende salvaguardar el régimen de guarda y custodia del descendiente tal y como se ha establecido por la correspondiente resolución judicial o administrativa en su contenido esencial, esto es, en el ámbito del espacio físico de vigilancia, control y cuidado del hijo determinado por el progenitor custodio legitimado para ello[22].

Por otro lado, y en la medida en que dicho régimen está concebido para preservar el interés superior del menor, su seguridad, educación, bienestar físico y psíquico y otros derechos de protección relacionados con su persona constituyen de igual modo el objeto de tutela de la norma penal. De tal suerte que se pretende que la conflictividad derivada de las crisis de la pareja se limite al máximo (lo que puede denominarse paz familiar) sometiendo dicha situación de tensiones y desavenencias a regulaciones pactadas o impuestas por la autoridad judicial para preservar ese derecho superior del menor a no sufrir sus perversas consecuencias. O, dicho de otra forma,

---

22 En este sentido, se ha dicho que "...la redacción actual del artículo 225 bis tipifica la figura de la sustracción de menores con una significación muy diferente a la que tuvo históricamente pues, en absoluto afecta ahora a la libertad y seguridad del menor, sino al régimen de custodia".". Carbonell Mateu (2023). "Delitos contra las relaciones familiares", cit., p. 851.

se tutela el derecho del descendiente a relacionarse con sus dos progenitores aún en los más intensos procesos de ruptura de su relación de pareja[23].

Finalmente, y aunque pueda quedar relegado a un segundo plano o ser contemplado como parte del objeto mediato de tutela, también los derechos del legitimado relacionados con la guarda y custodia del menor se encuentran en la justificación en cierta medida de la sanción[24]. Evidentemente, cuando la

---

23 Esta es la interpretación que en materia de bien jurídico más consideración ha tenido en la reciente jurisprudencia tras la relevante STS (Pleno) 339/2021, de 23 de abril, a la que se hará referencia más adelante. En esta dirección, la SAP Albacete 121/2023, de 21 de abril (*Tol 9620037*), siguiendo esta doctrina, entiende que el objeto tutelado por la norma penal es la paz familiar y el derecho del menor a relacionarse con sus dos padres, también en situaciones de crisis de pareja. En similares términos se pronunció la SAP Barcelona 381/2024, de 13 de mayo (*Tol 10160708*). Previamente, la STS 176/2022, de 24 de febrero (*Tol 8830366*) había establecido con nitidez los contornos del bien jurídico en relación con el principio del interés superior del menor, el derecho de custodia y del menor a relacionarse con los progenitores afectados y la estabilidad de las relaciones familiares en situaciones de crisis y sometidas formalmente a las decisiones judiciales.

24 Este entendimiento del objeto de tutela en el delito de sustracción de menores que se defiende en el texto aúna las concepciones que interpretan al mismo como delito de desobediencia por infringir el régimen de guarda y custodia establecido por resolución judicial o (excepcionalmente) administrativa y estas otras que atienden al interés lesionado del bienestar personal del menor. En este sentido ya se pronunció García Pérez, O. (2010). "El delito de sustracción de menores y su configuración", *InDret*, núm. 4; p. 9 (texto nota 23). "A mi entender, estamos en presencia de un delito pluriofensivo en el que, además del bienestar personal del menor, se afecta al buen funcionamiento de los poderes públicos... La mayor pena respecto del abandono de menores vendría determinada por la afección al bien jurídico tutelado con el castigo del delito de desobediencia... En definitiva, se tutela el bienestar personal de los menores acreditado,

acción de traslado o retención ilegal constituye una infracción a una resolución administrativa, la razón de la consecuencia jurídico-penal no siempre se encuentra en esta última apreciación, sobre todo en aquellos supuestos en los que los dos progenitores se constituyen en autores del hecho punible[25].

En la medida en que, tal y como se ha señalado, la penalidad es de entidad, habrá que tomar en consideración el principio de intervención mínima en relación con el carácter subsidiario del Derecho Penal y recurrir a la vía civil en aquellas situaciones que respondan más a la conflictividad de las relaciones entre sujeto activo y pasivo que a la verdadera lesividad del comportamiento de sustracción[26].

En tanto que la sustracción de menores puede ser calificada como un delito permanente, cuya ofensividad se prolonga en

---

siquiera sea provisionalmente, por una resolución judicial". En este sentido, la STS 351/2022, de 6 de abril (*Tol 8.909.537*) configura la modalidad de retención como constitutiva de un delito de desobediencia cualificado. Sobre las diferentes posiciones doctrinales y jurisprudenciales en la determinación del bien jurídico en esta figura delictiva, Monge Fernández (2024). "El delito de sustracción de menores", cit.; pp.121 y ss. Muñoz Ruiz (2024). *La sustracción de menores en contextos de violencia intrafamiliar y de género…*, cit.; pp.38 y ss.

25 Se trata de los supuestos en los que la persona menor de edad se encuentra tutelada por otras personas o entidades de protección. Muñoz Ruiz (2024). *La sustracción de menores en contextos de violencia intrafamiliar y de género…*, cit.; p. 45).

26 Incide en esta observación, con una profunda exposición de casos en la jurisprudencia, Muñoz Ruiz (2024). *La sustracción de menores en contextos de violencia intrafamiliar y de género…*, cit.; pp.46 y 47. "De este modo, la interpretación del precepto se lleva a cabo de manera restrictiva para los operadores jurídicos, aplicándose a los supuestos de gravedad en los que se advierte la intención del actor de impedir el ejercicio de la patria potestad por el otro progenitor de manera grave y sostenida en el tiempo, y no cuando se quiere limitar su ejercicio en relación a alguna decisión en concreto…" (p. 46).

el tiempo en el que se desarrolla el traslado o la retención ilegal, el legislador ha tomado en consideración ciertos supuestos de menor contenido del injusto para mitigar o, incluso, excluir la pena[27].

De este modo, en los casos en los que se procede a la devolución antes de las 24 horas tras la sustracción, o en un plazo superior (pero inmediatamente posterior a una comunicación previa realizada dentro de esas 24 horas con también inmediata entrega tras dicho periodo), la conducta queda exenta de pena (art. 225 bis, 4). Y si se procede a la entrega (sin comunicación previa) dentro del plazo de quince días tras la sustracción, se mitiga la sanción notablemente (art. 225 bis 4, segundo inciso)[28].

Con independencia de la calificación que merezca esta disposición (la doctrina suele denominarla excusa absolutoria), lo cierto es que tanto la exclusión como la atenuación de la pena obedecen a la menor ofensividad de la conducta con base en el acortamiento del tiempo transcurrido tras el traslado o la retención ilegal denunciados. Pues cuando mayor sea la distancia temporal de la sustracción, más relevante es el menoscabo de los distintos derechos e intereses que trata de tutelar esta figura delictiva[29].

---

[27] La SAP Barcelona 513/2023, de 7 de julio (*Tol 9764732*) Entiende, correctamente, que se trata de un delito permanente, de tal suerte que la tipicidad se satisface aun cuando inicialmente el traslado sea legal, pero con el transcurso del tiempo la retención deviene antijurídica.

[28] A título de ejemplo, la SAP Barcelona 784/2023, de 6 de noviembre (*Tol 9877204*) condenó a la madre a ocho meses de prisión por una sustracción de su hijo menor de edad de 12 días (art. 225 bis, 4). En cambio, la STS 176/2022, de 24 de febrero (*Tol 8830366*) denegó la aplicación de la atenuante de restitución antes de quince días por no ser esta voluntaria sino tras la detención del acusado.

[29] En efecto, dado que la entrega provocaría el fin de la consumación del delito permanente, la exención de la pena vendría motivada

Y, viceversa, en los supuestos en los que el menor se traslade fuera de España o se exija alguna condición para su restitución la pena se agrava imponiéndose en su mitad superior (art. 225 bis, 3). En la medida en que se dificulta en ambos casos la reversión de la situación a la exigida en la correspondiente resolución judicial o administrativa, el mismo contenido de los derechos de guarda y custodia sufre una mayor merma provocándose de esta manera una justificación del incremento de la sanción[30].

---

por consideraciones político-criminales relacionadas con un menor contenido del injusto. Se ha calificado como excusa absolutoria, entre otros muchos, en las contribuciones que se citan a continuación. Carbonell Mateu (2023): ..., cit.; p. 352. García Pérez (2010)..., cit.; p. 25. Muñoz Ruiz (2024)..., cit.; p. 104. Monge Fernández (2024)..., cit.; p. 154, aunque esta última autora prefiere hablar de causa personal de exclusión de pena.

30 Así, la SAP Barcelona 613/2022, de 19 de septiembre (*Tol 9339634*) Condenó con la máxima penalidad, 4 años de prisión y 8 de privación de la patria potestad, a la madre por traslado del hijo común menor a Chile y la SAP Barcelona 255/2024, de 18 de marzo (*Tol 10096175*) entendió que concurría la agravación específica del art. 225 bis, 3 en un supuesto en el que la condenada se trasladó ilegalmente con su hija menor de edad a Estados Unidos. A su vez, la SAP Guipúzcoa 317/2023, de 20 de diciembre (*Tol 9906106*) condenó a tres años de prisión a la madre que viajó a Francia para reunirse con su hijo menor de edad que había sido trasladado a este país desde la institución de acogida en España por su compañero sentimental. Sin embargo, La agravante no se considera en cualquier supuesto de sustracción internacional de menores, sino sólo cuando el traslado ilegal del descendiente se materializa fuera del territorio español. En este sentido, no se consideró su aplicación en la SAP Tenerife 269/2023, de 8 de noviembre (*Tol 10.144.829*), puesto que dicho traslado fue de Polonia a España

## V. TIPO DE INJUSTO Y RELEVANCIA FEMENINA EN LA CONSIDERACIÓN DEL SUJETO ACTIVO: UNIDAD DE ACCIÓN FRENTE A CONCURSO DE DELITOS EN LOS SUPUESTOS DE SUSTRACCCIÓN DE VARIOS MENORES

En consonancia con esta interpretación del objeto de tutela, al tratarse de un delito pluriofensivo, varios son los sujetos pasivos ofendidos por su conducta típica. El menor que sufre el traslado o la retención ilegal, cuanto ello pone en riesgo su bienestar personal. El progenitor que se ve perturbado por la ruptura no justificada del régimen de custodia y que ve menoscabado su derecho a relacionarse con su hijo. y, como delito de desobediencia en relación con determinadas resoluciones judiciales o administrativas en materia de determinación del régimen de custodia de los descendientes, también la administración de justicia (o, eventualmente, la administración pública) puede ser considerada como sujeto pasivo de esta infracción[31].

De lo anteriormente expuesto habría que resaltar algunos aspectos de la tipicidad objetiva de esta infracción que ya en el plano de las hipótesis pueden estar relacionados con la condición femenina de la mayoría de sus responsables penales, especialmente aquellas situaciones de la vida social que han motivado un aumento notable de la sanción.

---

[31] En la relevante STS (Pleno) 339/2021, de 23 de abril (Tol 8.409.861), y sobre la que se volverá seguidamente, se mantiene que la administración de justicia también es sujeto pasivo de este delito: "En todo caso, es patente, que en el caso del 225.bis.2.2º, como informa el Ministerio Fiscal, en cuanto que además se parte del incumplimiento de una resolución judicial, adicionalmente su inobservancia asimila la configuración de una desobediencia, donde los intereses de la administración de justicia, conforman en adicional aportación, su naturaleza pluriofensiva" (F. J. QUINTO).

El fundamento del castigo, que básicamente consiste en la usurpación del derecho de guarda y custodia determinado por una resolución judicial o administrativa, está en consonancia con el rol que tradicionalmente se le ha otorgado a la mujer de hacerse cargo de los hijos y de mantenerlos bajo su cuidado durante su minoría de edad. Si el sujeto activo del delito es (en primer término) el progenitor, no es de extrañar, en consecuencia, que sea la madre en mayor medida quien está dispuesta a asumir la ilegalidad del hecho con tal de adquirir o continuar la situación material de custodia. En los párrafos que siguen, sin embargo, se van a examinar algunas decisiones judiciales que van a proporcionar algo más de luz sobre esta temática, sobre todo en aquellas situaciones en las que la penalidad, ya de por si elevada, alcanza una especial gravedad.

En efecto, esta alta penalidad que acompaña a la infracción, resaltada en varios lugares de la presente contribución, se acentuaba en los supuestos en los que se procedía a una única sustracción sobre varios descendientes. Pues se entendía que, a pesar de existir unidad de acción, se producía una pluralidad de resultados que se proyectaban en tantos delitos como menores sustraídos. Estos casos se trataron como un concurso real homogéneo de delitos lo que provocaba una exasperación de la sanción impuesta al autor[32].

---

[32] Con carácter general, los supuestos de perpetración de varios resultados homogéneos por medio de una sola acción fueron considerados en la última jurisprudencia y en la doctrina más reciente como concurso real de delitos desplazando poco a poco las tesis que con anterioridad calificaban el hecho como concurso ideal. Sobre esta evolución en la mencionada hipótesis de unidad de acción y pluralidad de resultados, con gran profundidad, Peñaranda Ramos, E. (2024). "¿Unidad o pluralidad de " hechos" en caso de producción de una pluralidad de resultados mediante una sola " acción"? ", en Peñaranda Ramos, E. (Dir.)/Pozuelo Pérez, L. (Dir.)/Canard, N.

Esta interpretación cambió radicalmente tras una resolución del TS que tuvo una gran incidencia en la futura jurisprudencia de los tribunales y en la misma doctrina en relación con la exégesis de esta figura delictiva.

Así es, se trata de la sentencia que resolvió en casación el relevante asunto denominado caso *Juana Rivas*, el cual tuvo una gran repercusión social dado la publicidad que sobre él proyectaron los medios de comunicación.

Ciertamente los tres órganos jurisdiccionales que de una u otra forma enjuiciaron los hechos asumieron un relato fáctico muy distinto del que en su día presentaron a la luz pública tanto la propia condenada como sus representantes legales[33].

Quedó probado que la encausada se casó y tuvo con su marido dos hijos. Residieron en España y se separaron temporalmente en el año 2009 tras una condena por delito de malos tratos del varón. Pero hubo reconciliación y la familia trasladó su domicilio a Italia, país de origen del hombre, en el año 2012. En 2016 la mujer se trasladó a España con los dos niños. Escolarizó a los menores en España y le comunicó a su marido su voluntad de no volver a Italia. El varón obtuvo por resolución de un tribunal italiano la custodia provisional de los hijos y promovió proceso internacional para obtener la devolución de los niños. Un juzgado español de primera instancia dictó sentencia instando a la madre al traslado de los menores a Italia bajo la custodia del padre en ese 2016. Tras varias resoluciones de los órganos jurisdiccionales españoles para llevar a cabo la restitución de los niños, la demandada decidió desobedecer los respectivos requerimientos y se ocultó a las autoridades con

---

(Coord.): *Una propuesta de reforma para la regulación racional de la concurrencia delictiva en el Código Penal español*, Madrid, BOE; p. 189-222.

33 STS (Pleno) 339/2021, de 23 de abril (Tol 8.409.861). Al respecto, véanse los trabajos de Muñoz Cuesta y Dolz Lago citados en la nota 19.

sus dos hijos. Finalmente, la acusada entregó a los menores al padre a finales del mes de agosto de 2017 en las dependencias de la comandancia de la Guardia Civil de la ciudad en la que residía en ese momento.

La mujer fue condenada por dos delitos de sustracción de menores a dos años y seis meses de prisión por cada uno de ellos, y a seis años de inhabilitación para el ejercicio de la patria potestad sobre los menores por el correspondiente juzgado de lo penal. Esta condena no varió en el recurso de apelación (aunque disminuyó notablemente la cuantía de la responsabilidad civil). Y, finalmente, el TS casó la sentencia de la Audiencia Provincial al entender que sólo había un único delito de sustracción de menores, limitando, en consecuencia, la pena privativa de libertad a la mitad de la que habían establecido los órganos jurisdiccionales anteriores.

El motivo que jurídicamente determinó la casación de la sentencia de la Audiencia Provincial radicaba en que se entendió que la sustracción de los dos menores de edad constituía un solo delito y no dos, aun cuando el resultado afectó a ambos descendientes[34].

Este caso fue objeto de una gran polémica en los medios de comunicación. La alta penalidad en que inicialmente incurrió la condenada y la denuncia que ésta interpuso por malos tratos propició un movimiento de empatía con la mujer y de indignación con el sistema de justicia, incluyendo al mismo CP. No obstante, la interpretación llevada a cabo por la STS 339/2021

---

[34] Como la misma resolución expone, la aceptación de esta solución no es pacífica ni en la doctrina ni tampoco en la misma jurisprudencia. De hecho, tres de los magistrados que conformaban el pleno de la sala emitieron un voto particular en el que se mostraban de acuerdo con la resolución casada entendiendo que la condenada era responsable de dos delitos de sustracción de menores, uno por cada hijo.

marcó una tendencia para supuestos similares, mitigando la sanción cuando se trata de una sustracción de más de un menor al considerarse el hecho como un solo delito.

Mentada doctrina se aplicó a un supuesto en el que la Junta de Castilla y León retiró la custodia de los padres de tres menores quienes los trasladaron sin permiso del centro que provisionalmente, y por delegación, ejercía la tutela sobre ellos. Los progenitores fueron condenados por tres delitos de sustracción de menores en las dos primeras instancias judiciales, pero el TS, siguiendo la interpretación instaurada por la STS 339/2021, casó la resolución de la Audiencia y mantuvo la condena por un solo hecho punible[35]. Posteriormente, la STS 401/2022, de 22 de abril (TOL8.916.358) casó otra sentencia de Audiencia que condenaba al autor de una retención ilegal de sus dos hijos por dos delitos de sustracción de menores considerando, una vez más, que se trataba de una única infracción[36].

---

35 Caso revisado por la STS 901/2021, de 18 de noviembre (*Tol 8667443*).

36 Como se señala en el texto, la doctrina emanada de la STS 339/2021 ha limitado notablemente la penalidad del delito de sustracción de menores en los supuestos en los que el traslado o la retención ilegal se lleva a cabo sobre dos o más hijos al considerarse un solo delito y no un concurso de tantos hechos punibles como menores sustraídos. El propio TS ha seguido esta línea interpretativa en su STS 351/2022, de 6 de abril (Tol 8.909.537). El caso tenía cierto paralelismo con el de Juana Rivas en el sentido de que la madre de dos hijas retuvo a las mismas durante poco más de un año, negándose a entregarlas pese a las resoluciones judiciales que le conminaban a ello. Justificaba su proceder con base en un presunto delito de abuso sexual del otro progenitor sobre una de las menores (quedando el asunto sobreseído). Fue condenada por dos delitos en las primeras dos instancias, procediendo el TS a casar la sentencia de la audiencia provincial, al considerar que sólo existía un único delito. Tal y como se está exponiendo, esta exégesis del art. 225 bis CP también se está imponiendo en la Audiencia nacional y en las

En una conclusión provisional, cabe afirmar que una sustracción de varios menores supone un mayor grado de ofensividad al bien jurídico tutelado que la perpetrada sobre un único descendiente. Pero, por otro lado, la estimación de un concurso de delitos del único hecho del traslado o de la retención ilegítima de los descendientes exasperaba la penalidad, de tal suerte que la condena determinaba directamente el ingreso en prisión del sustractor. Esta situación parece tener una distinta valoración en la conciencia social según que el sujeto activo sea una mujer o un varón. El cambio jurisprudencial que interpreta que estos casos son constitutivos de unidad de infracción y no de concurso de delitos ha afectado, en gran medida, a la punición de esta clase de hechos y ha beneficiado en cierto modo al sujeto activo femenino por constituir desde el punto de vista cuantitativo el actor preponderante en esta clase de acontecimientos.

Esto no significa que haya que castigarse con la misma sanción una sustracción de un menor de edad que otra de varios descendientes. En uno y otro caso habrá tan sólo un hecho punible condenado y será en la individualización judicial de la sanción donde se pueda tomar en consideración la mayor gravedad del ilícito perpetrado cuando se trate de dos o más niños afectados.

Esta solución, aceptable desde criterios político-criminales orientados desde la perspectiva de la prevención especial en relación con la calidad del sujeto activo, adolece de alguna incongruencia desde un punto de vista jurídico-penal. Pues si se entiende que hay un único hecho punible, es porque se parte

---

Audiencias Provinciales. El recorrido por esta senda ya se había iniciado en el Alto Tribunal por la STS 176/2022, de 24 de febrero (*Tol 8830366*). Entre las ulteriores resoluciones de las audiencias provinciales, destaca la reciente SAP Barcelona 461/2024, de 20 de mayo (*Tol 10198940*), al estimar que sólo hubo un delito de sustracción en el traslado ilegal de los dos hijos.

de la premisa de que se perpetra una única acción (lo cual no es discutible) con un único resultado (lo cual es más difícil de aceptar). Ello implica no considerar sujeto pasivo del delito al menor y rechazar una característica del objeto de tutela que se circunscribe en torno al bienestar del mismo proyectado sobre el derecho a relacionarse con sus dos progenitores. Y, sin embargo, el TS en ulteriores resoluciones sigue manteniendo esta concepción del bien jurídico en el tipo del art. 225 bis y al mismo tiempo continúa negando el concurso de delitos en los supuestos de sustracción de varios menores[37].

No obstante, la STS 339/2021 representa una de las aportaciones jurisprudenciales más relevantes en la reinterpretación del art. 225 bis CP en ámbitos tan significativos (entre otros) como el objeto de tutela, la unidad de acción o concurso de delitos cuando se sustraen dos o más menores y también la concreción de la relación de proporcionalidad entre la gravedad del ilícito y la sanción a imponer en determinados contextos.

En esta última temática, se recurrió a sus fundamentos jurídicos como criterio de comparación punitiva. Si la sustracción de dos menores desde Italia a España se castigaba con dos años y seis meses de prisión e inhabilitación especial para el ejercicio del derecho de patria potestad durante seis años, para el supuesto de un traslado ilícito de la única hija desde República Dominicana hasta España la sanción mínima de

---

[37] Así (en línea con otras resoluciones del Alto Tribunal), la STS 176/2022, de 24 de febrero (*Tol 8830366*), que mantiene la interpretación establecida por la STS 339/2021 de sustracción de varios menores como un único delito y no concurso de infracciones, considera que el bien jurídico protegido en el tipo del art. 225 bis viene constituido por el derecho de custodia y la paz familiar en supuestos de conflicto, pero también el derecho del menor a relacionarse con los dos progenitores.

dos años de prisión y cuatro de inhabilitación especial de la patria potestad se consideró ponderada y adecuada[38].

## VI. SUJETO ACTIVO FEMENINO Y REFLEXIONES POLÍTICO-CRIMINALES SOBRE LAS DIFERENTES SITUACIONES DE EXCLUSIÓN O LIMITACIÓN DE LA PENALIDAD

A lo largo de esta contribución se ha puesto de manifiesto (reiteradamente) la contundencia de la sanción, sobre todo si se atiende a la comparativa con la penalidad de otros delitos contra las relaciones familiares con un contenido de injusto similar (así, por ejemplo, de abandono de menores o de personas con discapacidad necesitadas de especial protección del art. 229 CP). También se ha de advertir que, por regla general, el progenitor que lleva a cabo la sustracción tiene en mente hacerse cargo del niño (con las cargas que ello conlleva) aun cuando no le asista el derecho a tales efectos. Esta consideración, como se ha señalado anteriormente, adquiere un significado más profundo cuando el sujeto activo es una mujer. De ahí que proliferen, tanto en el plano teórico como en el práctico, asuntos en los que se mitigue o incluso excluya el castigo cuando la autora es la madre.

En su momento se analizaron las causas y circunstancias específicas de exención o mitigación de pena contemplados en el art. 225 bis, 4[39]. Ahora se trata de llevar a cabo un análisis político-criminal de algunas situaciones que también provocan la ausencia de responsabilidad criminal o su atenuación, si bien el estudio sobrepasa lo requerido en ese 225 bis 4.

---

38 Así lo entendió la SAN 14/2022, de 23 de junio (*Tol 9118526*).

39 Apartado IV.

Ciertamente, ni la legislación española, ni tampoco la de carácter internacional, distinguen estas situaciones en las cuales, de una u otra manera, se excluye o atenúa la responsabilidad penal en atención a la condición del sexo del autor. Sin embargo, en la práctica de los tribunales se aprecia tanto en la alegación de las defensas, como en determinadas resoluciones judiciales que ciertas causas de mitigación o de exclusión de la responsabilidad criminal ex art. 225 bis se aducen o se encuentran más presentes en relación con el sujeto activo femenino en comparación con el varón.

En este apartado se van a analizar, desde esta perspectiva jurisprudencial, las diferentes casuísticas que, con independencia de su incidencia en la estructura del delito a la que afecten (antijuridicidad, culpabilidad o penalidad) están influyendo en la práctica en una disminución o exclusión de la sanción en la sustracción de menores perpetrada por la mujer.

Llama la atención que, aparte de las causas genéricas que el CP establece para la exención o mitigación de la pena a imponer (eximentes, error de tipo y de prohibición, atenuantes, etc.), el art. 225 bis hace referencia explícitamente a estas posibilidades de exclusión o de mitigación de la sanción en su propia regulación. Así, como se acaba de señalar, se examinaron las circunstancias de esta naturaleza contenidas en su número 4.

Pero ya en el número 1 del art. 225 bis se advierte que el castigo de la sustracción de menores está previsto cuando se lleve a cabo sin causa que la justifique. Con ello el legislador está poniendo el acento en el hecho de que pueden existir situaciones que legitimen el traslado o la retención ilegal del menor, situaciones que han de proyectarse en las mencionadas causas genéricas establecidas, entre otros, en los arts. 14, 20 o 21 del CP.

El mentado Convenio de La Haya de 1980, en su art. 13, 1, letra b) establece una serie de supuestos en los que las autoridades del Estado miembro al cual es trasladado o en el que es retenido ilegalmente el menor pueden denegar la restitución cuando la persona o institución que se opone a la misma demuestra, entre otras, que la devolución pone en riesgo una serie de derechos del menor o su bienestar[40]. Aunque el cometido del Convenio de La Haya de 1980 y del art. 225 bis del CP es bien distinto, se pueden apreciar, sin embargo, algunas situaciones derivadas de la aplicación de la norma internacional que, a efectos de la disposición penal, pueden actuar como eximentes o atenuantes de la responsabilidad criminal por constituirse en causas que, en mayor o menor medida, justifican la sustracción[41].

---

40 Art. 13:
"No obstante, lo dispuesto en el Artículo precedente, la autoridad judicial o administrativa del Estado requerido no está obligada a ordenarla restitución del menor si la persona, institución u otro organismo que se opone a su restitución demuestra que:...
... b) existe un grave riesgo de que la restitución del menor lo exponga a un peligro físico o psíquico o que de cualquier otra manera ponga al menor en una situación intolerable".

41 En relación con las causas que se han alegado para solicitar la denegación de la restitución del menor en materia de sustracción internacional recurriendo al art. 13, b) del Convenio de 1980, pueden destacarse, entre otras muchas, las contribuciones que se citan a continuación. Adam Muñoz (2023). "Las situaciones de violencia doméstica en los supuestos de la sustracción internacional de menores en el marco de la Unión Europea", cit.: pp. 324 y ss. González Marimón, M. (2022). "Artículo 29. Procedimiento siguiente a la denegación de restitución del menor con arreglo al artículo 13, párrafo primero, letra b), y el artículo 13, párrafo segundo, del Convenio de La Haya de 1980", en Palao Moreno, G. (Dir.)/González Marimón, M. (Ed.): *El nuevo marco europeo en materia matrimonial, responsabilidad parental y sustracción de menores : Comentarios al Reglamento (UE) nº 2019/1111,* Valencia, Tirant lo Blanch; pp. 217-342, 334 y 335. Herranz Ballesteros (2024). "El retorno seguro del menor...", cit.; párrafos 14 y ss. Reig Fabado (2023). "Violencia de género en la sustracción internacional de menores...", cit.; pp. 916 y ss.

También en el marco europeo se ha llevado a cabo una regulación en esta materia, representada, entre otros, por el Reglamento (UE) núm. 2019/1111. Sin embargo, no se pretende ahora entrar en el análisis de estas disposiciones, sino, por el contrario, tan sólo se trata de establecer de forma paralela la casuística de supuestos que pueden ser considerados con posibilidades de exención o mitigación de la sanción penal con arreglo al CP vigente.

En este sentido, entre las causas más alegadas para denegar el retorno del menor al ámbito del progenitor legitimado se encuentra la violencia de género empleada por éste sobre la mujer sustractora o la violencia doméstica proyectada sobre el descendiente (incluyendo supuestos de violencia vicarial que también se considera como violencia de género) [42]. Los malos tratos en el ámbito familiar, por tanto, han actuado como causa de excepción procesal de entrega del menor en aplicación del Convenio de La Haya de 1980 en altas instancias jurisdiccionales de países como Estados Unidos, cuyas decisiones han tenido gran relevancia en la interpretación del instrumento internacional [43]. No obstante, en la medida en que la carga de la prueba le corresponde

---

42 "De forma generalizada podemos comprobar como la actuación de la madre puede girar en torno a dos posiciones: por un lado es posible que denuncie a su presunto maltratador ante las autoridades del Estado de la residencia habitual del menor solicitando medidas cautelares que la alejen del mismo, tanto a ella, como a su hijo o hijos o bien, por otro lado es muy posible que no efectúe esta denuncia o que habiéndola realizado, dude de la efectividad de las medidas que adopten dichas autoridades a tal fin y huya con su hijo a su país de origen al encontrarse en el mismo mucho más Segura…". Adam Muñoz: …, cit.; p. 328.

43 Herranz Ballesteros (2024)…, cit.; párrafos 24 a 28, recoge una serie de resoluciones judiciales en el marco del derecho comparado en las que se resuelve sobre la alegación de violencia doméstica y otras causas de denegación de entrega del menor con base en la excepción contenida en el art. 13, 1, letra b) del Convenio de La Haya de 1980.

al progenitor sustractor, el éxito de esta medida procesal para denegar el retorno del niño es muy escaso[44].

También se ha alegado la existencia de violencia de género (sobre la mujer) o violencia doméstica (sobre el menor fuera de los supuestos de violencia vicarial) para eximir o mitigar notablemente la responsabilidad penal a través del estado de necesidad (completo o incompleto) del art. 20, 5° y 21, 1° por parte de la autora de la infracción penal recogida en el art. 225 bis CP. Este fue el mediático caso "Juana Rivas" que culminó en casación con la relevante STS 339/2021, entre otros.

Pero dichas alegaciones apenas han alcanzado su pretensión, fundamentalmente porque, como ocurriera en relación con la excepción procesal del art. 13, 1, b) del Convenio de La Haya, la mujer tiene que probar que ella o el menor han sido víctimas de tal violencia y que la sustracción constituía el mecanismo más idóneo para evitar un grave riesgo a la integridad física o psíquica del descendiente. Precisamente los órganos jurisdiccionales son muy exhaustivos en las exigencias probatorias del estado de necesidad[45].

---

44 "Los datos oficiales existentes, sin ser exhaustivos, ni recientes, son significativos de la realidad en la aplicación de este sistema. Ya se ha señalado *supra* que, en 2015, las denegaciones judiciales supusieron un 12%. De éstas, la causa mayoritaria de la denegación fue, individual o combinadamente, el artículo 13.1.b) del Convenio de La Haya, que supuso un 25%... ...Ello no implica que, pese a su carácter mayoritario, no suponga más de un 4% del total de los casos de 2008, lo que subraya su carácter excepcional". Reig Fabado (2023)..., cit.; pp. 917 Y 918.

45 A título de ejemplo, la SAP Barcelona 255/2024, de 18 de marzo (*Tol 10096175*) no da por probado el estado de necesidad alegado por la defensa de la mujer en relación con el traslado ilegal de la descendiente a Estados Unidos. Lleva a cabo un profundo examen de los requisitos probatorios de la causa de justificación, concluyendo por no apreciar su aplicación.

Aunque en algunas resoluciones judiciales se ha exigido que la violencia doméstica alcance al menor para que se constituya en causa justificada para proceder a su traslado o su retención, lo cierto es que cualquier situación de maltrato grave (con independencia de que se ejerza o no sobre el descendiente) recibido por la mujer por parte del progenitor custodio debe excluir la responsabilidad penal por vía del art. 225 bis, 1 conforme a los criterios señalados anteriormente[46].

En esta misma línea discusiva, hay que destacar que, en algunas resoluciones de las Audiencias Provinciales que condenan a la mujer por la retención ilícita de los hijos, la defensa, apoyándose en el estado de necesidad, argumenta aduciendo la situación de ansiedad y estrés que la entrega al progenitor custodio puede acarrear[47].

Cabe resaltar que en determinados casos de sustracción de menores perpetrados por la progenitora se ha alegado que el comportamiento ilegal se ha llevado a cabo para evitar un atentado sexual a la persona del menor[48]. Al igual que en los supuestos en los que se esgrime el padecimiento de violencia doméstica por parte del progenitor custodio, dichos alegatos no suelen evitar la condena de la mujer por no quedar

---

46 Al respecto, Muñoz Ruiz (2024)..., cit.; p. 84, con cita de esta jurisprudencia.

47 Este fue el caso, a título de ejemplo, que enjuició la SAP Las Palmas 387/2022, de 28 de octubre (Tol 9.436.577). Ciertamente, se condenó a la mujer por un delito de desobediencia grave y no de sustracción de menores, pero esta última subsunción (que correspondía realmente con el relato fáctico probado) no se atendió merced a una inicial errónea calificación de la acusación en la primera instancia.

48 En este sentido, los casos enjuiciados por las SSAP Madrid 605/2021, de 30 de noviembre (Tol 8.797.141) y Barcelona 613/2022, de 19 de septiembre (*Tol 9339634*). También la ya citada STS 351/2022, de 6 de abril (Tol 8.909.537).

suficientemente acreditados. Aun así, en alguna ocasión excepcional la pretensión absolutoria alcanza su cometido[49].

Estos dos supuestos examinados (violencia sobre la mujer o sobre el descendiente o atentado sexual sobre este último), cuando se pretextan como justa causa que legitima la sustracción del menor son esgrimidos por el sujeto activo femenino y no por el varón.

Mayor éxito han tenido los argumentos dirigidos a demostrar la inexistencia de dolo u otro elemento subjetivo del injusto que se pueda apreciar en la figura delictiva del art. 225 bis CP. La ventaja de esta estrategia de defensa redunda en que, en la medida en que son requisitos típicos que proliferan en el ámbito interno del sujeto, no obligan a quien los aduce a una corroboración fáctica tan contundente como en los casos anteriores. Ciertamente exige su demostración a través de las reglas de inferencia en materia probatoria a la parte acusada, pero en menor medida que en los casos anteriormente examinados.

El dolo en este delito abarca el conocimiento y la voluntad del traslado ilegal del menor o de la retención del mismo incumpliendo gravemente una resolución judicial o administrativa que obliga al progenitor a entregar a dicho menor a la persona o institución legitimada a tal fin. Existe un elemento subjetivo del injusto dirigido a desvincular de forma permanente la presencia física del progenitor custodio con el menor violando gravemente el régimen legal de guarda y custodia determinado por esas decisiones judiciales o administrativas[50].

---

49 Este fue el asunto tratado por la SAP Madrid 234/2023, de 25 de mayo (*Tol 9668312*), que confirmó la absolución de la sentencia de instancia en la que la mujer se negó durante varios meses a cumplir el régimen de visitas con el padre por interponer denuncias de abuso sexual que no estuvo probado.

50 Por regla general, la jurisprudencia admite la existencia del elemento subjetivo del injusto en la figura delictiva del art. 225 bis. La

Dado que estamos en presencia de un delito eminentemente doloso y configurado en torno a un elemento subjetivo del injusto, no se castigarán los supuestos de imprudencia (art. 12 CP) y difícilmente los sustentados bajo dolo eventual[51].

En este sentido, no son infrecuentes los casos de absoluciones de mujeres, no tanto por ausencia de intención y voluntad de proceder al traslado o a la retención ilegal del menor[52], sino más bien por no pretender desvincular al progenitor legitimado de su derecho a relacionarse con el descendiente conforme establece la correspondiente decisión del órgano jurisdiccional[53], o cuando la negación a la restitución se plantea con

---

cuestión se haya más discutida en la doctrina, tal y como examinan profundamente Muñoz Ruiz (2024). ..., cit.; pp. 87-91 y Monge Fernández (2024). "El delito de sustracción de menores", cit.; pp.146-148. En la medida en que en la presente contribución interesa especialmente el análisis de los supuestos más reiterados en la práctica de los tribunales que excluyen o limitan la responsabilidad criminal en relación con el ámbito subjetivo de la autora, se evitan ahora estas discusiones dogmáticas.

51 Sin embargo, la SAP Barcelona 513/2023, de 7 de julio (*Tol 9764732*) admite la comisión a título de dolo eventual en relación con el conocimiento de la obligación de entrega a la institución oficial de acogida, aun cuando no se haya notificado formalmente la correspondiente resolución emanada de aquélla.

52 No obstante, también se conocen decisiones que absuelven a la acusada por desconocimiento de la ilegalidad del traslado, como ilustra La SAP Barcelona 5/2023, de 3 de enero (*Tol 9493830*) que absolvió a la madre que había perdido la guarda y custodia del menor en favor del progenitor por resolución judicial en la medida en que desconocía su contenido y no había recibido ulterior instrucción para su ejecución.

53 Por ejemplo, la SAP Barcelona 381/2024, de 13 de mayo (*Tol 10160708*). Consideró la ausencia del elemento subjetivo del tipo porque la madre no tenía la intención de desvincular la comunicación de los descendientes con el otro progenitor, dado que la causa del ilegal traslado estribaba en una pésima situación económica, fallando, en consecuencia, a favor de la absolución.

mero carácter provisional hasta que se resuelva una concreta situación que dio lugar a la misma[54].

Incluso se ha llegado a estimar error de prohibición en aquellos supuestos en los que el sujeto activo tenía la convicción de que el traslado o la retención era conforme a derecho atendiendo a las concretas circunstancias que acompañaron a su decisión[55]. Y ocurre que, en los procesos de separación o divorcio con profundas desavenencias y constantes denuncias entre ambos progenitores, la complejidad de las decisiones que afectan a la crisis familiar hace muy difícil deslindar en cada momento el conjunto de derechos y obligaciones que corresponde a la acusada en relación con la guarda y custodia del descendiente común[56].

En fin, la grave penalidad que acompaña a la figura típica del art. 225 bis del CP determina en muchas ocasiones a los órganos jurisdiccionales a contemplar ciertos cauces que conduzcan a su mitigación. De tal suerte que, en supuestos de traslado o retención ilegal de varios menores, se ha llegado a estimar diferentes mecanismos que, considerados conjuntamente, coadyuvan desde la concreta perspectiva político-criminal judicial a un mayor

---

54 La SAP Albacete 121/2023, de 21 de abril (*Tol 9620037*) apela la sentencia de instancia y absuelve a la mujer por no tener intención de privar del derecho de custodia al otro progenitor, pues su propósito era entregar, como así hizo, al menor pasado el periodo de crisis con su padre.

55 A estos efectos, la STS 191/2023, de 16 de marzo (*Tol 9490808*) resolvió en casación absolver a la madre que se negó a entregar al otro progenitor al que provisionalmente se le había otorgado la custodia creyendo que, al estar impugnada la resolución judicial, tenía derecho a la retención del descendiente.

56 De este modo, la SAP Barcelona 645/2023, de 24 de octubre (*Tol 9885211)* absuelve a la madre que no entrega al menor hasta que no concluye el laberíntico proceso judicial de determinación de la custodia de los hijos.

reforzamiento del principio de proporcionalidad entre la gravedad de la específica sustracción y su concreta sanción[57].

## VII. A TÍTULO DE REFLEXIÓN FINAL

La presente contribución se ha sustentado sobre dos hipótesis fácilmente constatables. La primera de ellas afirmaba que el delito de sustracción de menores es perpetrado por la mujer en mayor medida que por el varón. La segunda de ellas mantenía que la penalidad que acompaña a este hecho punible es de entidad si se atiende a su contenido de injusto en comparación con otras figuras delictivas contra las relaciones familiares. A partir de aquí se han desarrollado algunas tesis que han tratado de explicar esa relevancia femenina del secuestro parental, las razones que fundamentan la gravedad de la sanción y los criterios político-criminales que se han dirigido a evitar excesos punitivos en consideración a la condición del sujeto activo.

Tomando en consideración estas pautas metodológicas, orientadas fundamentalmente desde la perspectiva que otorga la práctica jurisprudencial en la resolución de los asuntos relacionados con estos ámbitos que constituyen el objeto de esta investigación, se presentan resumidamente algunas de las aportaciones más significativas.

En todo delito de sustracción de menores el sujeto activo actúa ilegalmente para conseguir o continuar de hecho la custodia del menor. Al mismo tiempo se pretende alejar y evitar

---

57 Un nítido ejemplo de esta consideración se desprende de la SAP Barcelona 461/2024, de 20 de mayo (Tol 10198940) que, por un lado, interpreta que hay un solo delito de sustracción en el traslado ilegal de los dos hijos comunes y, por otro lado, estima aplicable la atenuante muy cualificada de dilaciones indebidas, a pesar de que reconoce que dichas dilaciones son achacables a la acusada.

la relación del hijo con el progenitor custodio legitimado. Cada uno de estos aspectos (positivo de ejercicio de hecho de la guarda y custodia, negativo de impedimento al progenitor legitimado) conduce a una aparente explicación de una de las cuestiones aquí formuladas.

El apoderamiento del espacio físico del menor implica una voluntad de educar, vigilar, cuidar, y, en definitiva, de hacerse cargo del desarrollo existencial del niño o de la niña. Dicho rol ha sido tradicionalmente asumido por la mujer en mayor medida que por el varón[58].

Mentado indicio de mayor proclividad a este tipo de criminalidad por parte de la mujer se complementa con otros relacionados, tal y como se señaló en el párrafo anterior, con la pretensión de evitar mediante el alejamiento físico el contacto y la comunicación con el otro progenitor. Aquí se han aducido diferentes alegaciones que, en el examen de las resoluciones judiciales analizadas, no siempre han quedado probadas. Pero ello no supone que desde la perspectiva causal-motivacional e interna de la madre no constituyesen los verdaderos condicionamientos de su actuar antijurídico. Estas razones que presenta la defensa en los diferentes supuestos examinados no suelen exponerse en los casos en los que el sujeto activo es el varón.

En este sentido, se ha justificado la sustracción con base en la existencia de atentados sexuales contra los menores. También para evitar violencias físicas o psíquicas ejercidas sobre ellos. Y, en fin, como ocurrió en el mediático caso de Juana Rivas, se ha pretendido legitimar la conducta prohibida por la existencia de violencia de género empleada contra la propia madre.

---

58 Este rol tradicional desempeñado por la mujer del cuidado de los hijos en mayor medida que el varón también se manifiesta en el cumplimiento de la pena de prisión. En este sentido, Vasilescu, C. (2023). Mujeres y penas alternativas a la prisión: una mirada con perspectiva de género, Madrid, Dykinson; pp. 34 y ss.

En el ámbito de la penalidad, hay que destacar la gravedad de la sanción en esta figura delictiva (prisión de dos a cuatro años e inhabilitación especial para el ejercicio del derecho de patria potestad por tiempo de cuatro a diez años). Ciertamente, aunque existen supuestos que excluyen o mitigan la pena del tipo básico (art. 225 bis, 4), estas consecuencias jurídicas se exacerbaban cuando la sustracción afectaba a más de un menor por entenderse que se trataba de un concurso de delitos. La STS 339/2021 mitigó esta repercusión tan grave (que podría conducir fácilmente al autor al cumplimiento de la pena privativa de libertad en un centro penitenciario) interpretando que en tales casos el hecho era constitutivo de un único delito, pudiéndose considerar el mayor injusto de que se tratara de más de un hijo afectado en el marco de la individualización de la sanción. Esta solución, admisible desde la perspectiva político-criminal de ajustar la proporcionalidad entre hecho punible y condena, es más que discutible si se examina desde un planteamiento estrictamente jurídico-penal.

Aún con estas mitigaciones legales o jurisprudenciales, el delito de sustracción de menores presenta una penalidad mucho más elevada que otras infracciones contenidas en el mismo capítulo (delitos contra los derechos y deberes familiares) y cuyo contenido del injusto no es de mucha menor entidad. Veamos algunos ejemplos.

De este modo, en el art. 226, que contiene el delito conocido como abandono de familia, el dejar de prestar la asistencia necesaria legalmente establecida para el sustento de los descendientes que se hallen necesitados, está conminado con prisión de tres a seis meses o multa de seis a 12 meses. Y el abandono de un menor por parte de sus padres es castigado con prisión de 18 meses a 3 años, conducta que se agrava hasta la pena privativa de libertad de 2 a 4 años cuando por las circunstancias del abandono se haya puesto en concreto peligro la vida, salud, integridad física o libertad sexual del menor de edad (art. 229, 2 y 3). Estos últimos comportamientos parecen más graves que una sustracción del art. 225 bis, y, sin embargo, la sanción sigue siendo inferior a esta última infracción (se recuerda que la figura básica del art. 225 bis se castiga con la pena de prisión de dos a cuatro años e inhabilitación especial para el ejercicio del derecho de patria potestad por tiempo de cuatro a diez años).

Habría que preguntarse entonces por qué esta discriminación punitiva. Y, aparte de los argumentos que presenta la necesaria tutela del bien jurídico ofendido por la infracción (ya señalados párrafos arriba), se pueden traer a colación otros relacionados con la normativa internacional (que presiona para que los países firmantes de los respectivos convenios internacionales elaboren legislación penal contundente con efectos disuasorios de prevención del comportamiento prohibido[59]. A este respecto también hay que tener presente, tal y como ha manifestado el propio TS, motivado por una condena a España por parte del TEDH, el necesario reforzamiento de la cooperación judicial en las sustracciones internacionales que requiere una mayor sanción en orden a satisfacer la efectividad de las órdenes internacionales de detención en los correspondientes procesos penales[60].

---

59 En este sentido, por todos, González Marimón (2022). *La sustracción internacional de menores en el espacio jurídico europeo…*, cit.; pp. 385 y ss.

60 En efecto, la STS 351/2022, de 6 de abril (*Tol 8909537*) explica la necesidad de gravedad de la pena por el siguiente caso del TEDH: "Por su particular relevancia debemos destacar la STEDH, caso Iglesias Gil c. España, de 29 de abril de 2003, en la que se aborda un supuesto de sustracción de un menor por uno de los progenitores. El Tribunal de Estrasburgo declara vulnerado el artículo 8 CEDH no tanto por la inactividad o negligencia de las autoridades judiciales sino por la ausencia de mecanismos legales para garantizar la efectividad de las decisiones que, adoptadas en el curso del proceso penal, ordenaban el retorno del menor sustraído. En concreto, el TEDH destaca cómo *"los tribunales rechazaron esta solicitud (la de librar una orden internacional de detención) porque los actos de los que se acusaba a Jose Pablo., a saber, su marcha con el niño, podían ser calificados de des-*

La desobediencia de las resoluciones judiciales y el gran desgaste de las energías y de los recursos de la debilitada administración de justicia constituyen motivos que también pueden abogar en favor de la prevención general de esta clase de delitos.

La estadística de ingresos en centro penitenciario no discrimina por figuras delictivas sino por el conjunto de delitos que corresponde con el respectivo título del CP de 1995. De tal suerte que en esta contribución se desconoce el número

---

*obediencia, un delito castigado con una pena de prisión de entre seis meses y un año, y no permitían la emisión de una orden de detención internacional. Para llegar a esta conclusión, los tribunales nacionales examinaron una serie de elementos de hecho y de derecho que consideraron pertinentes para la apreciación de la cuestión*". El Tribunal reitera que corresponde en primer lugar a las autoridades nacionales y, en particular, a los tribunales, interpretar y aplicar el Derecho interno. Sin embargo, en el presente caso, considera "*que el problema no se refiere únicamente a la interpretación de las disposiciones legales pertinentes por parte de los órganos jurisdiccionales nacionales, que, por otra parte, no hay nada que demuestre que fuera irrazonable, sino sobre todo a la insuficiencia de la legislación aplicada*". A este respecto, la Corte señala "que el legislador español ha considerado necesario reforzar las medidas de lucha contra la sustracción de menores, especialmente en el ámbito penal. A este respecto, observa que la Ley Orgánica 9/2002, de 10 de diciembre, modificó las disposiciones pertinentes del Código Penal e incrementó las penas que se imponen cuando el autor de la sustracción o de la denegación de representación de un menor es uno de los padres y la custodia del menor se ha concedido legalmente al otro progenitor o a otra persona o institución en interés del niño (véanse los párrafos 33 a 36 supra)". Concluyendo, a la luz de lo anterior y sin perjuicio del margen de apreciación del Estado demandado en la materia, " *que las autoridades españolas no realizaron esfuerzos adecuados y suficientes para garantizar que se respetara el derecho de la demandante a la restitución de su hijo y el derecho de este a reunirse con su madre, infringiendo así su derecho al respeto a la vida familiar garantizado por el artículo 8 del Convenio*"".

de causas de cumplimiento por sustracción de menores llevadas a cabo por la progenitora en el periodo que se ha tomado aquí en consideración (el quinquenio con mayor presencia de condenas a la mujer). Es conocido que del total de penados contra las relaciones familiares en dicho periodo (981), 919 corresponden a hombres y 62 a mujeres (6,3% del total[61]). En consecuencia, no parece que sea muy elevada la cifra de mujeres que ingresan en prisión por la perpetración de este ilícito penal. A esta conclusión se llega, por tanto, teniendo presente el dato relativo de ese 6,3% de cumplimiento de mujeres por infracciones contra las relaciones familiares, mientras que en el conjunto de todos los delitos penados la ratio femenina constituye en el quinquenio (tomado como principal referencia en esta investigación) el 14%[62].

Con todas las salvedades e inseguridades señaladas, se puede decir que no existe una clara discriminación en materia de ingreso en prisión por este delito en relación con la diferencia de género. Pero un cambio jurisprudencial podría determinar que la mayoría de los supuestos que afectasen a varios descendientes acabaran con la efectiva ejecución de la pena privativa de libertad si se volviese a considerar que se trata de un concurso de delitos y no de una única infracción con varios sujetos afectados por la acción de sustracción.

---

61 Datos extraídos de la tabla del periodo acumulado 2017-2021 en relación con la explotación que realiza el INE del Registro Central de Penados bajo los parámetros de todos los delitos penados atendiendo a la clase de infracción y según sexo.

62 En efecto, en este quinquenio (2017-2021) el número de condenas a mujeres por delito de sustracción de menores fue de 99. Datos proporcionados por el INE de la explotación del Registro Central de Penados en relación con las tablas individuales anuales del periodo 2017-2021 bajo los parámetros de todos los delitos condenados atendiendo a la clase de infracción y según sexo.

La condición femenina del sujeto activo ha planteado bastantes interrogantes en relación con la posición de la mujer en la familia (y en la sociedad en general) en atención a la gravedad de la pena en la sustracción de menores.

Especialmente en el ámbito del secuestro parental internacional, se han apuntado soluciones exculpatorias en los casos de violencia de género, violencia doméstica o atentados sexuales procedentes del progenitor custodio. También se ha sugerido considerar atípicos determinados supuestos de traslados o retenciones ilegales que no responden a la gravedad de la conducta que exige la figura delictiva o estos otros caracterizados por la ausencia del elemento subjetivo del injusto dirigido a desvincular permanentemente al descendiente con el progenitor legitimado.

Evidentemente, queda abierta la posibilidad de la estimación de las circunstancias genéricas de atenuación que, en algún caso, pueden actuar como contrapeso a la contundencia del castigo precisamente porque sus efectos son especialmente perjudiciales cuando el sujeto activo es una mujer (así, la privación del ejercicio del derecho de patria potestad). En este sentido, se puede plantear la aplicación de la circunstancia mixta de parentesco del art. 23 CP como atenuante cuando la sustracción sea el resultado de una salida a un conflicto de pareja perturbador y en condiciones de desigualdad. También existe la posibilidad de tomar en consideración una atenuante analógica en relación con una eximente incompleta en situaciones de miedo, de creencia exagerada de peligro para el menor, o similar.

Se trata, en última instancia, de llegar a un equilibrio en la balanza de la justicia penal, ponderando, por un lado, la necesaria protección al bien jurídico tutelado y a los derechos de las víctimas y, por otro lado, la requerida limitación del poder punitivo cuando el sujeto activo de la sustracción de menores perpetre el hecho bajo ciertas circunstancias especiales o de vulnerabilidad.

## REFERENCIAS BIBLIOGRÁFICAS

Acale Sánchez, M. (2021). "Mujer inmigrante y pobre: una mina para el Derecho Penal". *Revista Penal,* núm. 47; pp. 5-23.

Adam Muñoz, M. D. (2023). "Las situaciones de violencia doméstica en los supuestos de la sustracción internacional de menores en el marco de la Unión Europea", en *De los retos a las oportunidades en el derecho de familia y sucesiones internacional,* Valencia, Tirant lo Blanch; pp. 317-344.

Alcázar Escribano, M. A. (2022). "Alternativa a la prisión: una cuestión de justicia y género". *Revista General de Derecho Penal,* núm. 37.

Becerril Ruiz, D. (2023). "La sustracción de menores en España: cuantificación y caracterización", en *Amores, desamores y rupturas,* Valencia, Tirant lo Blanch; pp. 307-328.

Borja Jiménez, E. (2024). "Política criminal del Código Penal frente a los hechos delictivos perpetrados con relevancia femenina". *Revista Penal,* núm. 53; pp. 38-63.

Caravaca Sánchez, F./García-Jarillo, M. (2017). "Factores de riesgo asociados a la reincidencia entre el colectivo femenino penitenciario en España". *Cuadernos de Medicina Forense,* vol. 23, núm. 3-4; pp. 76-81.

Carbonell Mateu, J. C. (2023). "Delitos contra las relaciones familiares", en González Cussac, J. L. (Coord.): *Derecho Penal. Parte Especial,* 8ª Ed., Valencia, Tirant lo Blanch; pp. 343-359.

Carbonell Mateu, J. C. (2023). "Autodeterminación personal y dignidad: Una legislatura de consolidación". *Cuadernos Electrónicos de Filosofía del Derecho,* núm. 49; pp. 129-140.

Carbonell Mateu, J. C. (2021). "Ley de la eutanasia: Una ley emanada de la dignidad". *Teoría y Derecho,* núm. 29; pp. 46-71.

Carbonell Mateu, J. C. (2011). *El Derecho Penal (y los penalistas) en tiempos de crisis (Discurso inaugural pronunciado en el Aula Magna de la Universidad de La Habana, el 4 de julio de 2011, con motivo de la Apertura de la VII Escuela de Verano "Juan Carlos Carbonell Mateu").*

Cervelló Donderis, M. V. (2021). "Mujer, prisión y no discriminación: del legado de concepción arenal a las reglas de Bangkok". *Estudios Penales y Criminológicos,* vol. XLI; pp. 551-591.

Cervelló Donderis, V. (2006). "Las prisiones de mujeres desde una perspectiva de género", *Revista de Estudios Penitenciarios,* núm. Extra 1; pp. 129-150.

Clinaz, M. P. (2021). "Las más malvadas de todas". *Revista Electrónica de Estudios Penales y de la Seguridad (REEPS)*, núm. Extra 7.

Cuerda Arnáu, M. L. (Dir.)/Raga Vives, A. (Coord.) (2023): *Comentarios al Código Penal*, Tomos I y II, Valencia, Tirant lo Blanch.

De Vicente Martínez, R. (2018). "Sustracción de menores". *Vademécum de Derecho Penal*, 5ª Ed., Valencia, Tirant lo Blanch; pp. 350 y ss.

Dolz Lago, M. J. (2021). "Caso Juana Rivas: sustracción de menores", *Diario la Ley*, Núm. 9903.

Espinosa Calabuig, R. (2023). "Combatiendo la violencia contra la mujer en casos de sustracción internacional de menores: el ODS nº 5.2", en *La comunidad internacional ante el desafío de los objetivos de desarrollo sostenible*, Valencia, Tirant lo Blanch; pp. 527-547.

Francés Lecumberri, P. (2021). "La criminalización de las mujeres: De la caza de brujas a las propuestas de transformación del abordaje del delito". *Millars: Espai i historia*, vol. 51, núm. 2; pp. 209-241.

García Domínguez, I. (2019). "Exclusión social y criminalidad: un análisis de las instituciones aporófobas a través de los delitos patrimoniales". *Revista Penal*, núm. 48; pp. 33-57.

García Pérez, O. (2010). "El delito de sustracción de menores y su configuración". *InDret*, núm. 4.

González Marimón, M. (2022). *La sustracción internacional de menores en el espacio jurídico europeo*, Valencia, Tirant lo Blanch.

Gudín Rodríguez-Magariños , A. E. (2022). "El bien jurídico protegido del delito de sustracción de menores tras la reforma del artículo 225 bis por la Ley Orgánica 8/2021, de 4 de junio". *Diario la Ley, núm.* 10052.

Herranz Ballesteros, M. (2024). "El retorno seguro del menor: ¿puente entre la excepción de grave riesgo y la obligación de devolución?". *Bitácora Millennium DIPR*, núm. 19.

Jiménez Fortea , F. J. (2024). "MASC y sustracción internacional de menores por sus propios padres", en Barona Vilar, S. (Ed.): *Masc, to be or not to be?: (medios adecuados de solución de conflictos en la justicia)*, Valencia, Tirant lo Blanch; pp. 793-826.

Juanatey Dorado, C. (2018). "Delincuencia y población penitenciaria femeninas: situación actual de las mujeres en prisión en España". *RECPC*, núm. 20.

Laurenzo Copello, P. (2019). "Mujeres en el abismo: delincuencia femenina en contextos de violencia o exclusión". *RECPC*, núm. 21.

López De Zubiría Díaz, S. (2023). "La mujer como delincuente: aproximación a la delincuencia femenina a través de un estudio jurisprudencial". *Revista Penal,* Núm. 51; pp. 165-176.

Lorente Martínez, I. (2023). "Sustracción internacional de menores", en Castellanos Ruiz, E. (Dir.)/Castellanos Ruiz, M. J. (Coord.): *Comentario al nuevo Reglamento (UE) Bruselas II ter,* Valencia, Tirant lo Blanch; pp. 383-422.

Monge Fernández, A. (2024). "El delito de sustracción de menores", en Monge Fernández, A. (Dir.): *La protección jurídica del menor,* Valencia, Tirant lo Blanch; pp. 119-158.

Monge Fernández, A. (Dir.) (2019). *La sustracción internacional de menores desde una perspectiva multidisciplinar,* Barcelona, Bosch.

Monge Fernández, A. (2017). *El delito de sustracción de menores: aspectos dogmáticos y jurisprudenciales,* Barcelona, Bosch.

Muñoz Cuesta, J. (2022). "Sustracción de varios hijos menores: ¿un delito o tantos como menores afectados?". *Revista Aranzadi Doctrinal,* Núm. 6.

Muñoz Ruiz, J. (2024). *La sustracción de menores en contextos de violencia intrafamiliar y de género: aspectos penales, civiles y procesales,* Pamplona, Aranzadi.

Núñez Paz, M. A. (2014). "La mujer en el umbral del delito". *Revista Penal,* núm. 34; pp. 131-148.

Palao Moreno, G. (Dir.)/González Marimón, M. (Ed.) (2022). *El nuevo marco europeo en materia matrimonial, responsabilidad parental y sustracción de menores: Comentarios al Reglamento (UE) nº 2019/1111,* Valencia, Tirant lo Blanch.

Pedrosa, A. (2018). "¿Discrimina el código penal español a las mujeres?". *Revista Española de Investigación Criminológica ( REIC),* Núm. 16.

Peñaranda Ramos, E. (2024). "¿ Unidad o pluralidad de " hechos" en caso de producción de una pluralidad de resultados mediante una sola " acción"? ", en Peñaranda Ramos, E. (Dir.)/Pozuelo Pérez, L. (Dir.)/Canard, N. (Coord.): *Una propuesta de reforma para la regulación racional de la concurrencia delictiva en el Código Penal español,* Madrid, BOE; p. 189-222.

Picado Valverde, E. M./Yurrebaso, A./Guzmán Ordaz, R./Orgaz Baz, B. (2022). "Factores de riesgo diferenciales entre hombres y mujeres en prisión". *Boletín Criminológico,* vol. 29, núm. 213; pp. 1-22

Reig Fabado, I. (2023). "Violencia de género en la sustracción internacional de menores: ¿regulación insuficiente, infrautilizada o ambas cosas?", en Lara Aguado, A. (Coord.): *Protección de menores en situaciones transfronterizas: análisis multidisciplinar desde las perspectivas de género, de los derechos humanos y de la infancia,* Valencia, Tirant lo Blanch; pp. 903-934.

Revelles Carrasco, M. (2019). "Género y delincuencia: de la exclusión a la criminalización". *Revista de Estudios Socioeducativos (RESED),* núm. 7; pp. 137-153.

Rodríguez Yagüe, C./Pascual Rodríguez, E. (2022). *Las mujeres en prisión: la voz que nadie escucha. Explorando nuevas vías de cumplimiento de las penas impuestas a mujeres a través de la cultura,* Ministerio de Cultura y Deporte.

Santos Sánchez, L. (2021). "Mujer y delincuencia. Revisión bibliográfica". *Revista de Criminología, Psicología y Ley (Cripsiley),* núm. 6; pp. 211-244.

Serrano Tárraga, M. D. (2021). *Delincuencia femenina: un estudio sobre tendencia, control y prevención diferenciales desde la perspectiva de género,* Valencia, Tirant lo Blanch.

Vasilescu, C. (2023). *Mujeres y penas alternativas a la prisión: una mirada con perspectiva de género,* Madrid, Dykinson.

Vives Antón, T. S (2010). *Fundamentos del sistema penal: acción significativa y derechos constitucionales,* Valencia, Tirant lo Blanch.

*Capítulo 2*

# *Alternativas penitenciarias al encarcelamiento femenino*[1]

**VICENTA CERVELLÓ DONDERIS**
*Catedrática de Derecho Penal*
*Universidad de Valencia*

## I. LOS EFECTOS DE LA PRISIÓN SOBRE LAS MUJERES PRIVADAS DE LIBERTAD

Aunque la cifra de mujeres en prisión sea muy inferior a la de hombres encarcelados, esta diferencia meramente cuantitativa no es suficiente para explicar las peores condiciones de cumplimiento penitenciario que sufren, sino que hay buscar en la masculinización de las estructuras penitenciarias el origen de la desigualdad carcelaria que sufren las mujeres hasta el punto de provocar la doble discriminación de ser mujer y, además, estar privada de libertad. Es muy significativo que el Informe del Defensor del Pueblo de 2023 reconozca que el sistema penitenciario se ha ideado y configurado para acoger mayoritariamente a los hombres, destacando la necesidad de

1 Trabajo realizado en el marco del Proyecto de I+D+I Modalidad "Generación del Conocimiento" 2021, Estudio crítico del uso de sanciones alternativas penales: una mirada a la salud mental y al género" PID2021-126236OB, financiado por MCIN/AEI 10.13039/501100011033/ y por "FEDER una manera de hacer Europa", IPs Vicenta Cervelló Donderis y Asunción Colás Turégano.

adaptarlo a las mujeres para poder valorar sus necesidades específicas y evitar que aumente su vulnerabilidad[2].

Las mujeres que ingresan en prisión arrastran una especial problemática que provoca que la privación de libertad les afecte de forma más aflictiva que a los hombres porque, en su mayoría, no han cometido delitos graves ni violentos, han sido víctimas de violencia o de abuso sexual y tienen a su cargo obligaciones familiares[3]. Su reducida muestra de agresividad o violencia o su mayor disposición a participar en actividades de tratamiento, sin embargo, no han sido suficientes motivos para impulsar nuevas formas de ejecución menos punitivas porque la falta de medios y espacios adecuados las ha abocado a la invisibilidad en la generalidad de las normas de régimen penitenciario.

A lo largo de la historia, las prisiones de mujeres han evolucionado de forma paralela al rol que la sociedad ha asignado a la mujer durante siglos, ya que, desde las primeras diferencias asociadas al paternalismo, que les dotaba de un mayor contenido religioso y moralizante, se fue avanzando hacia la igualdad con los hombres, entendida en términos estrictamente formales, lo que ha terminado provocando los mismos efectos discriminatorios precedentes, por seguir ignorando las necesidades particulares de las mujeres presas[4].

Por regla general, las mujeres tienen una experiencia vital previa a su entrada en prisión muy compleja, debido a su bajo nivel de alfabetización, sus escasas habilidades sociales y laborales, que un número importante de ellas haya sufrido

---

2 Informe Defensor del Pueblo 2023, p. 88.

3 Juanatey Dorado, C. (2018) "Delincuencia y población penitenciaria femeninas: situación actual de las mujeres en prisión en España" *Revista electrónica de Ciencia Penal y Criminología* 20-10, p. 17.

4 Vasilescu, C. (2022) *Mujeres y penas alternativas a la prisión. Una mirada con perspectiva de género.* Dykinson, p.36.

previamente violencia doméstica o que muchas se ocupen de las responsabilidades familiares en solitario, todo lo cual debería priorizar el apoyo para mantener las relaciones afectivas y la oferta de programas de intervención específicos que faciliten la reinserción social. Estas necesidades pueden ser comunes a la mayoría de mujeres presas en sentido genérico, pero no se debe caer en el error de entender que se trata de un colectivo homogéneo lo que llevaría a ignorar otros grupos específicos como las personas migrantes, transexuales, gitanas o extranjeras, entre otras, que pueden tener diferentes necesidades[5].

La ejecución penitenciaria, lejos de tener en cuenta estas necesidades específicas, cuenta con espacios muy limitados para llevar a cabo una intervención individualizada y adaptada a las necesidades de las mujeres, dispone de escasos recursos personales y materiales derivados del bajo número de mujeres presas y lleva a cabo una aplicación de figuras penitenciarias sin tener apenas en cuenta las diferentes circunstancias individuales que pueden presentar las mujeres, todo lo cual provoca como resultado que las mujeres sufran en prisión peores condiciones de cumplimiento que los hombres. Para conocer con precisión el alcance de la discriminación de la mujer en la ejecución penitenciaria, ayudaría que los datos segregados por género estuvieran recogidos en todas las estadísticas e informes penitenciarios para poder cruzarlos con los de los hombres[6], sin embargo, esto

---

5 Alcázar Escribano, M.A (2022) "Alternativa a la prisión: una cuestión de género" *Revista General de Derecho Penal* 37, p. 4-6.

6 Secretaría General de Instituciones Penitenciarias (2019) *La situación de la mujer privada de libertad en la institución penitenciaria.* ESTUDIOS-SOBRE-LA-MUJER-PRIVADA-DE-LIBERTAD.pdf (derechopenitenciario.com), p. 77. Rodríguez Yagüe, C./Pascual Rodríguez, E. (2022) *Las mujeres en prisión: La voz que nadie escucha. Explorando nuevas vías de cumplimiento de penas impuestas a mujeres a través de la cultura,* Fundación Gabeiras p.51.

todavía no es posible [7] pese al mandato de la cuarta conferencia mundial sobre la mujer celebrada en Beijing en 1995 y el compromiso de la LO 3/2007 de 22 de marzo para la igualdad efectiva de mujeres y hombres que obliga a incorporar en todos los estudios, encuestas y estadísticas la variable de sexo para poder conocer las diferencias en los valores, roles, situaciones, condiciones, aspiraciones y necesidades de mujeres y hombres[8].

Por lo que respecta a la legislación penitenciaria, las escasas menciones relativas a las mujeres privadas de libertad se reducen a la necesidad de separar los establecimientos de hombres y mujeres y a la especial atención a la mujer encinta o madre en lo que se refiere a atención sanitaria, condiciones laborales o cumplimiento de sanciones. Con ello se puede observar que las diferencias responden a los estereotipos sociales tradicionales como son la separación física entre hombres y mujeres para preservar la seguridad de estas últimas y la atención de las necesidades propias del embarazo y la maternidad, lo que, sin restar su indiscutible importancia, ignora otras necesidades específicas de las mujeres como son los problemas para cumplir con las exigencias legales de clasificación que genera la escasez de espacio, la falta de perspectiva de género en la aplicación del régimen disciplinario o las especiales dificultades de inserción social que arrastran las mujeres e ignoran los programas de intervención[9].

---

[7] El Mecanismo Nacional de Prevención (MNP) dependiente del Defensor del Pueblo en su Informe Anual de 2024 sigue reclamando la incorporación de todos los datos por género y la necesidad de incorporar la perspectiva de género en la aplicación de todas las figuras penitenciarias, p. 72.

[8] Centro de estudios económicos Tomillo, De Cabo, G. Henar, l. Calvo, M. (2009) *Análisis de la perspectiva de género en algunas estadísticas españolas y propuestas de mejora* Instituto de la mujer, Instituto de la mujer Ministerio de igualdad, p. 18 y ss.

[9] Cervelló Donderis, V. (2021) "Mujer, prisión y discriminación: del legado de Concepción Arenal a las reglas de Bangkok" *Revista de Estudios Penales y Criminológicos* vol. XLI, pp. 575-583. Vasilescu, C. (2022). *Mujeres y penas…* p. 36-38.

La solución a esta deficiente mirada de la legislación penitenciaria a las necesidades de las mujeres presas pasa por mantener las diferencias relativas a la seguridad y la maternidad, si bien, adaptando el discurso excesivamente conservador que transmiten por otro más actual que avance hacia soluciones menos restrictivas y más integradoras. Entre ellas se puede valorar el desarrollo de los centros mixtos de hombres y mujeres como herramienta para normalizar la convivencia social y la orientación de la maternidad hacia una crianza compartida, sin olvidar la atención a aquellas necesidades específicas de las mujeres que requieran de personal, programas de intervención e instalaciones adecuadas.

Habida cuenta de estas circunstancias penitenciarias especialmente aflictivas para las mujeres, se suele entender que la prisión es una respuesta desproporcionada e inadecuada para gran parte de ellas, lo que llevaría a reconocer como más conveniente el recurso a las medidas alternativas[10] entre las que cabe incluir, tanto las que actúan desde dentro de la prisión para aliviar la aflictividad, como las que lo hacen fuera de la misma para evitar ingresos innecesarios.

Para reducir los efectos negativos del encarcelamiento desde el propio sistema penitenciario, se han venido creando medidas dirigidas a mantener los vínculos familiares y atender las necesidades propias del embarazo y la maternidad, que deberían completarse con otras dirigidas a atender diferentes problemas que acompañan a las mujeres ante la relevancia que pueden adquirir en la clasificación y el régimen penitenciario. En ambos casos se debe ir más allá de las diferencias meramente biológicas entre hombres y mujeres, para encontrar respuestas que adopten una perspectiva de género alejada de los estereotipos sociales.

---

[10] Vasilescu, C. (2022) *Mujeres y penas…* p.22. Cerezo Domínguez, A. (2015) "La aplicación de las reglas de Bangkok a la normativa penitenciaria española" Acale Sánchez, M./Gómez López, R. (Coord.) *Derecho Penal, género y nacionalidad.* Pomares, p.38.

## II. DIFERENCIAS PENITENCIARIAS BASADAS EN EL SEXO

### *1. Separación de establecimientos*

Comenzando por las diferencias por sexo recogidas en las legislaciones penitenciarias, una de las más habituales es la de la estricta separación entre hombres y mujeres, exigencia reclamada desde 1776 por John Howard en su obra *Estado de las prisiones en Inglaterra y Gales*, destinada a frenar los abusos, como signo de civilización[11], y a garantizar la protección de las mujeres en un medio dominado y pensado por y para los hombres. Desde entonces ha quedado como regla general, recogida en todas las normas internacionales que regulan los derechos de las personas privadas de libertad, que los hombres y mujeres privados de libertad estén separados en establecimientos distintos.

El art 16 LOGP, siguiendo esta directriz, recoge como criterio general de separación interna que los hombres estarán separados de las mujeres, salvo lo que reglamentariamente se determine, si bien, lejos de contemplar la existencia de centros de mujeres independientes, se conforma con garantizar en el art. 9 LOGP que los establecimientos penitenciarios "se organizarán separadamente para hombres y mujeres" y en el art. 8.3 LOGP que cuando no existan establecimientos preventivos para mujeres ocuparán en los de los hombres departamentos que constituyan unidades, con absoluta separación con organización y régimen propios.

---

[11] Garrido Guzmán, L. (1986) "Criterios de separación y clasificación de los reclusos (art. 16)" en *Comentarios a la legislación penal.* Dtor. M.Cobo del Rosal, Tomo VI Vol. 1 LOGP Edersa, p. 278.

Estas referencias, unidas a que la LOGP use indistintamente los términos establecimientos, departamentos o unidades, explican que en la actualidad no se pueda hablar de prisiones de mujeres propiamente dichas, de las que solo quedan dos gestionadas por la Administración General del Estado, sino de departamentos de mujeres dentro de prisiones de hombres, ya que el resto ha sido clausurado por sus reducidas dimensiones y falta de condiciones idóneas. Con ello se plantea la disyuntiva de elegir entre las mejores condiciones de los centros específicos que obligan al alejamiento del lugar de residencia, o bien, mantener el arraigo con el coste de asumir las peores condiciones de los departamentos de mujeres integrados en los centros de hombres, por cierto, erróneamente llamados centros mixtos[12].

La integración de los departamentos de mujeres en las prisiones de hombres es la que explica las deficientes condiciones de cumplimiento por no disponer de espacio, ni medios suficientes, lo que da lugar a que no se pueda aplicar la clasificación penitenciaria en condiciones, sino prácticamente reducir la separación a mujeres con niños, mujeres clasificadas en primer grado y resto de situaciones. Este problema de escasez de espacios provoca mayor hacinamiento, menor oferta cultural y laboral, medios de vigilancia y control innecesarios por estar pensados para los hombres, lejanía del entorno familiar y escasos programas de intervención específicos.

Estas carencias en las instalaciones que repercuten en las condiciones de cumplimiento se reproducen también en los módulos de respeto, ya que el compromiso de su implantación en los centros con presencia de mujeres provoca que cuando hay un solo módulo de mujeres la gran mayoría de ellas se ubican en el mismo, debiendo solucionar los casos de falta de

---

12 Dado que los módulos mixtos se regulan en el Reglamento Penitenciario como forma especial de ejecución.

voluntariedad o los problemas derivados de las dificultades de convivencia mediante fórmulas mixtas menos ventajosas que los módulos de respeto de los hombres, o bien, optar por el traslado a otros centros[13].

La precariedad de espacio y la discriminación que provoca la situación de las mujeres presas frente a la de los hombres se manifiesta en una mayor penalidad como consecuencia de las peores infraestructuras, oferta de actividades más limitada, menores ofertas de trabajo y falta de cobertura de las necesidades específicas de las mujeres.

De esta falta de previsión legal para los establecimientos o departamentos de mujeres que ignora sus necesidades específicas se debe excluir la mención expresa a las necesidades de espacio que puede generar la convivencia de las internas con los hijos que les acompañen durante su estancia en prisión[14], lo que responde a la tradicional atención que se presta a la maternidad como símbolo del papel social que tradicionalmente se otorga a la mujer. En este sentido el art. 38.2 LOGP viene desarrollado en el art.178 y ss RP, donde se establece que se dispondrá de unidades de madres, provistas de loca-

---

13 Ballesteros Pena, A. (2017) "Redomesticidad y encarcelamiento femenino en el sistema penitenciario español. Los módulos de respeto" *Papers* 102/2, p.266-267. Alcázar Escribano, A. (2022) "Alternativa a la prisión..." p.26.

14 Aunque tradicionalmente se atribuye solo a las mujeres el derecho a estar con sus hijos en prisión, las reglas penitenciarias europeas ya no se refieren en exclusividad a la madre sino a los parientes, del mismo modo, el Informe del Parlamento europeo sobre la situación especial de las mujeres en los centros penitenciarios y las repercusiones de la encarcelación de los padres sobre la vida social y familiar de enero de 2008 ya recomienda la posibilidad de extenderlo a los padres, recalcando en ambos casos la importancia del interés del menor, Serrano Tárrega, M.D.(2010) "La consideración del género en la ejecución de las penas privativas de libertad" *Estudios Penales y Criminológicos* vol XXX, 2010, p.537.

les y medios adecuados y separadas arquitectónicamente del resto de departamentos para poder facilitar las especificidades regimentales, médico-sanitarias y de salidas necesarias por la presencia de menores en el centro e, incluso, que se les podrá flexibilizar el horario para adecuarlo a las necesidades familiares y fomentar el contacto con sus hijos, con la posibilidad de que pernocten en el domicilio volviendo al centro en el horario diurno que se determine.

Como estas unidades de madres no dejan de reproducir el encarcelamiento convencional, para mejorar el bienestar de los menores, desde 2009 existen unidades externas de madres definidas como estructuras arquitectónicas autónomas separadas del centro penitenciario con programas específicos para facilitar el desarrollo del menor y mejorar las relaciones familiares, en las que pueden ingresar las internas de segundo grado que lo soliciten. Además, las unidades dependientes de madres previstas para internas clasificadas en tercer grado, también ubicadas lejos de los recintos carcelarios, permiten excepcionalmente prolongar la estancia de los menores hasta los seis años[15].

## 2. *Maternidad y crianza de hijos*

Junto a la separación entre hombres y mujeres dentro de los establecimientos penitenciarios, la segunda diferencia que recogen las normas penitenciarias se refiere a las reglas específicas previstas para que las mujeres puedan recibir los cuidados propios del embarazo y atender las necesidades de sus hijos en condiciones.

---

15 González Collantes, T. (2024) "Análisis de las formas especiales de ejecución existentes en el Ordenamiento penitenciario español para los perfiles maternal y paternal: posibilidades, críticas, propuestas de mejora y defensa de una aplicación extensiva a los padres de las posibilidades normativas previstas para las madres" *Estudios de Deusto. Revista de Derecho Público.* Vol 72/2 julio-diciembre, p.118 y 122 y ss.

Con relación al embarazo existen previsiones dirigidas a garantizar los cuidados sanitarios necesarios, adaptar el cumplimiento de sanciones disciplinarias a su estado y regular las especiales condiciones laborales de las mujeres embarazadas.

Aunque las necesidades sanitarias de las mujeres encarceladas son abundantes, como consecuencia de su calidad de vida anterior a la entrada en prisión, la drogodependencia, las enfermedades mentales o las secuelas derivadas de experiencias traumáticas sufridas por episodios de violencia doméstica o sexual, las previsiones que contempla la legislación se dirigen en exclusiva a las atenciones derivadas del embarazo y la maternidad. Como tal se puede entender la previsión de servicios periódicos de ginecología y pediatría y la garantía de disponer de instrumental de obstetricia para atender a las mujeres en los supuestos de parto, lo que sucederá solo de manera excepcional ya que en la medida de lo posible se trata de evitar que los niños nazcan en prisión por el estigma que les pueda producir.

Con relación al régimen disciplinario se permite que las mujeres gestantes no cumplan la sanción de aislamiento, lo que se extiende hasta seis meses después de la terminación del embarazo, durante toda la lactancia y mientras tengan a los hijos consigo. 254.3 RP, lo que supone una excepción temporal mientras duran estas circunstancias que una vez desaparezcan permitirá que se ejecute, salvo que haya prescrito.

La situación laboral de las mujeres privadas de libertad también se debe adaptar cuando se encuentran embarazadas o de baja maternal, en virtud de ello, se les aplican las mismas previsiones de suspensión de la relación laboral que a las mujeres en libertad, así como las prestaciones de seguridad social correspondientes. Pese a ello, los trabajos penitenciarios que desarrollan las mujeres siguen arrastrando contenidos estereotipados y sexistas, con mayores dificultades de acceso y menores ofertas de actividades, lo que podría mejorar con una revisión desde una perspectiva de género que erradicara la discriminación y garantizara la igualdad en las condiciones laborales[16].

De estas previsiones se excluyen los casos en los que la adaptación de las normas penitenciarias a la crianza de los hijos sigue un criterio neutro que alcanza por igual a hombres y mujeres, vgr. las visitas especiales de menores de diez años que no convivan con la madre en prisión en las que no se hace distinción entre hombres y mujeres, art. 38.3 LOGP.

### *3. Especialidades en la clasificación penitenciaria*

La clasificación penitenciaria es la herramienta que permite aplicar el sistema de individualización científica en virtud de cual el régimen de vida que se va a seguir en prisión lo determina un equipo de profesionales que valoran de forma general la personalidad y el historial individual, familiar y social y delictivo de los internos, la duración de la pena, el medio al que se retornará y los recursos, facilidades y dificultades existentes para el buen éxito del tratamiento y, de forma específica, unos criterios especiales para cada grado de clasificación.

Habida cuenta que la clasificación en tercer grado es la mejor opción para facilitar la reinserción social y humanizar la ejecución penitenciaria, las diferencias legislativas dirigidas a facilitar la clasificación en tercer grado de las mujeres, lejos de ser bien recibidas, representan una visión estereotipada y sexista de la realidad penitenciaria que se aleja del marco constitucional del principio de igualdad y no discriminación. Como tal se puede entender la posibilidad de clasificar en

---

16 Viedma Rojas, A. (2012) "El trabajo en prisión: observando las desigualdades de género" Del Val Cid, C./Viedma Rojas, A. (Editores) *Condenadas a la desigualdad. Sistema de indicadores de discriminación penitenciaria.* Icaria, p.100.

tercer grado a las mujeres que no puedan desempeñar un trabajo remunerado en el exterior si demuestran que se van a ocupar del trabajo doméstico en su domicilio familiar, según dispone el art. 82.2 RP, por tratarse de una discriminación positiva sexista que en el Informe del Defensor del Pueblo sobre la Administración penitenciaria ya se sugirió suprimir en 1997 para igualar a ambos sexos en las tareas domésticas[17]. Lo mismo sucede con las condiciones especiales de horario para las internas con hijos menores clasificadas en tercer grado antes mencionadas, a las que la Junta de Tratamiento puede permitirles dormir en su domicilio e ingresar en el establecimiento durante el día, art.179 RP, ya que, aunque la finalidad de esta figura sea fomentar el contacto con los hijos en el ambiente familiar, lo que es positivo para las mujeres madres, no se extiende a los internos varones, ni cubre el resto de problemáticas de las internas que no tengan hijos, ni estén clasificadas en tercer grado[18].

El cuidado de los hijos es una constante a tener en cuenta como necesidad específica de las mujeres, lo que se repite en las unidades dependientes, que contemplan como un supuesto específico el de las madres con hijos menores en el art. 180 RP y en la modalidad de cumplimiento de tercer grado mediante el control telemático prevista en el art. 86.4 RP, si bien en este último caso en la Instrucción SGIP 13/2001 de 10 de diciembre ya lo extiende a los progenitores sin distinción de sexo.

---

17 Armenta González Palenzuela, FJ-Rodríguez Ramírez, V. (2002) *Reglamento Penitenciario comentado* 3ª Ed. Editorial MAD, p. 183.

18 Serrano Tárrega, M.D. (2010) *"La consideración..."* p.533. Cámara Arroyo, S/ Fernández Bermejo, D. (2020) "El encierro tiene género: la privación de libertad de mujeres y niñas en la normativa penitenciaria y penal de menores española" *Revista General de Derecho Penal* 34, p. 17.

Como ayuda para superar los estereotipos sociales y promover la corresponsabilidad familiar de los hombres en la crianza de los hijos, estas figuras se podrían reformular para dirigirlas en igualdad de condiciones a los hombres con el objetivo de fomentar su implicación en las tareas familiares y, de esa manera, no descargar en las mujeres el protagonismo en el cuidado de los hijos[19].

Como se puede observar, todos estos supuestos se refieren a ventajas para obtener el tercer grado para atender las obligaciones derivadas de la crianza de los hijos, lo que viene justificado por no existir figuras que actúen antes, evitando el ingreso en prisión mediante las llamadas sanciones intermedias, entre las que el Código Penal español no recoge ninguna mención específica para las mujeres, a diferencia de otras legislaciones como la italiana[20].

## III. ADAPTACIÓN DE LAS DIFERENCIAS PENITENCIARIAS A LA PERSPECTIVA DE GÉNERO

Como se ha ido exponiendo, las diferencias penitenciarias relativas a las mujeres tienen un factor común como es garantizar que puedan seguir actuando como madres, aunque estén en prisión y, con ello, proteger a los menores de todas las necesidades que puedan presentar en sus primeros años de vida. Las mencionadas diferencias están teñidas de un cierto tinte sexista porque además de que es la única particularidad de las

---

19 Acale Sánchez, M. (2017) "El factor género como condicionante de la victimización y de la criminalidad femenina *Papers* 102/2, p.21. Solar Calvo, P. (2019) "¿Es el empoderamiento en prisión solo cosa de mujeres"*Diario La Ley* nº 9483, p. 9.

20 González Collantes, T. (2024) "Análisis de las formas especiales de ejecución…" p. 127.

mujeres privadas de libertad que viene regulada, no incluye en la misma a los hombres, lo que puede interpretarse como una visión unilateral de la crianza alejada de la corresponsabilidad que compromete a ambos progenitores por igual.

Sin negar la importancia de la protección a la infancia, la necesidad de cuidados que requiere el embarazo de las mujeres privadas de libertad y la tutela de los derechos derivados de la maternidad, no puede olvidarse que las mujeres tienen además otro tipo de necesidades específicas y que mantener solo estas diferencias supone reducir a la mujer al papel de madre pretendiendo un prototipo de mujer uniforme que no refleja la diversidad de problemas que afectan a las mujeres presas y que la privación de libertad puede incrementar. Como las sanciones alternativas que impiden los ingresos en prisión innecesarios tampoco llegan en igualdad de condiciones a las mujeres, resulta necesario explorar las posibilidades que la propia legislación penitenciaria pone a disposición de los órganos penitenciarios para valorar las especificidades que pueden presentar las mujeres con el fin de aliviar los inconvenientes adicionales que incrementan la aflictividad del encierro, siendo un referente las directrices marcadas por la normativa internacional.

La necesidad de integrar la perspectiva de género de manera transversal en todas las políticas surgió en 1997 en el Consejo Económico y Social de Naciones Unidas para evitar situaciones de desigualdad, lo que es de vital importancia en los centros penitenciarios porque en ellos se reproducen las estructuras de poder masculinas[21]

---

21 Asociación para la prevención e la tortura (2013) *Mujeres privadas de libertad: Una guía para el monitoreo con perspectiva de género*, Penal reform international, p.6.

### *1. Normativa internacional*

Las Reglas mínimas para el tratamiento de los reclusos de Naciones Unidas aprobadas en 1955, al igual que las Reglas penitenciarias europeas en su versión de 2006, tratan la situación especial de las mujeres encarceladas dentro del grupo de minorías, como puedan ser los menores o los extranjeros, sosteniendo que el tratamiento discriminatorio que pueden sufrir es consecuencia de su bajo número en comparación con los hombres, y que la escasez general de recursos disponibles suele beneficiar al colectivo mayoritario formado por los hombres adultos. En ambas normas se recomienda a los Estados que adopten medidas que garanticen las necesidades físicas, sociales y psicológicas de las mujeres presas, especialmente en relación a la separación de establecimientos para hombres y mujeres y la cobertura asistencial y sanitaria de las mujeres embarazadas y lactantes, pero no se recogen actuaciones específicas para frenar el aumento del encarcelamiento de la mujer, pese a la distinta repercusión que produce la entrada en prisión tanto en su propia persona como en su familia[22].

Un cierto cambio se observa en las Reglas de Bangkok para el tratamiento de las reclusas y medidas no privativas de libertad para las mujeres delincuentes aprobadas por la Asamblea General de Naciones Unidas en 2010, que ya reconocen que las mujeres presas forman parte de un grupo vulnerable con necesidades específicas, que los establecimientos penitenciarios se diseñaron para los hombres y que un número importante de reclusas no son peligrosas por lo que el encarcelamiento podría obstaculizar su reinserción social[23].

---

22 Mapelli Caffarena, B. (2006) "Una nueva versión de las normas penitenciarias europeas" *Revista electrónica de Ciencia Penal y Criminología*, nº 8, p. 26.

23 Cerezo Domínguez, A. (2015) "La aplicación de las reglas de Bangkok... " p. 26 y ss.

Entre los problemas que afectan a las mujeres presas que las Reglas de Bangkok reconocen que demandan una especial atención se puede citar la de ser víctima de abuso sexual y violencia familiar, padecer problemas de drogodependencia o salud mental, carecer de capacitación laboral o que no se valore el menor riesgo que presentan en la clasificación al utilizar los mismos instrumentos de valoración que se usan con los hombres (regla 41). Estas necesidades específicas deberían traducirse en diferencias en el régimen o tratamiento penitenciario pensadas en la problemática de las mujeres, distintas a la maternidad, con el objetivo de superar la visión estereotipada de la desigualdad entre hombres y mujeres y avanzar hacia una actuación integral capaz de englobar las circunstancias especiales de las mujeres encarceladas desde una perspectiva de género[24].

Con este enfoque se podría reconocer la diversidad de situaciones que pueden presentar las mujeres presas, habida cuenta de la existencia de diferencias personales, sociales o económicas que requieren atenciones específicas, que no pueden ni deben reducirse a las vinculadas a la maternidad, sin que ello suponga minusvalorar la importancia de esta última, tanto con relación a los derechos de la madre, como, especialmente, a los de la infancia.

También en la revisión de las Reglas penitenciarias europeas de 2020, se insta a los Estados a que "apliquen *políticas específicas que integren el concepto de género y medidas positivas para satisfacer las necesidades particulares* de las mujeres presas a la hora de aplicar estas reglas", lo que implica impulsar medidas dirigidas a todo tipo de mujer, sin estereotipos, que aborden las dificultades para la formación, integración laboral y reinserción social.

---

[24] Cervelló Donderis, V. (2021) "Mujer, prisión y no discriminación..." p.569.

## 2. *Políticas penitenciarias de género*

Tal como se ha señalado, la obligación de los Estados de aplicar políticas específicas para integrar el concepto de género y crear medidas positivas que satisfagan las necesidades particulares de las mujeres tiene una particular importancia en la privación de libertad para evitar que se genere cualquier tipo de discriminación durante la estancia en prisión y permita facilitar por igual a hombres y mujeres los objetivos de la prisión, centrados especialmente en la reeducación y reinserción social.

Desde hace algunos años son varias las iniciativas que ha tomado Instituciones Penitenciarias para crear un marco legal adecuado para valorar las particulares necesidades de las mujeres presas y la necesidad de incluir la perspectiva de género en todas las actuaciones penitenciarias, lo que permite afirmar que ya se dispone de un marco mínimo normativo, a la espera de comprobar su efectiva aplicación.

Una de las primeras actuaciones que recogen las estrategias para implementar políticas de género en la Administración penitenciaria es el Programa de acciones para la igualdad entre mujeres y hombres en el ámbito penitenciario, elaborado por la Subdirección General de tratamiento y gestión penitenciaria en noviembre de 2008. Se trata de un documento que reúne una selección de diferencias de trato y desventajas de las mujeres en la ejecución penitenciaria, acompañada de la propuesta de medidas de acción positiva dirigidas a erradicar discriminaciones por razón de género y atender las necesidades específicas de las mujeres con el fin de reducir su vulnerabilidad frente a situaciones de violencia o dependencia.

Especial relevancia en la radiografía de las necesidades de las mujeres encarceladas y la propuesta de mejoras de cambio tuvo el Informe Cárceles y Género[25] realizado por el Defensor del Pueblo después de visitar varias prisiones españolas en las que se realizan sugerentes propuestas para equilibrar la desigualdad en el cumplimiento, vgr. mejorar las comunicaciones por videollamada cuando la escasez de centros obliga al alejamiento familiar, formar a los profesionales en perspectiva de género para detectar necesidades específicas, desarrollar los programas individuales de tratamiento para la que las internas tengan más protagonismo o revisar la aplicación del régimen disciplinario para evitar respuestas desproporcionadas por prejuicios sociales[26].

También debe destacarse por su importancia y compromiso la Orden de servicios SGIP 6/2021 de 22 de junio de Fundamentos para la implementación de la perspectiva de género en la ejecución penitenciaria, que se aprueba con el compromiso de incluir la perspectiva de género en todas las actuaciones penitenciarias, diseñar todo tipo de actividades, programas y prestaciones superando los roles de género tradicionales y actuar para erradicar la violencia de género. La relevancia de estas directrices viene impuesta por la tradicional masculinización que ha condicionado las estructuras, equipamientos y normativas internas provocando la desigualdad en todos los estamentos penitenciarios, siendo el punto de partida conocer la diferente situación en la que se encuentran las mujeres y los hombres en el ámbito penitenciario para poder diseñar programas que tengan en cuenta las necesidades de las mujeres en prisión que contribuyan al empoderamiento femenino. Para

---

25 Mecanismo Nacional de Prevención de la tortura (MNP). Defensor del Pueblo (2020). *Proyecto Cárceles y género. Proyecto de visitas para prevenir la discriminación por razón de género y de orientación sexual.* Extracto Informe Anual 2020.

26 Extensamente analizado por Alcázar Escribano, M.A. (2020) "Alternativa a la prisión..." p. 6 y ss.

ello se apuesta por la implementación de una serie de medidas dirigidas a cumplir el mandato de igualdad como la adopción de un lenguaje inclusivo, la revisión de protocolos e informes para detectar situaciones de prevalencia en mujeres (violencia de género, inmigración, vulnerabilidad prostitución...), la eliminación de la diferenciación de actividades por género evitando los roles sesgados, la promoción de las mujeres a las actividades laborales y de tratamiento, el fomento de departamentos mixtos y el compromiso de reflejar en todas las estadísticas la segregación por sexo[27].

Ejemplo de las directrices de la Orden de Servicios SGIP 6/2021 de 22 de junio es la aprobación de la Instrucción SGIP 9/2022 de Perspectiva de género en la prevención de suicidios en el ámbito penitenciario que adapta el programa genérico de prevención de suicidios, ya existente desde 2014, a las circunstancias y necesidades que presentan las mujeres con el fin de prestar una atención diferente que resulte eficaz para abordar las tendencias suicidas de las mujeres en prisión. La Instrucción revela que los datos numéricos de tentativas y suicidios consumados son similares entre hombres y mujeres, pero que se observan sesgos y estereotipos de género en los profesionales que pueden infravalorar la importancia de las conductas retrasando la aplicación del protocolo de prevención. Para superar estos prejuicios se sirve de una tabla diferenciada de factores de riesgo en hombres y mujeres que permita realizar una mejor detección de la situación de riesgo y aplicación del programa de prevención, entre los que destacan en el caso de las mujeres su victimización previa, las enfermedades mentales y la propia estancia en prisión.

De lo anteriormente expuesto se puede deducir que la ejecución penitenciaria, al abrigo de las directrices impulsadas

---

[27] Rodríguez Yagüe, C./Pascual Rodríguez, E (2022). *Las mujeres en prisión: La voz que nadie escucha*... p.168 y ss.

por las reglas de Bangkok y las reglas penitenciarias europeas, dispone de un marco normativo propio formado por la Orden de Servicios SGIP 6/2021 de 22 de junio que le obliga a que todos los programas e intervenciones penitenciarias tengan en cuenta las necesidades específicas de las mujeres para evitar situaciones discriminatorias, entre ellas todas las medidas dirigidas a reducir la aflictividad de la prisión, cuya lectura de género puede ayudar a paliar los daños propios que produce el encarcelamiento femenino.

## IV. MEDIOS LEGALES DE ATENUACIÓN DE LA PRISIÓN CON CRITERIOS DE GÉNERO

La tradicional masculinización de la vida penitenciaria ha provocado una falta de perspectiva de género en todos y cada uno de los pilares de la ejecución penitenciaria como son la clasificación, los programas y actividades de tratamiento o la aplicación de las normas de régimen disciplinario, ya que todas estas figuras parecen estar pensando siempre en el prototipo de interno varón y violento, obviando cualquier tipo de diferenciación por la particularidad que puedan presentar las mujeres en su condición de personas privadas de libertad. Para subsanar esta discriminatoria situación, la respuesta pasa por proyectar la perspectiva de género en todas y cada una de las figuras penitenciarias con el fin de incluir la valoración de las necesidades de las mujeres, con especial importancia de aquellas que vayan dirigidas a reducir los efectos negativos de la prisión porque afectan en mayor medida a las mujeres.

Entre todas las figuras penitenciarias que requieren esta perspectiva de género, se van a destacar a continuación las que afectan al lugar de cumplimiento, al régimen penitenciario y a los programas de intervención, porque en todas ellas se pueden abrir espacios de alternatividad a la privación de libertad.

### *1. Espacios e instalaciones*

Como se ha señalado anteriormente, la precariedad de los departamentos o unidades penitenciarias destinadas a las mujeres provoca que sus condiciones de cumplimiento sean mucho peores que las de los hombres. El bajo número de mujeres presas no permite disponer de establecimientos específicos y, por ello, se recurre como solución a su encaje en los centros penitenciarios de hombres con la correspondiente separación, pero con evidentes limitaciones de espacio y de prestaciones.

Una alternativa a esta solución puede ser apostar por los centros mixtos que sirven para normalizar la convivencia entre hombres y mujeres de la que se disfruta en libertad, como excepción a la separación por sexos prevista en la LOGP. Estos centros mixtos se regulan en el art. 99.3 y 168 RP como una forma especial de ejecución para tratar de equiparar la vida de prisión y la vida libre, siempre que los internos presten su consentimiento, se valore su capacidad de autocontrol y no se trate de condenados por libertad sexual.

Para organizar la vida en este tipo de módulos, se establecen las actividades que van a realizar hombres y mujeres conjuntamente y las que van a hacer de forma separada. Su finalidad es diversa ya que pueden servir para ejecutar programas específicos de tratamiento de carácter educativo (Alcalá de Henares) de formación profesional (Valencia) o evitar la desestructuración familiar permitiendo que cónyuges o parejas de hecho disfruten de plena convivencia, como sucede en Aranjuez, lo que resulta de gran interés, salvo que haya situaciones de dominio o de influencia delictiva o no disponga la pareja de la misma clasificación o programa de tratamiento.

Los centros mixtos deberían ampliarse porque, además de normalizar la convivencia, ayudan a evitar el desarraigo que produce la lejanía del centro de cumplimiento, algo especialmente importante para las mujeres porque les permite mantener las relaciones familiares y facilitar la inserción social si acceden en igualdad de condiciones a los talleres productivos[28]. Esto demuestra que aplicar las figuras penitenciarias sin criterios de género acaba siendo discriminatorio, lo que refuerza la necesidad de desarrollar políticas de igualdad en toda la institución penitenciaria.

La ventaja de los centros mixtos es que favorecen el equilibrio emocional, la convivencia, los vínculos y la igualdad con el exterior, pero su gran inconveniente es que puedan agudizar los conflictos de pareja o las situaciones de abuso o dominio, razón por la cual a veces se sugiere que sea preferible evitarlos al principio de la estancia en prisión y usarlos más adelante, cuando la mujer se encuentre más empoderada[29].

La convivencia normalizada en estos centros mixtos puede facilitar la progresión a tercer grado y con ello la posibilidad de disfrutar de régimen abierto, algo especialmente importante para las mujeres dadas las dificultades estructurales que a veces les dificulta la progresión.

### *2. Preferencia del medio abierto*

La propia nocividad de la prisión, la falta de centros penitenciarios específicos para mujeres y las consecuencias penitenciarias que produce la escasez de espacio y de medios adecuados para atender sus necesidades apunta a que el medio abierto sea

---

28 Es muy significativo que el mayor nivel de igualdad en los talleres productivos se de en los centros mixtos. Secretaría General de Instituciones Penitenciarias (2019) *La situación de la mujer privada…* p.39 y 45.

29 Vasilescu, C. (2019) "La ejecución penal desde una perspectiva de género" *In Dret* 2/2019, p.13.

la alternativa más idónea para reducir los efectos negativos de la prisión y mejorar el tránsito hacia la reinserción social[30].

Esta preferencia del medio abierto para las mujeres no puede ignorar que los obstáculos para la reinserción social también los sufren los hombres, sino que destaca la atención específica que requieren las mujeres por la especial discriminación que sufren tras la excarcelación debido a los estereotipos sociales[31], por ello, los problemas de desigualdad y discriminación penitenciaria de las mujeres no se pueden reducir a la excarcelación más temprana posible, sino que requieren de cambios estructurales para que el ingreso en prisión sea excepcional con soluciones permanentes y no coyunturales[32].

Las dificultades para acceder al régimen abierto y la gran distancia entre los diversos grados de clasificación penitenciaria han permitido desarrollar una serie de instrumentos dirigidos a facilitar la progresión a tercer grado mediante modalidades de cumplimiento que acortan la distancia con el régimen ordinario por ser, según se mire, una especie de segundo grado atenuado o tercer grado reforzado con especiales medidas de vigilancia. Entre ellas se puede destacar el principio de flexibilidad, el régimen abierto restringido, el control telemático y las unidades dependientes, algunas de las cuales recogen menciones expresas a las mujeres madres pero que, aplicando la perspectiva de género, podrían ofrecer un tratamiento específico e individualizado para otras necesidades también importantes de las mujeres.

---

30 González Collantes, T. (2024) "Análisis de las formas especiales de ejecución…" cit. p.131.

31 UNDOC (2011) Reglas de Naciones Unidas para el tratamiento de las reclusas y medidas no privativas de libertad para las mujeres delincuentes y sus comentarios. A/RES/65/229, p.40-41.

32 Rodríguez Yagüe, C. / Pascual Rodríguez, E. (2022) *Las mujeres en prisión: La voz que nadie escucha. …* cit. p. 31.

El art.100.2 RP puede ser una solución para los casos en los que es difícil acceder a la clasificación en tercer grado, permitiendo, mediante el principio de flexibilidad penitenciaria, adaptar la modalidad de cumplimiento a las necesidades terapéuticas de cada interna. En virtud del mismo se facilita que la Junta de Tratamiento, a propuesta del Equipo Técnico, adopte un modelo de ejecución para cada penada que permita combinar aspectos característicos de varios grados que deben ser concretados en la propuesta. Para ello es necesario que se fundamente la aplicación de este precepto en un programa específico de tratamiento que no se pueda ejecutar de otra forma y que lo autorice el Juez de Vigilancia. La Instrucción DGIP 9/2007 de 21 de mayo, exige que se incluya el programa específico de tratamiento que vaya a seguirse, las actividades a desarrollar, las modificaciones necesarias de clasificación para llevarlas a cabo y su planificación temporal, confirmando que se trata de un programa individualizado y planificado de tratamiento. Aunque en su origen se trataba de crear un trato especial e individualizado de clasificación a supuestos debidamente justificados por razones de intervención penitenciaria, ha evolucionado hacia el tratamiento de colectivos específicos entre los que pueden incluirse las mujeres[33].

Como ejemplo de ello, el Auto del Juzgado Central de Vigilancia Penitenciaria de la Audiencia Nacional de 2 de marzo de 2017 concedió a una interna condenada a doce años de prisión por delito de asociación ilícita, falsificación de documentos públicos oficiales y tenencia ilícita de armas, la aplicación del art. 100.2 RP porque a un año de obtener la libertad definitiva seguía clasificada en primer grado sin que se le concediera el segundo

---

33 Rodríguez Yagüe, C. (2021) *La pena de prisión en medio abierto: un recorrido por el régimen abierto, las salidas tratamentales y el principio de flexibilidad.* Ed. Reus p. 445-446 lo justifica en que puedan ver atendidas sus especificidades.

grado, pese al informe favorable de la junta de tratamiento. La finalidad era clasificarla en segundo grado para que pudiera seguir cumpliendo su pena en una unidad dependiente que le permitiera convivir con su hija fuera de la prisión, para lo cual se tuvo en cuenta el principio del interés superior del menor y la labor de las entidades externas para ayudar a las internas a superar las dificultades en la crianza de sus hijos[34].

Un paso más, si las condiciones de acceso al tercer grado no son totalmente favorables, podría ser la clasificación en tercer grado con cierta limitación de actividades o el incremento de control, mediante el uso del régimen abierto restringido, previsto en el art. 82 RP, en virtud del cual, determinadas condiciones personales de las internas pueden aconsejar disfrutar de un tercer grado con limitación de salidas al exterior, lo que podría facilitar un entorno menos carcelario como es el régimen abierto, pero con una preparación progresiva y adaptada a las salidas al exterior. Suprimiendo del texto la referencia antes criticada sobre el trabajo doméstico por su sexismo, puede ser utilizado como tránsito del segundo al tercer grado para reducir la precariedad que la limitación de espacios adecuados produce en las mujeres penadas[35]

Alcanzado el tercer grado, el control telemático previsto en el art. 86.4 RP permite residir en el domicilio sin necesidad de cumplir las horas obligatorias de estancia en el centro penitenciario, siempre que se acepte voluntariamente el control mediante un dispositivo electrónico o medio afín. Como supuesto específico se recogía expresamente una referencia a las mujeres

---

34 Cervelló Donderis, V. (2025) "La relación parental y el interés superior del menor de edad en el contexto penitenciario" en Mestre Delgado, E, (coord.) *Estudios de Derecho Penitenciario en homenaje al Prof. Carlos García Valdés*, Edisofer, p. 715-716.

35 Cámara Arroyo, S/ Fernández Bermejo, D. (2020) "El encierro tiene género..." cit. p.22.

madres como destinatarias de tal modalidad de cumplimiento del tercer grado, siempre que los hijos estuvieran a su cargo y no hubiera otras alternativas familiares preferibles para el interés del menor, pero, tal como ya se ha señalado anteriormente, en su actualización en la Instrucción SGIP 8/2019 de 23 de abril ya se dirige a todos los progenitores, sin distinción, siempre que tengan los hijos a su cargo.

Finalmente cabe destacar la importancia de las unidades dependientes, reguladas en el art.165 y ss RP que, al estar ubicadas fuera del recinto carcelario con grupos reducidos, permiten un cumplimiento más humano que facilita una asistencia integral individualizada. Como supuesto específico, el art. 180 RP contempla unidades dependientes para madres clasificadas en tercer grado con hijos, cuyas mayores ventajas son la integración laboral y escolar en la comunidad y la posibilidad de diseñar programas específicos de intervención. En la actualidad se ha reducido su presencia pese a que se trate de un recurso que ha funcionado bien y se ha utilizado preferentemente para mujeres[36], de hecho, en 2023 solo quedan 7 unidades dependientes de las cuales tres son mixtas y dos de madres[37].

Como este acceso al tercer grado no siempre va a ser posible, especialmente en condenas largas o desarraigo familiar por lejanía del centro penitenciario, pueden explorarse otras vías para que las internas que permanezcan en régimen ordinario puedan ver atendidas sus necesidades específicas. Entre ellas se puede citar la autorización por el Juez de Vigilancia para participar en un programa de atención especializada en el exterior que podría alcanzar a internas de baja peligrosidad

---

36 Rodríguez Yagüe, C./Pascual Rodríguez, E. (2022) *Las mujeres en prisión: La voz que nadie escucha...*. p. 95.

37 Secretaría General de Instituciones Penitenciarias *Informe General 2023*, p. 165.

con el fin de poder acudir hasta ocho horas al día a una institución para realizar un programa concreto de atención especializada, según dispone el art 117 RP.

### *3. Programas de intervención*

La necesidad de programas de intervención específicos para las mujeres privadas de libertad requiere conocer si hay factores de especial vulnerabilidad que justifiquen una atención adecuada[38]. La Orden de servicios SGIP 6/2021 de 22 de junio reconoce la necesidad de detectar situaciones de desigualdad en las que se puedan encontrar y requerir actuaciones específicas, como puedan ser las ya mencionadas de haber sido víctimas de violencia de género, ejercer la prostitución, padecer adicciones, ser familia monoparental o ser extranjera o migrante, entre otras.

Dentro del concepto amplio de tratamiento penitenciario, las actividades y el trabajo adquieren una especial importancia, produciéndose precisamente en ambos casos una situación de desigualdad para las mujeres, cuantitativa por la escasa oferta con relación a los hombres[39] y cualitativa, lo que es más preocupante, porque se mantiene el sesgo de género que no consigue sacar a las mujeres de los roles sociales tradicionales[40].

---

38 Rodríguez Yagüe, C./Pascual Rodríguez, E. (2022) *Las mujeres en prisión: La voz que nadie escucha. …* p.109.

39 Gallardo García, R.M. (2015 "Tratamiento penitenciario: la necesaria orientación al género". *Derecho Penal, género y nacionalidad* Acale Sanchez, M./Gomez López,R.(Coords), Comares.p. 216.

40 Rodríguez Yagüe, C./Pascual Rodríguez, E. (2022) *Las mujeres en prisión: La voz que nadie escucha…* p.122. Cerezo Domínguez, A. (2015) "La aplicación de las reglas de Bangkok a la normativa penitenciaria española" Acale Sánchez, M./Gómez López, R. (Coord.) *Derecho Penal, género y nacionalidad.* Pomares, p.40. Gallardo García, R.M. (2015 "Tratamiento penitenciario…" p.219.

Para evitar tal discriminación, la propia Orden de Servicios 6/201 de 22 de junio prohíbe limitar el acceso de las internas a las prestaciones o actividades que se lleven a cabo en los centros penitenciarios con la finalidad de que puedan intervenir en todas las existentes, dispone también que no puede haber actividades destinadas a un único sexo y contempla el compromiso de promover acciones para promover nuevos estilos de masculinidad y feminidad igualitarios, todo lo cual iría dirigido a actuar sobre el problema cualitativo que causan los sesgos de género, pero que requiere también abordar el cuantitativo aumentado la oferta de actividades y destinos en todas las dependencias donde haya mujeres.

Este compromiso de incluir la perspectiva de género en todas las actividades de tratamiento y de crear programas específicos que aborden las necesidades de las mujeres se ajusta perfectamente a la necesidad de que los programas sigan un modelo individualizado en función de las características de cada persona y del tiempo de duración en el establecimiento, para lo cual es determinante el perfil mayoritario de las mujeres presas para conocer sus necesidades tratamentales. En este sentido, teniendo en cuenta que en su mayoría las mujeres están en prisión por la comisión de delitos de tráfico de drogas y de hurto, que muchas responden a un tipo de delincuencia funcional o instrumental al servicio de organizaciones o por la necesidad de soportar el peso del sustento familiar, que han sufrido procesos de victimización previa y que presentan problemas de adicciones y de salud mental, los programas de tratamiento específicos deberían apuntar hacia todas estas direcciones[41].

En el caso de las prisiones exclusivamente de mujeres la implantación de un programa específico de intervención presenta

---

41 Acale Sánchez, M. (2015) "Preámbulo estadístico y jurisprudencial "Acale Sánchez, M./Gómez López, R. (Coord.) *Derecho Penal, género y nacionalidad*. Pomares, p. 128-129.

menos dificultades porque se trata de un programa de centro[42], sin embargo, si, como es más habitual, las mujeres ocupan módulos independientes dentro de prisiones de hombres es necesario crear programas específicos que superen la neutralidad por los efectos discriminatorios que puede provocar.

Una actuación pionera en materia de perspectiva de género fue la implantación en 2011 por Instituciones Penitenciarias del programa de intervención Ser Mujer destinado a prevenir la violencia de género en mujeres ingresadas en establecimientos penitenciarios y actuar sobre los roles de género que propician la victimización y el encarcelamiento de las mujeres. El programa va en la línea de las Reglas de Bangkok que alertaba del elevado número de reclusas víctimas de violencia en el hogar y la necesidad de desarrollar líneas específicas de actuación para prevenir la violencia de género y proteger los derechos de las mujeres que hubieran sido previamente víctimas[43].

El objetivo, por tanto, se centra en crear un espacio de crecimiento personal que ayude a las mujeres a conocerse mejor, descubrir sus capacidades y adquirir herramientas para enfrentarse a su vida mediante el desarrollo de habilidades sociales, la educación para la salud o las habilidades cognitivas y emocionales, siendo su valoración muy positiva por los buenos

---

42 Como tal se puede entender el programa de la prisión de Alcalá de Guadaira (Sevilla) expuesto detalladamente en Yagüe Olmos, C. (2007) "Mujeres en prisión. Intervención basada en sus características, necesidades y demandas" *Revista Estudios e Investigaciones Criminológicas* nº 5, p.8 y ss.

43 Como señala Acale Sánchez, M. (2017) "El factor género como condicionante..." cit. pág. 4-6, a los casos de la victimización por violencia de genero hay que añadir los casos en los que la mujer es utilizada por los varones próximos a su entorno o en su afán de protección familiar asume actos ajenos, en todos ellos son necesarias actuaciones específicas que le empoderen dotándole de autonomía personal.

resultados obtenidos que han logrado consolidarlo como un ejemplo de intervención específica adecuado para atender las necesidades de las mujeres[44].

## V. CONCLUSIONES

La vulnerabilidad con la que llegan muchas mujeres a la prisión y la precariedad de las condiciones penitenciarias que sufren las mujeres presas justifican que la prisión se limite al máximo y que en los casos en los que no sea posible prescindir de su imposición se utilicen todos los recursos del sistema penitenciario para humanizar su cumplimiento y conseguir que se lleve a cabo de la manera menos aflictiva posible.

La legislación penitenciaria tradicionalmente ha contemplado diferencias entre hombres y mujeres basadas exclusivamente en las de naturaleza biológica lo que ha supuesto que se reduzcan a la separación física de establecimientos masculinos y femeninos por razones de seguridad, a una serie de previsiones para el cuidado del embarazo o la crianza de los hijos que acompañan a sus hijos en prisión y a algunas previsiones para favorecer el régimen abierto con alusiones de corte sexista.

La falta de prisiones específicas para mujeres presas se ha solucionado con la creación de módulos independientes integrados en las prisiones de hombres lo que ha dado lugar a una limitación de espacio que repercute sobre la necesaria clasificación y separación penitenciaria y una limitación en la oferta de actividades que las deja en peores condiciones de reinserción social que los hombres. De esta forma, no es el reducido número de mujeres en prisión lo que les lleva a sufrir peores

---

[44] Secretaría General de Instituciones Penitenciarias (2019) E*valuación de la eficacia de un programa de tratamiento para el empoderamiento de mujeres en prisión* Documento Penitenciario 21.

condiciones de cumplimiento penitenciario que los hombres, sino la masculinización de las estructuras penitenciarias que está prevista para el prototipo de interno varón e ignora las especiales características de las mujeres presas.

Un enfoque diferenciado entre los hombres y las mujeres privadas de libertad con perspectiva de género exige valorar las especiales condiciones individuales que acompañan a las mujeres en su ingreso en prisión, más allá del cuidado de sus hijos, entre las que pueden ser de gran interés la pobreza, la exclusión social[45], el haber sido víctimas de violencia familiar o de género, entre otras.

Las Reglas de Bangkok para el tratamiento de las reclusas y medidas no privativas de libertad para las mujeres delincuentes de Naciones Unidas de 2010, reconocieron que las mujeres presas forman parte de un grupo vulnerable con necesidades específicas, que los establecimientos penitenciarios se diseñaron para los hombres y que un número importante de reclusas no son peligrosas por lo que el encarcelamiento podría obstaculizar su reinserción social. Todo ello obliga a los Estados a diseñar políticas penitenciarias de género para evitar que la aplicación neutra de las figuras penitenciarias produzca efectos discriminatorios.

Una lectura de género de los problemas de las prisiones de mujeres debe apostar por dignificar los espacios de cumplimiento potenciando los centros mixtos para que los servicios penitenciarios lleguen en igualdad de condiciones a hombres y mujeres, adaptar el régimen abierto a las necesidades individuales de las mujeres, no solo familiares, y crear programas

---

45 Además de que la mayoría de mujeres presas han sufrido algún tipo de exclusión social, se considera que es uno de los principales factores que les conduce al delito, Cerezo Domínguez, A. Cerezo Domínguez, A. (2015) "La aplicación de las reglas de Bangkok..." p. 34.

de intervención específicos que aborden las carencias específicas de las mujeres y los obstáculos que dificultan su inserción social.

El Programa de acciones para la igualdad entre mujeres y hombres en el ámbito penitenciario, elaborado por la Subdirección General de tratamiento y gestión penitenciaria en noviembre de 2008 va en esta línea, al igual que la Orden de Servicios SGIP 6/2021 de 22 de junio de Fundamentos para la implementación de la perspectiva de género en la ejecución penitenciaria, ya que en ambos casos se produce el compromiso de incluir la perspectiva de género en todas las actuaciones penitenciarias, para que en las actividades, programas y prestaciones se superen los roles de género tradicionales, valorando las necesidades específicas de todo tipo de mujeres.

## REFERENCIAS BIBILIOGRÁFICAS

Acale Sánchez, M. (2015) "Preámbulo estadístico y jurisprudencial" Acale Sánchez, M./Gómez López, R. (Coords.) *Derecho Penal, género y nacionalidad.* Pomares, 91-100.

Acale Sánchez, M. (2017) "El factor género como condicionante de la victimización y de la criminalidad femenina" *Papers* 102/2, 231-259.

Alcázar Escribano, M.A. (2022) "Alternativa a la prisión: una cuestión de justicia y género" *Revista General de Derecho Penal* 37.

Armenta González Palenzuela, FJ-Rodríguez Ramírez, V. (2002) *Reglamento Penitenciario comentado* 3ª Ed. Editorial MAD.

Asociación para la prevención de la tortura. (2013) *Mujeres privadas de libertad: una guía para el monitoreo con perspectiva de género.* Penal reform international.

Ballesteros Pena, A. (2017) "Redomesticidad y encarcelamiento femenino en el sistema penitenciario español. Los módulos de respeto" *Papers* 2017, 102/2, 261-285.

Cámara Arroyo, S/ Fernández Bermejo, D. (2020) "El encierro tiene género: la privación de libertad de mujeres y niñas en la normativa penitenciaria y penal de menores española" *Revista General de Derecho Penal* 34.

Centro de estudios económicos Tomillo, De Cabo, G. Henar, l. Calvo, M. (2009) *Análisis de la perspectiva de género en algunas estadísticas españolas y propuestas de mejora*. Instituto de la mujer Ministerio de igualdad.

Cerezo Domínguez, A. (2015) "La aplicación de las reglas de Bangkok a la normativa penitenciaria española" Acale Sánchez, M./Gómez López, R. (Coords.) *Derecho Penal, género y nacionalidad*. Pomares, 25-44.

Cervelló Donderis, V. (2021) "Mujer, prisión y discriminación: del legado de Concepción Arenal a las reglas de Bangkok" *Revista de Estudios Penales y Criminológicos* vol. XLI, 551-591.

Cervelló Donderis, V. (2025) "La relación parental y el interés superior del menor de edad en el contexto penitenciario" en Mestre Delgado, E, (coord.) *Estudios de Derecho Penitenciario en homenaje al Prof. Carlos García Valdés*, Edisofer, 699-722.

Gallardo García R.M. (2015 "Tratamiento penitenciario: la necesaria orientación al género". *Derecho Penal, género y nacionalidad* Acale Sanchez, M., Gomez López, R. (Coords), Comares, 201-224.

Garrido Guzmán, L. (1986) "Criterios de separación y clasificación de los reclusos (art. 16)" en *Comentarios a la legislación penal*. Dtor. M.Cobo del Rosal, Tomo VI Vol.1 LOGP Edersa, 263-297.

González Collantes, T. (2024) "Análisis de las formas especiales de ejecución existentes en el Ordenamiento penitenciario español para los perfiles maternal y paternal: posibilidades, críticas, propuestas de mejora y defensa de una aplicación extensiva a los padres de las posibilidades normativas previstas para las madres" *Estudios de Deusto. Revista de Derecho Público*. Vol. 72/2 julio-diciembre 2024, 105-144.

Juanatey Dorado, C. (2018) "Delincuencia y población penitenciaria femeninas: situación actual de las mujeres en prisión en España" *Revista electrónica de Ciencia Penal y Criminología* 20-10.

Mapelli Caffarena, B. (2006) "Una nueva versión de las normas penitenciarias europeas" *Revista electrónica de Ciencia Penal y Criminología* nº 8.

Mecanismo Nacional de Prevención de la tortura Defensor del Pueblo (2020). *Proyecto Cárceles y género. Proyecto de visitas para prevenir la discriminación por razón de género y de orientación sexual*. Extracto Informe Anual 2020.

Rodríguez Yagüe, C. (2021) *La pena de prisión en medio abierto: un recorrido por el régimen abierto, las salidas tratamentales y el principio de flexibilidad*. Ed. Reus.

Rodríguez Yagüe, C./Pascual Rodríguez, E. (2022) *Las mujeres en prisión: La voz que nadie escucha. Explorando nuevas vías de cumplimiento de penas impuestas a mujeres a través de la cultura.* Fundación Gabeiras.

Secretaría General de Instituciones Penitenciarias (2019) *La situación de la mujer privada de libertad en la institución penitenciaria.* ESTUDIOS-SOBRE-LA-MUJER-PRIVADA-DE-LIBERTAD.pdf (derechopenitenciario.com).

Secretaría General de Instituciones Penitenciarias (2019) E*valuación de la eficacia de un programa de tratamiento para el empoderamiento de mujeres en prisión* Documento Penitenciario 21.

Serrano Tárrega, M.D. (2010) "La consideración del género en la ejecución de las penas privativas de libertad" *Revista de Estudios Penales y Criminológicos* vol. XXX, 481-544.

Solar Calvo, P. (2019) "¿Es el empoderamiento en prisión solo cosa de mujeres" *Diario La Ley* nº 9483.

UNDOC (2011) Reglas de Naciones Unidas para el tratamiento de las reclusas y medidas no privativas de libertad para las mujeres delincuentes y sus comentarios. A/RES/65/229.

Vasilescu, C. (2019) "La ejecución penal desde una perspectiva de género" *In Dret* 2/2019.

Vasilescu, C. (2022) *Mujeres y penas alternativas a la prisión. Una mirada con perspectiva de género.* Dykinson.

Viedma Rojas, A. (2012) "El trabajo en prisión: observando las desigualdades de género" Del Val Cid, C./Viedma Rojas, A. (Editores) *Condenadas a la desigualdad. Sistema de indicadores de discriminación penitenciaria.* Icaria, 87-141.

Yagüe Olmos, C. (2007) "Mujeres en prisión. Intervención basada en sus características, necesidades y demandas" *Revista Española de Investigación Criminológica* nº 5

*Capítulo 3*

# *Los trabajos en beneficio de la comunidad en casos de violencia doméstica y de género: entre la resocialización y la reparación*[1] [2]

**M.ª ASUNCIÓN COLÁS TURÉGANO**
*Profesora Titular de Derecho Penal*
*Universitat de València*

## I. CONSIDERACIONES PREVIAS

La violencia como instrumento de sumisión para imponer la superioridad masculina ha marcado la vida de las mujeres desde la antigüedad[3]. En las últimas décadas, nuestra legislación

---

1 Esta publicación es parte del proyecto de I+D+i Modalidad "Generación de Conocimiento" 2021, Estudio crítico del uso de sanciones alternativas penales: una mirada a la salud mental y al género PID2021-126236OB-I00, financiado por MCIN/ AEI/10.13039/501100011033/ y por "FEDER Una manera de hacer Europa". IPs.: Dra. Vicenta Cervelló Donderis / Dra. M.ª Asunción Colás Turégano.

2 Este trabajo es una reelaboración del publicado en la Revista General de Derecho Penal, n.º 43, 2025 con el título: "Trabajos en Beneficio de la Comunidad: una alternativa en la lucha contra la violencia de género y doméstica".

3 Como apunta Comas de Arguemir "el origen del problema de la violencia en las relaciones de pareja se encuentra en la historia y en

ha experimentado cambios significativos en un proceso de visibilización de un tipo de violencia que históricamente se consideraba privada. Este cambio ha venido motivado por la aprobación de diferentes textos internacionales[4] impulsores de una política de "tolerancia cero" ante la violencia contra las mujeres[5]. En nuestro ordenamiento jurídico[6], esto se ha traducido en un endurecimiento progresivo de la respuesta penal[7], elevando determinadas conductas leves a la categoría de delito, imponiendo obligatoriamente ciertas penas accesorias y prohibiendo la resolución de un conflicto, que muchas veces

---

la cultura. En la historia de la estructura familiar patriarcal basada en la supuesta superioridad del hombre sobre la mujer..." (2004). "La ley integral contra la violencia de género: una ley necesaria", *Revista Jurídica de Castilla y León,* n.º 4, septiembre, p. 47. Bodelón González, E. (1998). "El cuestionamiento de la eficacia del derecho en relación a la protección de los intereses de las mujeres", *Delito y sociedad: revista de ciencias sociales,* n.º 11-12, p.126.

4 Sin ánimo de exhaustividad, en el marco de las Naciones Unidas: Convención sobre la eliminación de todas las formas de eliminación de la discriminación contra la mujer (CEDAW, 1979), y la Declaración sobre la eliminación de la violencia contra la mujer (1993). En el ámbito europeo, en el año 2011 se aprueba el Convenio de Estambul: Convenio del Consejo de Europa sobre prevención y lucha contra la violencia contra las mujeres y violencia doméstica.

5 Expresamente, Resolución del Parlamento Europeo sobre tolerancia cero ante la violencia contra las mujeres del 16 de septiembre de 1997 (A4-0250/97).

6 Siendo el texto más significativo la Ley Orgánica 1/2004, de 28 de diciembre, de medidas de protección integral contra la violencia de género.

7 Como significa Medina, en materia de malos tratos se ha pasado en una generación, de la impunidad a la implementación de una de las leyes penales más duras de nuestro entorno cultural, Medina Ariza, J. (2005). "El tratamiento al maltratador en el contexto comunitario como respuesta penal: consideraciones político-criminales", *Cuadernos penales José María Lidón, Núm. 2, La Ley de medidas de protección contra la violencia de género,* Bilbao, p. 198.

es más social que penal, mediante instrumentos restaurativos[8] manifestación de un cierto feminismo punitivista que informa la regulación española.

La Ley Orgánica 1/2004, de 28 de diciembre, de Medidas de Protección Integral contra la Violencia de Género[9], supuso un avance importante en la protección de las mujeres frente a la violencia. Su principal novedad es el tratamiento diferenciado hacia las mujeres como víctimas, estableciendo unas penas más severas[10] cuando el agresor es un hombre y la víctima es una mujer, especialmente en los delitos menos graves, los constitutivos de falta, que, por decisión legislativa, se convierten en los delitos tipificados en los artículos 153.1, 171.4 y 172.2. En los delitos más graves[11], no se incrementan las penas, aunque sí se introduce una agravante específica en el delito de lesiones.

Una novedad importante de la reforma fue la generalización de la pena de trabajos en beneficio de la comunidad como alternativa a la prisión en los casos menos graves de violencia intrafamiliar. Ha señalado la doctrina[12] que el objetivo

---

8 Larrauri Pijoan, E. (2007). *Criminología Crítica y violencia de género*, Trotta, Madrid, pp. 55 y ss.

9 Un análisis de sus distintos aspectos en: Boix Reig, J. Martínez García, E.(coord.) (2005). *La nueva ley contra la violencia de género (L.O. 1/2004, de 28 de diciembre)*, Iustel, Madrid.

10 Se fija un límite mínimo más elevado de la pena de prisión, si bien igual en su límite máximo y en la pena alternativa.

11 En contra de lo que en la propia ley se indica, pues en su art. 1.3. se afirma que la violencia de género "comprende todo acto de violencia física o psicológica, incluidas las agresiones a la libertad sexual, las amenazas, las coacciones o la privación arbitraria de libertad".

12 Torres Rosell, N. (2006). *La pena de trabajos en beneficio de la comunidad. Reformas legales y problemas de aplicación*, Tirant lo Blanch, Valencia, pp. 470-471. Cervera Salvador, S. (2011). "La pena de trabajos en beneficio de la comunidad" en *Revista de Estudios penitenciarios*, n.º 255, p. 91.

de este cambio es, por un lado, evitar la imposición de multas que podrían perjudicar a las víctimas, considerando el entorno familiar en el que se cometen estos delitos; y tiene, además un claro contenido simbólico, visibilizando con la imposición de esta pena, la voluntad de hacer frente a este tipo de violencia. Por otra parte, cuando se suspende la pena de prisión, se imponen las prohibiciones de acudir a determinados lugares y de acercarse a la víctima, así como la obligación de realizar programas formativos o de tratamiento, con el objetivo de fomentar la resocialización del agresor.

Finalmente, la ley prohíbe la mediación en casos de violencia de género, según lo establecido en su artículo 44 que modifica el artículo 87 ter[13] de la Ley Orgánica del Poder Judicial. Prohibición que se ha visto reforzada por la Ley Orgánica 10/2022, de 6 de septiembre, de Garantía Integral de la Libertad Sexual, que modifica el artículo 3 del Estatuto de la Víctima, prohibiendo la mediación y la conciliación en los delitos de género y contra la libertad sexual cuando el agresor es mayor de edad[14]. Métodos restaurativos que, por otro lado, no están vetados para los supuestos de violencia doméstica.

Más recientemente, la Ley Orgánica 1/2015, de 30 de marzo, ha introducido cambios importantes en la regulación de los

---

13 Este artículo ha sido suprimido por el art. 1. 26 de la Ley Orgánica 1/2025, de 2 de enero. Sin embargo, en la nueva redacción del artículo 89.9 de la Ley Orgánica del Poder Judicial (LOPJ) se establece que, con relación a los asuntos competencia de las secciones de violencia sobre la mujer del Tribunal de Instancia, está vedada la utilización de los medios adecuados de solución de controversias. Sobre los medios alternativos de resolución de conflictos (MASC), véase: https://www.administraciondejusticia.gob.es/que-son-los-masc.

14 Paradójicamente, sí está permitido el recurso a la justicia restaurativa si el victimario es menor de edad, si bien la LO 10/2022 modifica la LO 5/2000 y exige, en estos casos, que sea la víctima la que expresamente solicite someterse a un proceso reparatorio.

delitos de género. Establece un régimen único de suspensión de la pena privativa de libertad; según el art. 83.1 del Código penal, en casos de violencia de género se impondrán obligatoriamente las siguientes prohibiciones y deberes: prohibición de aproximación a la víctima, prohibición de residencia en un lugar determinado y deber de participar en programas de igualdad de trato y no discriminación (art. 83.2 CP). Además, la nueva redacción del art. 84 prevé la posibilidad de condicionar la suspensión de la pena al cumplimiento del acuerdo alcanzado por las partes mediante mediación, al pago de una multa o a la realización de trabajos en beneficio de la comunidad. En delitos de género y violencia doméstica, para evitar las consecuencias negativas de la pena pecuniaria en las víctimas, se limita la imposición de la multa para neutralizar el posible perjuicio económico a la víctima[15].

Así pues, aunque la evolución legislativa en el tratamiento penal de los casos de violencia intrafamiliar ha tendido a endurecer la respuesta penal frente a estas conductas, también ha ido acompañada de un conjunto de medidas de más amplio alcance en los ámbitos social, laboral, educativo y publicitario[16], lo cual merece una valoración positiva. Además, se ha contemplado la posibilidad de sancionar los hechos menos graves mediante sanciones alternativas, como los trabajos en beneficio de la comunidad o la aplicación de programas formativos en el marco de la suspensión de la pena de prisión y de los trabajos comunitarios. Menos favorable es la prohibición de las fórmulas restaurativas en el ámbito de la violencia de género,

---

15 Criterio restrictivo que se inició con la reforma del Código Penal por la Ley Orgánica 15/2003, de 25 de noviembre.

16 Laurenzo Copello, P. (2005). "El modelo de protección reforzada de la mujer frente a la violencia de género: valoración político-criminal", *Cuadernos penales José María Lidón, Núm. 2, La Ley de medidas de protección contra la violencia de género,* Bilbao, pp. 98-99.

que relega a un segundo plano el papel de la víctima de estos delitos, negándole el derecho a decidir libremente en relación con su conflicto.

Esta deriva legislativa está influida por una corriente del feminismo[17] que defiende un mayor uso del castigo por parte del Estado, con penas más severas y menos espacio para la aplicación de métodos restaurativos[18]. Sin embargo, otras posiciones

---

17 Sobre las distintas posiciones en el seno del movimiento feminista vid. Uría Urios, P. (2021). "El feminismo surca aguas procelosas" en Serra Sánchez, C. Garaizabal Elizalde, C. Macaya Andrés, L. (coords.). *Alianzas rebeldes. Un feminismo más allá de la identidad*, Bellaterra, Manresa, p. 38. Como la autora describe, el inadecuado victimismo dentro del movimiento feminista reclamando mayor protección estatal mediante el ordenamiento jurídico, proteccionismo que puede ser adecuado en casos individuales pero, cuya generalización, en lugar de potenciar la autonomía individual de la mujer, la infantiliza, poniendo en cuestión su capacidad de decisión…,"se pretende solucionar mediante vías autoritarias cuestiones que deberían tratarse desde el debate social, la educación y la capacidad de convivir con las discrepancias y con lo que no nos agrada o nos molesta".

18 Al respecto, sobre el feminismo punitivista o carcelario y su reverso los feminismos minimalistas o garantistas, feminismos de la tercera ola o de la interseccionalidad, vid. Francés Lecumberri, P. (2021). "A la búsqueda de alternativas en la justicia, más allá de los feminismos" en Serra Sánchez, C. Garaizabal Elizalde, C. Macaya Andrés, L. (coords.). *Alianzas rebeldes. Un feminismo más allá de la identidad*, Bellaterra, Manresa, pp. 65-66 y bibliografía citada. En un reciente trabajo sobre el debate feminista contemporáneo, se señala que "lo que define de manera más clara al llamado feminismo carcelario es su relativa confianza en el Estado de Derecho, con especial enfoque en la punición y la institución carcelaria como instrumento de protección de las víctimas de violencia de género, e incluso ser transformados para responder de manera eficaz y adecuada a las cuestiones de género". Por el contrario, el feminismo anticarcelario critica al derecho penal, lo que se traduce en su desconfianza hacia este, rechazando que la idea de punición pueda servir como forma

dentro del feminismo consideran que una justicia verdaderamente feminista debe basarse en los derechos humanos y no en el castigo[19]. Estas posturas cuestionan que un incremento de las penas garantice mayor protección para las víctimas y alertan sobre la victimización secundaria que puede causar el sistema penal durante el proceso judicial[20].

En consecuencia, la respuesta penal a la violencia de género se alinea con un modelo de justicia punitivista de corte neoconservador[21] que prioriza la sanción penal frente a problemas con un significativo contenido social, relegando a un segundo plano otras alternativas potencialmente más efectivas y menos

---

de protección de las víctimas o la posibilidad de transformar una institución como la prisión desde perspectivas que respondan a las cuestiones de género. Los académicos anticarcelarios sostienen que la capacidad del derecho penal para mejorar la vida de las personas afectadas por la violencia de género es profundamente limitada e inequitativa, beneficiando de manera desproporcionada a las mujeres más privilegiadas: blancas de clase media o alta, mientras que las mujeres racializadas, migrantes y en situación de precariedad quedan excluidas de estos beneficios. Pereira-Soares, M.C. De Carvalho-Matos, R.N. Tapia Argüello, S.M. (2024). "Políticas penales, prisión y género: Debates feministas contemporáneos y miradas cruzadas desde diferentes latitudes", *Autoctonia, Revista de Ciencias Sociales e Historia,* Vol. VIII, N.º Especial, pp.198-200.

19 Assiego Cruz, V. (2021). "Justicia feminista: la revolución inaplazable" en Serra Sánchez, C. Garaizabal Elizalde, C. Macaya Andrés, L. (coords.). *Alianzas rebeldes. Un feminismo más allá de la identidad,* Bellaterra, Manresa, p. 81. Así también se ha afirmado que tal posición está muy alejada del ideal feminista de tolerancia y resolución pacífica de conflictos, Laurenzo Copello. "El modelo de protección reforzada de la mujer ...", cit., p. 115.

20 Ortubay Fuentes, M. (2021). "Violencia sexista. ¿Qué podemos esperar del derecho penal?" en Serra Sánchez, C. Garaizabal Elizalde, C. Macaya Andrés, L. (coord.). *Alianzas rebeldes. Un feminismo más allá de la identidad,* Bellaterra, Manresa, p. 100.

21 Larrauri Pijoan, E. (2007). *Criminología Crítica y violencia de género,* Trotta, Madrid.

lesivas[22]. Aunque la conversión de las faltas a la categoría de delito tiene un claro valor simbólico al visibilizar la violencia de género[23], en la doctrina se cuestionan los límites de dicha utilización simbólica del Derecho penal, advirtiendo del riesgo de distorsionar su verdadero mensaje[24].

La simplificación de la violencia intrafamiliar[25], especialmente en los casos de violencia de género, reduce la posición de los implicados a las figuras de agresor y víctima, dificultando un análisis más profundo del problema. Ello ha llevado a un aumento del encarcelamiento de hombres como medida de protección de las víctimas, cuestionando la doctrina que la prisión sea la solución más adecuada sin abordar las causas sociales subyacentes[26]. Además, este enfoque reduccionista genera efectos no deseados: en el caso de los agresores, el encarcelamiento puede reforzar un tipo de masculinidad tóxica, perpetuando

---

22 Pereira-Soares. De Carvalho-Matos. Tapia Argüello. "Políticas penales, prisión y género: Debates feministas contemporáneos y miradas cruzadas desde diferentes latitudes", cit., p. 202.

23 Maqueda Abreu, M. L. (2006). "La violencia de género. Entre el concepto jurídico y la realidad social", *Revista Electrónica de Ciencia Penal y Criminología,* núm. 08-02, pp. 12-13. También crítica con el concepto de víctima que denota pasividad en supuestos de malos tratos o violencia sexual: Bodelón González. "El cuestionamiento de la eficacia del derecho en relación a la protección de los intereses de las mujeres", cit., p.133.

24 Bodelón González. "El cuestionamiento de la eficacia del derecho..., cit., p.129.

25 Incide en la complejidad de este problema: Calvo García, M. (2005). "Evolución de la respuesta jurídica frente a la violencia familiar de género. Análisis de la Ley Orgánica 1/2004, de Medidas de Protección Integral contra la Violencia de Género", *Cuadernos penales José María Lidón, Núm. 2, La Ley de medidas de protección contra la violencia de género,* Bilbao, pp. 31 y ss.

26 Pereira-Soares. De Carvalho-Matos. Tapia Argüello. "Políticas penales, prisión y género: Debates feministas contemporáneos ...", cit., pp. 208-209.

los roles que fomentan la violencia y fortalecen ideologías extremas[27]. Como advirtió en su momento Laurenzo Copello, las sanciones desproporcionadas por conductas de escasa gravedad pueden acabar presentando al agresor como víctima de un sistema represivo[28].

El uso del Derecho penal no solo tiene consecuencias negativas para los hombres, sino también para las mujeres. Como señaló Maqueda, aunque esta vía da visibilidad a la violencia de género, también puede estigmatizar a las víctimas, reduciéndolas a un rol pasivo y debilitando su capacidad de reivindicación, lo que afecta negativamente a su imagen social[29].

---

27 Pereira-Soares. De Carvalho-Matos. Tapia Argüello. "Políticas penales, prisión y género: Debates feministas contemporáneos ...", cit., pp. 209-210. En nuestro país encontramos estudios que vinculan el auge de VOX y de la ultraderecha como reacción a la legislación contra la violencia de género, así: Jiménez Aguilar, F. (2021). "El auge de las investigaciones sobre género y ultraderecha: una agenda abierta." *Encrucijadas, Revista Crítica de Ciencias Sociales*, vol. 21, n.º 2, pp. 1-12; Álvarez Benavides, A. Jiménez Aguilar, F. (2021). "La contraprogramación cultural de VOX: secularización, género y antifeminismo" *Política y Sociedad*, vol. 58, n.º 2, pp. 1-12.

28 Laurenzo Copello, P. (2005). "La violencia de género en la Ley Integral. Valoración político criminal", *Revista Electrónica de Ciencia Penal y Criminología*, núm. 07-08 p. 23. Como indica Martínez Pérez, la dificultad para aplicar programas penitenciarios a internos por violencia de género con condenas cortas genera frustración y resentimiento hacia el Estado y hacia la víctima. En muchos casos el delincuente de género no considera que haya hecho nada malo. Martínez Pérez, M. A. (2014). "Internos en el centro penitenciario de Valencia por delitos de violencia de género" en Roig Torres, M. (Dir.) *Medidas de prevención de la reincidencia en la violencia de género*, Tirant lo Blanch, Valencia, pp. 138-139.

29 Maqueda Abreu. "La violencia de género. Entre el concepto jurídico y la realidad social", cit., pp.12-13. Bodelón González critica el concepto de víctima que denota pasividad en casos de malos tratos o violencia sexual. Véase "El cuestionamiento...", cit., p.133. Larraruri

Además, este enfoque puede generar victimización secundaria al exponer a las mujeres a formas de violencia institucional que disuadan la denuncia[30]. El proceso penal, centrado en sancionar al infractor y perseguir su resocialización, puede relegar a la víctima a simple medio probatorio.

A ello cabe añadir las dudas surgidas en torno al garantismo[31] de la regulación y, en particular, a su respeto al principio de intervención mínima, a pesar de los diversos pronunciamientos del Tribunal Constitucional que han venido avalando la constitucionalidad de la regulación penal contra la violencia de género[32]. Como afirmó en su momento Laurenzo, aunque es completamente cierto que la condición de pertenecer al sexo femenino es un factor de riesgo que expone a la mujer a ser blanco de cierta violencia, no se puede deducir que endurecer la respuesta penal sea lo más adecuado para combatir dicho peligro[33].

---

también cuestiona la rigidez del sistema penal, que solo admite acoger a las mujeres que optan por la separación del agresor y su castigo. Cualquier otra posibilidad es considerada irracional, y se actúa aun a costa de sacrificar la voluntad de la mujer. Larrauri Pijoan, E. (2005)."¿Se debe proteger a la mujer contra su voluntad?" *Cuadernos penales José María Lidón, Núm. 2, La Ley de medidas de protección contra la violencia de género,* Bilbao, p. 162.

30 Bodelón González, E. (2014). "Violencia institucional y violencia de género", *Anales de la Cátedra Francisco Suárez,* 48, pp. 131-155.

31 Laurenzo Copello. "La violencia de género en la Ley Integral. Valoración político criminal", cit., pp. 1-23. Maqueda Abreu. "La violencia de género. Entre el concepto jurídico...", cit., pp. 1-13. Polaino-Orts, M. (2008). "La legitimación constitucional de un Derecho penal *sui generis* del enemigo frente a la agresión a la mujer. Comentario a la STC 59/2008, de 14 de mayo", *InDret,* 3, pp. 1-39.

32 AATC 233/2004, de 7 de junio de 2004 y 332/2005, de 13 de septiembre de 2005 y STC 59/ 2008, de 14 de mayo.

33 Laurenzo Copello. "La violencia de género en la Ley Integral...", cit., p. 21. De la misma autora: "El modelo de protección reforzada de la mujer ...", cit., p. 115.

Es por todo ello que en la doctrina han surgido voces que reclaman un tipo diferente de intervención frente a esta problemática. Así, Maqueda subraya la necesidad de repensar otras fórmulas, tanto informales como formales para la resolución del conflicto[34]. Teniendo en cuenta que en el ámbito de la violencia intrafamiliar y, específicamente, en el ámbito de la violencia de género la respuesta penal invisibiliza el conflicto social que se encuentra detrás de la agresión concreta. Apelándose incluso a prácticas restaurativas y comunitarias para su abordaje[35].

Tras revisar el tratamiento que se ha dado en España al problema de la violencia intrafamiliar leve, y ante la inadecuación tanto para víctima como para victimario de la solución tradicional, resulta oportuno examinar las posibilidades alternativas que ofrece nuestro Código Penal. Por ello, me planteo como objetivo analizar, en primer lugar, la aplicación y efectividad de las sanciones alternativas a la prisión, en particular los trabajos en beneficio de la comunidad. En segundo lugar, evaluaré la oportunidad de reformar la legislación para matizar la actual prohibición de acudir a los mecanismos restaurativos en la resolución de conflictos surgidos en el contexto de la violencia de género, así como las posibilidades de estos con la regulación vigente. Finalmente, se abordará un examen de los programas y talleres penitenciarios aplicables en el marco de la pena de trabajos en beneficio de la comunidad, así como los estudios realizados sobre su efectividad.

---

34 Maqueda Abreu. "La violencia de género. Entre el concepto jurídico...", cit., p.13.

35 Daly, K. (2016) "What is Restaurative Justice? Fresh Answers to a Vexed Question", *Victims and Offenders,* 11, pp. 20-21. Pereira-Soares. De Carvalho-Matos. Tapia Argüello." Políticas penales, prisión y género: Debates feministas contemporáneos ...", cit., p. 200.

## II. LA PENA DE TRABAJOS EN BENEFICIO DE LA COMUNIDAD EN EL CONTEXTO DE LA VIOLENCIA INTRAFAMILIAR

La doctrina ha situado la introducción de alternativas a la prisión en el marco de las infracciones leves de género como un instrumento para neutralizar la posible desproporción de la privación de libertad ante hechos de escasa trascendencia[36]. Independientemente de la quiebra al principio de intervención mínima que implica utilizar la pena, sea o no privativa de libertad, para resolver conflictos que tal vez tengan una más eficaz solución en otros ámbitos, resulta importante examinar la virtualidad de la pena de trabajos en beneficio de la comunidad para enfrentar esta problemática, habida cuenta que el legislador acude tempranamente a esta. Así pues, se analizarán los objetivos que puede cumplir esta pena en este ámbito concreto, con un examen detenido de sus posibilidades como mecanismo de reparación para la víctima del delito.

En el contexto de la crisis de la pena de prisión y a pesar del clima de punitivismo, el legislador español ha optado por la pena de trabajos en beneficio de la comunidad para abordar la violencia de género y doméstica. Esta sanción, alternativa a la prisión, se presenta como una manifestación del principio de intervención mínima. Si bien el recurso a las sanciones alternativas implica una renuncia a las consecuencias penales con mayor contenido preventivo general y retribucionista, tiene claros efectos positivos, ya que evita la desocialización del condenado, el estigma de la prisión y sus repercusiones sobre

---

[36] Blay Gil, E. (2007). "El trabajo en beneficio de la comunidad como pena para la violencia familiar", *Revista de Derecho Penal y Criminología*, 2ª época, n.º 19, pp. 406-407.

la dignidad humana[37]. Pero, además, es crucial determinar si estas medidas son efectivas en términos de reducción de la delincuencia, especialmente en la disminución de la reincidencia en comparación con la pena de prisión.

En relación con la violencia de género es relevante mencionar que hasta el año 2003, el maltrato ocasional se consideraba una falta, según el art. 617 del Código Penal y se sancionaba con la pena de arresto de fin de semana o multa. La Ley Orgánica 11/2003, de 29 de septiembre, de medidas concretas en materia de seguridad ciudadana, violencia doméstica e integración social de los extranjeros, elevó el maltrato ocasional a la categoría de delito, regulándolo en el art. 153 del Código Penal y castigándose con la pena de prisión de tres meses a un año incorporándose los trabajos en beneficio de la comunidad de 31 a 80 días, como pena directa, alternativa a la prisión.

La Ley Orgánica 15/2003, de 25 de noviembre, que modificó el Código Penal, promovió de manera significativa la aplicación de la pena, extendiéndola a un mayor número de delitos y estableciendo el régimen de incumplimiento en el Código Penal[38]. El desarrollo más notable de esta pena se relaciona con la eliminación de la pena de arresto de fin de semana. Aunque los trabajos en beneficio de la comunidad dejan de aplicarse como sustitutivos de dicha pena, pasan a ocupar su lugar como pena principal alternativa. Una de las novedades

---

37 Muñoz Conde, F. García Arán, M. (2022). *Derecho Penal Parte General,* Tirant lo Blanch, Valencia, 11 º ed. Revisada y puesta al día por Pastora García Álvarez, pp. 533-534.

38 Ello provoca la derogación del anterior RD 690/1996 que es sustituido por el RD 515/2005, de 6 de mayo, por el que se establecen las circunstancias de ejecución de las penas de trabajos en beneficio de la comunidad y de localización permanente, de determinadas medidas de seguridad, así como de la suspensión de la ejecución de las penas privativas de libertad, que suprime el régimen de incumplimiento al haberse incorporado al art. 49 del Código Penal.

más relevantes de la reforma es el nuevo contenido asignado a las actividades a realizar, especificando que estas "podrán consistir, en relación con delitos de similar naturaleza al cometido por el penado, en labores de reparación de los daños causados o de apoyo o asistencia a las víctimas". De este modo, se consolida, desde la propia configuración legal, su consideración como instrumento de reparación a la víctima del delito o, al menos, como una forma de reparación simbólica[39].

También son relevantes las modificaciones introducidas por la Ley Orgánica 1/2004, de Medidas de Protección Integral contra la Violencia de Género. Se amplía la posibilidad de sustituir la pena de prisión por trabajos en beneficio de la comunidad en delitos de violencia de género y violencia doméstica, lo cual ya había sido anticipado por la Ley Orgánica 11/2003 para el delito de maltrato ocasional del art. 153 del Código Penal. Este cambio tendrá una especial importancia al estar relacionado con la evolución de la pena hacia enfoques reparadores[40], en claro contraste con el desarrollo de la prohibición de mediación en este ámbito. Asimismo, esta reforma incrementa el castigo de los actos de maltrato ocasional de género, elevando el mínimo de prisión a seis meses, aunque, paradójicamente, no se modifica la duración de los trabajos en beneficio de la comunidad que se pueden imponer como pena alternativa.

---

39 Vegas Aguilar, J. C. (2023). *Los trabajos en beneficio de la comunidad como ejemplo de medida restaurativa*, Tirant lo Blanch, Valencia, p. 39. Apunta la postura doctrinal que considera que esta modificación supone la orientación de los trabajos en beneficio de la comunidad hacia una función reparadora y, por otra parte, la potenciación de la función preventivo especial positiva de la pena.

40 Es precisamente con la reforma del art. 49 por la Ley Orgánica 15/2003 de 25 de noviembre, que se incorpora una referencia expresa a la posibilidad de realizar, en relación con delitos de similar naturaleza al cometido por el penado, "labores de reparación de los daños causado o de apoyo o asistencia a las víctimas".

De especial interés la reforma incorporada por la Ley Orgánica 1/2015 de 30 de marzo que afectó a la aplicación de la pena de trabajos en beneficio de la comunidad pues suprimió la institución de la sustitución de las penas privativas de libertad al derogar el art. 88 del Código Penal[41]. Eso implica que la pena de trabajos en beneficio de la comunidad ya no puede imponerse como sustitutiva de las penas privativas de libertad, pero sí como condición para su suspensión según lo previsto en el art. 84 del Código Penal. En la práctica, esto significa que los condenados por violencia de género o doméstica tienen dos vías para acceder a la sanción alternativa: se les pueden aplicar los trabajos en beneficio de la comunidad como pena principal, o como condición para la suspensión de la pena de prisión prevista en el art. 84. 3° del Código Penal. La principal diferencia es que, para este segundo supuesto, el art. 83.2 del Código Penal, establece una condición obligatoria para la suspensión de la pena de prisión en delitos de violencia de género: en estos casos, se impondrán obligatoriamente: la prohibición de aproximarse a la víctima, la prohibición de residir

---

41 Si analizamos la regulación de la sustitución de la pena de prisión antes de su supresión por la Ley Orgánica 1/2015, de 30 de marzo, es significativo observar que la reforma introducida por la Ley Orgánica 15/2003, de 25 de noviembre, en el art. 88 del Código Penal, establece que en los casos de violencia de género y violencia doméstica habitual (art. 173.2 del Código Penal) la pena de prisión solo puede ser sustituida por trabajos en beneficio de la comunidad. En estos supuestos, el juez o tribunal debe imponer obligatoriamente programas específicos de reeducación y tratamiento psicológico. Esta previsión se generaliza a todos los condenados por delitos relacionados con la violencia de género mediante la reforma de este artículo 88, introducida por la Ley Orgánica 1/2004, de 28 de diciembre. Esta reforma también afecta al régimen de suspensión, ya que incorpora, en la nueva redacción del art. 83 del Código Penal, la obligación de someterse a programas formativos en caso de condenas suspendidas por delitos relacionados con la violencia de género.

en un lugar determinado o de acudir al mismo y la obligación de participar en programas formativos. El apartado 7º del art. 83.1 del Código Penal especifica la referencia a programas de "igualdad de trato y no discriminación", mención que, paradójicamente[42], no se encuentra reflejada en el contenido de la pena de trabajos en beneficio de la comunidad en el art. 49 del Código Penal, ni en los art. 2 y 5 del Real Decreto 840/2011, de 17 de junio, que desarrolla las circunstancias de ejecución de la pena. Por tanto, la obligatoriedad de realizar dichos talleres solo se puede establecer a través de la suspensión de la pena de prisión, y no cuando se aplique la pena de trabajos en beneficio de la comunidad directamente[43].

Finalmente, la redacción actual deriva de la reforma introducida por la Ley Orgánica 8/2021, de 4 de junio, que ha añadido al contenido de los talleres o programas los de: "resolución pacífica de conflictos y parentalidad positiva". Esto hace referencia explícita, por un lado, a la opción de realizar programas y talleres restaurativos y reparadores y, por otro, a la formación

---

42 Blay es especialmente crítica con el sistema de sustitución de la pena de prisión por trabajos en beneficio de la comunidad, hoy derogado. En particular, cuestiona la previsión de tratamiento obligatorio en casos de suspensión y sustitución de penas impuestas por violencia de género, algo que no se ha contemplado para los trabajos en beneficio de la comunidad impuestos como sanción directa. La autora sugiere que esto podría deberse a la voluntad del legislador de no perder contenido punitivo al dejar de imponer una pena de prisión, ya sea por suspensión o por sustitución. Actualmente, este argumento podría mantenerse en casos de suspensión, dado que la posibilidad de sustitución de la pena de prisión por trabajos en beneficio de la comunidad ha sido eliminada. Blay Gil. "El trabajo en beneficio de la comunidad como pena para la violencia familiar", cit., p. 405.

43 Si bien, es cierto que la referencia a "otros similares", contenida en el artículo 49 del Código Penal permite su aplicación, aunque no es obligatoria como en el caso de la suspensión.

para enfrentar y prevenir el maltrato infantil por parte de los progenitores. Sin embargo, seguimos sin encontrar referencias a programas específicos en materia de igualdad, a pesar de que, como abordaremos, la administración penitenciaria sí los ha incorporado a su catálogo de programas de tratamiento desde hace tiempo, en cumplimiento de lo dispuesto en el art. 42.1 de Ley Orgánica 1/2004 de Medidas de Protección Integral contra la Violencia de Género, que establece que "la Administración Penitenciaria realizará programas específicos para internos condenados por delitos relacionados con la violencia de género".

En definitiva, de la evolución del régimen penológico de los delitos relacionados con la violencia familiar y el papel que en ellos desempeña la pena de trabajos en beneficio de la comunidad, podemos afirmar que el legislador ha contemplado esta pena para todo el espectro de delitos leves de violencia de género y doméstica[44], que puede imponerse como alternativa directa a la prisión o como condición en un

---

[44] En concreto: 1. Los malos tratos ocasionales constitutivos de violencia de género se sancionan con una pena de prisión de seis meses a un año o de trabajos en beneficio de la comunidad de 31 a 80 días, junto con la privación del derecho a la tenencia y porte de armas y, en su caso, del ejercicio de la patria potestad (art. 153.1 del Código Penal). Cuando estos malos tratos constituyen violencia doméstica (se cometen contra víctimas integradas en el ámbito familiar distintas de las mujeres pareja o expareja, o persona especialmente vulnerable con la que conviva el autor) se les impone una pena de prisión de tres meses a un año o de trabajos en beneficio de la comunidad de 31 a 80 días, además de la privación del derecho a la tenencia y porte de armas y, en su caso, inhabilitación para el ejercicio de la patria potestad y otras potestades tuitivas (art. 153.2 del Código Penal).
2. Las amenazas leves en un contexto de violencia de género, según el art. 171.4 del Código Penal se castigan con pena de prisión de seis meses a un año o de trabajos en beneficio de la comunidad de 31 a

80 días, junto con la privación del derecho a la tenencia y porte de armas y, en su caso, del ejercicio de la patria potestad.
3. Las amenazas leves con armas en el contexto de la violencia doméstica, previstas en el art. 171.5 del Código Penal, se sancionan con pena de prisión de tres meses a un año o de trabajos en beneficio de la comunidad de 31 a 80 días, junto con la privación del derecho a la tenencia y porte de armas y, en su caso, del ejercicio de la patria potestad.
4. El resto de las amenazas leves, según el art. 171.7 del Código Penal, en el contexto de la violencia doméstica, se castigan con localización permanente de 5 a 30 días, siempre en domicilio diferente y alejado de la víctima, o trabajos en beneficio de la comunidad de 5 a 30 días o multa de 1 a 4 meses, esta última únicamente en los que concurran las circunstancias expresadas en el ap. 2 del art. 84.
5. El art. 172. 2 del Código Penal sanciona las coacciones constitutivas de violencia de género con una pena de prisión de seis meses a un año o de trabajos en beneficio de la comunidad de 31 a 80 días, junto con la privación del derecho a la tenencia y porte de armas y en su caso del ejercicio de la patria potestad.
6. Las coacciones leves a alguna de las personas incluidas en el ap. 2º del art. 173 del Código Penal, previstas en el art. 172.3 del Código Penal, serán castigadas con la pena de localización permanente de 5 a 30 días, siempre en domicilio diferente y alejado de la víctima o trabajos en beneficio de la comunidad de 5 a 30 días, o multa de 1 a 4 meses, esta última únicamente en los casos en los que concurran las circunstancias expresadas en el ap. 2º del art. 84 del Código Penal.
7. El delito de acoso, previsto en el art. 172 ter. 2, en el ámbito de la violencia doméstica o de género, se sancionará con una pena de prisión de 1 a 2 años o trabajos en beneficio de la comunidad de 60 a 120 días.
8. El delito de injuria o vejación injusta de carácter leve en violencia de género o doméstica, según el art. 173. 4 del Código Penal, será castigado con la pena de localización permanente de 5 a 30 días, en un domicilio diferente y alejado del de la víctima, trabajos en beneficio de la comunidad de 5 a 30 días o multa de 1 a 4 meses, esta última únicamente en los casos en los que concurran las circunstancias expresadas en el art. 84.2 del Código Penal.

régimen de suspensión. En este último caso, es obligatoria la participación en un programa o taller formativo, aunque esta exigencia no se aplica si la pena de trabajos en beneficio de la comunidad se impone directamente. No obstante, es frecuente que la sanción se cumpla mediante la realización de un programa o taller específico, como se analizará en el último apartado del estudio.

## III. LA REPARACIÓN A LA VÍCTIMA DE VIOLENCIA DE GÉNERO Y DOMÉSTICA

En el marco de las teorías de los fines de la pena, la crisis de las teorías preventivas, especialmente en el contexto de la pena privativa de libertad, junto con el creciente interés por la defensa de los derechos de las víctimas, ha propiciado el resurgimiento de las teorías de la reparación, concebidas en algunos casos como una tercera vía destinada a sustituir al derecho penal tradicional[45]. Sin embargo, estas teorías han sido criticadas por otros sectores doctrinales que consideran el peligro de la privatización del Derecho penal y la merma de derechos para el justiciable[46]. Entre ambos extremos, existe la posibilidad de integrar la reparación a la víctima dentro del marco del Derecho penal tradicional, respetando los derechos del justiciable y acogiendo también los derechos de la víctima a ser atendida, acompañada, reparada y escuchada. Esta vía intermedia parece adecuada para conciliar los diversos intereses en conflicto y es el camino seguido por el ordenamiento penal español[47], que sitúa la reparación

---

45 Torres Rosell. *La pena de trabajos en beneficio de la comunidad...*, cit., pp. 90-91.

46 Torres Rosell. *La pena de trabajos en beneficio de la comunidad...*, cit., p. 93.

47 El ordenamiento español ha ido incorporando la reparación. Torres Rosell. *La pena de trabajos en beneficio de la comunidad...*, cit., pp. 96-97.

a la víctima en el marco de las circunstancias modificativas, de la suspensión de la pena (arts. 80 y 90 del Código Penal) y en la pena de trabajos en beneficio de la comunidad.

De esta forma, la pena de trabajos en beneficio de la comunidad, aunque en sentido estricto no sea una práctica propia de la justicia restaurativa, puede considerarse simbólicamente restauradora o reparadora[48]. Una parte significativa de la doctrina española sostiene que, aunque la reparación no sea el objetivo principal de esta pena, la contribución del penado a la sociedad mediante el trabajo puede interpretarse como una forma de reparación[49]. A pesar de las dificultades para concebirla como una reparación directa a la víctima[50], se reconoce su efecto reparador, aunque sea simbólico, especialmente cuando el trabajo realizado está relacionado con el delito cometido[51].

Aquellos que consideran inadecuado el contenido rehabilitador a través de la reparación a la víctima del delito de violencia de género cuestionan el valor preventivo especial de esta pena en el contexto de la violencia familiar. No obstante, se señala que, en términos generales, la capacidad rehabilitadora de esta pena se manifiesta en otros aspectos: desarrollo de hábitos necesarios para la vida laboral, adquisición de habilidades laborales, uso constructivo del tiempo libre, desarrollo de la responsabilidad hacia la comunidad, promoción de actitudes prosociales,

---

48 Blay Gil, E. (2007). *Trabajo en beneficio de la comunidad: regulación y aplicación práctica,* Atelier, Barcelona. p. 85.

49 Blay Gil. *Trabajo en beneficio de la comunidad: regulación y aplicación práctica,* cit., p.87.

50 Brandariz García, J.A. (2009). *La sanción penal de trabajos en beneficio de la comunidad,* Tirant lo Blanch, Valencia. pp.133 y ss.

51 Brandariz García. *La sanción penal de trabajos en beneficio de la comunidad,* cit., p. 136.

finalmente, evita la ruptura de las relaciones familiares, laborales y sociales, a diferencia de lo que ocurre con la pena de prisión[52].

También se destaca la capacidad rehabilitadora de esta pena a través de programas de reeducación específicos, como aquellos centrados en el control de la ira y otras emociones. No obstante, la aplicación de estos programas solo es obligatoria cuando la pena de trabajos en beneficio de la comunidad se impone como condición para la suspensión de la pena de prisión, no siendo obligatorios si se impone como pena directa. Esto es inadecuado, ya que se ha observado una mayor reducción de la reincidencia con estos programas en comparación con la pena de prisión por lo que, no obstante, aun sin la obligatoriedad de dichos programas, esta pena tiene un cierto contenido rehabilitador[53].

En relación con la reparación a las víctimas de violencia de género y doméstica, Blay estima que estas tareas no son apropiadas ni beneficiosas para las víctimas ni para los responsables, ya que, en su opinión, no se alcanzan los objetivos preventivo-especiales[54]de la pena. Cervera Salvador también señala que el reencuentro con el penado puede perjudicar a la víctima, complicando la recuperación de las secuelas psicológicas derivadas del delito[55]. Sin embargo, encontramos otras posturas doctrinales[56]que sí ven viable incorporar contenidos reparado-

---

52 Blay Gil. "El trabajo en beneficio de la comunidad como pena para la violencia familiar", cit., p. 412.

53 Blay Gil. "El trabajo en beneficio de la comunidad como pena para la violencia familiar", cit., pp. 413-414.

54 Blay Gil. "El trabajo en beneficio de la comunidad como pena para la violencia familiar", cit., p. 411. como señala Blay, la administración catalana rechaza relacionar el trabajo de las personas penadas por este tipo de infracciones con labores de reparación a la víctima de delitos afines.

55 Cervera Salvador. "La pena de trabajos...", cit. p.78.

56 Sanz Mulas, N. (2005). "Art. 35" en Sanz Mulas, N. González Bustos, M.ª A. Martínez Gallego, E. M.ª (coord.) *Ley de medidas de protección*

res en estos casos. Llegados a este punto, es importante recordar que una de las razones para introducir la pena de trabajos en beneficio de la comunidad fue la de abordar la diversidad de situaciones subsumibles en los tipos penales específicos. Por ello, no parece apropiado ofrecer una única respuesta a esta cuestión. Es necesario examinar cada caso concreto y, según las circunstancias particulares del victimario y de la víctima, decidir la adecuación o inadecuación de una solución restaurativa[57].

Así pues, uno de los puntos de mayor controversia doctrinal es la posibilidad de incluir la reparación a la víctima de violencia género y/o doméstica en el marco de la pena de trabajos en beneficio de la comunidad. Esta cuestión es especialmente compleja debido a la particular relación entre víctima y agresor, así como a las dinámicas de control y subordinación que pueden existir entre los miembros de la familia, lo cual representa un desafío para implementar prácticas restaurativas[58]. Sin embargo, el hecho de que sea un reto no debería llevar a su prohibición, como ocurre en España en los delitos de género y sexuales[59]. Esta restricción impide a la víctima el derecho a decidir por sí misma, imponiendo el Estado un paternalismo

---

*integral conta la violencia de género (LO 1/2004, de 28 de diciembre)*, Iustel, Madrid, p. 161. La autora considera la finalidad rehabilitadora de la pena en el ámbito de la violencia de género al suponer la confrontación del condenado con las consecuencias de su conducta.

57 Refiere los avances en justicia restaurativa entre menores de edad y la posibilidad de aplicar estos instrumentos en adultos. Valls Rius, A. (2023). M.ª "Posibilidades y ventajas de introducir el conferencing o encuentros restaurativos en nuestro sistema jurídico", *Revista Aranzadi de Derecho y Proceso Penal*, 71, julio-septiembre, pp. 1-19.

58 UNODOC, (2020). *Handbook on Restaurative Justice Programme* Second Edition, p. 73.

59 Según lo dispuesto en el art. 3 del Estatuto de la Víctima que prohíbe en este ámbito la mediación y la conciliación desde la reforma incorporada por la Ley Orgánica 10/2022, de 6 de septiembre, de Garantía Integral de la Libertad Sexual.

punitivo inaceptable[60]. Además, este derecho no se niega a las víctimas de otros delitos de indudable gravedad, como es el caso del terrorismo donde se han llevado a cabo encuentros restaurativos durante la fase de ejecución de la pena[61]. En el ámbito de la violencia familiar encontramos diferencias significativas, pues, la regulación actual prohíbe la mediación y conciliación si el agresor es un adulto[62]. Métodos restaurativos que, por otro lado, no están vetados para los supuestos de violencia doméstica, ni cuando el agresor es una persona menor de edad. (véase art. 19 de la Ley Orgánica 5/2000, de 12 de enero, reguladora de la responsabilidad de los menores).

El grave problema social que en muchos casos encontramos tras una agresión familiar y las dificultades que ello puede plantear para acudir a formas restaurativas de abordar el conflicto ha llevado a que en la doctrina hallemos posiciones encontradas en torno a la oportunidad de utilizar estos instrumentos para resolver el conflicto. Como ya se ha indicado, la solución no debería ser la prohibición de estos métodos, sino el análisis individualizado de cada caso, teniendo en cuenta las

---

60 Llorente Sánchez Arjona, M. (2022). "Justicia restaurativa: el derecho a la reparación. Especial referencia a las víctimas de la violencia de género", *La ley. Derecho de familia,* n.º 34, abril, p. 19.

61 Pascual, E., Etxebarria, X., Olalde, A., Lozano, F., Segovia, J. L., Ríos, J. C., Santos Itoiz, E., & Castilla, J. (2016). *Los ojos del otro: Encuentros restaurativos entre víctimas y ex miembros de ETA*. Sal Terrae, Bilbao.

62 Paradójicamente, sí está permitido el recurso a la justicia restaurativa si el victimario es menor de edad, si bien la LO 10/2022 modifica la LO 5/2000, exigiendo en estos casos que sea la víctima la que expresamente solicite someterse a un proceso reparatorio. Sobre la reforma de la ley reguladora de la responsabilidad penal de los menores en esta cuestión, véase: Colás Turégano, M.ª A. (2023). "Punitivismo y justicia de menores: La reforma de la Ley Reguladora de la Responsabilidad Penal de los Menores por la Ley del "solo sí es sí (LO 10/2022, de Garantía Integral de la Libertad Sexual)" *Revista Electrónica de Ciencia Penal y Criminología,* 25-26, pp.1-39.

características y necesidades del agresor, pero, especialmente, de la víctima, cuyo interés es prevalente, configurándose como un derecho a su reparación material y moral (art. 15 del Estatuto de la Víctima). En todo caso, la situación restaurativa se ha de plantear siempre que la víctima lo desee y siempre que se considere que puede ser adecuada y reparadora para ella[63].

Por otro lado, en la fase de ejecución que es cuando se aplicaría la justicia restaurativa en el marco de la pena de trabajos en beneficio de la comunidad[64], probado el hecho y la posición de ambas partes y transcurrido un tiempo desde la realización de este quizás fuera el escenario adecuado para la reflexión del victimario respecto a lo realizado, dando a la víctima la posibilidad de expresar sus sentimientos. Salvaguardándose los derechos de ambas partes y permitiendo una mejor resolución del problema. Precisamente, el que el legislador la haya previsto como sanción alternativa en infracciones relacionadas con la violencia de género unido al componente reparador que esta pena ha ido adquiriendo propicia valorar la posibilidad de encuentros restaurativos con la víctima directa de la violencia de género o, bien, con otras víctimas de semejante delito.

---

63 Llorente Sánchez Arjona. "Justicia restaurativa: el derecho a la reparación. Especial referencia a las víctimas de la violencia de género", cit., p. 18.

64 Rodríguez Yagüe destaca su utilidad para hechos y penas de mayor gravedad. La mediación puede ser utilizada en la fase de ejecución de la pena cuando la víctima ya se encuentre preparada y el pronóstico de reinserción del victimario sea favorable. Además, puede servir como medio de preparación de escenarios de futuro, especialmente cuando hay hijos en común. La solución restaurativa puede ayudar a normalizar las relaciones sin implicar necesariamente una reconciliación. Rodríguez Yagüe, C. (2018). "Prohibición de la mediación penal en los delitos de violencia de género: su incidencia en la ejecución penal", *La Ley Penal*, N.º 130, enero-febrero, p. 4.

No obstante, en la doctrina encontramos posturas reticentes a su aceptación y, por ende, que abogan por su prohibición[65]. Estas posturas se basan en la situación de desigualdad y asimetría que caracteriza los casos de violencia de género, lo cual impediría llevar a cabo un proceso de mediación penal con garantías suficientes para la víctima. En esta línea, también se ha argumentado, que no aplicar el derecho penal en estos casos podría trasmitir la idea de que el hecho es menos grave[66]. Además, se ha señalado que los procesos restaurativos podrían ser injustos para los agresores si se vieran obligados a participar en ellos[67]. Estas posiciones se han asociado al feminismo estructural o radical de segunda ola, de carácter punitivista, que defiende políticas de aumento de pena, persecución obligatoria y la intervención de oficio del sistema de justicia penal en los casos de violencia de género[68]. Desde estos postulados, se han destacado[69] los siguientes inconvenientes de la justicia restaurativa:

En primer lugar, se sostiene que la justicia restaurativa es incompatible con la violencia de género, ya que conceptos como la disculpa y el perdón son ajenos a las intervenciones

---

65 Pérez Jaraba, M.ª D. (2019). "Derechos fundamentales y violencia de género", *Anuario de Filosofía del Derecho,* (XXXV), p. 166.

66 Álvarez Suárez, L. (2021). "La mediación penal como manifestación del denominado 'principio de oportunidad': ¿Debería replantearse el legislador su veto a las víctimas de violencia de género?", *Revista de Estudios Jurídicos y Criminológicos,* n. 3, pp. 184-185.

67 Villacampa Estiarte, C. (2020). "Justicia restaurativa en supuestos de violencia de género en España: situación actual y propuesta político-criminal", *Polít. Crim,* vol. 15, n. 29, p. 56.

68 Villacampa Estiarte. "Justicia restaurativa en supuestos de violencia de género en España: situación actual y propuesta político-criminal", cit., p. 55.

69 Siguiendo la síntesis realizada por Villacampa Estiarte. "Justicia restaurativa en supuestos de violencia de género en España..., cit., pp. 55-56.

en este ámbito. En segundo lugar, se destaca la dificultad para asegurar una intervención equilibrada y voluntaria de ambas partes en el proceso, con el riesgo de que los mecanismos restaurativos perpetúen el ciclo de la violencia. En tercer lugar, se argumenta que devolver el conflicto al ámbito privado sería incompatible con la transformación de la violencia de género en un problema de derecho público, perdiendo el efecto simbólico de dicha transformación y transmitiendo un mensaje de laxitud y trivialización de estas manifestaciones de violencia. Finalmente, se cuestiona su efectividad para este tipo de violencia, ya que no puede eliminar estas situaciones violentas ni garantizar la seguridad de las víctimas o su bienestar psicológico.

En contraste con estas posturas, una mayoría significativa de la doctrina sostiene que la posición prohibicionista adoptada en el Estatuto de la Víctima y en la Ley Orgánica 1/2004 refuerza una visión paternalista y de vulnerabilidad de la mujer. Aunque es cierto que tal vulnerabilidad se puede encontrar en algunos casos de violencia de género, no debería generalizarse a todos los supuestos[70].

---

70 Calificando de apresurada la prohibición contenida en la Ley Orgánica 1/2004 de Medidas de Protección Integral frente a la Violencia de Género, medida que implica desconocer la opinión de la mujer. Larrauri Pijoan. "¿Se debe proteger a la mujer contra su voluntad?, cit., p. 175. Apunta Varona que la legislación española, particularmente el Estatuto de la Víctima, ha optado por un modelo protector frente a los modelos proactivos, los primeros corren el riesgo de perpetuar las asimetrías de poder sin posibilitar la autonomía, el empoderamiento y el cambio de estructuras. Por el contrario, los modelos proactivos otorgan un mayor protagonismo a las víctimas sin descuidar sus vulnerabilidades. Tampoco se limitan por la gravedad o tipo de delito, el sometimiento a un proceso restaurativo va a depender de la actitud de las partes, de la responsabilización del victimario y del cumplimiento de los estándares internacionales en materia de justicia restaurativa. Varona Martínez, G. (2017). "Adecuación de los procesos restaurativos en delitos de carácter sexual", en de la Cuesta Arzamendi; Subijana Zunzunegui (dir.), Soleto Muñoz;

Guardiola Lago[71] argumenta que al prohibir la mediación penal en la Ley Orgánica 1/2004, el legislador español adoptó una "concepción desvalida de la víctima de violencia de género", alejándose de las prácticas comunes en otras legislaciones

---

Varona Martínez, Porres García (ed.): *Justicia restaurativa y terapéutica: hacia innovadores modelos de justicia,* Tirant lo Blanch, Valencia, pp. 375-376. Así también Molina Caballero, autora que afirma que la prohibición aporta una visión paternalista de la mujer, impidiéndole la participación en la toma de decisiones, dando por hecha su incapacidad para participar en un proceso de mediación...por otro lado también se apunta que en la violencia de género existen distintos grados de agresiones, "no siempre que haya un maltrato ocasional estaremos ante una víctima desvalida y con baja autoestima". Molina Caballero, M.ª J. (2015) "Algunas fronteras de la ley integral contra la violencia de género: jurisdicción de menores y mediación", *Revista Electrónica de Ciencia Penal y Criminología,* núm.17-24, p. 18.

71 Guardiola Lago, M.ª J. (2009). "La víctima de violencia de género en el sistema de justicia y la prohibición de mediación penal". *Revista General de Derecho Penal,* n.12, pp. 17-18 y nota 58. La prohibición, como expone la autora, interrumpió algunas experiencias que en este ámbito se estaban llevado a cabo en Cataluña; y se aparta de la tradición de otros países de nuestro entorno como Francia donde sí se lleva en cabo en estos supuestos. En la misma dirección, Molina Caballero apunta que en el derecho comparado y en particular en ordenamientos cercanos al nuestro no existe una prohibición general como en España. Se destaca en la n. 38 como precisamente en Francia uno de los ámbitos en los que más se utiliza la mediación es el de los conflictos familiares. La experiencia comparada indica que bien hecha, puede ser un instrumento muy valioso en la lucha contra la violencia de género. La mediación es buena para la víctima, el agresor y la sociedad. Molina Caballero. "Algunas fronteras de la ley integral contra la violencia de género: jurisdicción de menores y mediación", cit., p. 18. Además de en otras legislaciones, en nuestra propia legislación también se ha aplicado la mediación en casos de violencia de género en la jurisdicción de menores como señala Álvarez Suárez. "La mediación penal como manifestación del denominado 'principio de oportunidad': ¿Debería replantearse el legislador su veto a las víctimas de violencia de género?", cit., p. 184.

y en documentos supranacionales sobre justicia restaurativa[72]. De hecho, como señala Villacampa[73], la postura prohibicionista no se observa ni en los países de nuestro entorno jurídico ni en la normativa internacional. En cuanto a esta última, la Directiva 2012/29/UE[74] obliga a los Estados a garantizar que las víctimas que elijan participar en procesos de justicia restaurativa tengan acceso a estos servicios. En tanto, las Recomendaciones CM/REC (2018)8[75] relativa a la justicia restaurativa en asuntos penales y CM/REC (2023)2[76] sobre servicios y apoyo a las víctimas no contienen exclusiones específicas. Asimismo, el Convenio de Estambul de 2011[77], en su art. 48 prohíbe los métodos alternativos de resolución de conflictos, pero solo cuando se impongan de manera obligatoria, permitiendo así la in-

---

72 Guardiola Lago. "La víctima de violencia de género en el sistema de justicia y la prohibición de mediación penal", cit. p. 19.

73 Villacampa Estiarte. "Justicia restaurativa en supuestos de violencia de género en España..., cit., pp. 62-63.

74 Directiva 2012/29/UE del Parlamento Europeo y del Consejo, de 25 de octubre de 2012 por la que se establecen normas mínimas sobre los derechos, el apoyo y la protección a las víctimas de delitos. DOUE L 315, de 14 de noviembre de 2012.

75 Adoptada por el Comité de Ministros del Consejo de Europa el 3 de octubre de 2018 en la 1326ª reunión de los Delegados de los Ministros.

76 Adoptada por el Comité de Ministros del Consejo de Europa el 15 de marzo de 2023 en la 1460ª reunión de los Delegados de los Ministros.

77 Convenio del Consejo de Europa sobre prevención y lucha contra la violencia con la mujer y la violencia doméstica, hecho en Estambul el 11 de mayo de 2011. Instrumento de ratificación publicado en el BOE de 6 de junio de 2014. Como bien recuerda Alonso Rimo ni la letra ni el espíritu del Convenio avalan el veto a la mediación en la legislación española. Alonso Rimo, A. (2024). "¿No tienen derecho a una reparación integral del daño las víctimas de violencia de género y de delitos sexuales? La prohibición de mediación penal en estas infracciones a la luz de los estándares europeos", *Revista General de Derecho Europeo*, 63, p. 96.

tervención voluntaria de ambas partes. Dado que la normativa internacional no prohíbe la justicia restaurativa en los casos de violencia de género, varios países europeos han adoptado su uso e implementado programas de mediación o conferencias de grupos de familia específicamente dirigidos a esta problemática[78]. En España, a pesar de la restricción, se podrían considerar estas otras técnicas, ya que la prohibición en nuestro ordenamiento se limita a la mediación y la conciliación[79], que son dos de las muchas técnicas incluibles dentro de la justicia restaurativa. Aunque ciertamente, estas son las más comunes. En definitiva, con una interpretación restrictiva de la prohibición legal, se podría recurrir a otras opciones que ofrece la justicia restaurativa[80].

Así pues, aunque se reconocen dificultades en la implementación de procesos de justicia restaurativa en casos de violencia de

---

78 En particular, como refiere Villacampa: Austria, Finlandia, Dinamarca, Holanda, Grecia y Gran Bretaña, Villacampa Estiarte. "Justicia restaurativa en supuestos de violencia de género en España..., cit., p. 58. Véase también la declaración elaborada por el Instituto Vasco de Criminología, apoyada por un relevante sector de la doctrina penal y criminológica, expertos en justicia restaurativa: Igartua Laraudogoitia, I., Varona Martínez, G. (2023). "Reflexión crítica sobre la prohibición normativa española para desarrollar procesos de mediación en violencia de género y violencia sexual", en Varona Martínez, G. (Dir.) *Repensar la justicia restaurativa desde la diversidad: claves para su desarrollo práctico e investigación teórica y aplicada,* Instituto Vasco de Criminología, Universidad del País Vasco/Euskal Herriko Unibertsitatea, pp. 321-328.

79 Vid. nota 59.

80 Aunque como apunta la doctrina, dicha interpretación restrictiva no debería estar en la mente del legislador. Guardiola Lago. "La víctima de violencia de género en el sistema de justicia..., cit. p. 20. Favorable a explorar otras posibilidades de la justicia restaurativa: Valls Rius." Posibilidades y ventajas de introducir el *conferencing* o encuentros restaurativos en nuestro sistema jurídico", cit., pp. 17-18.

género, las ventajas parecen superar los inconvenientes, como lo demuestran diversas evaluaciones y experiencias[81]. Además, como señala Villacampa, no hay evidencia de que el sistema de justicia retributiva haya reducido los casos de violencia de género o aumentado la confianza de las víctimas en el sistema[82]. En particular, se subraya la idoneidad de la mediación para abordar conflictos interpersonales, como los de pareja, que pueden variar en gravedad e intensidad. Esto sugiere la necesidad de evaluar cada caso de manera individual para determinar la pertinencia de la mediación[83]. También se aprecia que estos procesos de justicia restaurativa ofrecen una solución a las víctimas que no desean una acusación formal contra el ofensor[84] y que lo que buscan es una protección inmediata al acudir a la policía[85].

---

81 Villacampa Estiarte. "Justicia restaurativa en supuestos de violencia de género en España..., cit., pp. 58 y ss.

82 Villacampa Estiarte. "Justicia restaurativa en supuestos de violencia de género en España..., cit., p. 61. También: Álvarez Suárez. "La mediación penal como manifestación..., cit., p. 186,

83 Torres Fernández, E. (2011). "¿Cabe la mediación familiar en las crisis de pareja con violencia entre sus miembros?", en López San Luis, R. (ed.): *Aportaciones de la mediación en el marco de la prevención, gestión y solución de conflictos familiares,* Comares, Granada, p. 134. Montesdeoca Rodríguez, D. (2021). *Justicia restaurativa y sistema penal,* Tirant lo Blanch, Valencia, pp. 121-124. Con relación a la utilidad de la mediación como forma de resolución de conflictos en delitos de naturaleza relacional, vid. Esquinas Valverde, P. (2008). *Mediación entre víctima y agresor en la violencia de género,* Tirant lo Blanch, Valencia, pp. 25 y ss.

84 Sobre los riesgos de victimización secundaria de la mujer víctima de la violencia de género y sus reticencias a acudir al sistema penal, vid. Diez Ripollés, J.L.; Cerezo Domínguez, A.I.; Benítez Jiménez, M.ª. J. (2017). *La política criminal contra la violencia sobre la mujer pareja (2004-2014). Su efectividad, eficacia y eficiencia,* Tirant lo Blanch, Valencia, pp. 137 y ss.

85 Villacampa Estiarte. "Justicia restaurativa en supuestos de violencia de género en España..., cit., p. 57.

Asimismo, se señala que[86] "con procesos restaurativos las víctimas se sienten más comprendidas, no en todos los casos de violencia de genero prima la desigualdad fruto de la dominación del hombre sobre la mujer, siendo el conflicto ocasional; en estos supuestos puede resultar más beneficioso la utilización de la mediación que permitiría recuperar a la víctima su posición de igualdad". También se indica que la víctima puede necesitar hablar con el agresor sobre aspectos compartidos de la vida en común y qué mejor que hacerlo en un entorno seguro como el que proporciona el proceso de mediación. En definitiva, debería ser la situación particular de cada víctima la que determine la idoneidad del proceso de mediación[87]. Una formación adecuada de los facilitadores les permitirá evaluar si la mediación puede tener efectos positivos para la víctima o si pudiera ser perjudicial y, por tanto, inapropiada[88]. En cuanto al principio de

---

86 Álvarez Suárez. "La mediación penal como manifestación..., cit., pp. 185-186.

87 Guardiola Lago. "La víctima de violencia de género en el sistema de justicia..., cit. p. 27. Individualización que encuentra su apoyo en la propia normativa internacional, así el considerando 46 de la Directiva 2012/29/UE como señala Alonso Rimo. "¿No tienen derecho a una reparación integral del daño las víctimas de violencia de género y de delitos sexuales? La prohibición de mediación penal en estas infracciones a la luz de los estándares europeos", cit., pp. 97-98. Torres Fernández. "¿Cabe la mediación familiar en las crisis de pareja con violencia entre sus miembros?", cit., p. 134. Montesdeoca Rodríguez. *Justicia restaurativa y sistema penal,* cit. 121-124. Esquinas Valverde. *Mediación entre víctima y agresor en la violencia de género,* cit., pp. 25 y ss.

88 Guardiola Lago. "La víctima de violencia de género en el sistema de justicia..., cit. p. 28. En similar sentido Molina Caballero. "Algunas fronteras de la ley integral contra la violencia de género..., cit., pp. 19-20. Como señala la autora, de apreciarse desigualdad será el propio facilitador el que impida que la mediación se lleve a cabo. Contándose con instrumento restaurativos como la mediación indirecta para los casos en que se adviertan ciertas quiebras a la igualdad o seguridad.

igualdad entre las partes, dicha específica formación permitirá detener una mediación, incluso con el consentimiento de las partes, si el facilitador detecta una clara desigualdad entre ellas. Así pues, permitir la justicia restaurativa es compatible con el respeto al principio de igualdad, mientras que su prohibición limita la viabilidad de estos procesos en casos donde el facilitador haya verificado el equilibrio entre las partes[89].

Respecto al agresor, los procesos de justicia restaurativa promueven la aceptación de su responsabilidad, lo que se manifiesta especialmente en delitos contra la libertad sexual, pero podría aplicarse a otros casos de violencia de genero no sexual[90], como en otros procesos de conflicto familiar. Esto contribuiría a su resocialización, la prevención de la reincidencia y, en consecuencia, al cumplimiento de los objetivos preventivo-especiales de la pena. En definitiva, intervenir con enfoques alternativos a los estrictamente punitivos favorece una comprensión más completa del fenómeno[91], proporcionando una respuesta más adecuada y efectiva al complejo problema de la violencia familiar.

Por otra parte, frente a las críticas del feminismo institucional, se ha destacado que, dentro de las propias filas del feminismo también se aportan argumentos favorables a la aplicación de la justicia restaurativa en casos de violencia de género. Se afirma que los procesos de justicia restaurativa facilitan un encuentro dialogado que permite a las víctimas satisfacer una de sus demandas más habituales: ser escuchadas. Esto les otorga un protagonismo que la justicia retributiva les niega, al asignarles únicamente el papel de fuente

---

89 Guardiola Lago. "La víctima de violencia de género en el sistema de justicia..., cit., p.29.

90 Villacampa Estiarte. "Justicia restaurativa en supuestos de violencia de género en España..., cit., p.57.

91 ibidem.

de prueba[92]. Sin embargo, la prohibición contemplada en la legislación vigente supone una inadmisible restricción del derecho a acudir a la justicia restaurativa a una determinada categoría de víctimas, las de los delitos de género y contra la libertad sexual respecto de las que se establece una presunción legal de vulnerabilidad que les impide tomar una decisión en una materia tan sensible como es su personal recuperación tras la vivencia de un suceso ciertamente traumático. El paternalismo del legislador español condena a la desigualdad a esta categoría de víctimas presumiendo en todo caso su vulnerabilidad y negándoles el derecho a acudir a mecanismos restaurativos.

También desde el ámbito de la investigación criminológica se han realizado diferentes estudios que muestran los efectos positivos para víctimas y agresores de este tipo de iniciativas. Es importante destacar, frente a las reticencias de algunos sectores doctrinales, que no todos los proyectos exigen un encuentro presencial, lo que permitiría su implementación sorteando las dificultades de la legislación española en este punto. Así, por ejemplo, encontramos el programa "Padres Fuertes", dirigido a hombres que habían cometido violencia doméstica, aplicado en Carolina del Norte[93] desde 2009 a 2015. El estudio que evalúa el programa concluye que involucrar a los padres que han abusado de sus parejas es crucial, ya que el factor más sólido para evitar la reincidencia es completar un programa de intervención para agresores. Un metaanálisis informó que los hombres que completaron el programa, en comparación con los que no lo completaron, tenían significativamente más

---

92 Villacampa Estiarte. "Justicia restaurativa en supuestos de violencia de género en España..., cit., pp. 56-57. Argumentos aportados por el llamado feminismo de tercera ola.

93 https://cface.chass.ncsu.edu/services/community-engagement/strong-fathers-program/#:~:text=A%20psychoeducational%20and%20skills%2Dbuilding,Provide%20time%20and%20support página web consultada el 14 de marzo de 2025.

probabilidades de aprender a relacionarse de manera segura y afectuosa con sus hijos, parejas y exparejas y otros miembros de la familia[94]. El programa buscaba más la restauración que el castigo, integrando tratamiento y practicas restaurativas[95].

En el ámbito de la violencia de pareja, destaca un programa piloto restaurativo implementado en Minnesota, específicamente diseñado para casos de violencia de pareja[96]. En este se implementaron procesos restaurativos separados para cada parte: círculos de sentencia para los agresores y círculos de apoyo para las víctimas. Contó con la ayuda de miembros de la familia y la comunidad para interrumpir la conducta violenta. El programa logró disminuir las acciones violentas de los agresores y aumentar la seguridad, el apoyo social y los recursos materiales para algunas víctimas. Esto sugiere que los procesos restaurativos pueden generar cambios positivos en casos de violencia de pareja, cuando se basan en las experiencias y contribuciones del movimiento de mujeres maltratadas. El programa tuvo un impacto positivo en muchos de sus participantes, aunque no todos los círculos fueron completamente exitosos en poner fin a la violencia o en responder a las necesidades de las víctimas. Cabe subrayar que se alcanzaron conclusiones interesantes trasladables a nuestro país, ya que la evaluación del programa considera que la justicia restaurativa puede ser una forma prometedora de ampliar las opciones para las víctimas, si los programas tienen en cuenta sus derechos y las condiciones de seguridad apropiadas. Se debe ofrecer una variedad de opciones

---

94 Pennell, J., Sanders, T, Rikard, R. V., & Shepherd, J. (2013). "Family violence, fathers, and restoring personhood", Restorative *Justice,* 1(2), pp. 270-273.

95 Pennell. Sanders. Rikard & Shepherd. "Family violence, fathers, and restoring personhood", cit., p. 268.

96 Gaarder, E. (2015). "Lessons from restorative circles initiative for intimate partner violence", *Restorative Justice,* 3(3), p. 342.

restaurativas, incluyendo alternativas a las reuniones cara a cara con el agresor, dejando a la decisión de las víctimas si desean participar y cómo hacerlo[97].

En España también se han realizado estudios interesantes sobre la eficacia de la justicia restaurativa y de la mediación, especialmente, para satisfacer las necesidades de las víctimas. En particular, se llevó a cabo una investigación cuantitativa sobre un programa de mediación penal implementado en Cataluña concluyendo que la mediación penal puede alcanzar los objetivos de la justicia restaurativa al satisfacer las necesidades de las víctimas, mejorando su bienestar y reduciendo el malestar emocional causado por el delito. Las necesidades de las víctimas están más relacionadas con proporcionarles una sensación de justicia y recuperación que con resolver el conflicto. Este estudio ha avanzado en esta dirección sugiriendo que la mediación penal es más adecuada para lograr sus objetivos cuando el delito cometido no está directamente relacionado con el conflicto subyacente. Sin embargo, incluso en casos de conflicto que involucran a miembros de la familia y/o parejas, las víctimas pueden obtener satisfacción al participar en procesos de mediación penal[98].

Finalmente, un reciente estudio elaborado en Andalucía ha explorado las necesidades de las víctimas de violencia de género para sentir que se hace justicia, indagando su preferencia por la justicia retributiva o la restaurativa. Según las conclusiones, las mujeres se inclinan en mayor medida hacia los beneficios de la justicia restaurativa en lugar de la retributiva, especialmente ante violencias sutiles, como la psicológica o las

---

97 Gaarder. "Lessons from restorative circles initiative for intimate partner violence" cit., p. 363.

98 Tamarit, J., & Luque, E. (2016). "Can restorative justice satisfy victims'needs: evaluation of the catalan victim-offender mediation programme", *Restorative Justice,* 4(1), p. 68.

conductas controladoras. Estos hallazgos coinciden con investigaciones previas, mostrando que las necesidades manifiestas de las victimas giran en torno a la reparación del daño sufrido y no tanto en el castigo punitivo tradicional. Sin embargo, contrariamente a lo esperado, no se encontraron diferencias significativas en la preferencia hacia un tipo de justicia retributiva o restaurativa entre mujeres que informaron sufrir violencia física o sexual, además de psicológica y controladora. En cualquier caso, para sentir que se hace justicia, las mujeres refieren que desean que el agresor cambie, lo cual se podría conseguir con ambas modalidades. En todo caso prevalece el deseo del reconocimiento como víctimas por parte del agresor y de la sociedad[99].

Pese al importante número de argumentos favorables y las investigaciones criminológicas que han corroborado tales positivas valoraciones, la vía de la reparación a la concreta víctima del delito es compleja en su aplicación debido a la incomprensible prohibición legal de la mediación y conciliación en todas las fases del procedimiento y durante la ejecución de la pena, según la nueva redacción del art. 3 del Estatuto de la Víctima del Delito. Además, la preceptiva imposición de la pena de alejamiento prevista en el art. 48.2 del Código Penal como pena accesoria para todos los delitos graves y menos graves de violencia de género y doméstica, según lo establecido en el art. 57. 2 del Código Penal dificulta más esta posibilidad[100]. Ambas

---

99 Aguilera-Cortell, A. Apiazu-Calcedo, O. Badenes Sastre, M. Expósito Jiménez, F. Medinilla-Tena, P. (2024). "¿Qué necesitan las víctimas de la violencia de género para sentir que se hace justicia? Motivos y variables relacionadas", *Revista Iberoamericana de Justicia Terapéutica*, n.º 8, marzo, p. 7.

100 Sobre la desproporción de la medida proponiendo una reinterpretación del art. 57.3 que no obstaculice la mediación, vid. Valeije Álvarez, I. (2023). "La prohibición de mediación penal en los delitos de violencia de género: una lectura del art 57.3 del CP en clave constitucional", *Revista General de Derecho Penal*, 39, pp. 20 y ss.

limitaciones impiden prácticas restaurativas que impliquen un encuentro entre víctima y victimario, pero no aquellas que no lo exigen.

## IV. PROGRAMAS PENITENCIARIOS PARA LA VIOLENCIA DE GÉNERO Y DOMÉSTICA EN TRABAJOS COMUNITARIOS

Así pues, aunque la justicia restaurativa en el marco de la pena de trabajos en beneficio de la comunidad podría ser una vía para resolver, de una forma más humana e individualizada, el conflicto subyacente en muchas de las agresiones familiares exigiría una reforma legal que dejara en manos del órgano judicial la decisión de permitir o no el proceso restaurativo y de imponer o no el preceptivo alejamiento. Como de momento no nos encontramos en dicho escenario, resulta procedente examinar qué otras vías se han implementado para conseguir la reducción de las agresiones familiares en el marco de la pena de trabajos en beneficio de la comunidad.

Hay que tener en cuenta que, según los datos de la institución penitenciaria, las sanciones alternativas son una realidad en crecimiento. En el año 2020 se gestionaron más de 100.000 medidas comunitarias, de las cuales cerca de 82.000 fueron trabajos en beneficio de la comunidad. Más de un tercio derivan de delitos relacionados con la violencia de género, otro tercio de delitos contra la seguridad vial y el resto de una gran variedad de delitos como propiedad y lesiones[101].

La elaboración de programas y talleres dirigidos a condenados por delitos relacionados con la violencia de género se

[101] Secretaría General de Instituciones Penitenciarias. (2021). *Documentos Penitenciarios, 26, Taller reGENER@r: 10 claves para crear relaciones igualitarias,* Madrid, p.11.

recoge ya en la Ley Orgánica 1/2004 de Medidas de Protección Integral contra la Violencia de Género, cuyo art. 42.1 establece que "la Administración Penitenciaria realizará programas específicos para internos condenados por delitos relacionados con la violencia de género".

Para cumplir con este mandato normativo, la Administración Penitenciaria ha desarrollado diversos itinerarios según el tipo de pena impuesta. En el contexto de la gestión de penas y medidas alternativas, en 2015 se creó el programa PRIA-MA para agresores de violencia de género en medidas alternativas. Este programa es una revisión, actualización y ampliación del PRIA[102], elaborado en 2010 por la Secretaría General de Instituciones Penitenciarias, destinado a la intervención con personas condenadas a penas privativas de libertad por delitos de violencia de género[103].

El programa PRIA-MA está dirigido a suspensiones de condena y trabajos en beneficio de la comunidad impuestos por delitos de mayor gravedad. Por lo tanto, resulta excesivo para personas condenadas por violencia de género de menor entidad y, por ende, a un menor número de jornadas de trabajos en beneficio de la comunidad. Dado que la regulación vigente de esta pena permite que el penado la cumpla mediante su participación en programas y talleres, se desarrolla el taller reGENER@r como actividad psicoeducativa orientada al cumplimiento de penados

---

102 Martínez Pérez, en un estudio sobre la práctica en el Centro Penitenciario de Picassent en la aplicación del programa PRIA, señala que la duración elevada del programa, de alrededor de un año, excluye a un importante número de internos con condenas cortas, lo que genera frustración y resentimiento hacia el Estado y hacia la víctima. Martínez Pérez. "Internos en el centro penitenciario de Valencia por delitos de violencia de género" cit., pp. 138-139.

103 Secretaría General de Instituciones Penitenciarias. *Documentos Penitenciarios, 26, Taller reGENER@r: 10 claves para crear relaciones igualitarias,* cit., p. 7.

por delitos de violencia de género de menor gravedad y, por tanto, condenados a un menor número de jornadas de trabajo[104]. Esto se realiza en cumplimiento de la medida 127 del pacto de Estado contra la Violencia de Género de septiembre de 2017[105], que, entre otras consideraciones, apunta al cumplimiento de la pena de trabajos en beneficio de la comunidad mediante la realización de un trabajo psicopedagógico en relación con el delito cometido.

Si atendemos a los objetivos que se persiguen con el seguimiento del taller, se señala que son los siguientes[106]:

- reducir el nivel de reincidencia de penados a trabajos en beneficio de la comunidad y penas privativas de libertad de corta duración por delitos de violencia de género.
- proporcionar estrategias a los usuarios participantes que les permitan mantener relaciones de pareja sanas e igualitarias.
- Mejorar sus percepciones, cogniciones, emociones y conductas con relación a las relaciones interpersonales
- Favorecer la reflexión sobre los beneficios de ejercer una masculinidad igualitaria.

---

104 Los talleres formativos tienen una duración de dos a tres meses, van dirigidos a las penas de trabajos en beneficio de la comunidad de corta duración, en tanto los programas de corte psicoeducativo con una duración de 5 a 10 meses son para las penas de trabajos en beneficio de la comunidad de larga duración. Secretaría General de Instituciones Penitenciarias. *Documentos Penitenciarios, 26, Taller reGENER@r: 10 claves para crear relaciones igualitarias,* cit., p.11.

105 Pacto de Estado contra la violencia de género. Documento refundido de medidas del pacto de Estado en materia de violencia de género. Congreso+Senado, 13 de mayo de 2019, p. 30.

106 Secretaría General de Instituciones Penitenciarias. *Documentos Penitenciarios, 26, Taller reGENER@r: 10 claves para crear relaciones igualitarias,* cit., pp. 8-9 y 12.

Como se señala en la presentación del taller, con esta serie de objetivos no solo se persigue la reinserción y reeducación del penado, sino especialmente, la protección de las mujeres víctimas y su descendencia, pues un adecuado seguimiento de las sesiones formativas debería contribuir a una reducción del riesgo de reincidencia[107].

También dispone la institución penitenciaria de un programa para las personas condenadas a medidas alternativas por delitos de violencia doméstica. Este es el programa Encuentro[108] dirigido a personas condenadas por un delito de violencia en el ámbito familiar, exceptuando a los hombres condenados por delitos de violencia de género, para los cuales la respuesta, como se ha visto es el programa PRIA-MA o el taller reGENER@r.

Mediante el programa Encuentro se abordan tres tipos de violencia familiar:

- Violencia en la relación de pareja exceptuando violencia de género.
- Violencia en las relaciones adultas: padres/madres a hijos/hijas, hijos e hijas a padres o madres y entre hermanos.
- Violencia hacia menores de edad: maltrato infantil y adolescente.

El principal objetivo de los programas y talleres mediante los cuales se puede cumplir la pena de trabajos en beneficio de la comunidad es, fundamentalmente, incidir en el aspecto

---

107 Secretaría General de Instituciones Penitenciarias. *Documentos Penitenciarios, 26, Taller reGENER@r: 10 claves para crear relaciones igualitarias,* cit., p. 9.

108 Secretaría General de Instituciones Penitenciarias. (2016). *Documentos Penitenciarios 14. Manual para el profesional, Programa Encuentro, Programa de Intervención frente a la violencia familiar en medidas alternativas,* vol. I, Madrid.

preventivo especial de la pena, dirigido a la reinserción social de la persona, a evitar que vuelva a utilizar la violencia en la relación con su pareja y familiares y, en definitiva, a la reducción de la reincidencia.

En general, los estudios realizados para evaluar la aplicación de estos programas arrojan resultados prometedores, especialmente cuando se implementan en medio abierto[109]. A pesar de las reticencias iniciales de algunos sectores del feminismo, opuestos a dirigir recursos al tratamiento de los maltratadores[110], la doctrina ha subrayado que el efecto beneficioso de tales programas no solo alcanza al agresor, sino que, lo que resulta más importante, producen un efecto protector en las víctimas. Estos programas pueden reducir la violencia y la reincidencia[111], proporcionando un entorno más estable y seguro para las víctimas. La terapia cognitivo- conductual puede ayudar a los agresores a cambiar sus patrones de comportamiento, mientras que los enfoques basados en la idea de

---

109 Larrauri concluye que la prisión debería ser el último recurso para abordar el problema de la violencia de género, siendo preferible la aplicación de programas en medio abierto siempre que se desarrollen de acuerdo con una perspectiva feminista y cognitivo conductual. Estos programas pueden ser un medio adecuado para satisfacer las demandas del grupo de mujeres que pretende seguir viviendo con el agresor. Larrauri Pijoan, E. (2004). "¿Es posible el tratamiento de los agresores de violencia doméstica?" En López Barja de Quiroga, J. Zugaldía Espinar, J.M. (coord.) *Dogmática y ley penal. Libro homenaje a Enrique Bacigalupo,* Tomo I, Marcial Pons, Barcelona, p. 378.

110 Larrauri Pijoan. "¿Es posible el tratamiento de los agresores de violencia doméstica?" cit., pp. 361-363.

111 Larrauri señala que todo tipo de intervención produce un impacto, la obligación de seguir programas de rehabilitación presenta unas perspectivas muy favorables. Larrauri Pijoan." ¿Es posible el tratamiento de los agresores...", cit., p. 375.

masculinidad igualitaria permiten abordar las relaciones de poder y control que subyacen a la violencia de género.

En el análisis de la eficacia de la pena de trabajos en beneficio de la comunidad como medio para abordar el problema de la violencia familiar, la doctrina expresa reticencias en cuanto a su concepción tradicional como realización de tareas comunitarias. Etxebarria considera que, en el ámbito de la violencia de género, esta pena plantea importantes dificultades prácticas, principalmente debido a la falta de asunción de responsabilidad que suelen manifestar los hombres condenados y la concurrencia de otros factores que requieren una intervención. Por ello, el autor considera que la mejor respuesta al problema es una que incorpore un programa de intervención[112].

Con relación a los programas que se han venido aplicando a los condenados por violencia de género en el contexto de las penas comunitarias, se han realizado diferentes evaluaciones que pueden llevar a una inicial valoración favorable. Así, en el año 2009 Echeburúa et al.[113] llevó a cabo la evaluación de un programa cognitivo conductual dirigido a hombres violentos con sus parejas, implementado durante diez años en el ámbito comunitario. La tasa de éxito fue del 88% entre los pacientes que completaron el tratamiento. Sin embargo, se observó un alto nivel de abandonos y rechazos. Una de las conclusiones del estudio fue la necesidad de desarrollar estrategias motivacionales para atraer y mantener a los sujetos en el tratamiento.

---

112 Etxebarria Zarrabeitia, X. (2011). “Aspectos prácticos de la ejecución de la pena de trabajo en beneficio de la comunidad”, *Estudios jurídicos*, p. 8.

113 Echeburúa, E., Sarasua, B., Zubizarreta, I., & Corral, P. D. (2009). “Evaluación de la eficacia de un tratamiento cognitivo-conductual para hombres violentos contra la pareja en un marco comunitario: una experiencia de 10 años (1997-2007)”, *International Journal of Clinical and Health Psychology*, 9(2), pp.109-217.

Los estudios realizados por Pérez Ramírez et al.[114] sobre la eficacia de los programas aplicados en el ámbito comunitario y la reducción de la reincidencia son de especial relevancia. El primer estudio llevado a cabo en 2010 incluyó una muestra de 770 individuos condenados por violencia de género que participaron en un programa de tratamiento en penas alternativas, en catorce servicios de gestión de penas y medidas alternativas. Los resultados mostraron que los agresores que participaron en el programa experimentaron un cambio terapéutico significativo, lo que impactó positivamente en las variables relacionadas con la génesis de la violencia sobre la pareja. Estos resultados positivos fueron confirmados mediante la comparación con un grupo de control, lo que sugiere que el programa de tratamiento tiene un impacto positivo en los agresores de pareja con medidas en la comunidad.

Como continuación de este estudio, se analizó la misma muestra solicitando al Ministerio del Interior información sobre nuevas denuncias en un periodo de cinco años de 2010 a 2015. Se obtuvo información de 678 sujetos de los 770 iniciales de los cuales 46 aparecieron en los registros con una nueva denuncia policial. La conclusión de este estudio sobre la reincidencia a cinco años mostró que el 6,8% de los agresores reincidieron, una tasa incluso menor que la obtenida en otros estudios nacionales e internacionales exitosos, que reportan una reincidencia del 8% tras la intervención. Por lo tanto, los

---

[114] Pérez Ramírez, M. Giménez Salinas Framis, A. De Juan Espinosa, M. (2013). "Evaluación de la eficacia del programa de tratamiento con agresores de pareja (PRIA) en la comunidad", *Psychosocial Intervention,* Vol. 22, N. 2. pp. 112-113. https://journals.copmadrid.org/pi/art/in2013a13 y como continuación de este Pérez Ramírez, M. Giménez Salinas Framis, A. De Juan Espinosa, M. (2021). "Reincidencia de los agresores de pareja en Penas y Medidas Alternativas" en SGIP. *Estudios e investigaciones en prisión y medidas alternativas.* Documentos Penitenciarios 25, Madrid, p. 137.

resultados de la aplicación de estos programas en medio abierto para el control de la violencia de pareja y la prevención de la reincidencia son ciertamente esperanzadores.

En definitiva, dado que los trabajos en beneficio de la comunidad se presentan como una alternativa en los delitos de violencia familiar leve, y que esta pena puede cumplirse mediante la realización de programas y talleres, se debería optar fundamentalmente por la aplicación de esta medida en el ámbito judicial[115]. Esto se debe a sus mejores perspectivas preventivas en comparación con la prisión, evitando así los efectos negativos asociados a la imposición de penas privativas de libertad[116].

## V. VALORACIÓN Y CONCLUSIONES

El análisis de la respuesta penológica del ordenamiento jurídico español ante la violencia familiar, en particular, ante los delitos de menor gravedad, nos lleva a concluir que el Código Penal sigue recogiendo la pena de prisión para el castigo de estas conductas, si bien, siempre junto a la posibilidad de adoptar otras soluciones alternativas, como la suspensión de la pena de prisión o la pena de trabajos en beneficio de la comunidad.

---

115 Antón García, L. Larrauri Pijoan, E. (2009). "Violencia de género ocasional: Un análisis de las penas ejecutadas", *Revista Española de Investigación Criminológica*, art. 2, Número 7, p. 22. En el estudio se señala que ya en aquel momento, las alternativas a la prisión eran la respuesta penal mayoritaria a los casos leves de violencia de género.

116 Como se concluye en el estudio Cid Moliné et al. (2024). "¿Es el estilo de supervisión relevante para la efectividad de la pena de trabajos en beneficio de la comunidad?" *Revista Española de Investigación Criminológica*, vol. 22, pp. 2-3, diversas revisiones han mostrado que las penas alternativas funcionan igual de bien o incluso mejor que la pena de prisión. En particular, los trabajos en beneficio de la comunidad han demostrado una mayor capacidad preventiva en comparación con la prisión.

Este camino parece ser el adecuado, pues los estudios sobre la efectividad de las alternativas a la prisión, en especial, de la pena de trabajos en beneficio de la comunidad, muestran unos mejores resultados o, al menos, no peores que la prisión en cuanto a la prevención de la reincidencia. Estos resultados son especialmente esperanzadores cuando los trabajos tienen como contenido programas específicos de tratamiento logrando así una sensible reducción de las conductas violentas y, por tanto, de la reincidencia delictiva. Por ello, merece una valoración positiva el cumplimiento de la pena mediante la realización de programas y/o talleres.

También es positiva la valoración respecto a la aplicación de programas o instrumentos restaurativos en la ejecución de esta sanción. Un sector cada vez más numeroso de la doctrina penal y criminológica apoya esta aplicación debido a los positivos resultados de las evaluaciones realizadas. Por ello, resulta especialmente criticable la rigidez de la regulación española que impide a las víctimas de los agresores de género adultos consentir participar en un proceso restaurativo, algo que no se impide a las víctimas de los menores agresores de género y tampoco en delitos de mayor gravedad. Nos hallamos, por tanto, ante una medida discriminatoria para una clase de víctimas a las que se infantiliza presuponiendo su vulnerabilidad. El juicio de vulnerabilidad debe hacerse de manera individual para cada víctima, decidiendo en cada caso la solución más adecuada y sanadora para ella, en función de sus concretas, personales e intransferibles necesidades.

Es por lo que, de *lege ferenda,* se propone una reforma de la legislación en este punto para que sea la víctima, previamente asesorada, quien decida libremente si quiere o no someterse a un proceso de justicia restaurativa. En todo caso, y a la vista de las experiencias en otros ordenamientos, cabría sortear la prohibición acudiendo a mecanismos restaurativos distintos a la mediación y conciliación, así como a aquellos que no exijan un contacto personal directo entre víctima y victimario.

## VI. REFERENCIAS BIBLIOGRÁFICAS

Aguilera-Cortell, A. Apiazu-Calcedo, O. Badenes Sastre, M. Expósito Jiménez, F. Medinilla-Tena, P. (2024). "¿Qué necesitan las víctimas de la violencia de género para sentir que se hace justicia? Motivos y variables relacionadas", *Revista Iberoamericana de Justicia Terapéutica,* n.º 8, marzo, pp. 1-9.

Alonso Rimo, A. (2024). "¿No tienen derecho a una reparación integral del daño las víctimas de violencia de género y de delitos sexuales? La prohibición de mediación penal en estas infracciones a la luz de los estándares europeos", *Revista General de Derecho Europeo,* 63, pp. 93-132.

Álvarez Benavides, A. Jiménez Aguilar, F. (2021). "La contraprogramación cultural de VOX: secularización, género y antifeminismo", *Política y Sociedad,* vol. 58, n.º 2, pp. 1-12.

Álvarez Suárez, L. (2021). "La mediación penal como manifestación del denominado 'principio de oportunidad': ¿Debería replantearse el legislador su veto a las víctimas de violencia de género?", *Revista de Estudios Jurídicos y Criminológicos,* n. 3, pp. 171-204.

Antón García, L. Larrauri Pijoan, E. (2009). "Violencia de género ocasional: Un análisis de las penas ejecutadas", *Revista Española de Investigación Criminológica,* art. 2, Número 7, pp. 1-26.

Assiego Cruz, V. (2021). "Justicia feminista: la revolución inaplazable" en Serra Sánchez, C. Garaizabal Elizalde, C. Macaya Andrés, L. (coord.). *Alianzas rebeldes. Un feminismo más allá de la identidad,* Bellaterra, Manresa, pp.79-90.

Blay Gil, E. (2007). *Trabajo en beneficio de la comunidad: regulación y aplicación práctica,* Atelier, Barcelona.

Blay Gil, E. (2007). "El trabajo en beneficio de la comunidad como pena para la violencia familiar", *Revista de Derecho Penal y Criminología,* 2ª época, n.º 19, pp. 397-426.

Bodelón González, E. (1998). "El cuestionamiento de la eficacia del derecho en relación a la protección de los intereses de las mujeres", *Delito y sociedad: revista de ciencias sociales,* n.º 11-12, pp. 125-138.

Bodelón González, E. (2014). "Violencia institucional y violencia de género", *Anales de la Cátedra Francisco Suárez,* 48, pp. 131-155.

Boix Reig, J. Martínez García, E.(coord.) (2005). *La nueva ley contra la violencia de género (L.O. 1/2004, de 28 de diciembre),* Iustel, Madrid.

Brandariz García, J.A. (2009). *La sanción penal de trabajos en beneficio de la comunidad,* Tirant lo Blanch, Valencia.

Calvo García, M. (2005). "Evolución de la respuesta jurídica frente a la violencia familiar de género. Análisis de la Ley Orgánica 1/2004, de Medidas de Protección Integral contra la Violencia de Género", *Cuadernos penales José María Lidón, Núm. 2, La Ley de medidas de protección contra la violencia de género,* Bilbao, pp. 17-54.

Cervera Salvador, S. (2011). "La pena de trabajos en beneficio de la comunidad" en *Revista de Estudios penitenciarios,* n.º 255, pp. 35 a 134.

CGPJ, "Acuerdo del pleno del Consejo General del Poder Judicial de 21 de marzo de 2001 sobre la problemática jurídica derivada de la violencia doméstica".

Cid Moliné et al. (2024) "¿Es el estilo de supervisión relevante para la efectividad de la pena de trabajos en beneficio de la comunidad?" *Revista Española de Investigación Criminológica,* vol. 22, pp. 1-21.

Colás Turégano, M.ª A. (2023). "Punitivismo y justicia de menores: La reforma de la Ley Reguladora de la Responsabilidad Penal de los Menores por la Ley del "solo sí es sí (LO 10/2022, de Garantía Integral de la Libertad Sexual)" *Revista Electrónica de Ciencia Penal y Criminología,* 25-26, pp.1-39.

Comas de Argemir Cendra, M. (2004). "La ley integral contra la violencia de género: una ley necesaria", *Revista Jurídica de Castilla y León,* n.º 4, septiembre, pp.43-78.

Daly, K. (2016) "What is Restaurative Justice? Fresh Answers to a Vexed Question", *Victims and Offenders,* 11, pp. 9-29.

Diez Ripollés, J.L.; Cerezo Domínguez, A.I.; Benítez Jiménez, M.ª. J. (2017). *La política criminal contra la violencia sobre la mujer pareja (2004-2014). Su efectividad, eficacia y eficiencia,* Tirant lo Blanch, Valencia.

Etxebarria Zarrabeitia, X. (2011). "Aspectos prácticos de la ejecución de la pena de trabajo en beneficio de la comunidad", *Estudios jurídicos,* pp. 1-31.

Echeburúa, E., Sarasua, B., Zubizarreta, I., & Corral, P. D. (2009). "Evaluación de la eficacia de un tratamiento cognitivo-conductual para hombres violentos contra la pareja en un marco comunitario: una experiencia de 10 años (1997-2007)", *International Journal of Clinical and Health Psychology,* 9(2), pp.109-217.

Esquinas Valverde, P. (2008). *Mediación entre víctima y agresor en la violencia de género,* Tirant lo Blanch, Valencia.

Francés Lecumberri, P. (2021). “A la búsqueda de alternativas en la justicia, más allá de los feminismos” en Serra Sánchez, C. Garaizabal Elizalde, C. Macaya Andrés, L. (coord.). *Alianzas rebeldes. Un feminismo más allá de la identidad*, Bellaterra, Manresa, pp. 65 a 77.

Gaarder, E. (2015). “Lessons from restorative circles initiative for intimate partner violence”, *Restorative Justice*, 3(3), pp. 342-367.

Guardiola Lago, M.ª J. (2009). “La víctima de violencia de género en el sistema de justicia y la prohibición de mediación penal”. *Revista General de Derecho Penal*, n.12, pp. 1-41.

Igartua Laraudogoitia, I., Varona Martínez, G. (2023). “Reflexión crítica sobre la prohibición normativa española para desarrollar procesos de mediación en violencia de género y violencia sexual”, en Varona Martínez, G. (Dir.) *Repensar la justicia restaurativa desde la diversidad: claves para su desarrollo práctico e investigación teórica y aplicada*, Instituto Vasco de Criminología, Universidad del País Vasco/Euskal Herriko Unibertsitatea, pp. 321-328.

Jiménez Aguilar, F. (2021). “El auge de las investigaciones sobre género y ultraderecha: una agenda abierta”, *Encrucijadas, Revista Crítica de Ciencias Sociales*, vol.21, n.º 2, pp. 1-12.

Laurenzo Copello, P. (2005). “El modelo de protección reforzada de la mujer frente a la violencia de género: valoración político-criminal”, *Cuadernos penales José María Lidón, Núm. 2, La Ley de medidas de protección contra la violencia de género*, Bilbao, pp. 91-115.

Laurenzo, Copello, P. (2005). “La violencia de género en la Ley Integral. Valoración político-criminal”, *Revista Electrónica de Ciencia Penal y Criminología*, núm. 07-08, pp. 1-23.

Larrauri Pijoan, E. (2004). “¿Es posible el tratamiento de los agresores de violencia doméstica?” En López Barja de Quiroga, J. Zugaldía Espinar, J.M. (coord.) *Dogmática y ley penal. Libro homenaje a Enrique Bacigalupo*, Tomo I, Marcial Pons, Barcelona, pp. 359-380.

Larrauri Pijoan, E. (2005). “¿Se debe proteger a la mujer contra su voluntad?”, *Cuadernos penales José María Lidón, Núm. 2, La Ley de medidas de protección contra la violencia de género*, Bilbao, pp. 157-181.

Larrauri Pijoan, E. (2007). Criminología *Crítica y violencia de género*, Trotta, Madrid.

Llorente Sánchez Arjona, M. (2022). “Justicia restaurativa: el derecho a la reparación. Especial referencia a las víctimas de la violencia de género”, *La ley. Derecho de familia*, n.º 34, abril, pp.1-24.

Maqueda Abreu, M. L. (2006). "La violencia de género. Entre el concepto jurídico y la realidad social", *Revista Electrónica de Ciencia Penal y Criminología,* núm. 08-02, pp. 1-13.

Martínez Pérez, M.A. (2014). "Internos en el centro penitenciario de Valencia por delitos de violencia de género" en Roig Torres, M. (Dir.) *Medidas de prevención de la reincidencia en la violencia de género,* Tirant lo Blanch, Valencia, pp.123-141.

Medina Ariza, J. (2005). "El tratamiento al maltratador en el contexto comunitario como respuesta penal: consideraciones político-criminales", *Cuadernos penales José María Lidón, Núm. 2, La Ley de medidas de protección contra la violencia de género,* Bilbao, pp.183-207.

Molina Caballero, M.ª J. (2015) "Algunas fronteras de la ley integral contra la violencia de género: jurisdicción de menores y mediación", *Revista Electrónica de Ciencia Penal y Criminología,* núm.17-24, pp. 1-23.

Montesdeoca Rodríguez, D. (2021). *Justicia restaurativa y sistema penal,* Tirant lo Blanch, Valencia

Muñoz Conde, F. García Arán, M. (2022). *Derecho Penal Parte General,* Tirant lo Blanch, Valencia, 11 º ed. Revisada y puesta al día por Pastora García Álvarez.

Ortubay Fuentes, M. (2021). "Violencia sexista. ¿Qué podemos esperar del derecho penal?" en Serra Sánchez, C. Garaizabal Elizalde, C. Macaya Andrés, L. (coord.). *Alianzas rebeldes. Un feminismo más allá de la identidad,* Bellaterra, Manresa, pp. 99 a 105.

Pacto de Estado contra la violencia de género. Documento refundido de medidas del pacto de Estado en materia de violencia de género. Congreso+Senado, 13 de mayo de 2019.

Pascual, E., Etxebarria, X., Olalde, A., Lozano, F., Segovia, J. L., Ríos, J. C., Santos Itoiz, E., & Castilla, J. (2016). *Los ojos del otro: Encuentros restaurativos entre víctimas y ex miembros de ETA.* Sal Terrae, Bilbao.

Pennell, J., Sanders, T, Rikard, R. V., & Shepherd, J. (2013). "Family violence, fathers, and restoring personhood", *Restorative Justice,* 1(2), pp. 268-289.

Pereira-Soares, M.C. De Carvalho-Matos, R.N. Tapia Argüello, S.M. (2024). "Políticas penales, prisión y género: Debates feministas contemporáneos y miradas cruzadas desde diferentes latitudes", *Autoctonia, Revista de Ciencias Sociales e Historia,* Vol. VIII, N.º Especial, pp.191-223.

Pérez Jaraba, M.ª D. (2019). "Derechos fundamentales y violencia de género", *Anuario de Filosofía del Derecho,* (XXXV), pp. 155-179.

Pérez Ramírez, M. Giménez Salinas Framis, A. De Juan Espinosa, M. (2013). "Evaluación de la eficacia del programa de tratamiento con agresores de pareja (PRIA) en la comunidad", *Psychosocial Intervention,* Vol. 22, N. 2. pp. 105-114. https://journals.copmadrid.org/pi/art/in2013a13

Pérez Ramírez, M. Giménez Salinas Framis, A. De Juan Espinosa, M. (2021). "Reincidencia de los agresores de pareja en Penas y Medidas Alternativas" en SGIP. *Estudios e investigaciones en prisión y medidas alternativas.* Documentos Penitenciarios 25, Madrid, pp. 105-144.

Polaino-Orts, M. (2008). "La legitimación constitucional de un Derecho penal *sui generis* del enemigo frente a la agresión a la mujer. Comentario a la STC 59/2008, de 14 de mayo", *InDret,* 3, pp. 1-39

Rodríguez Yagüe, C. (2018). "Prohibición de la mediación penal en los delitos de violencia de género: su incidencia en la ejecución penal", *La Ley Penal,* N.º 130, enero-febrero, pp. 1-9.

Sanz Mulas, N. (2005). "Art. 35" en Sanz Mulas, N. González Bustos, M.ª A. Martínez Gallego, E. M.ª (coord.) *Ley de medidas de protección integral conta la violencia de género (LO 1/2004, de 28 de diciembre),* Iustel, Madrid.

Secretaría General de Instituciones Penitenciarias. (2016). *Documentos Penitenciarios 14. Manual para el profesional, Programa Encuentro, Programa de Intervención frente a la violencia familiar en medidas alternativas,* vol. I, Madrid

Secretaría General de Instituciones Penitenciarias. (2021). *Documentos Penitenciarios, 26, Taller reGENER@r: 10 claves para crear relaciones igualitarias,* Madrid.

Tamarit, J., & Luque, E. (2016). "Can restorative justice satisfy victims'needs: evaluation of the catalan victim-offender mediation programme", *Restorative Justice,* 4(1), pp. 68-85.

Torres Fernández, E. (2011). "¿Cabe la mediación familiar en las crisis de pareja con violencia entre sus miembros?", en López San Luis, R. (ed.): *Aportaciones de la mediación en el marco de la prevención, gestión y solución de conflictos familiares,* Comares, Granada, pp. 133-152.

Torres Rosell, N. (2006). *La pena de trabajos en beneficio de la comunidad. Reformas legales y problemas de aplicación,* Tirant lo Blanch, Valencia.

UNODOC, (2020). *Handbook on Restaurative Justice Programme* Second Edition.

Uría Urios, P. (2021). "El feminismo surca aguas procelosas" en Serra Sánchez, C. Garaizabal Elizalde, C. Macaya Andrés, L. (coord.). *Alianzas rebeldes. Un feminismo más allá de la identidad*, Bellaterra, Manresa, pp. 31-40.

Valls Rius, A. (2023). M.ª "Posibilidades y ventajas de introducir el conferencing o encuentros restaurativos en nuestro sistema jurídico", *Revista Aranzadi de Derecho y Proceso Penal*, 71, julio-septiembre, pp. 1-19.

Valeije Álvarez, I. (2023). "La prohibición de mediación penal en los delitos de violencia de género: una lectura del art 57.3 del CP en clave constitucional", *Revista General de Derecho Penal*, 39, pp. 1-27.

Varona Martínez, G. (2017). "Adecuación de los procesos restaurativos en delitos de carácter sexual", en de la Cuesta Arzamendi; Subijana Zunzunegui (dir.), Soleto Muñoz; Varona Martínez, Porres García (ed.): *Justicia restaurativa y terapéutica: hacia innovadores modelos de justicia*, Tirant lo Blanch, Valencia, pp. 367-387.

Vegas Aguilar, J. C. (2023). *Los trabajos en beneficio de la comunidad como ejemplo de medida restaurativa*, Tirant lo Blanch, Valencia.

Villacampa Estiarte, C. (2020). "Justicia restaurativa en supuestos de violencia de género en España: situación actual y propuesta político-criminal", *Polít. Crim*, vol. 15, n. 29, pp. 47-75.

*Capítulo 4*

# *De la teoría a la práctica desde lo común: prácticas restaurativas en violencias sexuales*[1]

**VERÒNICA GISBERT-GRACIA**
*Prof. Ayudante Doctora.*
*ICCP (Institut de Criminología i Ciències Penals)*
*Universitat de València*

**ALEJANDRO PIZZI**
*Prof. Titular*
*Departament de Sociologia i Antropologia Social.*
*Universitat de València*

## I. INTRODUCCIÓN

El fenómeno de las violencias sexuales persiste como una de las manifestaciones más desgarradoras de la desigualdad y la opresión en nuestras sociedades. A pesar de los esfuerzos legislativos y las respuestas tradicionalmente punitivistas del sistema penal, la insatisfacción con sus resultados es palpable: la revictimización, la falta de reparación integral para las víctimas y la limitada capacidad para abordar las causas estructurales

---

[1] El presente trabajo se enmarca en el proyecto "Estudio crítico del uso de sanciones alternativas penales: una mirada a la salud mental y al género" (PID2021-126236OB-I00).

de estas violencias generan una creciente demanda de alternativas. Desde la criminología crítica feminista, se ha puesto de manifiesto cómo el sistema penal no solo es ineficaz para erradicar las violencias sexuales, sino que a menudo reproduce lógicas patriarcales y punitivas que obvian la complejidad de estas agresiones y las necesidades de las personas afectadas.

En este contexto de desencanto con las respuestas tradicionales, los procesos de Justicia Restaurativa emergen como una aproximación prometedora. Su enfoque se desplaza del castigo al daño, buscando la reparación integral, la responsabilización significativa de la persona agresora y la activa participación de las personas afectadas y de la comunidad. Sin embargo, su aplicación en el ámbito de las violencias sexuales ha sido objeto de debate y reticencias, a menudo desde perspectivas que, paradójicamente, pueden caer en lógicas punitivistas. Este capítulo se adentra en este debate, argumentando la necesidad de adoptar una lente desde la criminología crítica feminista que permita desnaturalizar las violencias sexuales, cuestionar las estructuras de poder que las perpetúan y, simultáneamente, explorar el potencial transformador de los procesos restaurativos.

El presente estudio tiene como objetivo central explorar cómo estas iniciativas, específicamente las desarrolladas desde el *grup antipunitivista* de València, se materializan en la práctica. Para ello, se contextualizará primero la génesis de la deriva punitivista en materia sexual a través del análisis de las "Sex Wars". Seguidamente, se profundizará en la metodología de un proceso restaurativo en el seno de una organización, un modelo que prioriza la reparación, la responsabilización y la transformación cultural. La sección central del capítulo se dedicará a la exposición y análisis detallado del discurso obtenido de las entrevistas realizadas a miembros del grupo *antipunitivistes de l'Horta,* centrándose en su experiencia con casos de violencia sexual. El objetivo principal es discernir cómo sus experiencias y perspectivas compartidas se alinean, complementan o difieren de los principios y beneficios de la Justicia Restaurativa tal como son conceptualizados en la literatura académica y documentos especializados. Se empleará un marco categórico preestablecido, derivado de un análisis previo de textos clave sobre Justicia Restaurativa en contextos de violencia sexual, para interpretar estas narrativas y permitir una comprensión profunda de las dinámicas y resultados de su enfoque. En última instancia, este capítulo busca tender un puente entre la teoría y la práctica, ofreciendo una visión desde lo común sobre el potencial de las prácticas restaurativas para construir respuestas más justas y reparadoras frente a las violencias sexuales.

## II. MARCO TEÓRICO

### *1. Las Sex War: el origen simbólico de la deriva punitivista en violencia sexual*

Desde la criminología crítica feminista, resulta indispensable analizar las "Sex Wars" o "Guerras del Sexo" de los años 80 en Estados Unidos como el origen de una batalla cultural que sentó las bases para la consolidación de la deriva punitivista en materia sexual a la que estamos asistiendo en las últimas décadas en las sociedades posmodernas[2]. Este período no solo visibilizó la urgencia de abordar las violencias contra las mujeres, sino que también forjó un marco simbólico y discursivo que, progresivamente, ha legitimado respuestas centradas en el castigo y la criminalización. Comprender esta génesis es crucial para desentrañar por qué las sociedades posmodernas y, en particular, el Estado español, han adoptado una perspectiva que, como se

---

2 Nuñez Rebolledo, Lucia (2019) "El giro puntivo, neoliberalismo, feminismos y violencia de género". *Política y cultura,* (51), 55-81.

discutirá en el siguiente apartado, restringe las posibilidades de reparación y responsabilización, incluyendo la prohibición de la justicia restaurativa en casos de violencia sexual.

El origen de este marco simbólico se encuentra en el ascenso del feminismo cultural en los años 80. Esta corriente, que buscó revalorizar lo femenino a partir de su diferencia, forjó una narrativa hegemónica sobre la violencia sexual[3]. Lo que inicialmente fue una necesaria denuncia de la violencia estructural ejercida sobre los cuerpos de las mujeres —particularmente la violencia sexual— se transformó en una arquitectura conceptual donde la esencialización de la vulnerabilidad femenina y la lectura de la sexualidad masculina como inherentemente agresiva se consolidaron como ejes centrales del discurso político y moral de ciertos sectores del movimiento.

El feminismo cultural se diferenciaba así de otras corrientes, como el feminismo pro-sexo, por su afirmación de una naturaleza femenina intrínseca que debía ser defendida del dominio masculino. Esta perspectiva concibió el cuerpo femenino como un territorio colonizado, estableciendo una conexión casi automática entre sexo, subordinación y trauma. La sexualidad masculina fue leída como esencialmente violenta y destructiva, mientras que la femenina fue representada como pasiva y potencialmente victimizable. Como ha señalado Carole S. Vance, esta visión binaria de la sexualidad tuvo consecuencias políticas profundas: "el deseo femenino fue silenciado por el miedo, y la protección se volvió una forma de dominación"[4].

---

3 Garaizábal, C. (2021). "El sexo en disputa: Relatos feministas sobre sexualidad". En C. Serra, C. Garaizábal & L. Macaya (Coords.), *Alianzas rebeldes*, pp. 123–136. Editorial Bellaterra.

4 Vance, C. (1989). "El placer y el peligro: hacia una política de la sexualidad". En: Vance, Carole (comp.). *Placer y peligro – Explorando la sexualidad femenina.* Madrid: Ed. Revolución, pp. 19.

La corriente esencialista encontró un terreno fértil en las propuestas de Andrea Dworkin y Catharine MacKinnon. Sus obras fueron fundamentales para establecer una visión de la sexualidad heteronormativa como intrínsecamente violenta, argumentando que la pornografía, por ejemplo, constituía una forma de violación simbólica y discriminación. Andrea Dworkin, no solo describió la pornografía como una representación de la subordinación femenina, sino que la identificó como un acto de agresión en sí misma. Para Dworkin, la pornografía no era solo imágenes, sino una práctica violenta que sexualizaba la desigualdad y normalizaba la objetificación y el daño a las mujeres. Su tesis central era que la pornografía era la "teoría" de la dominación sexual masculina y la violencia, y que la "práctica" era el abuso sexual real que sufrían las mujeres[5]. Esto llevó a una postura abolicionista que buscaba erradicar la pornografía, no solo por sus contenidos, sino por su función como perpetuadora de la violencia.

Por su parte, Catharine MacKinnon, a través de su teoría del feminismo radical legal, articuló cómo la pornografía, y más ampliamente la sexualidad heteronormativa, constituían un sistema de subordinación de las mujeres[6]. MacKinnon argumentó que la ley, lejos de ser neutral, estaba impregnada de una perspectiva masculina que invisibilizaba la opresión sexual de las mujeres. Para ella, la pornografía no era una cuestión de libertad de expresión, sino de derechos civiles: constituía una violación de los derechos de las mujeres porque creaba un ambiente de subordinación sexual. Esta conceptualización de la pornografía y la sexualidad en general como inherente y constitutivamente violentas tuvo implicaciones directas para la lógica punitiva: si la sexualidad (tal como la entendía el patriarcado) era el me-

---

5 Dworkin, A. (1981). *Pornography: Men Possessing Women.* New York: Penguin Books.

6 Mackinnon, C. A. (1995). *Hacía una teoría feminista del estado.* Valencia: Ed. Cátedra

canismo de la opresión, entonces la única respuesta viable era la prohibición, la criminalización y el castigo. Esta perspectiva reforzó la idea de que la intervención estatal, a través del derecho penal, era la vía principal para "proteger" a las mujeres de una amenaza sexual omnipresente, relegando otras formas de justicia a un segundo plano o considerándolas insuficientes. Así, la figura de la mujer como víctima absoluta y el hombre como agresor potencial se cimentaron en el discurso, legitimando una fuerte respuesta penal como la solución primordial.

### 1.1. Las "Sex Wars" como batalla cultural: disputas y consecuencias

Las *Sex Wars* no fueron un mero desacuerdo teórico; constituyeron una verdadera batalla cultural dentro del feminismo, con profundas consecuencias ideológicas y políticas que resuenan hasta hoy. Esta contienda polarizó a las feministas en dos grandes bandos: por un lado, las feministas anti-pornografía y anti-sexo (como Dworkin y MacKinnon) que veían la sexualidad (tal como se construía socialmente) como el principal sitio de la opresión patriarcal y, por lo tanto, abogaban por la regulación y la criminalización de ciertas expresiones sexuales. Por otro lado, las feministas pro-sexo o "sex-positive[7]" que, sin negar la violencia sexual, argumentaban que las sexualidades eran también un espacio de placer, agencia y liberación, y que la censura y el puritanismo podían ser tan opresivos como el patriarcado mismo.

---

7 Para profundizar en los pensamientos de las feministas pro-sex, léase: Rubin Gayle. (1989). "Reflexionando sobre el sexo: notas para una teoría radical de la sexualidad". En: Vance, Carole S. (Comp.) *Placer y peligro. Explorando la sexualidad femenina*, Madrid: Ed. Revolución, pp. 113-190; Butler, Judith (2009) "Performatividad, precariedad y políticas sexuales" *AIBR. Revista de Antropología Iberoamericana* (vol.4, núm.3) 321-336; VANCE, C. (1989). "El placer y el peligro: hacia una política de la sexualidad". En: Vance, Carole (comp.). *Placer y peligro – Explorando la sexualidad femenina*. Madrid: Ed. Revolución.

Esta batalla, aunque aparentemente centrada en temas como la pornografía, el sadomasoquismo o la prostitución, era en realidad una disputa fundamental sobre la naturaleza del género, la sexualidad, la autonomía y el rol del Estado en la vida de las mujeres. La facción anti-sexo, al equiparar la sexualidad explícita o no normativa con la violencia, contribuyó a una "patologización" del deseo femenino y a la construcción de una identidad de mujer inherentemente vulnerable que necesitaba ser protegida por la ley penal. Esta visión, aunque nacida de una genuina preocupación por la violencia, tuvo el efecto pernicioso de externalizar la amenaza (el agresor masculino, las industrias del sexo) y de simplificar la compleja realidad de las sexualidades y el consentimiento.

Las consecuencias simbólicas de esta batalla fueron duraderas. Primero, se reforzó la primacía del derecho penal como la herramienta principal para abordar la violencia sexual. Al concebir la violencia como un acto individual de un "agresor" contra una "víctima", y al considerar las sexualidades masculinas como inherentemente peligrosa, la única solución parecía ser la criminalización y el castigo severo. Segundo, se creó un legado discursivo que tendió a borrar las complejidades de la agencia y los deseos de las mujeres, enfocándose en la vulnerabilidad y la pasividad. La "línea dura" en el feminismo ganó terreno en la esfera pública, llevando a la formulación de políticas que priorizaban el encarcelamiento y la restricción sobre la reparación y la prevención comunitaria.

## 1.2. Una crítica necesaria para prefigurar alternativas al punitivismo

La crítica pionera de Carole S. Vance sigue siendo fundamental para comprender el legado de las "Sex Wars" y para prefigurar la necesidad de buscar alternativas al punitivismo. Vance argumentó que el feminismo necesitaba una política sexual más compleja, que no clausurara el deseo femenino bajo el imperativo de la prohibición y el control. Ella instó a reconocer que el sexo es una esfera de paradojas, capaz de ser fuente de opresión y de placer, de trauma y de empoderamiento. Negar esta dualidad o simplificarla a una ecuación de peligro inherente limitaba la capacidad del feminismo para comprender y transformar la realidad de la sexualidad de las mujeres.

Además, enfatizó que el desafío para el feminismo era construir discursos que reconocieran la violencia sin caer en el victimismo paralizante; que protegieran sin reforzar la lógica del castigo; y que visibilizaran el daño sin recaer en el moralismo sexual. Como ella misma escribió: "cuando colocamos todo el sexo bajo la categoría del peligro, no solo perdemos el placer, también renunciamos a la posibilidad de transformación[8]". Esta advertencia es particularmente pertinente en el contexto actual, donde la respuesta a la violencia sexual a menudo se ha cristalizado en marcos punitivos que, aunque bien intencionados, niega las mujeres que han padecido violencias "su capacidad de autodeterminación y de toma de decisiones por sí mismas, como si de sujetos inimputables se tratarán[9]". Tanto Rubin como Vance, al desafiar la narrativa dominante de su tiempo, sentaron las bases para un feminismo que no solo denuncia la opresión, sino que también busca soluciones más allá de la cárcel y el castigo. Su trabajo prefiguró la necesidad de explorar mecanismos de justicia que priorizaran la autonomía de las víctimas, la responsabilización transformadora de los agresores y la construcción de comunidades más seguras y equitativas, en lugar de confiar exclusivamente en la maquinaria estatal punitiva.

---

8 Vance, C.: *Op. Cit.*, p. 31.

9 Perez Machio, A. I. (2023) "Política criminal y delitos sexuales: hacía un enfoque que supere el feminismo puntivo" *Cuadernos de política criminal,* (140), p.57.

En suma, las *Sex Wars* no fueron solo un debate interno del feminismo, sino que constituyeron un punto de inflexión en la construcción simbólica de la violencia sexual. Al enfatizar la vulnerabilidad inherente y la agresión masculina esencializada, y al aliarse tácticamente con discursos conservadores en la regulación de la sexualidad, se creó un contexto cultural y político propicio para la hegemonía de soluciones punitivas. Este marco simbólico es el que, como se analizará en el siguiente apartado, ha influido en la adopción de penalidades neoliberales y en la consolidación de legislaciones que, como la española, se han sumado a la deriva punitivista. El siguiente epígrafe ahondará en cómo esta construcción simbólica se ha traducido en políticas concretas de control y castigo en el contexto español, y en la prohibición de la justicia restaurativa como una consecuencia directa de esta "deriva punitivista".

## 2. *El giro punitivo en la violencia sexual del estado español: De la potencialidad restaurativa a su prohibición legal*

El marco simbólico forjado durante las "Sex Wars", caracterizado por la esencialización de la vulnerabilidad femenina y la lectura de la sexualidad masculina como inherentemente agresiva, no ha permanecido en el ámbito puramente discursivo. Por el contrario, ha permeado las esferas de la política criminal, traduciéndose en un giro punitivo que ha transformado el abordaje de las violencias sexuales en las sociedades contemporáneas. Este giro punitivo, lejos de ser un fenómeno aislado, se inserta en un contexto más amplio de surgimiento de lo que se ha denominado penalidades neoliberales, un sistema de control social que se alinea con la lógica de la responsabilización individual y la expansión del derecho penal[10]. En el Estado español, esta deriva ha sido particularmente notoria

---

[10] Nuñez Rebolledo, L.: *Op. Cit.*, p. 61.

en la criminalización de los delitos sexuales, culminando en la explícita prohibición de la justicia restaurativa en estos supuestos, lo que desde una parte importante de la criminología feminista crítica se considera un retroceso en la búsqueda de una justicia más transformadora y reparadora.

## 2.1. El giro punitivo y la lógica neoliberal: un análisis crítico

El giro punitivo se refiere a la expansión del control penal como principal estrategia de intervención social y política. Este fenómeno no se limita a un aumento de las penas o del número de encarcelamientos, sino que implica una reconfiguración de la función del Estado y de las expectativas sociales sobre el sistema de justicia. En el contexto neoliberal, caracterizado por la retirada del Estado de las políticas sociales y la promoción de la responsabilidad individual, el derecho penal emerge como la herramienta privilegiada para gestionar los problemas sociales, incluyendo las violencias[11].

Desde esta perspectiva, la violencia sexual se individualiza y se "penaliza", invisibilizando su dimensión estructural y sistémica. La atención se desplaza desde las causas profundas de la violencia (desigualdades de género, estructuras patriarcales, otros sistemas de opresión, etc.) hacia la figura del "agresor" individual y la necesidad de su castigo. Como señala Núñez Rebolledo, en este contexto, la elaboración de la ley penal como un medio simbólico de prevención está más presente que la crítica de la real aplicación de todo el dispositivo punitivo, propiciando el ocultamiento de los factores estructurales y materiales que sostienen las violencias de género[12]. Esta visión es coherente con las tesis de Nancy Fraser, quien ha criticado agudamente la tendencia a separar la desigualdad simbólica

[11] *Ibid.*, p. 62.

[12] *Ibid.*, p. 72

de género de las desigualdades materiales sociales, un error que el punitivismo neoliberal profundiza[13].

El neoliberalismo introduce una nueva lógica en la gestión del control social, donde la "protección" se traduce en la expansión de la vigilancia, la intensificación del castigo y la responsabilización exclusiva del individuo infractor. En este marco, la víctima emerge como un sujeto político central, pero a menudo, se la ha identificado a la mujer con este rol, haciéndonos "más que sujetas de derechos, objetos de los mismos[14]". Si bien nombrar las agresiones que sufrimos fue, y es, un avance en la desnaturalización de la desigualdad y la opresión de las mujeres resulta ineludible discutir los límites y paradojas de asumir el discurso jurídico penal, así como las consecuencias inesperadas de su utilización.

La criminóloga italiana Tamar Pitch, argumenta que la figura de la víctima ha sido "malentendida" por una cultura punitiva que la instrumentaliza para legitimar el aumento del control penal. En nombre de la protección de las mujeres, se gestionan políticas que tienen un destinatario masculino no reconocido, el agresor, que se vuelve el foco de la intervención. Además, el enfoque en la víctima como un sujeto puramente vulnerable, la despoja de su agencia y de su capacidad para buscar formas de justicia que vayan más allá de la mera retribución punitiva[15].

Esta alianza tácita entre ciertos feminismos y el Estado neoliberal punitivo, ha llevado a una "apropiación del movimiento feminista contra la violencia sexual por parte del neoliberalismo[16].", eclipsando los factores estructurales que agudizan dichas

---

13 Citado en Núñez Rebolledo, L. *Op. Cit.*, 72.

14 *Ibid.*, p. 72

15 Pitch, T. (2024) *El malentendido de la víctima.* México: Tinta de limón.

16 Bumiller, K. (2008) *In an Abuse State. How Neoliberalism appropiated the Feminist Movement violence.* Duke University Press. p.57.

violencias y reduciendo la política feminista a meras reacciones de atención y asignación individual de responsabilidad penal El resultado es una política criminal que, aunque parece proteger a las mujeres, en realidad refuerza las lógicas del control y el castigo, sin abordar las raíces de la desigualdad[17].

## 2.2. La deriva criminalizadora de los delitos sexuales en el Código Penal Español

En el contexto español, la influencia de este giro punitivo y la lógica de las penalidades neoliberales se ha manifestado claramente en la deriva criminalizadora de los delitos sexuales en el Código Penal. Las reformas legislativas, especialmente las operadas en las últimas décadas y culminando en la Ley Orgánica 10/2022, de 6 de septiembre, de garantía integral de la libertad sexual (conocida como "ley del solo sí es sí"), son un reflejo de esta tendencia.

Como analiza Pérez Machío, el Código Penal español ha experimentado modificaciones sustantivas desde su entrada en vigor en 1995, con un énfasis creciente en la criminalización de los delitos sexuales. Las últimas reformas, impulsadas en gran medida por la presión social y el activismo feminista tras casos mediáticos como el de "La Manada", han buscado reforzar la protección de la libertad sexual y el consentimiento[18]. Sin embargo, desde la criminología feminista crítica, es esencial analizar cómo este loable objetivo se ha traducido en una expansión del derecho penal que no siempre garantiza una protección integral ni una reparación efectiva para las víctimas.

---

17 Macaya, L. (2024) *Conflicte no és el mateix que abús*. València: Caliu Editorial

18 Perez Machio, A. I. (2023) *Op. Cit.*, 47.

La LO 10/2022 ha unificado los delitos de "abuso y agresión sexuales" bajo la categoría de "agresión sexual" para toda conducta que atente contra la libertad sexual, centrándose en el consentimiento explícito como eje definitorio de la libertad sexual. Si bien este avance es fundamental en términos de reconocimiento legal de la autonomía sexual, la respuesta privilegiada sigue siendo el incremento de las penas y la severidad del castigo[19]. Esta tendencia se alinea con la creencia, muy arraigada en el punitivismo, de que penas más elevadas disuadirán a los agresores y garantizarán mayor seguridad. Sin embargo, la evidencia criminológica a menudo cuestiona la eficacia disuasoria de las penas severas y señala que una mayor criminalización no necesariamente se traduce en una reducción de la violencia o en una mejor atención a las víctimas.[20]

La "ley del solo sí es sí", aunque con intenciones progresistas, ha sido objeto de debate por su enfoque excesivamente punitivo y su limitada visión de la complejidad de la violencia sexual, por ello la agenda criminológica para el estudio de los delitos sexuales en España debe ir más allá de los lemas y las reformas punitivas para investigar empíricamente qué funciona realmente en la prevención y respuesta a la violencia sexual[21]. La obsesión por la reforma penal y el aumento de las penas puede desviar la atención de la necesidad de políticas públicas más amplias, que aborden las causas estructurales de la violencia y ofrezcan recursos de apoyo y reparación integrales a las víctimas[22]. La crítica feminista a esta deriva no es una crítica a la protección de las mujeres, sino a la eficacia y las consecuencias no deseadas de una política que confía de forma casi exclusiva en el derecho penal.

---

19 *Ibid.*, 51.

20 Varona, D., & Larrauri, E. (2024). Una agenda criminológica para el estudio de los delitos sexuales en España. *Boletín Criminológico,* (30).

21 *Ibid.*, 27

22 *Ibid.*, 26

## 2.3. Justicia restaurativa y violencias sexuales: entre la exclusión legal y las alternativas feministas

La justicia restaurativa (JR) ha sido objeto de un debate intenso en el ámbito de las violencias sexuales, particularmente en el contexto del Estado español, donde una de las expresiones más paradigmáticas del giro punitivo ha sido la prohibición expresa de esta vía en casos de violencia de género y sexual. Esta primera parte abordará críticamente el fundamento legal y político de dicha exclusión, para luego explorar, desde la criminología feminista crítica, los potenciales emancipadores de una justicia feminista, comunitaria y reparadora para las víctimas de violencia sexual.

### *2.3.1. Crítica a la prohibición de la justicia restaurativa en violencias sexuales*

La exclusión de la justicia restaurativa en los delitos de violencia de género fue consagrada en la Ley Orgánica 1/2004, y más tarde ampliada por el Estatuto de la Víctima del Delito (Ley 4/2015, art. 15.1), y reforzada finalmente por la Ley Orgánica 10/2022 de garantía integral de la libertad sexual. Esta legislación impide el acceso a procesos restaurativos en estos casos, bajo la premisa de proteger a las víctimas de posibles situaciones de revictimización o presión para la reconciliación con el agresor.

Dicha prohibición se justifica frecuentemente mediante una lectura restrictiva del Convenio de Estambul, específicamente del artículo 48, que proscribe los métodos alternativos obligatorios como la mediación en los casos de violencia contra las mujeres. Sin embargo, esta cláusula no impide el acceso voluntario y seguro a procesos restaurativos que persigan la reparación, no la conciliación forzada[23].

---

[23] Bernuz, M. J. & García Inda, A. (2025) "¿Reparar lo imperdonable? Sobre justicia restaurativa y violencia sexual." *Revista de Victimología* (19), p.291.

Desde una perspectiva crítica, esta restricción legal puede entenderse como una expresión de la lógica punitivista que domina la política criminal actual. En lugar de promover una pluralidad de respuestas adaptadas a las necesidades de las víctimas, se impone una solución única centrada en la sanción estatal. Como apunta Villacampa, se trata de una visión esencialista y paternalista de las víctimas, que parte del presupuesto de su vulnerabilidad estructural y de su incapacidad para tomar decisiones informadas sobre su propio proceso de reparación[24].

Esta desconfianza institucional hacia las víctimas se traduce en una concepción tutelar que les niega agencia y refuerza su infantilización. Esta perspectiva homogeneiza las experiencias victímales y fortalece un modelo de justicia punitivo y excluyente[25]. En este marco, la prohibición de la JR lejos de proteger silencia, y priva a las víctimas de un espacio para expresar sus necesidades y construir formas de justicia más acordes con sus expectativas.

También se esgrime como argumento para la prohibición una supuesta imposibilidad de superar la asimetría de poder entre la víctima y el agresor. Pero este enfoque desconoce que la JR moderna no se basa en la conciliación simétrica, sino en la creación de condiciones para una participación voluntaria, segura y empoderante[26]. De hecho, la Directiva 2012/29/UE establece que los Estados deben garantizar el acceso a servicios restaurativos cuando las víctimas los soliciten libremente,

---

24 Villacampa, C. (2020), *Op. Cit.*, p.189

25 Igartua Laraudogoitia, I. (2023). "Victimidad, vulnerabilidad e incapacidad de las víctimas como falsos sinónimos. Reflexiones y certezas en torno al veto generalizado a la mediación en violencia de género y violencia sexual en la normativa española." *Mujeres, género y tutela penal.* Ed. Aranzadi, p. 72.

26 Bernuz, M. J. & García Inda, A. (2025), *Op Cit.*, 288.

y siempre que dichos procesos estén debidamente regulados, facilitados por profesionales y centrados en la seguridad.

Alonso Rimo refuerza esta posición al analizar la incompatibilidad de la prohibición con los estándares europeos que promueven una visión amplia e inclusiva de la JR. Desde esta óptica, la exclusión actual no responde a criterios de protección real, sino a una desconfianza estructural y a una concepción errónea de la justicia restaurativa como una forma de "justicia menor[27]".

En suma, la prohibición de la JR en casos de violencia sexual se erige como una muestra de la hegemonía del castigo en las respuestas estatales frente a los daños sexuales. En su intento de proteger a las víctimas, reproduce esquemas de dominación que les niegan el protagonismo en su propio proceso de reparación. Esta lógica, en lugar de desarticular el patriarcado, lo refuerza, al recentrar el poder en el aparato punitivo estatal.

### 2.3.2. Resistencias y horizontes: justicia feminista, comunitaria y reparadora frente a la exclusión legal

Desde la criminología crítica feminista, diversas autoras han planteado la necesidad de imaginar formas de justicia que desborden el modelo estatal punitivo y se centren en la reparación del daño desde una perspectiva situada, comunitaria y transformadora. La justicia restaurativa feminista no se limita a ser una técnica alternativa, sino que representa un cambio epistemológico y político en la manera de concebir el daño, la reparación y la agencia de las víctimas.

---

[27] Para un análisis detallado sobre la incompatibilidad de la prohibición del estado español en contraposición de la legislación europea, véase, Alonso Rimo, A. (2024). "¿No tienen derecho a una reparación integral del daño las víctimas de violencia de género y de delito sexuales? La prohibición de mediación penal en esas infracciones a la luz de los estándares europeos." *Revista General de Derecho Europeo* (63).

Desde una perspectiva restaurativa con enfoque de género, la reparación del daño no debe entenderse como un simple resarcimiento ni como una oportunidad para la reconciliación, sino como un proceso complejo que sitúe en el centro las voces, los tiempos y las necesidades de las víctimas. En consecuencia, se enfatiza que el objetivo de la justicia restaurativa con enfoque de género no es restaurar la relación con el agresor, sino restaurar a la víctima en su integridad física, emocional y simbólica[28]. Esto implica desplazar el foco de la infracción legal al daño sufrido, y permitir a la víctima un rol activo en la construcción del proceso restaurativo.

Estas formas de justicia se construyen desde el consentimiento, la voluntariedad y el reconocimiento de la experiencia vivida. Villacampa denuncia que no se ha evaluado con rigor el potencial de la JR en delitos graves, sino que se ha asumido su inadecuación desde una posición prejuiciosa[29]. Esta falta de evaluación empírica refuerza una visión mítica de la JR como justicia "light" o inapropiada para delitos graves, cuando en realidad puede ofrecer procesos profundamente implicantes y transformadores para todas las partes[30].

Frente a este modelo punitivo, el pensamiento comunitario feminista, por su parte, propone una resignificación del conflicto como una oportunidad para tejer comunidad y transformar las condiciones que permiten la violencia. Hopkins Moreno plantea la justicia como una práctica colectiva, basada

---

28 Francés Lecumberri, P. (2022) "¿Qué género en la intervención restaurativa? Claves para la aplicación de la perspectiva de género en procesos restaurativos." *Revista Crítica Penal y Poder* (Nueva Época), p. 21.

29 Villacampa, C. (2020) "Justicia restaurativa en supuestos de violencia de género en España: situación actual y propuesta político-criminal". *Polít. Crim*, vol.15, n.29, p. 55.

30 Bernuz, M. J. & García Inda, A. (2025), *Op Cit.*, p. 305.

en la palabra, el acuerdo y la autorregulación, que restituye la dignidad y reconstruye el lazo social.[31] Este enfoque permite imaginar procesos en los que la comunidad acompaña a las víctimas, se responsabiliza del entorno que permitió el daño y construye respuestas que reparan y previenen. La justicia restaurativa feminista no es conciliadora ni neutral: es política y situada. No busca reconciliaciones forzadas ni diluye el daño, sino que transforma las condiciones que lo hicieron posible y devuelve a las víctimas su capacidad de decisión.

Estas prácticas, cuando se enraízan en una justicia comunitaria con enfoque feminista, desmontan el imaginario jurídico liberal que entiende la justicia como aplicación mecánica de normas. Desde la justicia comunitaria feminista se afirma lo que el derecho moderno excluye: emociones, historia, vínculos y valores compartidos[32]. Esto es crucial en las violencias sexuales, donde el daño atraviesa cuerpo, lenguaje e identidad.

Una justicia feminista y comunitaria debe entender que la reparación no viene solo de la condena, sino de la reconstrucción de la integridad personal y la transformación del entorno. Estas prácticas no buscan sustituir el sistema penal, sino ofrecer respuestas situadas que atiendan las necesidades concretas de las víctimas, promuevan la responsabilización de los agresores y movilicen a la comunidad como agente de protección y transformación. Para muchas víctimas, estos espacios son los únicos donde se sienten verdaderamente escuchadas y reco-

---

31 Hopkins Moreno, A. (2019) "Categorías para pensar la justicia desde la comunidad: acuerdo, reparación y reeducación." *Producir lo común. Entramados comunitarios y luchas por la vida.* Ed. Traficantes de sueños, p. 157-159.

32 Hopkins Moreno, A. (2016) "Apuntes desde la filosofía para estudiar una justicia antagónica al Estado y al capital." *Estudios Latinoamericanos (Nueva época),* (37), p.23.

nocidas. Así pues, la justicia feminista restaurativa se posiciona como una propuesta profundamente política: cuestiona el monopolio estatal sobre la administración de justicia y reivindica el poder de las comunidades para gestionar los daños desde la afectividad, el cuidado y la horizontalidad.[33].

En definitiva, frente a un sistema legal que limita la JR a través de conceptos imprecisos y asociaciones erróneas con la mediación obligatoria, estas experiencias apuntan hacia un horizonte de justicia posible, centrada en las necesidades de las víctimas, su empoderamiento y la transformación de los entornos que permiten la violencia.

Este horizonte, aunque aún excluido del marco legal estatal, está siendo ya ensayado en distintas experiencias que articulan justicia con reparación, agencia y comunidad. Una de ellas tuvo lugar en Valencia, donde un colectivo feminista anticapitalista acompañó durante tres años un proceso restaurativo tras una agresión sexual. En él, se conformaron dos grupos de apoyo: uno con la víctima, centrado en sus necesidades emocionales, físicas y simbólicas, y otro con el agresor, enfocado en la toma de responsabilidad. La sincronía entre ambos espacios, el respeto a los tiempos de la víctima y la articulación comunitaria de la reparación constituyen un ejemplo vivo de cómo la justicia feminista y restaurativa puede operar allí donde el sistema penal solo sanciona. Esta experiencia, que se expone a continuación, abre claves fundamentales para pensar una justicia posible, aunque aún no reconocida legalmente, pero sí profundamente transformadora.

---

33 Hopkins Moreno, A. (2021) "Hacía una justicia feminista. ¿Cómo pensar la justicia que queremos en procesos de ruptura, conflicto y violencias entre nosotras?" En Reyes-Diaz, I. & Gonzaga González, C., *Rebeldías feministas y luchas de mujeres en América Latina*. Ed. Bajo Tierra.

## III. DEL CASTIGO A LA TRANSFORMACIÓN: LA GESTIÓN RESTAURATIVA DE LAS VIOLENCIAS SEXUALES EN COLECTIVOS MILITANTES

La presente sección se dedica a la exposición y análisis detallado del discurso obtenido de las entrevistas realizadas a miembros a las integrantes de los grupos de apoyo d' *anti-punitivistes de l'horta*, centrándose en su experiencia con casos de violencia sexual. El objetivo principal es discernir cómo las experiencias y perspectivas compartidas en la entrevista se alinean, complementan o difieren de los principios y beneficios de la Justicia Restaurativa tal como son conceptualizados en la literatura académica y documentos especializados. Para ello, se empleará un marco categórico preestablecido, derivado de un análisis previo de textos clave sobre Justicia Restaurativa en contextos de violencia sexual. Este marco proporciona una lente analítica a través de la cual se interpretarán las narrativas de los participantes, permitiendo una comprensión profunda de las dinámicas y resultados de su enfoque.

Las categorías de análisis, fundamentadas en una revisión bibliográfica, son las siguientes: 1) Proceso centrado en la víctima y su recuperación; 2) Fomento de la responsabilización efectiva del agresor; 3) Abordaje integral del trauma y las consecuencias del delito; 4) Promoción del diálogo, la comunicación y el reconocimiento y 5) Potencial para evitar la reincidencia y fomentar la rehabilitación. Cada una de estas categorías será utilizada para estructurar el análisis del discurso, identificando pasajes relevantes de la entrevista que ejemplifican o elaboran sobre estos principios

### *1. Breve descripción del proceso de intervención restaurativa de los grupos de apoyo d'anticapitalistes de l'horta*

La creciente conciencia sobre el impacto devastador de las violencias sexuales ha impulsado la búsqueda de metodologías que trasciendan la mera punibilidad, enfocándose en la reparación integral y la transformación social. En este contexto, los procesos restaurativos emergen como herramientas poderosas, especialmente en el seno de las organizaciones, donde las dinámicas de poder y las relaciones interpersonales complejizan aún más la gestión de estas agresiones. Para comprender en profundidad los beneficios que estas herramientas pueden ofrecer –como posteriormente revelará nuestro análisis de discurso–, es fundamental delinear la metodología que sustenta un abordaje restaurativo eficaz.

Aunque las protagonistas de la experiencia que presentamos fueron construyendo el proceso conforme avanzaban, tuvieron claro desde el principio que la prioridad era la reparación del daño, la responsabilización y la transformación cultural. En atención a esto el proceso se articuló en varias fases interconectadas y la intervención se generó desde tres ejes interdependientes:

- *Intervenciones con la persona agredida*: El foco principal fue la reparación del daño sufrido. Esto conllevó a un acompañamiento cercano y continuado, proporcionando espacios seguros para que pudiese expresar su experiencia, validar sus emociones y recuperar su agencia. La persona agredida fue el centro del proceso y mantuvo el control sobre las decisiones que se tomaron, empoderando así su camino hacia la recuperación.
- *Intervenciones con el agresor*: El objetivo fundamental es que la persona que ejerció la violencia asumiese la plena responsabilidad de sus actos, sin victimizaciones ni justificaciones. Se facilitó espacios para la reflexión profunda sobre el machismo inconsciente, las formas de relacionarse, el compromiso sincero con la deconstrucción de sus actitudes y comportamientos. Este trabajo se realizó de manera discreta y sin buscar protagonismo, con la finalidad de promover un cambio genuino y una reparación efectiva.

- *Intervenciones con la comunidad*: Reconocemos que las violencias sexuales impactan a toda la organización. Por ello, se generaron iniciativas para la toma de conciencia, la sensibilización y la responsabilización colectiva. Esto incluye debates internos, reflexión sobre las dinámicas de poder existentes y la implementación de medidas preventivas que refuercen una cultura de respeto[34]. El objetivo es transformar activamente el ambiente hacia uno más igualitario, seguro y libre de violencias.

Como veremos a continuación, esta metodología, aplicada de manera consciente y comprometida, demuestra ser un pilar para la gestión de las violencias sexuales, facilitando procesos de reparación y transformación que van más allá de lo meramente punitivo.

## *2. Otras maneras de funcionar en la sociedad: explorando la Justicia Restaurativa desde la experiencia antipunitivista en violencia sexual*

Como indicábamos anteriormente esta sección analiza las entrevistas a los grupos de apoyo *d'antipunitivistes de l'Horta* sobre su experiencia en casos de violencia sexual. El objetivo es comparar sus relatos con los principios de la Justicia Restaurativa establecidos en la literatura académica utilizando un marco categórico preestablecido, derivado de un análisis previo de textos sobre Justicia Restaurativa y violencia sexual, para interpretar estas narrativas y comprender su enfoque y resultados.

---

34 Desde el Grup de treball antipatriarcal se generó la guía "*Com crear i sostindre espais que no legitimen les violències patriarcals? Recomanacions per a sensibilitzar i generar espais més segurs*" https://horta.noblogs.org/treball-antipatriarcal/com-crear-i-sostindre-espais-que-no-legitimen-les-violencies-patriarcals/

## 2.1. Proceso centrado en la Víctima y su Recuperación

La centralidad de la víctima y la priorización de su recuperación emergen como el pilar fundamental del enfoque implementado por los Grupos de Apoyo Antipunitivistas, resonando directamente con uno de los objetivos esenciales de la Justicia Restaurativa. La literatura consultada enfatiza que la JR tiene como "objetivo fundamental... la reparación significativa de la víctima[35]".

Mireia, al describir el origen del grupo, subraya que nace "de la necesidad de una de nuestras compas y muy amiga que sufrió una violación", lo que establece de inmediato la experiencia de la víctima como el motor y el propósito del colectivo. La afirmación de que "se le pone a ella en el centro y desde ahí empieza el grupo de apoyo" refuerza la idea de un proceso completamente guiado por las necesidades de la persona afectada. El European Forum for Restorative Justice (EFRJ, 2020) señala que la JR puede ayudar a la víctima a "cambiar la percepción que tiene de sí misma tras el delito[36]", un aspecto que el discurso de las entrevistadas desarrolla al hablar de la evolución de su amiga.

El énfasis en la "sanación" y el "empoderamiento" de la víctima es recurrente. Mireia explícita: "Somos un grupo de apoyo que acompañamos a una amiga en su proceso de sanación". Posteriormente, al evaluar el éxito del proceso, tanto Laia como Mireia confluyen en la idea de que la víctima ha logrado "recolocar este hecho en un lugar donde se sentía empoderada y con fuerza para mirar para adelante" y que está "lo mejor

---

35 Bernuz, M. J. & García Inda, A. (2025), *Op Cit.*, p. 285.

36 European Forum For Restorative Justice (2020). *Informe sobre Justicia Restaurativa y Violencia Sexual.* https://www.euforumrj.org/sites/default/files/2021-04/EFRJ_Thematic_Brief_RJ_and_Sexual_Violence_ES.pdf

posible con esta situación". Esta noción de sanación, que no implica olvido sino reintegración y pacificación del trauma, es un claro indicador del enfoque restaurativo, que busca la recuperación integral y la capacidad de la víctima para seguir adelante con su vida, dejando atrás el delito.

La prioridad dada al grupo de apoyo como primera medida de intervención es paradigmática de este enfoque centrado en la víctima. Mireia es contundente al afirmar: "si alguien viniera ahora con una historia de agresión, yo lo primero que le diría es: ¡ten un grupo de apoyo!". Este testimonio destaca la importancia de un espacio de contención emocional y validación de la experiencia como preámbulo a cualquier otra acción, materializando la idea de que la JR proporciona un espacio para que las víctimas encuentren "reconocimiento" y "validación de su sufrimiento[37]".

Finalmente, la identificación y atención a las necesidades específicas de la víctima constituyen el pilar de este proceso. Laia describe cómo el grupo trabajó va "recogiendo, dándole una forma a esas emociones, a esas sensaciones, pudimos ver que en este proceso estaba este plano de los cuidados". La elaboración de un "listado de qué necesitaba esta persona en este momento para sentirse segura" es un ejemplo tangible de cómo se busca una reparación personalizada y adaptable a las demandas de la víctima, incluyendo la reparación del daño tanto material como emocional y psicológico.

## 2.2. Fomenta la responsabilización efectiva del agresor

La Justicia Restaurativa no se limita a la víctima; un componente crucial es la responsabilización del agresor, entendida como una asunción genuina de las consecuencias de sus actos

---

37 Bernuz, M. J. & García Inda, A. (2025), *Op Cit.*, p. 285.

más allá del castigo punitivo el trabajo de los grupos de apoyo refleja una profunda comprensión y aplicación de este principio.

El reconocimiento del hecho por parte del agresor es presentado como un requisito indispensable para iniciar cualquier proceso restaurativo[38]. Mireia y Laia enfatizan que "para hacer un proceso de mediación la persona tiene que reconocer el hecho y participar, o sea, y dar su consentimiento a participar, entonces esto es súper clave". Este reconocimiento no es meramente formal, sino que implica una asunción de responsabilidad: "que la otra persona se haga cargo, o sea, se haga cargo de lo que hizo, diga que sí". Este acto de afirmación del agresor se considera un elemento de reparación en sí mismo, ya que valida la experiencia de la víctima.

La responsabilización también se traduce en un compromiso explícito con la no reincidencia y la transformación personal. Núria, desde la perspectiva del grupo de apoyo del agresor, detalla que en las demandas iniciales: "La persona que agredió se hiciera cargo de asegurar no estar en la misma ciudad, en los mismos espacios y también a seguir como un programa terapéutico especializado en agresiones en violencia machista para poderse transformar". Esta última demanda es vital, ya que busca abordar las causas subyacentes del comportamiento delictivo, fomentando un desistimiento futuro de nuevos comportamientos disruptivos y violentos. Núria añade que el compromiso es para "poderse transformar y que esto, pues, pudiera conllevar una cierta garantía de no repetir ciertas cosas", aun reconociendo la imposibilidad de una garantía del cien por cien.

---

[38] Zehr, H. (1990), *Changing Lenses: A New Focus for Crime and Justice.* Herald Press https://www.unodc.org/e4j/data/_university_uni_/changing_lenses_a_new_focus_for_crime_and_justice.html?lng=en

La participación activa y propositiva del agresor en su propio proceso de cambio es otro aspecto clave de la responsabilización. Núria describe que la participación del agresor en su grupo de apoyo "ha sido activa, ha sido propositiva". Esto va más allá de una aceptación pasiva de las condiciones impuestas, implicando un compromiso interno con la reflexión y el cambio. La "voluntad de seguirlo, de caminarlo, de aceptación, de transformación y también incluso de agradecimiento" expresada por Núria, ilustra una forma de responsabilización que es liberadora y constructiva, distinta a la carga punitiva. Es un proceso que "te ayudan a hacerte cargo, a echar mirada hacia atrás y también a echar mirada hacia adelante".

Finalmente, la solicitud de una reparación económica para la terapia de la víctima es un ejemplo concreto de cómo la responsabilización se materializa en acciones reparadoras tangibles. Laia menciona que "pedimos que hubiera una reparación económica de cara a que ella pudiera pagar una terapia personal propia destinada a superar el trauma de la agresión". Esta contribución económica no solo alivia una carga para la víctima, sino que también es un acto explícito de asunción del daño causado por parte del agresor.

## 2.3. Abordaje integral del trauma y las consecuencias del delito

La violencia sexual, por su naturaleza íntima y las profundas secuelas que deja, requiere un enfoque que trascienda la mera respuesta legal. La Justicia Restaurativa, al reconocer esta complejidad, busca ofrecer un espacio para la sanación profunda[39]. La experiencia de los Grupos de Apoyo evidencia esta aproximación integral.

---

39 European Forum For Restorative Justice (2020), *Op. Cit.*, 1.

Mireia y Laia demuestran una clara conciencia de la particularidad del trauma de la violencia sexual. Mireia explica que la violación "deja una huella, deja un trauma como podríamos decir y muchas veces bloquea a las personas que han vivido experiencias similares". También describe el "proceso complejo de dudar de sí misma, de no saber cómo, qué hacer con esta experiencia que le había pasado por dentro", lo que subraya la dimensión psicológica y emocional del daño, a menudo desatendida por el sistema penal tradicional. Así pues, la creación de un "espacio de cuidado y seguridad" por parte del grupo de apoyo es fundamental para este abordaje del trauma. Laia afirma: "tener un espacio donde poder expresar aquello que sientas es muy sanador. En esta sociedad no se tienen esos espacios y a veces esto ya es muchísimo". Este espacio seguro permite a la víctima procesar sus emociones y experiencias de una manera que el sistema judicial no puede ofrecer[40].

El proceso llevado a cabo por el grupo abarca múltiples dimensiones del trauma. Laia describe un trabajo en "diferentes planos en el cognitivo, en el emocional, en el relacional", lo que sugiere un enfoque holístico que no se limita a la superficie de los síntomas, sino que busca explorar las dinámicas del delito y las necesidades de todos los afectados. Esta aproximación multifacética es crucial para una sanación profunda y duradera.

La visión de la sanación que se desprende de la entrevista es la de una reintegración de la experiencia traumática, más que su eliminación. Mireia explica que la víctima "pudo recolocar este hecho en un lugar donde se sentía empoderada y con fuerza para mirar para adelante con lo que tenía... lo reintegras y lo colocas en un lugar que te ayuda a estar en lo más

---

40 Bernuz, M. J. & García Inda, A. (2025), *Op Cit.*, p. 296.

en paz posible". Este concepto de "reintegración" es vital en el abordaje del trauma complejo, permitiendo a la víctima construir una narrativa personal que le permita avanzar.

## 2.4. Promoción del diálogo, la comunicación y el reconocimiento

Aunque la mediación directa en casos de violencia sexual es un tema debatido y a menudo restringido legalmente, la esencia de la Justicia Restaurativa reside en la creación de espacios para el diálogo (directo o indirecto), la comunicación y el reconocimiento del daño[41]. La experiencia de los grupos de apoyo ilustra cómo estos elementos se promueven incluso en contextos complejos.

La mediación, aunque llevada a cabo por una de las integrantes del grupo de apoyo (Laia) y no directamente con la víctima, fue un canal crucial de comunicación con el agresor. Laia describe este proceso como un "ir haciendo un diálogo, poco a poco". La comunicación de las "demandas concretas" de la víctima al agresor a través de este proceso de mediación indirecta es un claro ejemplo de cómo se establece un puente comunicativo.

El reconocimiento del daño por parte del agresor es un punto reiterado como parte fundamental de la reparación. Mireia enfatiza: "que la otra persona se haga cargo, o sea, se haga cargo de lo que hizo, diga que sí. Y entre en un proceso de mediación también es uno de los elementos que llamamos reparación". Este acto de reconocimiento, aunque no siempre se dé en un encuentro cara a cara, es una forma de validar la verdad de la víctima y de iniciar el proceso de responsabilización.

La coordinación y comunicación entre el grupo de apoyo de la víctima y el grupo de apoyo del agresor es otro ejemplo de

---

41 *Ibid.*, p. 303.

diálogo indirecto. Núria, del grupo del agresor, señala que han estado "hablando y trabajando tanto los *inputs* que nos venían del grupo de las compañeras, como un poco lo que iba surgiendo en nuestras conversaciones". Esta comunicación entre los grupos facilita el flujo de información, las demandas de la víctima y el seguimiento del proceso del agresor, construyendo una red de apoyo mutuo en la que el diálogo y la comunicación son elementos vertebradores.

La solicitud de que el agresor tuviera su propio grupo de apoyo no solo buscaba la responsabilización, sino también "poner más ojos sobre él", lo que implica una forma de vigilancia comunitaria y de comunicación informal que contribuye al proceso de seguridad y confianza de la víctima. Esta red de apoyo mutuo entre los grupos, al final, "ayudaba, porque la verdad es que había mujeres bastante poderosas y gente bastante cañera también en su grupo, y eso de alguna forma nos hacía sentirnos seguras". Este es un ejemplo de cómo la comunicación y el diálogo, incluso indirectos, pueden fortalecer la sensación de seguridad y empoderamiento de la víctima.

### 2.5. Potencial para evitar la reincidencia y fomentar la rehabilitación

Uno de los beneficios a largo plazo de la Justicia Restaurativa es su potencial para abordar las causas subyacentes del comportamiento delictivo y reducir la probabilidad de reincidencia, promoviendo la rehabilitación del agresor. Este aspecto se aborda explícitamente en el discurso de los grupos.

La demanda de que el agresor asistiera a una "terapia específica de agresores", con el apoyo de un servicio especializado como el SAH (Programa d'atenció a homes de l'ajuntament de Barcelona), es una medida directa orientada a la rehabilitación. Laia explica que esto era importante para el grupo porque buscan "plantearnos qué es la reparación y qué es la garantía de no repetición". Este tipo de intervención terapéutica busca transformar los patrones de comportamiento que llevaron a la agresión, abordando las raíces del problema y fomentando un cambio conductual duradero.

La constitución del grupo de apoyo para el agresor es otra estrategia clave para la prevención de la reincidencia y la rehabilitación. Mireia y Laia describen cómo esta medida les permitió "ir liberándonos nosotras, tener esa cosa de estar vigilando si haces y no haces" y les dio "tranquilidad saber que él también está rodeado de gente que conoce lo que él ha hecho y que puede acompañarle". Núria, desde el grupo del agresor, reafirma este objetivo: "para trabajar un poco la no repetición de violencias en general". Este acompañamiento social crea un entorno de supervisión y apoyo que puede facilitar el proceso de cambio del agresor y su reintegración social.

El concepto de "mirada social" es introducido por Laia como un elemento crucial en la garantía de no repetición. Ella afirma que "la garantía de no repetición... se tiene que hacer cargo de esto ¿no? Aquí entra esta parte tan importante de la masculinidad en el feminismo ¿no? frena a tu colega tío ¿no? mira a tu colega, escucha lo que está haciendo, parale los pies". Esto amplía la responsabilidad de la no reincidencia más allá del agresor individual, involucrando a la comunidad y, en particular, al círculo social del agresor, en la prevención de futuras violencias. Es un llamado a la acción colectiva para asegurar que la rehabilitación no sea solo un proceso individual, sino también social. Núria también reflexiona sobre cómo la JR "te ayudan a hacerte cargo... de cómo poder seguir relacionándome con esas carencias que tengo o que tenemos que nos hacen ser agresores en esta sociedad", lo que demuestra una conciencia de la dimensión social y de las masculinidades en la generación de violencia.

En suma, la experiencia de los grupos de apoyo *d'Antipunitivistes de l'horta* permite visibilizar alternativas comunitarias que, desde una práctica feminista y restaurativa, buscan caminos de reparación más allá del castigo. Aunque su enfoque no sustituye al sistema penal, lo desafía y complementa desde un lugar profundamente situado en las necesidades de la víctima, la responsabilización transformadora del agresor y la creación de comunidades comprometidas con el cambio. Esta experiencia evidencia que otras formas de justicia no solo son posibles, sino ya existentes, reclamando atención, legitimidad y reflexión crítica desde los marcos institucionales y académicos.

## IV. CONCLUSIONES: HACIA UNA JUSTICIA RESTAURATIVA FEMINISTA DESDE LO COMÚN

El presente capítulo ha explorado críticamente las respuestas a las violencias sexuales, trascendiendo la limitada lógica punitivista para adentrarse en el potencial transformador de los procesos restaurativos, siempre desde una perspectiva de la criminología crítica feminista. Hemos argumentado cómo la histórica "deriva punitivista", con sus raíces en las "Sex Wars", ha configurado un panorama donde el sistema penal, lejos de erradicar la violencia, a menudo reproduce sus lógicas y desatiende la complejidad y el daño sufrido por las personas. Frente a ello, la metodología restaurativa, ejemplificada en el proceso restaurativo presentado, se erige como un camino que prioriza la reparación, la responsabilización y la reconstrucción comunitaria.

El análisis del discurso de las entrevistas realizadas a las integrantes de los grupos de apoyo *d'antipunitivistes de l'horta* ha sido fundamental para materializar la teoría en la práctica. Sus narrativas han iluminado cómo, en la acción militante y comunitaria, se gestan procesos que, si bien no siempre se autodenominan "restaurativos" de forma explícita, encarnan sus principios esenciales. La experiencia ha revelado una profunda preocupación por la reparación del daño de la persona que ha padecido la agresión, entendiéndola no solo como una cuestión material, sino como un proceso emocional y relacional complejo que requiere escucha activa, apoyo incondicional y respeto por sus tiempos y decisiones. Han destacado la importancia de que la persona agredida sea el centro del proceso, recuperando su agencia y su voz, en contraste con la pasividad a la que a menudo se le relega en el sistema penal.

Asimismo, en el análisis se ha subrayado la necesidad de una responsabilización genuina del agresor, más allá del mero castigo. Esto implica un reconocimiento del daño causado, un trabajo de deconstrucción de las propias actitudes machistas y un compromiso real con el cambio, todo ello en un marco de discreción y sin búsqueda de protagonismo. Esta aproximación crítica al agresor resuena con los principios restaurativos de asumir consecuencias y reparar, pero desde una perspectiva que desafía las lógicas rehabilitadoras tradicionales que pueden despolitizar el acto violento.

Finalmente, esta experiencia ha evidenciado la vital importancia de la intervención con la comunidad. Los procesos restaurativos, al involucrar a la colectividad, permiten visibilizar que las violencias sexuales no son asuntos privados, sino problemas estructurales que afectan a todas las personas que comparten el espacio. La militancia demuestra cómo la sensibilización, el debate colectivo y la transformación de las dinámicas internas de la organización son cruciales para prevenir futuras agresiones y construir espacios más seguros e igualitarios. Esta aproximación contrasta con el aislamiento que puede generar el sistema punitivista, al fomentar una responsabilidad compartida y una acción colectiva.

En síntesis, este capítulo ha demostrado que, desde la práctica militante y la criminología crítica feminista, los procesos restaurativos ofrecen un camino viable y ético para abordar las violencias sexuales. La voz de las entrevistadas no solo confirma los beneficios teóricos de la Justicia Restaurativa –como la reparación integral, la agencia de la víctima, la responsabilización significativa y la transformación comunitaria–, sino que también ofrece un modelo de aplicación desde la base, fuera de las lógicas institucionales que a menudo limitan su potencial. Superar el "giro punitivo" implica no solo cuestionar el sistema penal, sino también invertir en metodologías que, como las prácticas restaurativas desde lo común, pongan la vida en el centro, promuevan la justicia social y contribuyan a la erradicación de las violencias sexuales.

## REFERENCIAS BIBILIOGRÁFICAS


Alonso Rimo, A. (2024). "¿No tienen derecho a una reparación integral del daño las víctimas de violencia de género y de delito sexuales? La prohibición de mediación penal en esas infracciones a la luz de los estándares europeos." *Revista General de Derecho Europeo,* (63).

Bernuz, M. J. & García Inda, A. (2025). "¿Reparar lo imperdonable? Sobre justicia restaurativa y violencia sexual." *Revista de Victimología* (19), 285-324.

Bumiller, K. (2008). *In an Abuse State. How Neoliberalism appropiated the Feminist Movement violence.* Duke University Press

Butler, J. (2009). "Performatividad, precariedad y políticas sexuales" *AIBR. Revista de Antropología Iberoamericana* (vol.4,núm.3), 321-336.

Dworkin, A. (1981). *Pornography: Men Possessing Women.* New York: Penguin Books.

European Forum For Restorative Justice (2020). *Informe sobre Justicia Restaurativa y Violencia Sexual.* https://www.euforumrj.org/sites/default/files/2021-04/EFRJ_Thematic_Brief_RJ_and_Sexual_Violence_ES.pdf

Francés Lecumberri, P. (2021). "A la búsqueda de alternativas en la justicia desde los feminismos" En C. Serra, C. Garaizábal & L. Macaya (Coords.), *Alianzas rebeldes.* Barcelona: Editorial Bellaterra, 65-77.

Francés Lecumberri, P. (2022). "¿Qué género en la intervención restaurativa? Claves para la aplicación de la perspectiva de género en procesos restaurativos." *Revista Crítica Penal y Poder (Nueva Época),* (23).

Francés Lecumberri, P (2023). "El enfoque de género y los servicios de justicia restaurativa desde algunos de sus responsables en Cataluña, País vasco y Navarra, con una muestra desde la observación participante." *Revista de Victimología* (17), 137-188.

Garaizábal, C. (2021) El sexo en disputa: Relatos feministas sobre sexualidad. En C. Serra, C. Garaizábal & L. Macaya (Coords.), *Alianzas rebeldes*. Barcelona: Editorial Bellaterra, 123–136.

Hopkins Moreno, A. (2016). "Apuntes desde la filosofía para estudiar una justicia antagónica al Estado y al capital." *Estudios Latinoamericanos (Nueva época),* (37), 15-37.

Hopkins Moreno, A. (2019). "Categorías para pensar la justicia desde la comunidad: acuerdo, reparación y reeducación." *Producir lo común. Entramados comunitarios y luchas por la vida*. Ed. Traficantes de sueños.

Hopkins Moreno, A. (2021). "Hacía una justicia feminista. ¿Cómo pensar la justicia que queremos en procesos de ruptura, conflicto y violencias entre nosotras?" En Reyes-Diaz, I. & Gonzaga González, C., *Rebeldías feministas y luchas de mujeres en América Latina*. Ed. Bajo Tierra.

Igartua Laraudogoitia, I. (2023). "Victimidad, vulnerabilidad e incapacidad de las víctimas como falsos sinónimos. Reflexiones y certezas en torno al veto generalizado a la mediación en violencia de género y violencia sexual en la normativa española." *Mujeres, género y tutela penal*. Ed. Aranzadi, 67-106.

Macaya, L. (2024). *Conflicte no és el mateix que abús*. València: Caliu Editorial

Mackinnon, C. A. (1995). *Hacía una teoría feminista del estado*. Valencia. Ed. Cátedra.

Nuñez Rebolledo, L. (2019). "El giro puntivo, neoliberalismo, feminismos y vjiolencia de género". *Política y cultura,* (51), 55-81.

Perez Machio, A. I. (2023). "Política criminal y delitos sexuales: hacía un enfoque que supere el feminismo puntivo" *Cuadernos de política criminal*, (140), 39-62.

Pitch, T. (2024). *El malentendido de la víctima*. México: Tinta de limón.

Romero Seseña, P. (2023). "El desarrollo de la justicia restaurativa en españa y su prohibición en casos de violencia sexual y de género: reflexiones a partir de la lo 10/2022 y la nueva ley foral 4/2023 de navarra." *Revista de Derecho Penal y Criminología,* (30). https://doi.org/10.5944/rdpc.JUNIO.2023.37637

Rubin Gayle. (1989). "Reflexionando sobre el sexo: notas para una teoría radical de la sexualidad". En: Vance, Carole S. (Comp.) *Placer y peligro. Explorando la sexualidad femenina,* Madrid: Ed. Revolución, 113-190.

Vance, C. (1989). "El placer y el peligro: hacia una política de la sexualidad". En: Vance, Carole (comp.). *Placer y peligro. Explorando la sexualidad femenina.* Madrid: Ed. Revolución, 9-49.

Varona, D., & larrauri, E. (2024). "Una agenda criminológica para el estudio de los delitos sexuales en España". *Boletín Criminológico,* (30). https://doi.org/10.24310/bc.30.2024.20696

Villacampa, C. (2020). Justicia restaurativa en supuestos de violencia de género en España: situación actual y propuesta político-criminal. *Polít. Crim,* vol.15, n.29, 47-75. http://dx.doi.org/10.4067/S0718-33992020000100047

Zehr, H. (1990) *Changing Lenses: A new focus for Crime and Justice.* Herald Press

*Capítulo 5*

# *Programas de tratamiento en las penas alternativas desde una perspectiva de género*[1]

**SANTIAGO LEGANÉS GÓMEZ**
*Profesor Asociado Universidad de Valencia y Jurista-Criminólogo IIPP*

## I. INTRODUCCIÓN

Muchas investigaciones en el ámbito de la criminalidad revelaron la gran influencia de las variables sexo y edad a la hora de perpetrar un hecho delictivo. De este modo, se identificó una mayor implicación de la población masculina en la delincuencia lo que, a su vez se tradujo en la minimización de la importancia de la criminalidad femenina y, en consecuencia, en la invisibilización de dicho fenómeno[2].

La existencia de mujeres delincuentes a lo largo de toda la historia de la humanidad ha generado, inevitablemente,

---

1 Este trabajo se enmarca en el Proyecto de Investigación: Estudio crítico del uso de sanciones alternativas penales: una mirada a la salud mental y al género (SANALSAMGE), financiado por el Ministerio de Ciencia e Innovación, fecha de inicio 01/09/2022, fecha de finalización: 31/08/2025. Investigadoras principales: Dra. Mª Vicenta Cervelló Donderis y Dra. Asunción Colás Turégano.

2 Serrano Tárrega, M. D. (2021). *Delincuencia femenina: un estudio sobre tendencia, control y prevención diferenciales desde la perspectiva de género.* Tirant Humanidades. 17.

el estudio de la criminalidad femenina, aunque desde una perspectiva y consideración diferente a la masculina por el hecho de que las mujeres nunca han sido consideradas iguales a los hombres y, por ese motivo, su actividad delictiva ha sido estudiada bajo premisas distintas[3].

Numerosas investigaciones avalan que la diferencia cuantitativa entre los hechos delictivos perpetrados por hombres y por mujeres ha sido considerablemente notoria y, además, se ha mantenido a lo largo del tiempo y en todos los países[4].

Desde finales del siglo XX ha habido un creciente reconocimiento nacional e internacional de que la prisión es una respuesta inapropiada para gran parte de las mujeres penadas. Consecuentemente, existe una amplia preocupación por reducir el número de mujeres reclusas apostando por un mayor uso de las medidas penales alternativas, bajo la idea que estas supondrían una respuesta más apropiada. Los estudios sobre la situación de las mujeres en prisión evidencian que las características y necesidades de las mujeres no son tenidas en cuenta y que la prisión tiene un impacto desproporcionalmente negativo sobre la población penada femenina, que se ve discriminada en un sistema penitenciario androcéntrico. En estas investigaciones se concluye que, dadas las evidencias, resultaría más apropiado hacer un mayor uso de las medidas penales alternativas para las mujeres penadas.

## II. CARACTERÍSTICAS DE LA MUJERES CONDENADAS

Se defendía que, en el momento en el que la sociedad fuese más igualitaria, es decir, cuando se produjese un cambio en los roles sociales, un incremento de las oportunidades y de la presencia de las mujeres en los diversos ámbitos (legítimos e

---

3 Serrano Tárrega, M. D. (2021). cit. 18.

4 Bartolomé Gutiérrez, R. (2021). *Mujeres y delincuencia.* Síntesis, 33.

ilegítimos); la delincuencia femenina aumentaría porque se produciría la ruptura con el rol tradicional que la sociedad les había impuesto a las mujeres[5]. Por su parte, los datos mostraron que, a pesar de los avances conseguidos en materia de igualdad, en ningún país se han llegado a equiparar las tasas delictivas de hombres y mujeres[6].

Cauffman, Monahan y Gile en 2015[7] desarrollaron un estudio para conocer la prevalencia de hombres y mujeres jóvenes que adoptaron un patrón delincuencial crónico hallando, de este modo, que únicamente el 7% de las chicas de la muestra objeto de análisis continuaron delinquiendo más allá de haber cumplido los 25 años. Por su parte, Block y colaboradores pusieron el foco de atención en la población penitenciaria europea encontrando que solamente el 0,4% de las mujeres internas presentaban una carrera criminal crónica en 2010[8].

España es uno de los países de la Unión Europea con mayor número de personas recluidas en prisión, pero las mujeres apenas representan el 7,3% de la población penitenciaria total. Concepción Yagüe describió las condiciones y rasgos más frecuentes de las mujeres[9]. Así, inicialmente, constató que se trata de mujeres que, en su mayoría, han vivido una infancia difícil debido a la temprana exposición a modelos antisociales y al constante sufrimiento de abusos y maltratos por parte de la familia o la pareja. También destacó que la falta de oportunidades a lo largo de sus vidas ha generado que presenten altas tasas de analfabetismo y una escasa cualificación

---

5 Bartolomé Gutiérrez, R. (2021). cit. 38-40.

6 Bartolomé Gutiérrez, R. (2021). cit. 40.

7 Citado en Bartolomé Gutiérrez, R. (2021). cit., 112.

8 Citado en Bartolomé Gutiérrez, R. (2021). cit., 112.

9 Yagüe Olmos, C. (2007) "Mujeres en prisión. Intervención basada en sus características, necesidades y demandas" *Revista Española de Investigación Criminológica* nº 5, 25.

profesional y experiencia laboral. Aun con todo lo expuesto, acostumbran a ser las principales responsables del cuidado de las personas a su cargo, así como del mantenimiento y sostenimiento económico de la unidad familiar. Además de la baja autoestima, la ausencia de habilidades sociales adecuadas para desenvolverse día a día y la falta de autonomía personal; están latentes, en muchos de los casos, algunos problemas de salud física y mental como, por ejemplo, hepatitis C, virus de la inmunodeficiencia humana (VIH), adicciones, sobremedicación y alteraciones psíquicas.

Es habitual que las recomendaciones en el uso de las medidas alternativas indiquen que son muy apropiadas para infractores que no han sido encarcelados con anterioridad, con delitos no violentos y de reducida gravedad social. Todos los trabajos de investigación, documentos de organismos internacionales y los propios datos de los sistemas de justicia indican que el perfil criminológico de las mujeres no supone un gran riesgo. En su mayoría, la primera vez que son condenadas, son por delitos no violentos y no están implicadas en la dirección ni en la toma de decisiones importantes de organizaciones criminales.

Los factores implicados en la decisión de delinquir de la mujer delincuente suele estar vinculado a las penurias económicas derivadas de tener que abordar en soledad y precariedad las responsabilidades de los cuidados de sus hijos y familiares es un factor clave. Es conocido su papel subalterno en las redes de narcotráfico y se acepta que casi 3 de cada 4 mujeres ingresa en la prisión por el tráfico de pequeñas cantidades de droga[10]. Es conocido también que alrededor del 75% ha sido víctimas de violencia de género[11]. También hay muchos casos

---

10 Olmo Rosa, del. (1998) "Reclusión de mujeres por delitos de drogas: "Reflexiones iniciales". *Revista Española de Drogodependencias*, 23, 5-24.

11 Viedma A. y Del Val, C. (2019) "Evaluación de la eficacia de un programa de tratamiento para el empoderamiento de las mujeres en

en los que han sido víctimas de trata o han sido explotadas en redes de prostitución. El papel que juega la discriminación social contra ellas y la falta de apoyos para combatir la pobreza las pone en una situación de extrema vulnerabilidad.

Además, desde una perspectiva sociodemográfica, estas mujeres son en su mayoría muy jóvenes, desempleadas o sin apenas experiencia o relación formal con el mercado laboral. Tienen un nivel educativo y profesional bajo. Gran parte de ellas tiene menores y/o familiares a su cargo. Si lo que se pretende con la pena es favorecer el alejamiento del delito, los poderes públicos deben responder con medidas alternativas orientadas a la inserción sociolaboral, no con penas de privación de libertad que fracturen aún más su vida.

Los procesos de inserción y abandono del delito son más complejos a medida que aumenta la integración en la vida delictiva. El incremento de la reincidencia y los efectos de la prisionización hacen que los procesos de inserción y abandono de delito sean más complejos. Por este motivo, es tan importante actuar en los primeros estadios de integración en la vida delictiva. Cuando aún no se ha entrado en la prisión o se han tenido los primeros contactos con la justicia. En el caso de las jóvenes, la intervención temprana es un factor clave para posibilitar los procesos de inserción. Por este motivo es tan importante evitar el daño que produce la prisión[12].

Las propuestas realizadas por los grupos de expertos en medidas alternativas, ayudaron a crear las Reglas de Bangkok, y la relevancia que le da la ONU a la aplicación de medidas

---

prisión. (Programa Sermujer.es*)" Documentos Penitenciarios* nº 21. Secretaría General de Instituciones Penitenciarias. Instituto de la mujer.

12 Viedma, A. (2019). "Perspectiva de género y alternativas a la pena de privación de libertad en prisión: estrategias para mejorar los procesos de inserción y abandono de delito de mujeres", *Eurosocial,* Nº 09/2019.

alternativas para mujeres se pone de manifiesto cuando en el propio título de las Reglas considera dos ámbitos especializados: el tratamiento y las "medidas no privativas de libertad". En el epígrafe III se concreta un apartado específico en el que se enuncian 7 Reglas (57 a 63 y algunas disposiciones específicas) que fomentan el uso de las medidas alternativas a la privación de libertad así lo muestra. Las ideas más importantes se pueden resumir en los siguientes lineamientos:

- Los estados deben desarrollar medidas específicas para mujeres tomando en cuenta su historial de victimización y la responsabilidad de los cuidados familiares que asumen muchas de ellas.
- Las medidas alternativas deben impedir las rupturas de lazos familiares y social que el encarcelamiento provoca.
- Las medidas alternativas deben poder ser combinadas con programas sobre víctimas de violencia de género, abusos sexuales o problemas mentales, así como programas de formación y empleo.
- Las medidas alternativas sin custodia serán elegidas preferentemente en caso de mujeres embarazadas o con niños. En los casos de delitos violentos o peligrosos, el mejor interés para el niño debe prevalecer.
- La institucionalización de jóvenes en conflicto con la ley se debe reducir al máximo. La vulnerabilidad de género en los casos de mujeres jóvenes debe ser considerada como un elemento clave.
- En el caso de las mujeres extranjeras y con hijos hay que tener especial atención para proveer del máximo cuidado y protección a las víctimas del tráfico de personas.

## III. EL SISTEMA DE PENAS Y MEDIDAS ALTERNATIVAS

Las penas y medidas alternativa son sanciones penales que mantienen al infractor en su medio comunitario, es decir, el penado está en libertad y cumple su pena en libertad, aunque sometido a ciertas restricciones mediante la imposición de determinadas condiciones y/o obligaciones, según los casos, suspensiones de la pena o ser trabajos en beneficio de la comunidad.

Con la entrada en vigor de la Ley Orgánica 10/1995 de 23 de noviembre del Código Penal español se introdujeron las penas y medidas alternativas a la prisión (en adelante PMA) en el sistema penal de adultos. Actualmente, la ejecución penal de las PMA se regula por el Código Penal, el Real Decreto 840/2011 e instrucciones de la Administración Penitenciaria.

Hasta hace poco tiempo en España existían dos sistemas de PMA, aunque al haberse transferido la competencia en materia de ejecución penitenciaria al País Vasco[13], ahora podríamos hablar de tres sistemas, aunque también es de destacar que, aunque Navarra no haya asumido las competencias en ejecución penitenciaria, hay un SPMA dependiente del Gobierno de esta comunidad.

El SPMA de Cataluña que se encuentra bajo la dirección del Departamento de Justicia de la Generalitat y, por otro lado, el SPMA para el resto del país que está bajo la dirección de los Servicios Penitenciarios, ambos con culturas y prácticas profesionales diferentes[14].

---

13 Con el Real Decreto 474/2021, de 29 de junio, se traspasó a la Comunidad Autónoma de Euskadi la ejecución de la legislación del Estado en materia penitenciaria, traspaso que incluye la ejecución, gestión, coordinación y seguimiento del cumplimiento de estas penas y medidas.

14 Blay, E. y Larrauri, E. (2015): "Community punishments in Spain: a tale of two adminitrations", en Robinson, Gwen y MCNEILL, Fergus (eds.), *Community Punishments: European perspectives* (Abingdon, Routledge), 191-202.

Las penas y medidas alternativas existentes coinciden para todo el territorio español y son las siguientes: las multas, los trabajos en beneficio de la comunidad (en adelante TBC), las medidas de seguridad, las suspensiones de la pena de prisión ordinarias, las suspensiones con reglas de conducta y/u otras obligaciones y la sustitución de la pena de prisión.

## IV. LA SUSPENSIÓN DE LA PENA DE PRISIÓN

La característica principal de la delincuencia de las mujeres es su carácter predominantemente no violento. Las mujeres cometen muchos menos delitos que los hombres y los que cometen son, en general, de menor gravedad. Este dato, unido a los mayores perjuicios que para las mujeres puede implicar su ingreso en prisión (tanto por su muy frecuente cualidad de principal responsable de los hijos, como por la peor situación penitenciaria que conlleva su condición de grupo minoritario dentro de la prisión), debe hacernos reflexionar sobre las razones de necesidad de pena, y en concreto sobre la necesidad de imponer penas de prisión, en numerosos casos de mujeres condenadas. Nuestra legislación cuenta con toda una serie de institutos alternativos a la pena de prisión, que resultan infrautilizados en general y, en relación con las mujeres condenadas, en especial[15].

Todas estas consideraciones deberían llevar a un mayor empleo de esas alternativas a las penas privativas de libertad en el caso de mujeres condenadas, siempre que sea factible. Parece existir un recurso excesivo e innecesario a la pena de prisión que afectaría de forma particularmente relevante a las mujeres, dada la escasa peligrosidad que reflejan los delitos mayoritariamente cometidos, las peculiares circunstancias personales y familiares

---

15 Juanatey Dorado, C. (2018). "Delincuencia y población penitenciaria femeninas: situación actual de las mujeres en las prisiones en España". *Revista Electrónica de Ciencia Penal y Criminología*, Nº. 20-10, 24-25.

de un buen número de ellas y las especialmente gravosas condiciones de ejecución penitenciaria. Si atendemos a la duración de las penas de prisión impuestas, el dato a destacar es que, en su mayoría, se trata de penas cortas, inferiores a dos años.

La pena de prisión se impone en un altísimo porcentaje en supuestos de infracciones de menor gravedad, por lo que habría que valorar si no hay un cierto número de penas de prisión que se cumplen pero que podrían haber sido suspendidas, sobre todo en el caso de las mujeres por las razones ya indicadas.

En el caso de las mujeres los delitos más cometidos son en el primer lugar los delitos contra el patrimonio y el orden socioeconómico, a pesar de que, como hemos visto, en su mayoría son delitos de menor gravedad, sin violencia o intimidación (mayoritariamente hurtos), y que estos delitos son castigados con penas no superiores a dos años. El segundo lugar lo ocupan los delitos contra la salud pública, en concreto los delitos relativos a las drogas, a pesar también de que una parte considerable de estos delitos los llevan a cabo mujeres con algún problema de drogodependencia; por ello, en estos supuestos sería aconsejable tratar de sustituir la pena de prisión por un tratamiento que pueda solventar esa dependencia que suele ser la causa de su delincuencia no solo de la relativa a las drogas sino también de la actividad contra el patrimonio.

En cuanto a las razones de prevención especial, los aplicadores deberán tener en cuenta las circunstancias personales de las mujeres y las del hecho cometido a efectos de decidir o no su ingreso en prisión. Esto significa que, dadas las características de la delincuencia de las mujeres, las circunstancias personales de muchas condenadas y las condiciones penitenciarias en las que se va a desarrollar su vida en prisión, en un importante número de casos, las razones de prevención especial no justificarían el ingreso en prisión[16].

---

16 Juanatey Dorado, C. cit., 31-32.

La criminalidad de la mujer no es violenta, estando ausente la *vis* física, *vis* psíquica o fuerza en las cosas. Por otro lado, los hechos punibles con relevancia femenina no se caracterizan por ser representativos de actuaciones de abuso de poder de naturaleza política, social o económica. En gran parte la criminalidad de la mujer es patrimonial debido a la pobreza con delitos de hurto, ocupación ilegal de viviendas y defraudación de fluido eléctrico, con mayor incidencia en estos dos últimos comportamientos típicos por estar vinculados con la constitución o el mantenimiento del hogar[17].

Tras la reforma penal de 2015, con la ampliación del ámbito de aplicación de la suspensión (artículo 80.2, 3 y 5 CP), los jueces deberían aprovechar las posibilidades que ofrece la nueva regulación para suspender la condena y evitar el ingreso innecesario en prisión de muchas mujeres.

## V. LA SUSTITUCIÓN DE LA PENA

Se puede sustituir la aplicación de pena distinta a la pena privativa de libertad que figura en sentencia condenatoria, atendiendo a determinadas características particulares o circunstancias del penado. Puede llevar aparejada el cumplimiento de una o varias reglas de conducta, como la participación en un determinado programa de intervención, del que se ocupa la Administración Penitenciaria. De igual modo, las penas sustituidas podrán consistir en trabajos en beneficio de la comunidad, también competencia penitenciaria.

Dentro del conjunto de materias y competencias asumidas por los Servicios de Gestión de Penas y Medidas Alternativas adquieren especial relevancia las referidas a las formas sustitutivas

---

17 Borja Jiménez, E. (2024), "Política criminal del Código Penal frente a los hechos delictivos perpetrados con relevancia femenina". *Revista Penal*, nº 53-Enero, 62.

de ejecución penal –suspensiones y sustituciones de Condena- cuando se impone al infractor su sometimiento a participar en un programa como regla de conducta.

En los últimos años, la inclusión de la regla de conducta establecida por el artículo 83.5 del Código Penal "participar en programas formativos, laborales, culturales, de educación vial, sexual...", en suspensiones y sustituciones de condena derivadas de delitos de muy diversa índole está comenzando a ser cada vez más frecuente. Esto implica que los Servicios Gestión de penas y medidas alternativas (en adelante SGPMA) deban disponer de recursos adecuados para el cumplimiento de otros programas como drogodependencias, salud mental e, igualmente, para casos con tipologías delictivas que requieran programas de tratamiento específicos (delitos de violencia en el ámbito familiar, delitos contra la seguridad vial, etc.).

También es necesario establecer unas pautas de actuación uniformes que faciliten la coordinación entre los Servicios de PMA y los recursos externos de la red sanitaria pública u otros especializados, que permitan derivar a los penado/as para el cumplimiento de sus Planes Individualizados de Intervención y Seguimiento.

## VI. TRABAJOS EN BENEFICIO DE LA COMUNIDAD

La pena alternativa más impuesta en España, entre aquellas que implican un tipo de intervención, es la de los TBC. Los hombres han sido históricamente los usuarios mayoritarios del Sistema de MPA, mientras las mujeres representan aproximadamente el 10% de la población usuaria.

Cabe señalar que en sus inicios el TBC tenía un contenido estricto, puesto que solamente cabía la posibilidad de realizar trabajos de utilidad social y pública. No obstante, con la aprobación del Real Decreto 840/2011, se amplía el contenido del TBC y actualmente, la persona penada que deba cumplir un

TBC lo puede hacer no solamente mediante contenido de trabajo, sino además con contenido formativo (participando en talleres o programas formativos de carácter cultural, laboral, educación sexual, educación vial, entre tantos otros) y terapéutico (tratamiento drogas, salud mental y/o trastorno alimentario) o mixto. Estas posibilidades dotan de un mayor contenido rehabilitador esta medida.

Los trabajos, que no podrán imponerse sin el consentimiento del penado, le obligan a prestar su cooperación no retribuida en determinadas actividades de utilidad pública, que podrán consistir, en relación con delitos de similar naturaleza al cometido por el penado, en labores de reparación de los daños causados o de apoyo o asistencia a las víctimas, así como en la participación del penado en talleres o programas formativos o de reeducación, laborales, culturales, de educación vial, sexual y otros similares.

El órgano judicial encargado del control de la ejecución de la medida impuesta es la Sección de Vigilancia Penitenciaria (Art. 92 LOPJ, reformado por la LO 1/2025:Ley Orgánica 1/2025, de 2 de enero, de medidas en materia de eficiencia del Servicio Público de Justicia). El personal de penas alternativas y/o las personas que se encargan de supervisar en las entidades públicas a las personas penadas, y serán las encargadas de remitir informes periódicos del cumplimiento de la medida.

En el ámbito anglosajón, Dominelli[18] fue pionera en exponer las discriminaciones que las mujeres penadas podían sufrir no

---

18 Dominelli, Lena (1984). "Differential Justice: Domestic Labour, Community Service and Female Offenders". *Probation Journal*, 31(3), 102. El estudio de Dominelli, pionero por lo que respecta el análisis de la discriminación de las mujeres en la ejecución de las penas, mostró que los profesionales que se encargaban de supervisar las penas comunitarias, consideraban que las mujeres que tenían responsabilidades domésticas, tenían más riesgo de completar las penas con éxito. No obstante, hombres y mujeres tenían tasas de cumplimiento similares, aunque las razones por las cuales incum-

solamente en los centros penitenciarios, sino también durante la ejecución penal en comunidad: escaso uso de las penas comunitarias, falta de programas e intervenciones diseñadas en base a sus necesidades y plazas para la ejecución de los TBC que replicaban sus responsabilidades domésticas y perpetuaban los estereotipos del rol femenino en sociedad.

Es por ello que, actualmente, la evidencia internacional recomienda decididamente la introducción de la perspectiva de género en el SGMPA y específicamente en la medida del TBC para evitar la perpetuación de los estereotipos de género a través de las tareas asignadas a hombres y a mujeres y de la derivación de las mujeres a entidades de trabajo donde la mayoría son hombres. En este sentido, han demostrado ser buenas prácticas: el cumplimiento de la medida en grupos de mujeres[19], ser supervisadas por profesionales mujeres[20] durante la ejecución de la medida, una mayor flexibilidad y comprensión[21] por parte de las profesionales dadas las múltiples responsabilidades y cargos que tienen las mujeres en comparación con los hombres penados y, por último, las tareas que les sirve a las usuarias para mejorar sus oportunidades y condiciones laborales en la sociedad[22].

plían eran diferentes (mujeres por enfermedad de algún familiar y hombres por reincidir), 100-103.

19 Gelsthorpe, Loraine; Sharpe, Gilly; Roberts, Jenny (2007). Provision for women offenders in the community. Londres: Fawcett Society, Closing the inequality gap women since 1866. United Kingdom, 1-111.

20 Clarke, Rebecca (2004), "*What works?" for Women Who Offend: A Service User's Perspective: Exploring the Synthesis Between What Women What and What Women Get,* The Griffins Society: Working for female offenders, Social Policy Department, London School of Economics and Political Science, 12-36,

21 Birkett, G. (2019): "Transforming women's rehabilitation? An early assessment of gender specific provision in three Community Rehabilitation Companies", *Criminology & Criminal Justice,* (Vol. 19 N°1), 103.

22 Wright, L. y Kemeshall, H. (1994), "Feminist Probation Practice: Making supervision meaningful", *Probation Journal,* 41(2), 77.

Se ha podido comprobar que las mujeres penadas presentan múltiples problemáticas, necesidades y responsabilidades en comparación con los hombres, en la mayoría de las ocasiones, relacionadas directamente con la socialización y los roles de género impuestos. Las mujeres penadas a MPA, en mucha mayor medida que los hombres penados, están solteras, son responsables del cuidado de sus hijas/os y/u otros familiares sin tener apoyo familiar y/o social, han sido víctimas de violencia y presentan algún tipo de enfermedad física y/o mental (generalmente ansiedad y/o depresión).

Hay que resaltar el alto porcentaje de mujeres que presentan una asistencia irregular o directamente no finaliza el TBC en comparación con los hombres[23].

Es necesario destacar la dificultad que tienen los profesionales para asignar a la población usuaria femenina entidades lo más adecuadas posibles a sus necesidades y circunstancias personales, que, por una parte, no perpetúen los roles de género asignados a las mujeres en la sociedad y por otra, no las obligue a cumplir la pena en un entorno masculinizado donde se sientan incómodas.

Se debería apostar por más recursos y alternativas pensadas para la población usuaria femenina donde esta pueda aprender nuevas habilidades y tareas rompiendo con los roles de género establecidos y promocionando la equidad de género a través del SMPA.

Por esas razones, a los profesionales les resulta más desafiante supervisar a las mujeres que a los hombres. En este sentido, y mostrando hallazgos similares a otros países, las profesionales

---

23 Vasiliescu, C. y López-Riba, J. M. (2021): "Diferencias por sexo entre la población penada a medidas penales alternativas en Cataluña: Un análisis con perspectiva de género" *Revista Española De Investigación Criminológica* (vol. *19* N°1), 15-17.

consideran que gran parte de las faltas de asistencia se debe a las múltiples cargas, responsabilidades y problemáticas que las mujeres presentan en comparación con los hombres, haciendo especial énfasis en el cuidado de las y los hijos.

Se tiene la percepción que la población penada femenina, a pesar de representar un grupo minoritario, es un grupo mucho más heterogéneo y requiere de más tiempo, recursos y apoyo durante el cumplimiento de las medidas.

Hay que destacar que, ante la falta de recursos y SPMA diseñadas en base a las características de las mujeres, los profesionales están haciendo uso de una de las pocas alternativas que tienen para responder de forma más adecuada a las problemáticas y necesidades de las usuarias, que es el TBC terapéutico. Este hallazgo es similar a las investigaciones internacionales con perspectiva de género sobre ejecución penal femenina en comunidad y el marco teórico creado en base a las evidencias[24], donde los entornos terapéuticos de sólo mujeres son los que funcionan especialmente bien con las usuarias dado el alto porcentaje de mujeres que han sido o son víctimas de violencia de algún tipo.

## VII. LA MEDIACIÓN EN LAS PENAS ALTERNATIVAS

Los trabajos en beneficio de la comunidad son una medida alternativa a la prisión que pueden formar parte de los mecanismos de justicia restaurativa. Esta iniciativa busca promover la reparación del daño causado por el delito al permitir que los infractores cumplan con una serie de tareas asignadas por la comunidad en lugar de ser encarcelados.

---

24 Convington, S. y Bloom, B. (2003). "Gendered Justice: Women in the Criminal Justice System", *Carolina Academic Press*, 5-19.

Numerosos autores defienden, con buen criterio, la posibilidad de en el acuerdo, que da fin a la mediación, se establezca la posibilidad de realizar una pena de trabajos en beneficio de la comunidad[25]. De forma que, si el acuerdo termina con un compromiso, por parte del victimario, de realizar una pena de este tipo se pueden alcanzar objetivos muy positivos que facilitan la inserción social de la persona condenada.

Los aspectos positivos son expuestos por Vegas Aguilar, destacando, en primer lugar, el compromiso que supone la responsabilización del hecho cometido, paso previo a la rehabilitación. En segundo lugar, se abre la posibilidad de que la persona condenada acuda a talleres formativos como forma del cumplimiento de dicha pena. En tercer lugar, el victimario puede realizar prestaciones en favor de la propia víctima. Esta participación activa de las partes en conflicto es propia de la justicia restaurativa, que busca la reinserción del victimario y la desvictimización de la víctima[26].

Los trabajos en beneficio de la comunidad se alinean con los principios de la justicia restaurativa al centrarse en la reparación del daño causado por el delito. En lugar de simplemente castigar al infractor, esta medida busca que contribuya de manera activa a la comunidad, brindando la oportunidad de redimirse y restaurar las relaciones dañadas. Pueden facilitar la reintegración del infractor a la sociedad al permitirles mantener sus vínculos familiares, laborales y comunitarios. Esto es

---

25 Torres Rossell, N. (2006). *La pena de trabajos en beneficio de la comunidad: Reformas legales y problemas de aplicación*, Tirant lo Blanch, 110. También en García Albero R, y Tamarit Sumalla, J.M. (2004). "La introducción de la reparación en la ejecución penitenciaria" en *La reforma de la ejecución penal.* Tirant lo Blanch.

26 Vegas Aguilar, J. C. (2023). *Los trabajos en beneficio de la comunidad como ejemplo de medida restaurativa.* Tirant lo Blanch, 185.

fundamental para reducir la estigmatización y el aislamiento social, promoviendo así una reintegración exitosa y sostenible.

Al participar en actividades que benefician a la comunidad, los infractores asumen la responsabilidad directa de sus acciones y contribuyen de manera tangible a reparar el daño causado. Esto fomenta una mayor conciencia de las consecuencias de sus actos y promueve un sentido de responsabilidad personal y comunitaria. Por tanto, ofrecen una alternativa efectiva a la prisión, especialmente para delitos de menor gravedad o para personas condenadas con bajo riesgo de reincidencia.

La pena de trabajos en beneficio de la comunidad puede adaptarse a las necesidades específicas del infractor y las circunstancias del delito, lo que permite una respuesta más personalizada y centrada en las necesidades individuales. Esto puede incluir la asignación de tareas que estén relacionadas con el delito cometido o que contribuyan de manera significativa al bienestar de la comunidad afectada.

Actualmente existe un creciente interés en adoptar técnicas restaurativas como alternativas al sistema penal tradicional en España. Organizaciones y ONG han abogado por la implementación de programas y políticas que fomenten la resolución pacífica de conflictos y la reparación del daño.

Desde el año 2016 la Administración Penitenciaria viene incorporando las prácticas restaurativas a las penas alternativas que quedan bajo su competencia, tales como los trabajos en beneficio de la comunidad y la suspensión de la ejecución de la pena de prisión. Una de estas prácticas es el Programa taller de diálogos restaurativos: responsabilización y reparación del daño elaborado por la Subdirección General de medio abierto y penas y medidas alternativas en colaboración con diversas entidades externas dedicadas a la Justicia restaurativa como

AMEDI, ANAME, SOLUCION@, AMPC y CONCAES[27]. La finalidad de este programa es la implantación de prácticas restaurativas diversas para transmitir a las personas condenadas el impacto del delito en las víctimas y la búsqueda de fórmulas de reparación del daño, siendo sus destinatarios los condenados a penas privativas de libertad y a sanciones comunitarias, bajo el soporte legal de los contenidos reparadores de la pena de trabajos en beneficio de la comunidad y la posibilidad de condicionar la suspensión de la ejecución al cumplimiento de los acuerdos de mediación de los artículos 90.2, 49 y 84.1 del Código Penal, respectivamente.

También se ha implementado el Programa-taller Intervención en Justicia restaurativa. Son encuentros restaurativos penitenciarios diseñado por la Asociación AMEE en colaboración con la Subdirección General de medio abierto y penas y medidas alternativas[28] en el que se avanza hacia la organización de encuentros restaurativos entre las víctimas y los condenados para que puedan expresar sus vivencias y conocer las consecuencias del delito, lo que aporta como ventajas la participación activa en un espacio de diálogo y escucha que facilite el desarrollo de la empatía para entender el sufrimiento de las víctimas.

En todos estos talleres el objetivo común consiste en desarrollar en la persona condenada la voluntad de reparar el

---

27 Taller de diálogos restaurativos. Responsabilización y reparación del daño. Secretaría General de Instituciones Penitenciarias. Ministerio del Interior. Madrid 2020. Disponible en Documentos Penitenciarios 23. Taller de Diálogos Restaurativos: Responsabilización y reparación del daño (institucionpenitenciaria.es).

28 Intervención en Justicia restaurativa. Encuentros restaurativos penitenciarios. Secretaría General de Instituciones Penitenciarias. Ministerio del Interior. Madrid 2020. Disponible en Documentos Penitenciarios 24 Intervención en Justicia Restaurativa: Encuentros restaurativos penitenciarios (institucionpenitenciaria.es).

daño, asumir el delito cometido y mejorar la sensibilidad y empatía con la víctima, lo que se puede complementar con actividades socioculturales como charlas, conferencias o sesiones dinámicas para difundir los derechos de las víctimas, el diálogo, la pacificación social y los medios alternativos de resolución de conflictos[29].

Para facilitar que todos estos supuestos tengan un enfoque restaurativo la clave reside en abandonar una visión vindicativa y civilista de los daños causados y, en su lugar, priorizar los contenidos resocializadores con el objetivo de confluir el interés de la víctima con el del victimario. Esto obliga a interpretar los elementos de la reparación del daño y la asunción del delito de forma que reflejen los avances en la reinserción social del sujeto, sin dejar de satisfacer los intereses de la víctima[30].

## VIII. LAS MUJERES EN LAS PENAS ALTERNATIVAS

En España, a pesar de que las mujeres conforman una población heterogénea, se pueden distinguir dos grupos. Un perfil normalizado que no presenta factores de riesgo o vulnerables significativos, cuya condena está asociada a su primer delito y no ha tenido contactos previos con la Justicia. Un segundo grupo lo formarían el 70% de las mujeres y presentan más factores de riesgo. Respecto a este perfil mayoritario se enumeraron las

---

[29] Tamarit Sumallla, J.M. (2009), "Hechos postdelictivos e individualización de la ejecución" en *Hechos postdelictivos y sistema de individualización de la penal,* Asua Batarrita, A. (coord.). Garro Carrera, E. (coord.). Universidad del País Vasco, 121.

[30] Cervelló Donderis, V. (2022) "Elementos restaurativos del cumplimiento penitenciario". *Revista Electrónica de Ciencias Criminológicas.* Número 7, 12.

características comunes y definitorias de las mujeres, en comparación con el perfil de los hombres[31]:

- Poseen una carrera criminal muy corta y cumplen condenas menores.
- Se caracterizan por una mayor asunción de la responsabilidad del delito. Cuando se compara el reconocimiento del delito entre hombres y mujeres consideran que las mujeres identifican rápidamente qué han hecho mal y las consecuencias que ello conlleva.
- No suelen abandonar el programa o el taller al que son inicialmente asignadas salvo por cuidado de familiares, y tienen más conciencia de lo que supone cumplir la pena.
- Presentan problemas de salud mental y de consumo de alcohol. Advierten que la situación inesperada o súbita de la condena provoca en muchas de ellas problemas de ansiedad o depresión. Asimismo, respecto al consumo de sustancias, están referidos principalmente al consumo de alcohol.
- Tienen antecedentes de violencia familiar. Estas mujeres han vivido situaciones de violencia familiar o han sido testigos de la violencia en la pareja de sus progenitores. Muchas mujeres han sufrido mucha violencia cruzada desde la infancia y la adolescencia, con situaciones de infancia muy potentes en las que han sufrido violencia por parte de sus referentes. También han sufrido acoso escolar y acoso laboral
- Normalización de la violencia y ausencia de sensación de victimización. Cuando se comentan los episodios de violencia vividos por las mujeres, la normalizan ya que

---

31 Giménez- Salinas, F., Martínez C. y Pérez Ramírez, M. (2023). *Perfil socio-demográfico de las mujeres penadas con medidas penales alternativas a la prisión Vulnerabilidad y factores de riesgo*. Ministerio de Igualdad, 25 y ss.

tienen la violencia en su entorno. Este hecho dificulta que ellas mismas se identifiquen como víctimas de violencia, sea del tipo que sea. Aunque no se sienten víctimas o no se reconocen como víctimas. De hecho, el término víctima lo valoran como algo muy negativo. Entonces es como que evitan mostrarse como víctimas y realmente tienen una situación vital o han tenido situaciones vitales muy, muy graves. El haber normalizado la violencia en sus vidas las lleva también a tener un sentimiento muy fuerte de culpa. No se quieren considerar víctimas porque creen merecer lo que les está pasando. En esta misma línea, otro factor que dificulta la identificación de las mujeres que han sido víctimas de abusos o violencia es la vergüenza. Hay muchas mujeres que ocultan estos hechos por vergüenza a que se les estigmatice.

- Víctimas de violencia de género y patrón de relaciones abusivas. Esta normalización de la violencia también influye en que hayan sufrido muchas de ellas violencia de género por sus parejas. Elevado porcentaje de mujeres que sufren o han sufrido violencia de género u otras situaciones de abuso. Existe un altísimo porcentaje de mujeres que ha sufrido abusos sexuales. Hay un grupo elevado de mujeres que, a pesar de sufrir episodios de violencia, tienen tanta dependencia o miedo a su marido, que no se atreven a dar el paso para salir de esa situación. Hay un patrón de relaciones abusivas entre las mujeres en las que hay situaciones de violencia en reiteradas parejas.

Las mujeres presentan más factores de riesgo o vulnerabilidad, y, sin embargo, el daño que causan o las condenas que cumplen son menores en comparación con los hombres. Ante esta situación, se ha defendido una mayor aplicación de medidas penales alternativas para las mujeres. Entre los diferentes argumentos destacan:

a) los delitos que cometen son relativamente leves y no violentos, por lo que no suponen un riesgo público significativo[32],

b) las mujeres cometen menos delitos[33],

c) suelen ser delincuentes primarias[34]

d) reinciden menos[35].

Todo ello lleva a concluir que las mujeres representan un riesgo muy bajo para la comunidad, tanto cualitativamente (en el sentido de menor gravedad y lesividad de sus delitos) como cuantitativamente (delinquen menos y reinciden menos)[36].

Otros argumentos empleados para defender la aplicación de medidas penales alternativas a las mujeres son de tipo económico: la prisión es mucho más costosa que dichas medidas, éstas serían mucho más efectivas y baratas que las penas de prisión de corta duración que se suelen imponer a las mujeres penadas. De hecho, las penas de prisión cortas tienen los peores resultados en la tasa de reincidencia y existe una clara evidencia de que las mujeres tienen menos probabilidades de

---

32 Cervelló Donderis, V. (2006). "Las prisiones de mujeres desde una perspectiva de género", *Revista General de Derecho Penal,* Nr. 5, 1-24.

33 Brintton, Dana (2000). "Feminism in Criminology: Engendering the Outlaw", The Annals of the American Academy of Political and Social Science, Vol. 571, 57-76. Carlen Pat (2012), "Women's imprisonment: an introduction to the Bangkok Rules", *Revista Crítica Penal y Poder,* Nº. 3, pp. 148-157.

34 Patel, Sunita y Satanley, Stephen (2008). *The use of the Community Order and the Suspended Sentence Order for Women,* Centre for Crime and Justice Studies.

35 Roberts, Julian, y Watson, Gabrielle (2017). "Reducing the female admission to custody: exploring the options at sentencing". *Criminology and Criminal Justice,* Vol. 17 (5), 546-567.

36 Worral, Anne (2003). "What works" and community sentences for women offenders". *The Centre for Crime and Justice Studies,* 53, 40-41.

reincidir cumpliendo una pena alternativa que una de prisión, a pesar de que, generalmente, sus tasas de reincidencia sean más bajas que la de los hombres, sin importar el tipo de pena que reciban[37].

Las PMA han protagonizado un incremento exponencial en los últimos años. Según publica la Secretaría General de Instituciones Penitenciarias, de 2005 a 2019 se ha pasado de apenas 8.000 mandatos judiciales a más de 117.000. Del total de mandamientos recibidos en 2022 por la Secretaría General de Instituciones Penitenciarias para cumplir una MPA en la comunidad, el 8,6% afecta a una mujer (INE, 2022), lo que equivale a más de 8.000 mujeres. Por otra parte, la literatura científica internacional ha puesto de manifiesto que las mujeres que cumplen una pena como consecuencia de la comisión de un delito parten de situaciones diferentes a las de los hombres y sus necesidades divergen de forma considerable[38].

La victimización, especialmente en referencia a la violencia de género es muy alta en las mujeres que cumplen una condena, el estigma de ser mujer delincuente es algo esencial en este colectivo y el paso por prisión constituye una barrera sumamente difícil para su reinserción social. Por estos motivos, algunos autores[39] han demostrado que las PMA son un recurso ideal para las mujeres porque ofrecen un mayor apoyo, una mejor intervención y disminuyen considerablemente el estigma.

---

37 Worral, Anne (2003). cit. p. 40. Gelsthorpe, Loraine, Sharpe, Gilly y Roberts, Jenny (2007), *Provision for women offenders in the community.* Fawcett Society, Closing the inequality gap women since 1866, 1-111.

38 Malloch, M. y Molvor, G. (2011). "Women and community sentences", *Criminology and Criminal Justice,* 11(4), 325–344.

39 Gelsthorpe, L., y Hedderman, C. (2012). "Providing for women offenders: The risks of adopting a payment by results approach", *Probation Journal, 59,* 374-390.

En España el estudio realizado por Vasilescu y López-Riba[40], sobre el perfil sociodemográfico de las mujeres, confirma que las mujeres soportan elevadas cargas familiares sin contar con el apoyo familiar y/o social comparativamente con los hombres. También han sido víctimas de violencia previa en mucha más medida que los hombres, destacando especialmente la violencia de género; y padecen algún tipo de enfermedad física o mental en mayor medida que los hombres. Estos factores pueden dificultar considerablemente el cumplimiento de la medida impuesta e incrementar el fracaso o incumplimiento de la PMA.

La investigación realizada a nivel internacional también recomienda que las PMA que se ejecutan en la comunidad deberían ser diseñadas y orientadas a las mujeres penadas y sus características sin ser meramente una extensión de las dirigidas a los hombres[41]. Sin embargo, la realidad sigue estando lejos de estas aspiraciones. Al ser las mujeres un colectivo minoritario en las medidas que se ejecutan en la comunidad cuya atención especializada representa un sobrecoste económico, la existencia de dichos servicios especializados es escasa.

Como ya hemos dicho para mejorar la atención de las mujeres en prisión y en PMA se han desarrollado una serie de recomendaciones, las Reglas de Bangkok, cuyo objetivo principal es reducir la discriminación que las mujeres sufren en prisión y prevenir la revictimización (UN Bangkok Rules, 2011). La recomendación general es utilizar de forma generalizada las PMA para las mujeres que cometen delitos (medidas de supervisión en la comunidad, control telemático, multa, etc.). Esto permite la atención y trato a las mujeres conforme a sus

---

40 Vaslilescu, C. y López-Riba, J. (2021). "Diferencias por sexo entre la población penada a medidas penales alternativas en Cataluña: Un análisis con perspectiva de género". *Revista Española de Investigación Criminológica*. 3 (19).

41 Gelsthorpe, L., y Hedderman, C. (2012). cit., 374-390.

necesidades específicas, especialmente en materia de maternidad, traumas, etc. Su ingreso, evaluación y clasificación debe responder a sus necesidades de forma individualizada y con perspectiva de género. Para ello, es imprescindible conocer las necesidades y dificultades específicas que pueden enfrentar las mujeres de cara a ofrecer servicios e intervenciones en el ámbito penal adecuados para ellas y mejorar, con ello, sus posibilidades de reinserción social[42].

El perfil criminológico de estas mujeres se caracteriza por tener pocos antecedentes penales, ya que suelen haber sido condenadas por un primer delito. Hay que destacar que las mujeres al tener más factores de riesgo que los hombres y un mayor número victimizaciones previas, y estos factores que facilitan la normalización de la violencia y su repetición en el futuro. Por otro lado, asumen mejor la responsabilidad por el delito cometido, pero sienten mucha culpa y vergüenza por la condena. En referencia al cumplimiento de las MPA, las mujeres suelen tener un alto grado de cumplimiento y una preferencia por la modalidad online por compatibilizar mejor sus obligaciones familiares. En relación con la intervención, los y las profesionales destacan como elementos clave a trabajar: la autoestima, el empoderamiento, la construcción de relacionas sexoafectivas y la perspectiva de género.

## IX. PROGRAMAS DE PENAS ALTERNATIVAS

Las evidencias señalan que "mientras que parece que los hombres tienden a responder a intervenciones que se centran directamente en el comportamiento delictivo, las mujeres penadas necesitan apoyo práctico y emocional para

---

42 Byrne, C.F., y Treew,K.J. (2008). "Pathways through crime: The development of crime and desistance in the accounts of men and women offenders". *The Howard Journal of Crime and Justice, 47*(3), 238–258.

todo un conjunto complejo de problemas"[43]. Entonces, una intervención basada en un programa cognitivo-conductual podría ser uno de los pasos para empoderar a las mujeres, solo si se dieran otras oportunidades de cambio. La percepción de las mujeres penadas es que de nada les sirve cambiar durante un programa cognitivo-conductual, si cuando este finaliza, su situación económica, familiar y formativa (entre otras) sigue igual. Una intervención basada solamente en su comportamiento y responsabilidad individual no atiende todas sus necesidade[44]. Igualmente, cabe señalar un elemento que hay que tener en cuenta para evitar que ocurra lo mismo que en los sistemas penitenciarios. Este tipo de centros y/o programas deben estar lo más cerca de su hogar y comunidad posible, y que su implantación sea cada vez más mayoritaria.

De todos modos, los beneficios para las penadas son varios. En comparación con la prisión, el coste de este tipo de servicios, al contrario de lo que pueda parecer, es mucho menor y los beneficios para las mujeres usuarias son significativos a largo plazo. De hecho, la implementación de muchos de estos centros ha supuesto tasas de reincidencia muy bajas en comparación con las sentencias de prisión cortas para las mujeres penadas. Estamos totalmente de acuerdo con Annison cuando manifiesta que "es más probable que estas intervenciones funcionen eficazmente cuando se trabaje con todo el abanico de necesidades y fortalezas de la mujer, y no por separado [..]"[45].

---

43 Barry, Monica y Mcivor, Gill (2010). "Professional decision making and women offenders: containing the chaos? ", *Probation Journal*, 57(1), 28.

44 Clarke, R. (2004). "*What works?" for Women Who Offend: A Service User's Perspective: Exploring the Synthesis Between What Women What and What Women Get,* The Griffins Society: Working for female offenders, Social Policy Department, London School of Economics and Political Science.

45 Aninison, Jill, Byng, Richard y Quinn, Cath (2018). "Women offenders: Promoting a holistic approach and continuity of care across criminal justice and health interventions ". *Criminology & Criminal Justice*, 14.

Es necesario evitar la perpetuación de los estereotipos de género a través de los trabajos que deben realizar las usuarias. Es importante que estas mujeres sean formadas y preparadas para un empleo asalariado, realizar algún tipo de trabajo que siempre les ha resultado interesante o al cual siempre han aspirado[46]. Por ello, las mujeres penadas que lo necesiten y quieran, deberían recibir formación educativa y laboral. Se debe evitar ofrecer únicamente actividades laborales que puedan perpetuar los roles de género femenino (peluquería, labores, bordado, cocina, cuidado infantil o de personas mayores).

Generalmente, las actividades deberían servir para aspirar a procesos de ascenso social y económico y no para reforzar el rol esperado de la mujer en la sociedad. Deberían ser vocacionales y útiles para el trabajo en el exterior[47] . De la misma forma, se debería ampliar la oferta y variedad de este tipo de oportunidades y mejorar su calidad[48].

La evidencia empírica muestra que las intervenciones que se llevan a cabo con mujeres penadas son mucho más efectivas si se llevan a cabo en espacios no mixtos[49]. Parece ser que aprenden de forma diferente a sus compañeros masculinos y este tipo de entornos favorecen su crecimiento y desarrollo[50]. Se parte de que las penadas valoran especialmente el apoyo, la

---

46 Wright, Lisa y Kemshall, Hazel (1994). "Feminist Probation Practice: Making supervision meaningful". *Probation Journal*, 41(2), 77.

47 Renzetti, Claire y Goodstein, Lynne (2009). "Women, crime, and criminal justice New York". *Oxford University Press.*

48 Galbraith, Susan (2004). "So Tell Me, Why Do Women Need Something Different?". *Journal of Religion & Spirituality in Social Work*, Vol. 23, N° 1/2, 197-212.

49 Carlen, Pat (2012). *"Women's imprisonment: an introduction to the Bangkok Rules". Revista Crítica Penal y Poder*, N°. 3, 148-1576.

50 Gelstohorpe, Loraine (2012). *Legitimacy, law and locality: Making the case for change*, Malloch, Margaret y McIvor, Gill (Eds.). Women, Punishment and Social Justice. Human rights and penal practices

cohesión y la mutua comprensión[51]. La mayoría de las mujeres que han sufrido experiencias traumáticas en el pasado, las han sufrido por parte de los varones de su entorno más íntimo. Por ello, es importante que en estas primeras fases, experimenten el apoyo por parte de un grupo de iguales y vean que sus experiencias no son únicas, sino que lamentablemente son compartidas con las demás usuarias[52].

Cuando se diseñan tratamientos o programas para mujeres, se necesita más flexibilidad para tener en cuenta sus problemáticas, necesidades y obligaciones de todo tipo, pues eso puede impactar en su cumplimiento e incumplimiento[53]. De hecho, las mismas personas que se encargan de la supervisión e intervención con las penadas, reconocen que es necesario que estas intervenciones con las mujeres sean más informales, menos estructuradas y más centradas en otras cuestiones, más allá del comportamiento delictivo. Las mujeres requieren más paciencia, tolerancia y tiempo para resolver las cuestiones subyacentes al comportamiento delictivo[54].

Esta idea parte de que la tasa de finalización por incumplimiento de este tipo de requisitos es relativamente más alta en las mujeres, resultados encontrados en el estudio de Patel y Stanley[55] en Reino Unido, cuando analizaron el uso de la *"probation"*

---

51 Barnett, Georgia (2012). "Gender-responsive programming: a qualitative exploration of women's experiences of a gender-neutral cognitive skills programme". *Psychology, Crime & Law*, Vol. 18, Nº. 2, 166.

52 Radcliffe, Polly y Hunter, Gillian (2014). *Imagining penal policy for women: The case for Women's Community Services,* The Howard League for Penal Reform, What is Justice?, *Working Papers* 4/2014, 1-16.

53 Barnet, Georgia (2012).cit.,172.

54 Barry, Monica y Mcivor, Gill (2010). "*Professional decision making and women offenders: containing the chaos?*", *Probation Journal*, 57(1), 28 y 36.

55 Patel, Sunita y Stanley, Stephen (2008). "The use of the Community Order and the Suspended Sentence Order for Women". *Centre for Crime and Justice Studies.*

y la "*parole*" en mujeres y también en el de Barry y Mcivor[56] en Escocia. De hecho, las razones por las cuales las mujeres incumplen una pena alternativa son diferentes a los hombres. Los hombres incumplen mayoritariamente porque cometen otro delito y las mujeres mayoritariamente por la dificultad de compaginar las responsabilidades y/u obligaciones domésticas y familiares con los requisitos de la pena, quedando estos últimos, en muchas ocasiones desatendidos[57]. Una práctica centrada en las necesidades de las mujeres, reconocerá que la carga del cuidado tiende a caer sobre las mujeres en nuestra sociedad y hará que la supervisión se adapte a este hecho, en lugar de ignorarlo[58].

La literatura señala que aquellos programas más efectivos y mejor valorados por las mujeres, están basados en un enfoque de empoderamiento de la mujer. Centrarse en los factores protectores es uno de los elementos de las terapias feministas más decisivos para un efectivo tratamiento con mujeres penadas. De hecho, se trata de uno de los principios del enfoque sensible al género que los expertos identifican como uno de los más exitosos con las mujeres[59]. Dichos programas las fortalecen como personas, amplían sus habilidades y fortalezas y las hace tomar consciencia de estas. Se convierten en personas resilientes y capaces de llevar una vida cada vez más autosuficiente, pero sí priorizan el cuidado de sus hijos[60].

---

56 Barry, Monica y Mcivor, Gill (2010), cit. 28 y 36.

57 Dominelli, Lena (1984). "Differential Justice: Domestic Labour, Community Service and Female Offenders". *Probation Journal*, 31(3), 102.

58 Wright, Lisa y Kemshall, Hazel (1994), cit. 74.

59 Van Voorhis, Patricia, Salisbury, Emily, Wright, Emily y Bauman, Ashley (2008). "Achieving accurate pictures of risk and identifying gender responsive needs: two new assessments for women offenders", *Criminal Justice Research Centre*, Universidad de Cincinnati, 1-27.

60 Galbraith, Susan (2004). "So Tell Me, Why Do Women Need Something Different?", *Journal of Religion & Spirituality in Social Work*, Vol. 23, Nr 1/2, 197-212.

## X. NECESIDADES DE MEJORAS EN LOS PROGRAMAS DE LAS PENAS ALTERNATIVAS

En referencia al perfil de cumplimiento de las mujeres en penas alternativas destaca su grado de compromiso con el cumplimiento de la condena. En este sentido, hay que resaltar que las mujeres ponen muchas menos excusas que los hombres, relacionadas con el cumplimiento de su horario laboral[61]: "No ponen como excusa el trabajo para no cumplir con el programa o para poner dificultades a la hora de cumplir con los horarios, se adaptan al horario que pueden para hacerlo lo antes posible, pero sí priorizan el cuidado de familiares.

Los o las profesionales de gestión de penas alternativas valoran positivamente que desde la Administración Penitenciaria se han aportado diferentes herramientas de intervención en penas alternativas, como el **programa Encuentro** frente a la violencia familiar en el que se trabajan aspectos muy necesarios para las mujeres. Este Programa aborda fundamentalmente tres tipos de violencia familiar:

1) Violencia en la relación de pareja, exceptuando violencia de género (mujeres condenadas por haber ejercido violencia contra su pareja/expareja varón, y violencia intragénero).

2) Violencia en las relaciones adultas: padres/madres a hijos/hijas, hijos e hijas a padres o madres y entre hermanos, esencialmente.

3) Violencia hacia menores de edad: maltrato infantil y adolescente.

Otra recomendación que aportan el grupo de profesionales es la creación de actividades de tratamiento o programas

---

61 Giménez- Salinas, F., Martínez C. y Pérez Ramírez, M. (2023). cit. 57.

específicos con perspectiva de género equivalentes al **Ser Mujer.es**. En las medidas alternativas no existe una intervención con perspectiva de género tan clara como esta. Estos profesionales manifiestan que sería necesario para las condenadas a penas alternativas un programa similar en PMA al **Ser Mujer** que se lleva a cabo en los centros penitenciarios, dirigido a la prevención de la violencia de género y es único programa específico para mujeres en prisión. Este programa se implanta en 2011 en colaboración con el Instituto de la Mujer y para la Igualdad de Oportunidades (IMIO) y su objetivo es tanto la prevención de la violencia de género como el tratamiento de las internas que la hayan padecido y necesiten un mayor grado de intervención. El programa, estructurado en siete unidades, en concreto: construcción de la identidad de género; autoestima; sexualidad; relaciones de pareja y mitos del amor romántico; violencia de género; habilidades de competencia social; prevención y recursos. Se trabaja en grupo reducido la educación para la salud, habilidades sociales, habilidades cognitivas y emocionales. En cuanto a su duración, está prevista que la parte grupal pueda ser realizada en torno una clara orientación de género sin olvidar el carácter terapéutico. La importancia de la intervención que se puede realizar a través de estos programas, en los siguientes ámbitos:

- Autoestima. La mayoría de las mujeres condenadas viven las situaciones de abuso desde la culpa. Este sentimiento viene derivado de una carencia de autoestima al haber sido minimizadas por su entorno y por las experiencias vitales traumáticas

- Empoderamiento. Al igual que la autoestima, se les ofrece herramientas y recursos para animarlas a salir de las situaciones en las que se encuentran, se les ofrece el valor de liberarse.

- Construcción de relaciones sexoafectivas. Es fundamental el tema de la construcción de relaciones.

- Perspectiva de género. Abarca muchos aspectos como, la deconstrucción de creencias sobre el género, de roles y estereotipos impuestos, etc. Sobre la perspectiva de género, es la parte de la intervención dónde se encuentran con más resistencias, llegando a generarse grandes debates sobre las creencias. Sin embargo, a pesar de las resistencias, consideran que las mujeres se muestran muy agradecidas con la intervención.

Las causas que normalmente impiden el cumplimiento de la medida entre las mujeres son:

- La conciliación familiar. Ellas suelen tener más cargas familiares. En ocasiones, ellas son el sustento en la relación y les resulta más complejo realizar el programa.
- Las incidencias que se producen en muchas ocasiones están relacionadas con el consumo de alcohol y los problemas de salud mental grave.
- La situación de vulnerabilidad que viven, puesto que a veces, estas mujeres que se encuentran en la calle.

Para superar estas dificultades, el equipo de profesionales de SGPMA defiende que la posibilidad de cumplimiento online de los talleres o programas que es una medida muy apreciada para las mujeres ya que les permite una mayor conciliación. Además, se citan dos ventajas adicionales del cumplimiento online[62]. Por un lado, les libera del desplazamiento previo y posterior a la sesión y se les asegura el seguimiento de las sesiones en un entorno seguro, desde su casa, lo que les permite mayor apertura emocional. Les facilita una apertura emocional que, en muchas ocasiones, en la presencialidad no se da. Respecto a la modalidad online, si la brecha digital

---

62 Giménez- Salinas, F., Martínez C. y Pérez Ramírez, M. (2023), cit. 64

en este colectivo era un impedimento para el cumplimiento online de los programas. Algunos estudios manifiestan que las mujeres tienen menos acceso a formación y competencias digitales, y menor contacto con nuevas tecnologías. Al respecto, las mujeres no presentan ninguna dificultad en seguir las sesiones porque no es necesario disponer de un ordenador, pero con un simple móvil se puede acceder perfectamente.

El equipo de profesionales, que trabajan directamente con esta población de mujeres manifiesta que, en la actualidad, sería necesario un cambio de paradigma en la intervención con mujeres centrada principalmente en las necesidades individuales y no tanto en el delito cometido. Según la experiencia de alguno/as profesionales, se atiende a perfiles muy dañados, con necesidades urgentes de intervención y solo disponen de programas destinados a delitos concretos. A este respecto, ponen de ejemplo el programa destinado a los delitos contra la seguridad vial donde no se trabaja ningún aspecto relacionado con las necesidades de las mujeres. Para ello, los o las profesionales proponen implantar "un cribado previo, teniendo en cuenta la historia vital que hay detrás, identificando los factores específicos para derivar a las mujeres a un programa u otro".

Asimismo, se propone, según los perfiles, la posibilidad de seguir dando respuesta a las mujeres una vez finalizada la condena. Concretamente, sería deseable contar con canales de derivación a nivel comunitario para completar la intervención iniciada en SGPMA y derivar a las mujeres a otros recursos comunitarios según sus necesidades. A este respecto, se propone también informar a las mujeres sobre los recursos que existen en la comunidad, una vez termine la condena impuesta. El objetivo de un taller siempre va a ser generar esa concienciación o esa sensibilización para luego continuar ese trabajo en un centro especializado.

Finalmente, los o las profesionales recomiendan que, debido a la situación de vulnerabilidad que presentan las mujeres que cumplen penas alternativas, las entrevistas se realicen por profesionales formado/as de manera especializada en género y trauma, ya que permitiría detectar los factores de riesgo y evitar la victimización secundaria[63].

Para finalizar, se presentan los resultados de las entrevistas a las penadas acerca de su percepción sobre el cumplimiento de la condena en MPA. En líneas generales, la percepción de las mujeres frente a la medida ha sido satisfactoria. Los puntos positivos más remarcables de su paso por la medida han sido[64]:

- Aceptación de la condena. Las mujeres destacan que las sesiones han sido muy positivas para comprender su situación y subrayan el respeto y el apoyo brindado por los o las profesionales.
- Aprendizaje de nuevas habilidades. Las mujeres destacan el aprendizaje de muchas habilidades, entre las que destacan: el control de impulsos, el empoderamiento y la autoestima, la empatía y la generación vínculos.
- Nuevos recursos para la reinserción social al finalizar la SGPMA. La condena no solo les ha aportado habilidades sociales y personales, las mujeres también agradecen la oportunidad haberse formado para poder reinsertarse laboralmente.
- Dificultades de reinserción laboral o social. Se menciona de forma recurrente su preocupación por el impacto que los antecedentes delictivos pueden tener en su reinserción laboral o, en caso de personas extranjeras, para conseguir legalizar su situación en España.

---

63 Giménez- Salinas, F., Martínez C. y Pérez Ramírez, M. (2023), cit. 65

64 Giménez- Salinas, F., Martínez C. y Pérez Ramírez, M. (2023), cit. 72-74

## XI. CONCLUSIONES

Las mujeres privadas de libertad es uno de esos grupos que ha vivido situaciones de discriminación y desigualdad, en consecuencia, utilizar las medidas alternativas con las mujeres es una decisión justa y humana. La aplicación de muchas de las recomendaciones ya enunciadas afectaría positivamente a las mujeres, sobre todo las generales expuestas por las Reglas de Bangkok[65], pero hay otras recomendaciones específicas que pueden ser consideradas especialmente relevantes para su situación[66].

1ª. Es necesario promover medidas alternativas que desjudicialicen o sustituyan la pena de privación de libertad por delitos de tráfico de pequeñas cantidades de droga o los pequeños hurtos o delitos sin violencia por la participación en programas educativos o de tratamiento de deshabituación de drogas, voluntariado o programas de salud relacionados con la drogodependencia.

2ª. El cumplimiento de medidas alternativas para mujeres debe evitar el alejamiento y el desarraigo. Hacer que las medidas se desarrollen en los lugares donde viven es un factor clave para la inserción.

3ª. Dado que la mayoría de las mujeres cometen delitos sin violencia es muy recomendable la utilización de medidas alternativas basadas en un espíritu educativo e integrador en valores prosociales, en lugar de orientarse con un espíritu punitivo.

---

65 Reglas de Bangkok (2011), *Reglas de las Naciones Unidas para el tratamiento de las reclusas y medidas no privativas de libertad para mujeres delincuentes*. Organización de las Naciones Unidas.

66 Viedma, A. (2019). "Perspectiva de género y alternativas a la pena de privación de libertad en prisión: estrategias para mejorar los procesos de inserción y abandono de delito de mujeres", *Eurosocial*, Nº 09/2019, 21

4ª. Es urgente evitar que las mujeres menores con hijos sean privadas de libertad. Es inaplazable desarrollar medidas alternativas educativas que protejan al menor, permitan los procesos de inserción y abandono del delito y que impidan los procesos de prisionización temprana.

5ª. Dada las situaciones de desigualdad, discriminación y victimización de violencia de género que tienen muchas mujeres privadas de libertad, es muy recomendable que las medidas alternativas de programas educativos se orienten a facilitar un empoderamiento prosocial.

6ª. Tanto en nuestro contexto como en el ámbito anglosajón, las investigaciones realizadas sobre la situación de la mujer concluyen que las soluciones mayoritarias para la delincuencia femenina radican en la comunidad.

7ª. Está claro, que lo más idóneo sería la implementación de un SPMA más similar al de *probation* anglosajón con mayor contenido terapéutico y con programas basados en la evidencia[67], que permitirían realmente hacerse cargo de las necesidades y consecuentemente apoyar los factores protectores de las mujeres penadas.

8ª. Dadas las características penales y personales, las necesidades y problemáticas de gran parte de las mujeres usuarias, cumplir las penas en la comunidad es mucho más apropiado que cumplirlas en prisión.

9ª. Es necesario enfatizar en la necesidad de conocer y contemplar estas diferencias entre los hombres y las mujeres usuarias en el diseño e implementación de las diferentes medidas[68].

---

67 Gelsthorpe, Loraine (2007). cit., 27-31.

68 Vasilescu, C. (2023), cit., 28

## REFERENCIAS BIBLIOGRÁFICAS

Annison, Jill, Byng, Richard y Quinn, Cath (2018). "Women offenders: Promoting a holistic approach and continuity of care across criminal justice and health interventions", *Criminology & Criminal* Justice.

Barnett, Georgia (2012). "Gender-responsive programming: a qualitative exploration of women's experiences of a gender-neutral cognitive skills programme, Psychology", *Crime & Law*, Vol. 18, Nr. 2.

Bartolomé Gutiérrez, R. (2021). *Mujeres y delincuencia.* Editorial Síntesis.

Barry, Monica y Mcivor, Gill (2010). "Professional decision making and women offenders: containing the chaos?", *Probation Journal*, 57(1).

Birkett, Gemma (2019). "Transforming women's rehabilitation? An early assessment of gender specific provision in three Community Rehabilitation Companies", *Criminology & Criminal Justice*, (Vol. 19 N°1).

Blay, Ester; Larrauri, Elena (2015). "Community punishments in Spain: a tale of two adminitrations", en Robison, Gwen y Mcneill, Fergus (eds.), *Community Punishments: European perspectives* (Abingdon, Routledge).

Borja Jiménez, E. (2024). "Política criminal del Código Penal frente a los hechos delictivos perpetrados con relevancia femenina", *Revista Penal*, nº 53-Enero.

Britton, Dana (2000). "*Feminism in Criminology: Engendering the Outlaw*, The Annals of the American" *Academy of Political and Social Science*, Vol. 571.

Byrne, C.F. y Trew, K.J. (2008). "Pathways through crime: The development of crime and desistance in the accounts of men and women offenders". *The Howard Journal of Crime and Justice, 47*(3).

Carlen, Pat (2012). "Women's imprisonment: an introduction to the Bangkok Rules", *Revista Crítica Penal y Poder*, Nr. 3.

Cervelló Donderis, V. (2006). "Las prisiones de mujeres desde una perspectiva de género", *Revista General de Derecho Penal*, Nº. 5.

Cervelló Donderis, V. (2022). "Elementos restaurativos del cumplimiento penitenciario". *Revista Electrónica de Ciencias Criminológicas.* Número 7, 2022

Clarke, Rebecca (2004). "What works?" for Women Who Offend: A Service User's Perspective: Exploring the Synthesis Between What Women Want and What Women Get. The Griffins Society: Working for female offenders", *Social Policy Department, London School of Economics and Political Science.*

Covington, Stephanie y Bloom, Barbara (2003). "Gendered Justice: Women in the Criminal Justice System", *Carolina Academic Press.*

Dominelli, Lena (1984), "Differential Justice: Domestic Labour, Community Service and Female Offenders", *Probation Journal,* 31(3).

García Albero, R y Tamarit Sumalla,J. M. (2004). "La introducción de la reparación en la ejecución penitenciaria" en *La reforma de la ejecución penal,* Valencia, Tirant lo Blanch.

Galbith, Susan (2004). "So Tell Me, Why Do Women Need Something Different?", *Journal of Religion & Spirituality in Social Work,* Vol. 23, Nº 1/2, 19.

Gelsthorpe, Loraine; Hedderman, Carol (2012): "Providing for women offenders: the risks of adopting a payment by results approach", *Probation* Journal, *The Journal of Community and Criminal Justice* (Vol. 59 N°4).

Gelsthorpe, Loraine; Sharpe, Gilly; Roberts, Jenny (2007). "Provision for women offenders in the community". Londres: Fawcett Society, Closing the inequality gap women since 1866. United Kingdom.

Giménez Salinas, F., Martínez C. y Pérez Ramírez, M. (2023). *Perfil sociodemográfico de las mujeres penadas con medidas penales alternativas a la prisión: Vulnerabilidad y factores de riesgo.* Ministerio de Igualdad.

Juanatey Dorado, C. (2018). "Delincuencia y población penitenciaria femeninas: situación actual de las mujeres en las prisiones en España". *Revista Electrónica de Ciencia Penal y Criminología,* núm. 20-10.

Mallocho, Margaret, y Mcivor, Gill (2012). "Women, Punishment and Social Justice: Human Rights and Penal Practices", *Routledge Frontiers of Criminal Justice.*

Olmo Del Rosa (1998). "Reclusión de mujeres por delitos de drogas: Reflexiones iniciales". *Revista Española de Drogodependencias,* 23, 5-24 (coord.) (1998b). Criminalidad y criminalización de la mujer en la región andina. Caracas: Nueva Sociedad.

Patel, Sunita y Stanley, Stephen (2008). "The use of the Community Order and the Suspended Sentence Order for Women", *Centre for Crime and Justice Studies.*

Radcliffe, Polly y Hunter, Gillian (2014). *Imagining penal policy for women: The case for Women's Community Services,* The Howard League for Penal Reform, What is Justice?, Working Papers 4/2014.

Renzetti, Claire y Goodstein, Lynne (2009). *Women, crime, and criminal justice,* New York, Oxford University Press.

Roberts, Julian y Watson, Gabrielle (2017). "Reducing the female admission to custody: exploring the options at sentencing", *Criminology and Criminal* Justice, Vol. 17 (5).

Sheehan, R., McIvor, G. y Trotter, C. (2011). *Working with Women Offenders in the Community* (eds). Cullompton: Willan.

Serrano Tárrega, M. D. (2021). *Delincuencia femenina: un estudio sobre tendencia, control y prevención diferenciales desde la perspectiva de género*, Tirant Humanidades.

Tamarit Sumalla, J. M. (2009). "Hechos postdelictivos e individualización de la ejecución" en *Hechos postdelictivos y sistema de individualización de la pena.* Asua Batarrita, A. (coord.) Garro Carrera, E. (coord.). Editorial Universidad del País Vasco.

Tapia Ortiz, M. (2020). "La mediación en fase de ejecución y cumplimiento" Conferencia pronunciada en la III semana de la mediación en la Comunidad Valenciana. Noviembre 2020.

VAN VOORHIS, Patricia, SALISBURY, Emily, WRIGHT, Emily y BAUMAN, Ashley (2008). "Achieving accurate pictures of risk and identifying gender responsive needs: two new assessments for women offenders", *Criminal Justice Research* Centre, Universidad de Cincinnati.

Vasilescu, C. (2020). "La ejecución penal desde una perspectiva de género", *InDret* (N°2/2019).

Vasilescu, C. (2021). "Women offenders who served community sentences: A view from Catalonia", *European Journal of Probation* (Vol. 13 N°2).

Vasilescu, C.; López-Bria, J. M. (2021). "Diferencias por sexo entre la población penada a medidas penales alternativas en Cataluña: Un análisis con perspectiva de género", *Revista Española De Investigación Criminológica* (vol. *19* N°1).

Vasilescu, C. (2023). "Analizando los trabajos en beneficio de la comunidad en Cataluña desde una perspectiva de género". *Polít. Crim.* Vol. 18 N° 35 (Julio 2023).

Vegas Aguilar, J. C. (2023) *Los trabajos en beneficio de la comunidad como ejemplo de medida restaurativa,* Tirant lo Blanch.

Viedma, A. Y Del Val, C. (2019). "Evaluación de la eficacia de un programa de tratamiento para el empoderamiento de las mujeres en prisión" (Programa Sermujer.es) *Documentos Penitenciarios* N° 21. Secretaría General de Instituciones Penitenciarias. Instituto de la mujer.

Viedma, A. (2019). “Perspectiva de género y alternativas a la pena de privación de libertad en prisión: estrategias para mejorar los procesos de inserción y abandono de delito de mujeres”. *Eurosocial,* Nº 09/2019.

Wright, Lisa y Kemshall, Hazel (1994). “Feminist Probation Practice: Making supervision meaningful”, Probation Journal, 41(2).

Worrall, Anne (2003). “What works” and community sentences for women offenders, *The Centre for Crime and Justice Studies,* 53.

Worrall, Anne y Gelsthorpe, Loraine (2009), “What works” with women

offenders: the past 30 years”, *Probation Journal, The Journal of Community and Criminal Justice,* Vol 56 (4).

Yagüe Olmos, C. (2007) “Mujeres en prisión. Intervención basada en sus características, necesidades y demandas” *Revista Española de Investigación Criminológica* nº 5.

*Capítulo 6*

# *Encuentros restaurativos en el ámbito penal con enfermos mentales*[1]

**CÉSAR CHAVES PEDRÓN**
*Profesor Permanente Laboral de Derecho Penal*
*Universitat de València*

## I. INTRODUCCIÓN

En el presente trabajo no trato de abordar con meticulosidad las cuestiones relativas a la imputabilidad o inimputabilidad de la persona con problemas de salud mental y las consecuencias jurídicas que prevé nuestra legislación penal y penitenciaria, sino, más bien, la posibilidad de utilizar la justicia restaurativa en estos supuestos. Quizá surja la siguiente pregunta: ¿por qué el uso de la justicia restaurativa con enfermos mentales? La respuesta, a mi modo de ver, no es otra que las posibilidades que esta ofrece para quien ha cometido el delito, la víctima y la sociedad. Se trata de una alternativa a la exclusiva

1 Este trabajo se enmarca en el Proyecto de Investigación: Estudio crítico del uso de sanciones alternativas penales: una mirada a la salud mental y al género (SANALSAMGE), financiado por el Ministerio de Ciencia e Innovación, fecha de inicio 01/09/2022, fecha de finalización: 31/08/2025. Investigadoras principales: Dra. Mª Vicenta Cervelló Donderis y Dra. Asunción Colás Turégano.

aplicación del Derecho penal que ofrece una potencial perspectiva de humanidad y pacificación personal y social, además de una mayor viabilidad de resocialización. La cuestión objeto de tratamiento precisa de una primera exposición, aunque de forma breve, sobre el origen y concepto de la justicia restaurativa. Posteriormente cabe ahondar en las funciones y características de la justicia restaurativa y dentro de esto último no puede dejarse de lado los principios y partes que pueden intervenir en el proceso.

Una vez acometida la parte de presentar la justicia restaurativa con los elementos más característicos, conviene exponer las diversas herramientas de las que dispone. Quizá la más utilizada en España sea la mediación, y, por tanto, puede transmitir la idea de que solo se circunscribe a esta modalidad, pero no es así, por ello se pondrán de manifiesto las distintas posibilidades, como son: conferencias; círculos; *victim impact panels* y conciliación penal, pero sin olvidar la mediación penal que, también, debe ser tratada. Para concluir esta parte conviene analizar cuál es la verdadera aplicación en España, si existe previsión legal o no, y los distintos programas que están vigentes.

La contextualización de la justicia restaurativa es la premisa necesaria para tratar los aspectos relativos a las personas con problemas de salud mental que han cometido hechos delictivos. La privación de libertad tiene un impacto en la salud mental de las personas encarceladas, situación que se agrava en las personas que ingresan en la cárcel y ya presentan problemas mentales previos. Por tanto, hay que analizar qué parte de la población reclusa padece problemas mentales y, en su caso, cuál es el tratamiento que les dispensa Instituciones Penitenciarias y la verdadera afectación del encarcelamiento. Una vez explorada esta parte, procede analizar las condiciones que tiene una persona, con problemas de salud mental y que ha cometido un hecho delictivo, para participar en encuentros de justicia restaurativa, y, en su caso, cuál de las herramientas de esta sería la más adecuada. Tratado ese aspecto conviene adentrase en los beneficios que los encuentros pueden aportar a las personas que han cometido un hecho delictivo y que padecen una enfermedad mental.

## II. JUSTICIA RESTAURATIVA

La justicia restaurativa ha ido cobrando una mayor relevancia en los últimos tiempos en los países occidentales. Las críticas al sistema penal tradicional son cada vez más presentes y, por tanto, reclaman una mayor presencia de sistemas alternativos de resolución de conflictos.

### *1. Origen*

En este apartado no pretendo profundizar en el origen de la justicia restaurativa que llevaría buena parte del trabajo, solo considero necesario limitarme a realizar una breve reseña del momento más cercano a la actualidad. En países como Australia, Nueva Zelanda, Estados Unidos y Canadá se practicaban modelos muy cercanos a la justicia restaurativa, particularmente por los pueblos indígenas y aborígenes de los citados países, como fueron los Tratados de paz y los Círculos de sentencia[2], siendo la primera experiencia moderna el caso Elmira Kitchener en Ontario (Canadá)[3].

En la década de los años setenta del siglo pasado, se produce un surgimiento importante auspiciado por movimientos

---

2 Véase, Martínez Sánchez, Mª C. (2024). *La justicia restaurativa como alternativa integrada en el proceso penal,* Alieter, p. 27.

3 Véase, Domingo de la Fuente, V. (2019). "Aplicación práctica de la justicia restaurativa: técnicas y estrategias". *Justicia restaurativa: principios y aplicación práctica,* Colección Criminología y Logística, Delta publicaciones, p. 57.

sociales a favor de los derechos humanos y la resolución de conflictos basada en el diálogo, todo ello apoyado por corrientes críticas con el modelo de justicia penal tradicional[4].

## *2. Concepto*

La definición de justicia restaurativa precisa de un inicio como es el de partir de la idea de proceso restaurativo. Este se concibe como aquel en el que la víctima y el ofensor, e incluso cualquier otro miembro de la comunidad que se haya visto afectado por el delito, participan en conjunto de manera activa en la resolución de los asuntos derivados del ilícito, generalmente con la ayuda de uno o varios terceros denominados mediadores o facilitadores[5]. Por tanto, y una vez dicho lo que antecede, es el momento de abordar el concepto de justicia restaurativa. Son varios los que se han dado, como, por ejemplo: la que tiene como finalidad la restauración del daño a la víctima con la participación de todas las partes y reparar la relación con la oportunidad, para el infractor, de reparar los daños[6]; otro concepto se dirige más hacia una justicia conciliadora, aunque esta se basa más en la conciliación y no tanto en la reparadora con reunión restaurativa[7]. Poy otro lado, hay quien la considera

---

4 Vid. Sánchez Vilanova, M. (2019). "Aproximación del uso terapéutico de la justicia restaurativa en psicopatías". *InDret Revista para el Análisis del derecho,* julio 2019 (www.indret.com), p. 5.

5 En este sentido lo expresa García del Vado, F. R. (2019). "Principios y fundamentos de la justicia restaurativa". *Justicia restaurativa: principios y aplicación práctica,* Colección Criminología y Logística, Delta publicaciones, p. 22.

6 Definición dada por Eglash, Albert en *Beyond Restitution: Creative Restitution,* Lexinton Books, EE.UU. 1977. Referenciada por Cuadrado Salinas, C. (2015). "La mediación: ¿una alternativa real al proceso penal?". *RECPC,* 17-01 (2015), p. 4; también Martínez Sánchez, Mª C. *op, cit.,* p. 26.

7 Vid. García del Vado, F. R.: *op. cit.,* p. 23.

que es un proceso donde las partes resuelven colectivamente cómo tratar las consecuencias del delito y sus implicaciones para el futuro[8]. También se ha definido como un modelo de justicia contrapuesto al modelo tradicional o retributivo[9].

Pero, a la hora de concretar el concepto, no podemos dejar de lado el marco normativo internacional. En un primer momento se limitaba a delitos de carácter leve cometidos por jóvenes y basado exclusivamente en la mediación (Resolución 1999/26 de 28 de julio del Consejo Económico y Social de Naciones Unidas)[10]. Posteriormente y de forma progresiva, se va adoptando un criterio más amplio porque se incide más en el modelo de diálogo entre las partes para atender a las necesidades de estas y a la reparación del daño producido por el delito, considerando este en sentido integral (así, entre otras, la Recomendación CM/Rec(2023)2 de 15 de marzo)[11].

También se ha definido como el conjunto de prácticas que responden a fines comunes como la restauración de las relaciones sociales, pacificación, reparación y respuesta no punitiva al conflicto[12].

Todo lo expuesto puede llevar a una consideración de colaboración entre las partes implicadas para la reparación del

---

8 Véase, más ampliamente, Domingo de la Fuente, V. (2008). "Justicia restaurativa y Mediación Penal". *Revista de Derecho Penal,* Nº 23, p. 6.

9 Así lo define Tamarit Sumalla, J. Mª (2012). *La justicia restaurativa: Desarrollo y aplicaciones,* Comares, p. 4.

10 Véase, más ampliamente, Alonso Rimo, A. (2025). "¿De qué modelo de justicia restaurativa parten (nuestros) teóricos, prácticos y legisladores?". *Diálogos sobre justicia restaurativa. De la mediación penal y otros instrumentos restaurativos,* Tirant lo Blanch, p. 97.

11 Vid. Alonso Rimo, A. *op. cit.,* p. 99.

12 Así lo expresa, Tamarit Sumalla, J. Mª (2013). "Procesos restaurativos más allá de la mediación: perspectivas de futuro". *Justicia restaurativa, una justicia para el siglo XXI: potencialidades y retos,* Cuadernos penales José María Lidón, nº 9, Deusto, p. 317.

daño causado[13,] porque, la justicia restaurativa se basa en tres pilares fundamentales: se centra en el daño, pues, el crimen es un daño a otra persona; las ofensas conllevan obligaciones, para que los ofensores se den cuenta del daño producido; promueve el compromiso y la participación, así las partes implicadas pueden ejercer roles importantes[14].

### 3. *Función y características*

La justicia restaurativa supone un verdadero cambio de paradigma sobre la función del sistema penal y los modos de afrontar las situaciones creadas por el delito, pero, no es únicamente una aplicación del principio de oportunidad, sino, también, constituye otro modelo de justicia diferente al tradicional[15]. Ya no podemos tratar el delito, únicamente, como una infracción de la norma, sino, como un conflicto social en el que se cruzan intereses[16]. Se concede el protagonismo a las partes y, de este modo, se supera, entre otras cosas, la postergación en la que se tenía a la víctima en el sistema procesal penal tradicional[17].

---

13 Vid. Montesdeoca, D. (2021). *Justicia restaurativa y sistema penal,* Tirant lo Blanch, pp. 27 y 28.

14 Así lo expone, Zehr, H. (2006). *El pequeño libro de la Justicia Restaurativa,* Good Books, Estados Unidos, pp. 28-30.

15 Así lo expone, Armenta Deu, T. (2025). "El principio de oportunidad y las formas especiales de terminación del procedimiento penal en el proyecto de LECRIM 2023". *Diálogos sobre justicia restaurativa. De la mediación penal y otros instrumentos restaurativos,* Tirant lo Blanch, pp. 243 y 244.

16 Así lo expresa Cervelló Donderis, V. (2013). "Principios y garantías de la mediación penal desde un enfoque resocializador y victimológico". *Revista Penal,* nº 31 enero, Tirant lo Blanch, p. 25.

17 Véase, Montesinos García, A. (2017). "Una breve aproximación a la justicia restaurativa". *Tratado de mediación, Tomo II,* Tirant lo Blanch, p. 26.

La justicia restaurativa se basa en el diálogo entre las partes afectadas por el hecho delictivo. Así, la comunidad participa de la Justicia penal, refuerza el sentimiento de Justicia en la medida en que a través del acuerdo mediador el responsable asume los hechos y compensa a la víctima lo que refuerza la vigencia de las normas y por tanto la idea de prevención general positiva. Para que la convivencia sea pacífica es fundamental que haya confianza en la vigencia y aplicación de las normas penales, por ello cualquier figura que contribuya a esta satisfacción va a ser positiva siempre que no conculque los principios y garantías constitucionales de todos los ciudadanos, ya que la defensa de los derechos y libertades fundamentales está por encima de cualquier figura simbólica que quiera reforzar la confianza en el Derecho penal, por eso si la justicia restaurativa nace con esa finalidad ha de respetar todos los principios penales que limitan la potestad punitiva estatal[18]. Se ofrece, por tanto, el protagonismo a las partes, más allá del que tienen en el tradicional proceso penal, y de esta forma las partes sienten que tiene el conflicto bajo su control[19].

Por último, se cumplen todos los fines del Derecho penal. Por un lado, sirve a la retribución porque repara a la víctima, sirve a la prevención general positiva porque supone aceptar públicamente la vigencia de las normas ante la comunidad, contribuyendo al restablecimiento de la paz a través del respeto de las normas y sirve a la prevención especial porque el victimario reconoce y se hace responsable del delito sin producir las desventajas de la privación de libertad; en este sentido hay

---

[18] Vid. Cervelló Donderis, V. (2017). "La mediación en el sistema penal español". *Cuestiones prácticas para la aplicación de la mediación penal,* Tirant lo Blanch, p. 72.

[19] Vid. Rozenblum de Horowitz, S. (2007). *Mediación. Convivencia y resolución de conflictos en la comunidad,* Graó, p. 18.

que tener en cuenta que la asunción del delito necesaria para la mediación no puede confundirse con un arrepentimiento de tipo ético, ya que ello supondría admitir una resocialización interna inadmisible en un Estado de Derecho. Uno de los fines que se suele apuntar que queda desprotegido es la disuasión frente a futuros delitos a través de la intimidación ya que se esfuerza en la víctima actual sacrificando a las víctimas futuras[20]. Sin olvidar la perspectiva social porque supone una solución participativa del conflicto y una pacificación social[21]. Todo ello realizado con técnicas y operativos informales (aunque luego derive una respuesta jurídica) en orden a dar satisfacción a las personas implicadas en el hecho, mejorando, así, sus relaciones interpersonales. Esta consecuencia supondrá un mejor clima social que beneficiará, también, a la comunidad[22].

## *4. Principios*

Los principios que deben regir la justicia restaurativa, con independencia de la herramienta que se utilice para llevarla a cabo, son los siguientes:

- **Voluntariedad**. No se puede obligar a ninguna de las partes implicadas en el delito cometido a participar si no lo desean. Una vía alternativa a la resolución de conflictos al propio proceso penal, no puede comprenderse de otra forma, que, de un modo voluntario. Así pues, debe ser posible solamente si los participantes consienten libremente. Además, una vez prestado el consentimiento,

---

20 Vid. Cervelló Donderis, V. (2013). "La mediación penal: un instrumento para la humanización del Derecho Penal". *Mediación en el ámbito civil, familiar, penal e hipotecario. Cuestiones de actualidad,* Econimist & Jurist, p. 292.

21 Véase, Martínez Sánchez, Mª C.: *op. cit.,* p. 43.

22 Vid. García-Pablos de Molina, A. (2007). *Criminología. Una introducción a sus fundamentos teóricos,* 6ª ed. Tirant lo Blanch, p. 646.

este no debe entenderse irrevocable, sino que los participantes del proceso extrajudicial de justicia restaurativa deben poder revocarlo en cualquier momento. Esta circunstancia debe ser conocida por todos los intervinientes desde el inicio. Pero, antes de prestar dicho consentimiento, los participantes deberían ser convenientemente informados de sus derechos, de la naturaleza del proceso y de las posibles consecuencias de su decisión. En ese sentido no procede el proceso de justicia restaurativa si cualquiera de los participantes no es capaz de entender su significado[23]. Particularmente sensible, en este apartado, es la situación de los inimputables. En estos casos se deberá comprobar la capacidad que tiene para comprender los principios y el sentido de la justicia restaurativa.

- **Confidencialidad**. Al tratarse de algo diferente al juicio, las partes realizan manifestaciones que de otro modo no harían; por ello se hace tan preciso que todo lo dicho en las sesiones de justicia restaurativa sea confidencial. Todos los requisitos expresados son importantes y, también, esenciales, pues en caso contrario perdería su sentido esta alternativa al derecho penal tardicional. Ahora bien, la información obtenida en dicho proceso extrajudicial, tanto de la víctima como del victimario, en caso de no llegar a buen puerto dicho proceso, supone que las partes tienen una información más allá de la que aparece en el propio expediente judicial. Esta información obtenida en el proceso de justicia restaurativa no podrá ser utilizada posteriormente en el proceso penal y, de este modo, garantizar la presunción de inocencia[24].

---

23 Véase, Montesinos García, A.: *op. cit.*, pp. 30 y 31.

24 Vid. González Cano, Mª I. (2009). "La mediación penal en España". *La mediación penal para adultos. Una realidad en los ordenamientos jurídicos,* Tirant lo Blanch, p. 33.

- **Neutralidad**. Respecto de los facilitadores o mediadores que deben llevar a cabo el proceso, se debe esperar que su cometido sea el de tratar de resolver un conflicto, pero para ambas partes, por ello deben mantener una posición de neutralidad, imparcialidad y equidistancia en todo momento. Porque además de conducir el proceso deben tratar de situar a las partes en plano de igualdad, pues efectivamente sin dicho presupuesto no estarán en condiciones de entablar nuevas vías de diálogo que posibiliten la solución de sus problemas. Por ello, debe ser un tercero imparcial, y esto significa que no debe tomar partido por una u otra parte del conflicto y no debe tener ningún interés personal en la modalidad o en el contenido del acuerdo al que se llegue a través de su intervención. Su función es la de ayudar a las partes a que estas resuelvan el conflicto por sí mismas[25]. Si bien el tratamiento de la neutralidad se ha hecho de forma conjunta en sus distintos aspectos, se podría distinguir entre imparcialidad como ausencia de vinculación previa a ninguna de las partes ni a los intereses que representan, neutralidad como búsqueda activa del equilibrio real entre las partes durante el proceso de negociación, para que ninguna de ellas pueda hacer prevalecer una posición de fuerza; y objetividad ha de entenderse como la ausencia de prejuicios subjetivos[26].

---

25 Vid. Montesinos García, A.: *op. cit.*, p. 32.

26 Vid. Martínez Camps, M. (2017). "Formación y habilidades de los mediadores". *Cuestiones prácticas para la aplicación de la mediación penal*, Tirant lo Blanch, p. 230.

## III. HERRAMIENTAS DE LA JUSTICIA RESTAURATIVA

La justicia restaurativa tiene, como una de las muchas virtudes, la posibilidad de utilizar varias herramientas para su desarrollo. En España se ha utilizado básicamente la mediación, pero existen otras que se analizan brevemente a continuación.

### *1. Conferencias*

Este modelo está conducido por un mediador o facilitador donde, además, de la víctima y el victimario se suman otras personas, como son los familiares y amigos de aquellos, y, también, se pueden añadir otros miembros de la comunidad[27]. Esta participación supone que todos los miembros intervinientes son escuchados y se propone la restitución a la víctima y la responsabilidad que debe asumir el victimario[28].

Algún autor considera esta modalidad como una herramienta eficaz de reparación a la víctima y un excelente complemento en procedimientos judiciales[29].

### *2. Círculos*

En los círculos se reúnen varios miembros de la comunidad que tengan interés en involucrarse en el asunto para llegar a acuerdos[30], pero después de abordar las causas subyacentes del comportamiento criminal[31]. A lo largo de las exposiciones se expresarán sentimientos, motivos y causas relacionadas con

---

27 Vid. Martínez Sánchez, Mª C. *op. cit.*, p. 44.

28 Así lo expone, Montesinos García, A. *op. cit.*, p. 34.

29 Vid. Montesdeoca, D. *op. cit.*, pp. 127 y 128.

30 Vid. Montesinos García, A. *op. cit.*, p. 36.

31 Véase, Montesdeoca, D. *op. cit.*, p. 128.

el hecho delicitivo y las personas involucradas en estos[32]. La diferencia respecto de las conferencias radica en que en los círculos participan más personas de la comunidad, como, por ejemplo, profesionales de distintos ámbitos: trabajadores sociales, psicólogos, abogados, fiscales, etc.[33] Esta herramienta es considerada, por algún autor, como la más adecuada en Centros penitenciarios y Juzgados de Vigilancia Penitenciaria[34].

## *3. Victim Impact Panels*

En esta modalidad de herramienta de justicia restaurativa no hay interacción entre víctima y victimario, más bien, intervienen colaboradores que provienen de distintos ámbitos como son los defensores de los derechos de las víctimas, integrantes de programas de tratamiento (por ejemplo: tratamiento para maltratadores), especialistas en justicia restaurativa, fuerzas de seguridad, líderes espirituales, familia, etc., pero no conlleva un acuerdo reparador[35]. En esta herramienta de la justicia restaurativa la víctima encuentra un espacio para el desahogo y la muestra de sentimientos[36].

## *4. Conciliación penal*

En cuanto a la conciliación penal, un tercero propone acuerdos que tengan un sentido conciliador y reparador con la adecuada reparación a la víctima y el esfuerzo reparador del victimario. Siempre se hace desde la comunicación entre las partes[37].

---

32 Véase, más ampliamente, García del Vado, F. R. *op. cit.*, p. 26.

33 Así lo considera Montesinos García, A. *op. cit.*, pp. 36 y 37.

34 Opinión de Montesdeoca, D. *op. cit.*, p. 128.

35 Véase, más ampliamente, Montesinos García, A. *op. cit.*, p. 38.

36 Vid. García del Vado, F. R. *op. cit.*, p. 28.

37 Vid. Montesdeoca, D. *op. cit.*, p. 129.

La diferencia fundamental con mediación es que en esta última el mediador o facilitador no es quien está proponiendo las soluciones o posibles acuerdos, sino, que, conduce el proceso para que sean las propias partes quienes los propongan.

## *5. Mediación penal*

La mediación penal es un sistema de gestión de conflictos en el que los mediadores, neutrales e imparciales, ayudan a las personas implicadas, por la comisión de un delito, a que comprendan el origen del conflicto, sus causas y consecuencias, y a que puedan confrontar sus puntos de vista y llegar a un acuerdo sobre la reparación, ya sea económica o simbólica[38]. Se busca la verdad y una responsabilización, particularmente, del infractor[39]. Todo ello conducido por un mediador o facilitador.

Tras lo dicho podemos encontrar una serie de virtudes de la mediación penal:

Mayor eficacia de la Administración de Justicia.

Mejora la asistencia a la víctima.

Se evita victimización secundaria.

Se potencia la responsabilidad del agresor.

Se trata de un medio pacificador del conflicto.

La comunidad participa de la Justicia penal.

Se cumplen todos los fines del Derecho penal.

Se humaniza la justicia y, en concreto, el Derecho penal.

---

38 Así lo define, González Cano, Mª I. *op. cit.*, p. 25.

39 Véase, Ríos Martín, J. C. (2006). "La mediación penal: acercamiento desde perspectivas críticas del sistema penal". *Alternativas a la judicialización de los conflictos: la mediación*, Estudios de Derecho Judicial 111-2006, Consejo General del Poder Judicial, pp. 152 y 153.

Además, encontramos para la víctima una posibilidad de fijar ella la valoración de los perjuicios sufridos por el delito sin esperar a que sea un tribunal quien lo haga[40].

También debemos considerar una mejora de la asistencia a la víctima. La neutralización de aquella como consecuencia del carácter público del Derecho penal moderno ha dado paso a una recuperación del papel de la víctima que no tiene porqué cuestionar el monopolio punitivo estatal. La mediación como medio de resolución de conflictos permite que la víctima sea escuchada y pueda manifestar sus inquietudes, lo que frena el olvido en el que ha estado en el Derecho penal hasta la llegada de la Victimología. Entre los avances que ha conseguido este sector de la Criminología se puede destacar el protagonismo que está alcanzado la víctima porque se conoce su opinión, se le compensa, se le protege y con ello se reducen:

1. Los efectos de la victimización primaria (derivados directamente del delito: miedo, indignación, ansiedad…)
2. Se evita la victimización secundaria (derivada del funcionamiento de las instituciones: sensación de impunidad, de desprotección, de pérdida de tiempo)[41].

Otro de los aspectos positivos es que se potencia la responsabilidad del agresor. El victimario asume su responsabilidad y se compromete para el futuro, objetivo prioritario de la prevención especial es la reinserción social y en ella tan importante es que el responsable vuelva a integrarse en la so-

---

40 Vid. Leal Medina, J. (2014). "¿Tiene futuro la mediación penal de adultos? ¿Dónde estamos actualmente? ¿Es un método viable para solucionar los problemas de convivencia que genera la acción delictiva?". *Diario La Ley, nº 8397,* Sección Doctrina, 13 de octubre de 2014, p. 6.

41 Vid. Cervelló Donderis, V. (2013). "La mediación penal: un instrumento… *op. cit.*, p. 292.

ciedad como que reconozca su delito y asuma las responsabilidades con la persona ofendida, por eso encaja perfectamente en la finalidad resocializadora del Derecho penal. Con estos acuerdos mediadores se están consiguiendo objetivos propios de la prevención especial sin que necesariamente se tenga que pasar por los efectos negativos del encarcelamiento, por ello se presenta como una alternativa a las sanciones tradicionales que puede reducir el uso de la prisión. Para el victimario, además de reducir la burocracia y requisitos propios de la jurisdicción penal, se potencia la reeducación y reinserción social, y recibe una respuesta penal mucho más humanizada[42]. Por ello, se trata de una herramienta necesaria en una sociedad moderna que debe apostar por una justicia restaurativa en lugar de una, exclusiva o principalmente, retributiva. Como podemos observar, la mediación penal se ha constituido en una alternativa al sistema penal tradicional pero que mientras no ha existido una regulación sobre las consecuencias procesales y penales de la misma, no impedía la condena propia del citado sistema tradicional penal[43]. Teniendo en cuenta lo dicho, y valorando la alternativa al citado sistema penal y los derechos de víctima y victimario, se necesita un ajuste entre ambos extremos que sitúe en un somero respeto a los derechos y garantías del victimario de manera que la presunción de inocencia[44], el

---

42 Véase, más ampliamente, Leal Medina, J. *op. cit.* pp. 7 y 8. En el mismo sentido, Sánchez Álvarez, Mª P. (2007). "Mediación penal comunitaria: desde dónde y hacia dónde". *Alternativas a la judicialización de los conflictos: la mediación*, Estudios de Derecho Judicial III-2006, Consejo General del Poder Judicial, p. 33.

43 En este sentido puede consultarse, Guardiola García, J. (2016). "¿Es necesario un marco normativo específico para la mediación penal?". *Revista Aranzadi de Derecho y Proceso Penal (RDPP)*, 43, julio-septiembre, pp. 193 y 194.

44 Para muchos penalistas el respeto a este principio es lo más preocupante de la justicia restaurativa.

principio del hecho, el principio de culpabilidad, el principio de proporcionalidad y por supuesto el de intervención mínima sean observados de manera minuciosa. Además, se necesita para regular un equilibrio entre los intereses públicos y privados y, así, poder dar respuesta a las necesidades que no cubre el Derecho penal tradicional[45].

## *6. Aplicación en España*

La primera cuestión que debe abordarse en este apartado es la referencia legislativa que hay en España sobre justicia restaurativa. Como marco legal primordial encontramos la Constitución española. A la exigencia de una legitimación democrática (art. 1.1 CE), se añade la legitimación del Estado para el cumplimiento de un papel integrador de resolución adecuada de problemas y de conflictos sociales, dando participación activa a los interesados para lograr una mayor y más pronta satisfacción de los conflictos (art. 9.2 CE). Así la STC 11/1981, de 8 de abril, se refiere a la armonización en la mutua acción Estado-Sociedad que supone el Estado social, tiene la significación de legitimar medios de defensa a los intereses y grupos de población socialmente dependientes, y si el Estado social no excluye los conflictos, sí puede y debe proporcionar los cauces para resolverlos. Además, y a pesar de lo que pueda pensarse, la garantía constitucional al principio de legalidad del artículo 9.3 de la CE, no impide la práctica de la mediación penal en nuestro sistema judicial sino que contribuye a un mejor ejercicio del derecho a la tutela judicial efectiva de los ciudadanos (art. 24 CE), al obtener (la víctima) una rápida y favorable reparación, así como un lugar donde se le escuche y atienda en las necesidades surgidas a consecuencia del delito,

---

45 Vid. Barona Vilar, S. (2011). *Mediación penal. Fundamento, fines y régimen jurídico,* Tirant lo Blanch, p. 235.

sin perjuicio de que en cualquier momento del procedimiento de mediación, cualquiera de los participantes puedan revocar su consentimiento y continuar o iniciar, en su caso, el proceso penal correspondiente. También la mediación penal, de una manera indirecta, contribuye al restablecimiento de la paz social (art. 10 CE) perturbada por el delito, al reconocimiento de la norma infringida por parte del infractor y a la potenciación del diálogo y la escucha activa, como forma de resolver "conflictos". Por último, la justicia restaurativa en general y la mediación, en particular, contribuyen significativamente con lo establecido en el art. 25.2 en cuanto a la orientación de las penas y medidas privativas de libertad: "*las penas privativas de libertad y las medidas de seguridad estarán orientadas hacia la reeducación y reinserción social*"[46].

A pesar de lo expuesto, la regulación en el ámbito penal ha sido apenas inexistente. Las únicas referencias que encontrábamos en materia penal son: la Ley Orgánica 1/2004, de 28 de diciembre, de Medidas de Protección Integral contra la Violencia de Género, que la veda. La Ley Orgánica 5/2000, de 12 de enero, reguladora de la responsabilidad penal de los menores, que en su artículo 19 que prevé el sobreseimiento del expediente por parte del Ministerio Fiscal por conciliación o reparación del menor con la víctima. También en el art. 84 del Código penal, tras la LO 1/2015, de 30 de marzo, por la que se modifica la Ley Orgánica 10/1995, de 23 de noviembre, del Código penal, en el que establece como condición de la suspensión en determinados supuestos, cumplir los acuerdos alcanzados en mediación. La Ley 4/2015, de 27 de abril, del Estatuto de la víctima del delito, que en sus artículos 3 y 5 contempla el derecho de las víctimas a ser informada y utilizar los

---

[46] Véase, más ampliamente, Aranda Jurado, M. (2018). "Mediación en el orden penal". *La mediación en el sistema jurídico español. Análisis y nuevas propuestas,* Tirant lo Blanch, pp. 29 y 30.

servicios de justicia restaurativa, y, finalmente, en el artículo 15 que regula los servicios de justicia restaurativa.

El problema más destacable es que no existía una regulación procesal y que debido al principio de legalidad en materia penal se hacía difícil la posibilidad de una herramienta distinta a la mediación[47]. Sí estaba prevista en el anteproyecto de reforma de la Ley de Enjuiciamiento Criminal (Lecrim.)[48]. Así, en el Título IV, Sección 2ª, Capítulo III, titulado "La justicia restaurativa" que comprende los artículos 181 a 185, los cuales establecen los principios de la justicia restaurativa (art. 181), el procedimiento (art. 182) siendo el Ministerio Fiscal el que de oficio o a instancia de parte remitirá las partes a un proceso restaurativo (fijando el plazo), y, el art. 183, regula las consecuencias: decretar el archivo por oportunidad de conformidad con lo establecido en los artículos 175 y 176 de esta ley[49],

---

47 Vid. Ayllón García, J. D. (2019). "La Justicia Restaurativa en España y en otros ordenamientos jurídicos". *Ars Boni et Aequi,* Año 15, Nº 2, p. 23.

48 El primer texto es de 2011, posteriormente 2013, y el más reciente es de 2020.

49 Se establece el archivo de la causa por razones de oportunidad para los delitos castigados con penas de prisión de hasta dos años, con multa cualquiera que sea su extensión, o con privación de derechos que no exceda de diez años, bajo una serie de condiciones que valora el Ministerio Fiscal, como por ejemplo: que la incidencia del hecho punible sobre los bienes o intereses legalmente protegidos resulte mínima o insignificante, dado el tiempo transcurrido desde la comisión de la infracción o las circunstancias en las que esta se produjo, o pueda reputarse mínima la culpabilidad del responsable, de forma que la imposición de la pena no haya de reportar ninguna utilidad pública, también cuando la comisión de la infracción haya causado a su autor un perjuicio grave que haga innecesaria o manifiestamente desproporcionada la imposición de una pena. Se prevén las exclusiones de la justicia restaurativa por la violencia o intimidación empleada, la reincidencia del investigado, y alguna cuestión más.

imponiendo como reglas de conducta los acuerdos alcanzados por las partes o la sentencia de conformidad (oída la víctima). Por tanto, este artículo deja en manos del Ministerio Fiscal[50] archivar el procedimiento o continuar hasta alcanzar una sentencia de conformidad. También prevé el Anteproyecto, en su art. 184, los supuestos de justicia restaurativa en el juicio oral, en los que el tribunal de enjuiciamiento podrá remitir las actuaciones al procedimiento de justicia restaurativa cuando todas las partes lo soliciten. Por último, el art. 185 establece la interrupción de la prescripción en los delitos leves.

En el Anteproyecto, la justicia restaurativa está sujeta a los principios de voluntariedad, gratuidad, oficialidad y confidencialidad. Por tanto, previo a participar en un procedimiento de justicia restaurativa las partes serán informadas de sus derechos, de la naturaleza de este y de sus posibles consecuencias. Basándose en el principio de voluntariedad, el consentimiento de las partes es necesario y se podrá revocar en cualquier momento sin que suponga una consecuencia negativa en el proceso penal[51].

Esta situación ha cambiado con la LO 1/2025, de 2 de enero, de medidas en materia de eficiencia del Servicio Público de Justicia, que, entre otras reformas, regula en la Disposición adicional novena de la Lecrim. la justicia restaurativa. Se rige por los mismo principios ya expuestos al hablar del Anteproyecto de reforma de la Ley de Enjuiciamiento Criminal, también la posibilidad de derivación a los servicios de justicia restaurativa por parte del juez o tribunal, de oficio o a instancia de parte

---

50 En el Anteproyecto de Lecrim. se atribuye la instrucción del proceso penal al Ministerio Fiscal.

51 Vid. Roig Torres, M. (2022). "La justicia restaurativa en el Anteproyecto de Ley de Enjuiciamiento Criminal como manifestación del principio de oportunidad". *Revista Electrónica de Ciencia Penal y Criminología (RECPC)* 24-09, p. 18.

—salvo en los casos excluidos por la ley—, el plazo (tres meses prorrogables por otros tres) con indicación de que en fase de instrucción de la causa penal no se interrumpirá la práctica de diligencias de investigación por la derivación a los servicios de justicia restaurativa. La citada disposición regula algo tan importante como las consecuencias de una justicia restaurativa con acuerdo, como son: en casos de delitos leves el archivo; en supuestos de delitos privados o en aquellos que opera el perdón del ofendido acordar el sobreseimiento y archivo del procedimiento; remitir la causa al órgano competente para un juicio de conformidad; y en los juicios de conformidad, resolver sobre la suspensión de la ejecución de la pena privativa de libertad[52]. No hay ninguna referencia a la justicia restaurativa en fase de ejecución de sentencia, si bien es cierto que las consecuencias jurídicas que podrían derivarse de esta en la citada fase exceden de las competencias del tribunal sentenciador —excepto en la concesión de la libertad condicional a condenados a la pena de prisión permanente revisable[53] —, no habría resultado ocioso que se regulara esta posibilidad, pues, en la Lecrim. se regula, procesalmente, la ejecución de la pena.

A partir de la entrada en vigor de la aludida reforma la situación cambiará a mejor, puesto que ya no habrá una dependencia de la firma de acuerdos para instaurar programas de justicia restaurativa (más concretamente de mediación como se estaba haciendo en muchas partes de España), sino que, al ser una previsión legal, debe hacerse cuando lo soliciten las partes o el juez o tribunal lo estime procedente de oficio.

---

52 Vid. Muñoz Cuesta, J. (2025). "El procedimiento de justicia restaurativa en le Ley Orgánica 1/2025, de 2 de enero". *Revista de derecho v/lex,* nº 248 enero, pp. 4 y 5.

53 Vid. Cervelló Donderis, V. (2015). *Prisión perpetua y de larga duración. Régimen jurídico de la prisión permanente revisable,* Tirant lo Blanch, p. 205.

Como podemos extraer de todo lo expuesto, la justicia restaurativa supone un cambio en el sistema penal tradicional que mejora la situación de la víctima, el victimario y la propia sociedad. Esto adquiere mayor trascendencia en las constantes reformas del Código penal que suponen un progresivo endurecimiento punitivo y que invitan a la introducción de formas de justicia reparadora[54].

Para acabar este apartado, procede hacer una referencia a los actuales Servicios de Justicia Restaurativa (SJR), es decir, en las autonomías donde se están llevando a cabo. En Cataluña estos servicios son de carácter público y gratuito para toda la ciudadanía. Para llevar a cabo las actuaciones de este programa se sirven de entidades privadas sin ánimo de lucro especializadas en la gestión de programas de mediación, concretamente a través de un contrato de servicio de gestión pública indirecta, actualmente con la Fundación AGI (Asistencia y Gestión Integral). Los contratos son de un año, ampliable a cuatro mediante prórrogas[55]. También hay uno en el País Vasco el cual pone a disposición de los órganos judiciales y de la ciudadanía un método complementario a la vía judicial para la resolución de los conflictos que llegan a los juzgados y tribunales. Presta su labor en la jurisdicción penal y en la jurisdicción civil-familiar en todos los partidos judiciales de la Comunidad Autónoma. Es un servicio de carácter gratuito y su gestión está derivada a una entidad del tercer sector, por lo que podría decirse que el servicio es público de gestión social[56]. En Navarra los servicios

---

54 Vid. Tamarit Sumalla, J. Mª (2004). “La introducción de la justicia reparadora en la ejecución penal: ¿una respuesta al rearme punitivo?”. *RGDP Iustel,* nº 1, mayo, pp. 28 y 29.

55 Véase, Alonso Rimo, A., Cervelló Donderis, V., Colás Turégano, A. y Gisbert Gracia V. (2023). *La implantación de un servicio de justicia restaurativa en la Comunitat Valenciana,* Monogràfics de Dret, núm. 5 junio, p. 20.

56 Vid. Alonso Rimo, A., Cervelló Donderis, V., Colás Turégano, A. y Gisbert Gracia V. *op. cit.*, p. 29.

y programas de Justicia Restaurativa son una prestación pública y gratuita de la Administración del Gobierno de Navarra. No obstante, los procesos restaurativos se prestan de manera indirecta por la Asociación Navarra de Mediación (ANAME) en los partidos judiciales de Pamplona y Aoiz y por los Colegios de abogados de Estella, Tafalla y Tudela. De esta forma el Gobierno de Navarra garantiza el acceso en igualdad a servicios y programas de justicia restaurativa, mediación penal y prácticas restaurativas en todo el territorio de la Comunidad Foral de Navarra[57].

Por último, cabe destacar la propuesta del Servicio de Justicia Restaurativa de la Comunidad Valenciana, basada en un modelo que se orientaría a promover y facilitar la realización de prácticas de justicia restaurativa no vinculadas necesariamente a la existencia de un proceso penal y cuya ejecución no quede condicionada a la derivación judicial. En el servicio de justicia restaurativa proyectado se atenderían solicitudes de actuaciones restaurativas promovidas desde las instancias judiciales, pero también las incoadas directamente por cualquiera de las partes afectadas por el delito, y además en relación con cualquier delito (salvo los expresamente excluidos por la ley) y en cualquier momento[58].

## IV. ENFERMOS MENTALES

El Derecho penal regula las consecuencias que se derivan de la comisión de un hecho delictivo por personas afectadas por una enfermedad o trastorno mental. Estas situaciones requieren un trato distinto por encontrarse en condiciones de

---

57 Véase, Alonso Rimo, A., Cervelló Donderis, V., Colás Turégano, A. y Gisbert Gracia V. *op. cit.*, pp. 43 y 44.

58 Vid. Alonso Rimo, A., Cervelló Donderis, V., Colás Turégano, A. y Gisbert Gracia V. *op. cit.*, p. 70.

inferioridad respecto de otras personas, y, precisamente, ese trato diferente son las exenciones por inimputabilidad[59]. Pero para que un tribunal aprecie la exención de responsabilidad penal por inimputabilidad, se exige no solo la concurrencia de un diagnóstico del padecimiento, sino, además, un efecto psicológico en la persona, esto es, que dicho padecimiento afecte a la capacidad de comprender el ilícito y de actuar conforme a esa comprensión en el momento del hecho[60]. Por tanto, se parte de un modelo en el que confluyen un elemento biológico-psicológico y otro normativo[61].

El concepto de salud mental, en la actualidad, queda englobado dentro de un concepto mucho más amplio, que es el concepto de salud. Tanto es así que la Organización Mundial de la Salud (OMS) considera la salud mental como una parte integrada de la salud. Se confiere, así, la misma importancia a la salud física como a la salud mental porque, ambas, son determinantes para el bienestar general y global de las personas y de la sociedad, considerando la salud "no solamente como la ausencia de afecciones o enfermedades, sino un estado de completo bienestar físico, mental y social"[62]. Desde esta perspectiva, la salud mental puede concebirse como un estado

---

59 Así lo entiende, Martínez Garay, L. (2005). *La imputabilidad penal. Concepto, fundamento, naturaleza jurídica y elementos,* Tirant lo Blanch, p. 390.

60 Así lo expresa, Ballesteros Martín, J. M. (2018). "Problemas derivados de la aparición de un enfermo mental en un proceso penal". *Persuadir y Razonar: Estudios Jurídicos en Homenaje a José Manuel Maza Martín, Tomo I,* Thomson Reuters-Aranzadi, p. 59.

61 Vid. Subijana Zunzunegui, I. J. (2017). "La Justicia Terapéutica: un modelo para la salud mental y las adicciones". *Justicia Restaurativa y Terapéutica. Hacia innovadores modelos de justicia,* Tirant lo Blanch, p. 210.

62 Vid. Organización Mundial de la Salud (OMS) (2001). *Informe sobre la salud en el mundo 2001. Salud mental: nuevos conocimientos, nuevas esperanzas,* Biblioteca de la OMS, Francia, p. 3.

de salud integral, en un estado de bienestar caracterizado por la consciencia de las propias capacidades de la persona para afrontar las tensiones normales de la vida, trabajar de forma productiva y hacer una contribución a la comunidad considerando la salud como la base del bienestar y el funcionamiento adecuado de la persona y la comunidad[63].

## *1. Medidas de seguridad*

Una vez apreciado por el tribunal sentenciador una inimputabilidad o semiimputabilidad, procede, por tanto, la imposición de una medida de seguridad[64]. No obstante, los tribunales son especialmente reticentes para apreciar la exención completa de la eximente[65], lo que supone que, en muchos casos, o no se considere ni tan siquiera la semiimputabilidad o apreciada esta se imponga una pena más reducida en aplicación de lo dispuesto en el artículo 68 del CP, a pesar de que nuestro sistema penal permite, en estos supuestos, la aplicación de medida de seguridad y pena, cumpliendo en primer lugar la medida de seguridad y posteriormente la pena si fuera necesario y abonando como tiempo de la pena el de la medida de seguridad (artículo 99 del CP). Un ejemplo de la tendencia jurisprudencial aludida lo encontramos en la STS 158/2015 de 17 de marzo, en este caso, condena a dieciséis años de prisión por delito de asesinato y de aborto apreciando la eximente in-

---

63 Véase, más ampliamente, Zabala Baños, C. (2017). *Prevalencia de trastornos mentales en prisión: Análisis de la relación con delitos y reincidencia,* Ministerio del Interior, p. 26.

64 Previsión de los arts. 95 y siguientes del CP.

65 Vid. Martínez Garay, L. (2024). "Un nuevo régimen penal aplicable a las personas con enfermedad mental o con discapacidad intelectual: la propuesta alternativa del Grupo de Estudios de Política Criminal". *Salud mental y género: el debate entre el punitivismo y la despenalización,* Tirant lo Blanch, p. 417.

completa por tener gravemente mermadas sus facultades intelectivas y/o volitivas en el momento de la comisión del hecho delictivo. En este supuesto, el tribunal ni si quiera se planteó la posibilidad de medida de seguridad y pena[66]. En todo caso, y a pesar de lo dicho, centraré el tema en los supuestos de aplicación de medida de seguridad por cumplir los presupuestos de haber cometido un hecho delictivo, ser inimputables o semiimputables en el momento de la comisión de aquel, y, por último, que el tribunal sentenciador considere que persiste en el sujeto una peligrosidad criminal (art. 6.1 CP)[67], y que esté justificado un aseguramiento futuro del autor[68].

Así pues, estas pueden ser privativas de libertad y no privativas de libertad. Respecto de las primeras no es otra que la de internamiento en psiquiátrico penitenciario. Y, respecto de las segundas, parece más apropiada la de tratamiento la prevista en el art. 96.3.4ª de custodia familiar[69]. También la medida prevista en el art. 101 CP, aunque ya no es en medio abierto, pues, consiste en internamiento para tratamiento médico en un establecimiento adecuado. No parece difícil

---

66 Véase, Hava García, E. (2021). "Enfermedad mental y prisión: análisis de la situación penal y penitenciaria de las personas con trastorno mental grave (TMG)". *Estudios Penales y Criminológicos,* vol. XLI, p. 111.

67 Vid. Romero Santos, L. (2019). "Medidas de seguridad: previsión legal, fundamentos y tipología". *Actualidad penal 2019,* Tirant lo Blanch, p. 173; Cervelló Donderis, V. (2022). *Derecho penitenciario,* 5ª ed. Tirant lo Blanch, p. 366.

68 Véase, Gracia Martín, L. y Alastuey Dobón, C. (2023). "Tema 9. Las medidas de seguridad y reinserción social". *Lecciones de consecuencias jurídicas del delito,* 7ª ed. Tirant lo Blanch, p. 234.

69 Vid. Etxebarria Zarrabeitia, X., Martínez Escamilla, M. y Ollero Perán, J. (2024). *Abordaje resocializador de la enfermedad mental en el sistema penal y penitenciario. Reflexiones a partir de la experiencia navarra,* Servicio de publicaciones de la Facultad de Derecho, Universidad Complutense de Madrid, p. 128.

concebir este caso como un internamiento en centro psiquiátrico[70]. La realidad está siendo el internamiento en psiquiátrico penitenciario o, en la mayoría de los casos, en centro penitenciario ordinario.

## 2. *Afectación del encarcelamiento de las personas con problemas de salud mental*

El encarcelamiento de las personas que han cometido un hecho delictivo y que padecen algún tipo de enfermedad mental, puede darse por varios motivos: el primero porque no se haya valorado una disminución de la imputabilidad por no acreditarse que la sufría en el momento del hecho delictivo, o, también, porque se ha impuesto una pena degradada al considerarse una situación de semiimputabilidad; el segundo, porque incluso, en los casos en los que se ha impuesto una medida de seguridad, encontramos ejemplos en los que se ordena su cumplimiento en centro penitenciario ordinario. Así el AAP Zaragoza, sección 1ª, nº 770/2017 de 6 de julio argumenta que "*….la medida de seguridad de internamiento impuesta puede cumplirse en el centro penitenciario de Zuera, con la aclaración de que el interno debe permanecer "en el área de enfermería" del centro mientras subsista la medida y no se deje sin efecto por innecesaria. En efecto, se informa por el centro que se cuenta con medios suficientes para el tratamiento médico y terapéutico del interno, ya que en el momento actual se encuentra estable, abstinente, en medio protegido, haciendo vida normal en el módulo residencial del centro y con revisiones periódicas del psiquiatra consultor. Se indica también por Instituciones Penitenciarias, área de ordenación sanitaria, que en el caso de situaciones agudas o urgentes se acudiría a la red sanitaria pública*". Como puede observarse, se obliga al cumplimiento de una medida de

---

70 Etxebarria Zarrabeitia, X., Martínez Escamilla, M. y Ollero Perán, J. (2024). *op. cit.*, p. 132.

seguridad en la enfermería de un centro penitenciario ordinario con consultas psiquiátricas periódicas, algo que no parece apropiado para estos internos. Todo ello a pesar de lo previsto en la legislación española y las Reglas Penitenciarias Europeas que en su art. 47.1 establece que: "*Se organizarán centros o secciones penitenciarias especializadas bajo control médico para la observación y el tratamiento de internos afectados por problemas mentales que no se adecúen necesariamente a las disposiciones de la regla 12*"[71], y en las recomendaciones de la Organización Mundial de la Salud (OMS)[72].

Por todo lo expuesto, se llega a una conclusión que no es otra que en las prisiones españolas existe una elevada presencia de personas con trastornos o enfermedades mentales, de tal forma que está considerada por diferentes asociaciones de profesionales (sanitarios, jurídicos, sociales, asociaciones de defensa de los derechos humanos y por la propia Secretaría General de Instituciones Penitenciarias — SGIP —) como el principal problema de salud en los centros penitenciarios junto con las toxicomanías. Tanto es así, que ha desbancado al consumo de heroína y la infección por VIH que eran los principales problemas de salud en los años 80 y 90[73].

Por tanto, la carga de enfermedad mental entre los internos es significativamente más alta que la que cabría esperar en un grupo de edades similares de personas en libertad. Las cifras existentes arrojan un resultado de un 39% de Trastornos Mentales Comunes, un 50% con problemas de Adicción a Drogas y un 4% con Trastornos Mentales Graves, sin que estos porcentajes

---

71 CONSEJO DE EUROPA (2020). *Reglas penitenciarias europeas. Actualización 2020,* Generalitat de Catalunya, Centre d´Estudis Jurídics i Formació Especialitzada.

72 Véase, más ampliamente, Colás Turégano, A. (2024). "Enfermedad mental y prisión: una lectura de la legislación española desde la normativa internacional". *Salud mental y género: el debate entre el punitivismo y la despenalización,* Tirant lo Blanch, pp. 225 y 226.

73 Véase, más ampliamente, Zabala Baños, C. (2017). *op. cit.* p. 100.

deban ser tomados de forma excluyente entre sí. También cabe destacar el último informe que realizó la Comisión Europea sobre las personas con trastornos mentales que se encuentran en las prisiones europeas, que establece que alrededor del 12% de los reclusos, necesitaban tratamiento psiquiátrico especializado y esta cifra se prevé que vaya en aumento[74]. Pero, para ahondar más en la cuestión, cabe poner de manifiesto que el tratamiento psiquiátrico para los enfermos mentales en prisión es sensiblemente inferior que el dispensado a las personas en libertad[75].

Ante una situación de enfermedad mental que dificulte o imposibilite comprender el sentido de la pena, la solución es la prevista en el artículo 60 del Código penal, es decir, se suspenderá la ejecución de la pena privativa de libertad y se aplicará el tratamiento médico adecuado. Ahora bien, la realidad es que en la mayoría de los casos seguirán en la prisión en módulos no específicos para estos internos, y solo los casos más graves pasarán a la enfermería de los centros penitenciarios. Situación que propiciará un mayor aislamiento porque disminuirá la posibilidad de participar en actividades del centro con otros internos[76]. Además, el tratamiento psiquiátrico es mucho más escaso en un centro penitenciario que en los psiquiátricos penitenciarios, que ya de por sí no es el que corresponde proporcionar a los enfermos mentales[77].

---

74 Así lo exponen Arroyo Cobo, J. M.; Acedo Ramiro, Mª R.; Ruiz Arias, S. y Giráldez Ramírez, P. I. (2022). *Institución penitenciaria y salud mental: la última frontera,* Ministerio del Interior, pp. 23 y 24.

75 Véase, más ampliamente, Etxebarria Zarrabeitia, X., Martínez Escamilla, M. y Ollero Perán, J. (2024). *op. cit.*, p. 16.

76 Vid. García Ortiz, A. Mª (2021). “Los trastornos mentales en el medio penitenciario: Situación actual y propuesta de mejora” en *Revista de Estudios Penitenciario, nº 263-2021,* Ministerio del Interior, p. 46.

77 Así lo expone, Cervelló Donderis, V. (2024). “Alternativas al encarcelamiento de internos con problemas de salud mental: posibilidades del art. 60 CP”. *Salud mental y género: el debate entre el punitivismo y la despenalización,* Tirant lo Blanch, p. 346.

Tras lo expuesto puede afirmarse que los centros penitenciarios hacen las veces de instituciones psiquiátricas de larga estancia, contando con un elevado porcentaje de población reclusa con graves trastornos mentales (trastornos psicóticos, de personalidad y patología dual)[78]. Es muy difícil que en situaciones así se puede conseguir una integración social de las personas con problemas de salud mental; por ello, considero que los encuentros restaurativos les pueden aportar muchos y variados beneficios.

## *3. Capacidad para participar en encuentros restaurativos*

El modelo de justicia restaurativa más idóneo para las personas con problemas de salud mental dependerá, en gran medida, del tipo de enfermedad o trastorno mental que padezca y del grado de afectación. Por tanto, una primera consideración que puedo hacer en este sentido es la de aventurarme a estimar que la mediación no sea el más propicio. Esta primera afirmación la realizo basándome en el propio método que tiene, es decir, un encuentro dialogado que consiste en hablar, preguntar, explicar, etc. ayudando a las partes el mediador o facilitador. Pues bien, creo que los problemas de salud mental dificultan, en general, la dinámica de esta herramienta de justicia restaurativa. Si bien es cierto que podrían estar acompañadas por una persona, distinta al mediador o facilitador,

---

78 Vid. Miras Ruiz, R. (2018). "RE-CORDIS. Memoria y Emoción tras las Rejas. Trauma. Arteterapia y Danzaterapia. Salud Mental en Prisión (1ª parte)". *Arteterapia*, 13, p. 193. Para ratificar este dato conviene consultar el estudio realizado por GRUPO PRECA (2011). *Informe prevalencia de trastornos mentales en centros penitenciarios españoles (estudio PRECA)*, junio, p. 11, donde se concluye que ocho de cada diez reclusos han sufrido un trastorno mental, y cuatro de cada diez lo mantienen (se puede obtener en https://consaludmental.org/publicaciones/EstudioPRECA.pdf).

que ayudase al enfermo mental, no es menos cierto que, quizá, podría utilizarse otro método o herramienta que fuese más adecuado. Este bien podría ser las conferencias o, incluso, los círculos, pues, así se ha experimentado en otros países con un éxito más que aceptable. Todo ello, preparando a los enfermos mentales a través de los profesionales de la psiquiatría o la psicología[79], o facilitadores expertos en salud mental[80].

Por tanto, una primera idea surgida en esta línea de investigación es que las conferencias o los círculos probablemente sea el método más idóneo para encuentros restaurativos con enfermos mentales porque, además del mediador o facilitador, van a estar presentes más personas en los referidos encuentros, como sus familiares y otros miembros de la comunidad que ayudarán a que las partes se comuniquen e incluso lleguen a acuerdos[81].

### *4. Beneficios de los encuentros restaurativos con enfermos mentales*

Las personas que cumpliendo condena comienzan un proceso de reflexión personal pueden pasar por emociones como la culpa y la vergüenza. En esos casos, es importante diseñar

79 Vid. Cook, A., Drennan, G. y Callanan, M. M. (2015). "A qualitative exploration of the experience of restorative approaches in a forensic mental health setting". *The Journal of Forensic Psychiatry & Psychology,* Volumen 26, https://www.tandfonline.com/loi/rjfp20, los citados autores consideran que la experiencia llevada a cabo en el Reino Unido es muy positiva para todas las partes, p. 528.

80 Experiencia en Países Bajos realizada por Van Denderen, M. y Van der Wolf, M. (2023). "Meetings between victims and offenders suffering from a mental disorder in forensic mental health facilities: a qualitative exploration of their subjective experiences". *The International Journal of Restorative Justice* vol. 6(1), p. 23.

81 En la experiencia llevada a cabo Países Bajos, se acaba entendiendo posiciones de la otra parte porque van cambiando los roles que cada uno tenía al principio de los encuentros restaurativos, véase, Van Denderen, M. y Van der Wolf, M. (2023). *op. cit.,* pp. 523 y 524.

estrategias para encauzar la elaboración del proceso de responsabilización. De este modo, la transformación de la culpa en responsabilización puede suponer un motivo de cambio fundamental para el victimario[82]. Los encuentros restaurativos pueden ser una herramienta eficaz para la rehabilitación de las personas con problemas de salud mental[83].

Los encuentros restaurativos son positivos para los victimarios por diversos motivos, se encuentran en un espacio en el que se sienten apoyados por familiares y otros miembros de la comunidad, entendidos en cuanto a los problemas de salud mental que padecen, y, por supuesto, pueden responsabilizarse del hecho y reparar el daño causado[84]. Esto supondrá una mayor posibilidad de rehabilitación social para quien cometió el hecho delictivo a causa de una enfermedad o trastorno mental.

Pero, expuesto lo que antecede, no resulta ocioso mencionar que los encuentros restaurativos también son beneficiosos para la comunidad y la víctima[85]. La víctima quiere volver a la situación anterior a aquel en el que se produjo el hecho delictivo, y, si bien, eso no es posible, pero sí puede

---

82 Así lo entiende Instituciones Penitenciarias (2020). *Intervención en Justicia restaurativa: Encuentros restaurativos penitenciarios,* Documentos penitenciarios nº 24, Secretaría General de Instituciones Penitenciarias, Ministerio del Interior, p. 18. También, en el sentido de reconocimiento del delito sin minimizaciones o resistencias a reconocer, de forma completa, sus consecuencias, véase, Bascones Pérez-Fraguero, A. y Ollero Perán, J. E. (2021). *Justicia restaurativa y tratamiento de drogodependencias en el sistema penitenciario español,* Secretaría General de Instituciones Penitenciarias, Ministerio del Interior, p. 80.

83 Véase, Sánchez Vilanova, M. (2019). *op. cit.,* p. 14. La citada autora lo centra en los supuestos de psicopatías.

84 Sobre la reparación del daño como consecuencia de la justicia restaurativa, véase, Martínez Sánchez, Mª C. (2024). *op. cit.,* p. 175.

85 Vid. Montesdeoca, D. (2021). *op. cit.,* p. 135.

restaurar su tranquilidad y ánimo al momento justamente anterior al delito[86].

## V. CONCLUSIONES

La justicia restaurativa promueve la participación y colaboración de las partes implicadas para la reparación del daño causado, donde estas pueden ejercer roles importantes. Se basa en el diálogo entre las partes afectadas por el hecho delictivo con una participación de la comunidad en la Justicia penal, reforzando, de este modo, el sentimiento de Justicia a través del acuerdo entre el responsable de los hechos — que los asume — y compensa a la víctima. Todo ello refuerza la vigencia de las normas y por tanto la idea de prevención general positiva.

La justicia restaurativa cuenta con diferentes herramientas como son: mediación, conferencias, círculos, *victim impact panels* y conciliación penal, entre otras. La más aplicada en España es la mediación sin que hubiese una regulación en el proceso penal de adultos hasta la LO 1/2025, de 2 de enero, de medidas en materia de eficiencia del Servicio Público de Justicia, que, por fin, la regula en la Disposición adicional novena de la Lecrim.

Los enfermos mentales que han cometido un hecho delictivo tienen como posibles consecuencias la aplicación de una medida de seguridad, siendo la privativa de libertad el internamiento en psiquiátrico penitenciario; o bien, para casos de semiimputabilidad, la imposición de una pena más atenuada, que es la opción más habitual en los tribunales españoles (más que la posibilidad que permite nuestro Código penal de medida de seguridad y pena).

---

86 Véase, Martín Diz, F. (2025). "Justicia restaurativa: ¿Es sólo mediación penal?". *Diálogos sobre justicia restaurativa. De la mediación penal y otros instrumentos restaurativos,* Tirant lo Blanch, p. 128.

Hay un gran número de enfermos mentales que han cometido un hecho delictivo en las prisiones españolas, bien porque no se les ha apreciado la inimputabilidad, bien porque están cumpliendo la medida de seguridad de internamiento en psiquiátrico penitenciario en un centro penitenciario ordinario. Todo ello con la permisibilidad de nuestros tribunales.

La estancia de un enfermo mental en un centro penitenciario ordinario tiene como consecuencia un mayor aislamiento y una menor atención psiquiátrica.

Los encuentros restaurativos de los enfermos mentales con las víctimas serán positivos, siempre que la persona con problemas de salud mental tenga la capacidad de entender el proceso y prestar su consentimiento a participar, porque se encuentran en un espacio en el que se sienten apoyados por familiares y otros miembros de la comunidad, entendidos en cuanto a los problemas de salud mental que padecen, y, por supuesto, pueden responsabilizarse del hecho y reparar el daño causado.

La herramienta de justicia restaurativa que puede ser más adecuada para estas personas son los círculos o conferencias por la posibilidad de participar más miembros de la comunidad como familiares, especialistas en problemas de salud mental, etc. Las experiencias en Reino Unido y Países Bajos han sido muy positivas utilizando las herramientas de justicia restaurativa mencionadas.

## REFERENCIAS BIBILIOGRÁFICAS

Alonso Rimo, A. (2025). "¿De qué modelo de justicia restaurativa parten (nuestros) teóricos, prácticos y legisladores?". *Diálogos sobre justicia restaurativa. De la mediación penal y otros instrumentos restaurativos*, Tirant lo Blanch, 83-118.

Aranda Jurado, M. (2018). "Mediación en el orden penal". *La mediación en el sistema jurídico español. Análisis y nuevas propuestas*, Tirant lo Blanch, 19-53.

Armenta Deu, T. (2025). "El principio de oportunidad y las formas especiales de terminación del procedimiento penal en el proyecto de LECRIM 2023". *Diálogos sobre justicia restaurativa. De la mediación penal y otros instrumentos restaurativos,* Tirant lo Blanch, 215-248.

Arroyo Cobo, J. M.; Acedo Ramiro, Mª R.; Ruiz Arias, S. y Giráldez Ramírez, P. I. (2022). *Institución penitenciaria y salud mental: la última frontera.* Ministerio del Interior.

Ayllón García, J. D. (2019). "La Justicia Restaurativa en España y en otros ordenamientos jurídicos". *Ars Boni et Aequi,* Año 15, Nº 2, 9-29.

Ballesteros Martín, J. M. (2018). "Problemas derivados de la aparición de un enfermo mental en un proceso penal". *Persuadir y Razonar: Estudios Jurídicos en Homenaje a José Manuel Maza Martín, Tomo I,* Thomson Reuters Aranzadi, 55-91.

Barona Vilar, S. (2011). *Mediación penal. Fundamento, fines y régimen jurídico,* Tirant lo Blanch.

Bascones Pérez-Fraguero, A. y Ollero Perán, J. E. (2021). *Justicia restaurativa y tratamiento de drogodependencias en el sistema penitenciario español.* Secretaría General de Instituciones Penitenciarias, Ministerio del Interior.

Cervelló Donderis, V.:

(2013). "Principios y garantías de la mediación penal desde un enfoque resocializador y victimológico". *Revista Penal,* nº 31 enero, Tirant lo Blanch, 22-51.

(2013). "La mediación penal. Un instrumento para la humanización del Derecho Penal". *Mediación en el ámbito civil, familiar, penal e hipotecario. Cuestiones de actualidad,* Econimist & Jurist, 283-302.

(2017). "La mediación en el sistema penal español". *Cuestiones prácticas para la aplicación de la mediación penal,* Tirant lo Blanch, 69-105.

(2015). *Prisión perpetua y de larga duración. Régimen jurídico de la prisión permanente revisable,* Tirant lo Blanch.

(2022). *Derecho Penitenciario,* 5ª ed., Tirant lo Blanch.

(2024). "Alternativas al encarcelamiento de internos con problemas de salud mental: posibilidades del art. 60 CP". *Salud mental y género: el debate entre el punitivismo y la despenalización,* Tirant lo Blanch, 335-379.

Colás Turégano, A. (2024). "Enfermedad mental y prisión: una lectura de la legislación española desde la normativa internacional". *Salud mental y género: el debate entre el punitivismo y la despenalización,* Tirant lo Blanch, 215-259.

Consejo de Europa (2025): *Reglas penitenciarias europeas. Actualización 2020,* Generalitat de Catalunya, Centre d´Estudis Jurídics i FormacióEspecialitzada.

Cook, A., Drennan, G. y Callanan, M. M. (2015). "A qualitative exploration of the experience of restorative approaches in a forensic mental health setting". *The Journal of Forensic Psychiatry & Psychology,* Volumen 26, https://www.tandfonline.com/loi/rjfp20, 510-531.

Cuadrado Salinas, C. (2015). "La mediación: ¿una alternativa real al proceso penal?". *RECPC,* 17-01, 1-25.

Domingo de la Fuente, V.:

(2019) "Aplicación práctica de la justicia restaurativa: técnicas y estrategias". *Justicia restaurativa: principios y aplicación práctica,* Colección Criminología y Logística, Delta publicaciones, pp. 52-83.

(2008). "Justicia restaurativa y Mediación Penal". *Revista de Derecho Penal,* Nº 23, 33-68.

Etxebarria Zarrabeitia, X., Martínez Escamilla, M. y Ollero Perán, J. (2024). *Abordaje resocializador de la enfermedad mental en el sistema penal y penitenciario. Reflexiones a partir de la experiencia navarra.* Servicio de publicaciones de la Facultad de Derecho, Universidad Complutense de Madrid.

García del Vado, F. R. (2019). "Principios y fundamentos de la justicia restaurativa". *Justicia restaurativa: principios y aplicación práctica,* Colección Criminología y Logística, Delta publicaciones, 20-51.

García-Pablos de Molina, A. (2007). *Criminología. Una introducción a sus fundamentos teóricos,* 6ª ed. Tirant lo Blanch.

García Ortiz, A. Mª (2021). "Los trastornos mentales en el medio penitenciario: Situación actual y propuesta de mejora". *Revista de Estudios Penitenciario,* nº 263, Ministerio del Interior, 9-67.

González Cano, Mª I. (2009). "La mediación penal en España". *La mediación penal para adultos. Una realidad en los ordenamientos jurídicos,* Tirant lo Blanch, 19-52.

Gracia Martín, L. y Alastuey Dobón, C. (2023). "Tema 9. Las medidas de seguridad y reinserción social". *Lecciones de consecuencias jurídicas del delito,* 7ª ed. Tirant lo Blanch, 229-250.

GRUPO PRECA (2011). *Informe prevalencia de trastornos mentales en centros penitenciarios españoles (estudio PRECA).* https://consaludmental.org/publicaciones/EstudioPRECA.pdf

Guardiola García, J. (2016). "¿Es necesario un marco normativo específico para la mediación penal?". *Revista Aranzadi de Derecho y Proceso Penal (RDPP),* 43, julio-septiembre, 151-200.

Hava García, E. (2021). "Enfermedad mental y prisión: análisis de la situación penal y penitenciaria de las personas con trastorno mental grave (TMG)". *Estudios Penales y Criminológicos,* vol. XLI, 59-135.

Instituciones Penitenciarias: *Intervención en Justicia restaurativa: Encuentros restaurativos penitenciarios,* Documentos penitenciarios nº 24, Secretaría General de Instituciones Penitenciarias, Ministerio del Interior, Madrid 2020.

Leal Medina, J. (2014). "¿Tiene futuro la mediación penal de adultos? ¿Dónde estamos actualmente? ¿Es un método viable para solucionar los problemas de convivencia que genera la acción delictiva?". *Diario La Ley,* Nº 8397, Sección doctrina, 13 de octubre de 2014, pp. 1-22.

Martín Diz, F. (2025). "Justicia restaurativa: ¿Es sólo mediación penal?". *Diálogos sobre justicia restaurativa. De la mediación penal y otros instrumentos restaurativos,* Tirant lo Blanch, 119-151.

Martínez Camps, M. (2017). "Formación y habilidades de los mediadores". *Cuestiones prácticas para la aplicación de la mediación penal,* Tirant lo Blanch, 225-234.

Martínez Garay, L.:

(2005). *La imputabilidad penal. Concepto, fundamento, naturaleza jurídica y elementos,* Tirant lo Blanch.

(2024). "Un nuevo régimen penal aplicable a las personas con enfermedad mental o con discapacidad intelectual: la propuesta alternativa del Grupo de Estudios de Política Criminal". *Salud mental y género: el debate entre el punitivismo y la despenalización,* Tirant lo Blanch, 413-461.

Martínez Sánchez, Mª C. (2024). *La justicia restaurativa como alternativa integrada en el proceso penal,* Alieter.

Miras Ruiz, R. (2018). "RE-CORDIS. Memoria y Emoción tras las Rejas. Trauma. Arteterapia y Danzaterapia. Salud Mental en Prisión (1ª parte)". *Arteterapia, 13,* 191-207.

Montesdeoca, D. (2021). *Justicia restaurativa y sistema penal,* Tirant lo Blanch, Valencia.

Montesinos García, A. (2017). "Una breve aproximación a la justicia restaurativa". *Tratado de mediación, Tomo II,* Tirant lo Blanch, 21-52.

Muñoz Cuesta, J. (2025). "El procedimiento de justicia restaurativa en le Ley Orgánica 1/2025, de 2 de enero". *Revista de derecho v/lex*, nº 248, 1-7.

Organización Mundial de la Salud (OMS) (2001). *Informe sobre la salud en el mundo 2001. Salud mental: nuevos conocimientos, nuevas esperanzas*, Biblioteca de la OMS.

Ríos Martín, J. C. (2007). "La mediación penal: acercamiento desde perspectivas críticas del sistema penal". *Alternativas a la judicialización de los conflictos: la mediación*, Estudios de Derecho Judicial 111-2006, Consejo General del Poder Judicial, 141-166.

Roig Torres, M. (2022). "La justicia restaurativa en el Anteproyecto de Ley de Enjuiciamiento Criminal como manifestación del principio de oportunidad", *Revista Electrónica de Ciencia Penal y Criminología (RECPC)*, 1-30.

Romero Santos, L. (2019). "Medidas de seguridad: previsión legal, fundamentos y tipología". *Actualidad penal 2019*, Tirant lo Blanch, 169-178.

Rozenblum de Horowitz, S. (2007). *Mediación. Convivencia y resolución de conflictos en la comunidad*, Graó.

Sánchez Álvarez, Mª P. (2007). "Mediación penal comunitaria: desde dónde y hacia dónde". *Alternativas a la judicialización de los conflictos: la mediación*, Estudios de Derecho Judicial III-2006, Consejo General del Poder Judicial, 23-43.

Sánchez Vilanova, M. (2019). "Aproximación del uso terapéutico de la justicia restaurativa en psicopatías" en *InDret Revista para el Análisis del derecho*, 1-27.

Subijana Zunzunegui, I. J. (2017). "La Justicia Terapéutica: un modelo para la salud mental y las adicciones". *Justicia Restaurativa y Terapéutica. Hacia innovadores modelos de justicia*, Tirant lo Blanch, 201-224.

Tamarit Sumalla, J. Mª:

(2012). *La justicia restaurativa: desarrollo y aplicaciones*, Comares.

(2004). "La introducción de la justicia reparadora en la ejecución penal: ¿una respuesta al rearme punitivo?", *RGDP iustel*, nº 1, mayo, 1-30.

(2013). "Procesos restaurativos más allá de la mediación: perspectivas de futuro". *Justicia restaurativa, una justicia para el siglo XXI: potencialidades y retos*, Cuadernos penales José María Lidón, nº 9, 317-328.

Van Denderen, M. y Van der Wolf, M. (2023). "Meetings between victims and offenders suffering from a mental disorder in forensic mental health facilities: a qualitative exploration of their subjective experiences". *The International Journal of Restorative Justice* vol. 6(1), 13-44.

Zabala Baños, C. (2017). *Prevalencia de trastornos mentales en prisión: Análisis de la relación con delitos y reincidencia.* Ministerio del Interior.

Zehr, H. (2006). *El pequeño libro de la Justicia Restaurativa.* Good Books.

*Capítulo 7*

# *La desatención a los problemas de salud mental de los presos como violación de la Octava Enmienda*[1]

**DAVID COLOMER BEA**
*Profesor Titular de Derecho penal*
*Universitat de València*

## I. INTRODUCCIÓN

En la jurisprudencia estadounidense, la falta de una adecuada atención a los problemas de salud mental de los presos puede constituir una violación de la Octava Enmienda a la Constitución de los Estados Unidos, que prohíbe la imposición de "castigos crueles e inusuales"[2]. El objeto de este trabajo es analizar el tratamiento que reciben dichos supuestos en los tribunales federales.

---

[1] Este trabajo se enmarca en el Proyecto I+D+i "Estudio crítico del uso de sanciones alternativas penales: una mirada a la salud mental y al género" (ref.: PID2021-126236OB-I00; AEI/FEDER, UE). Una versión en inglés más amplia de este trabajo se puede consultar en mi artículo "Inadequate Mental Health Care in Prisons as Cruel and Unusual Punishment", *Estudios Penales y Criminológicos*, vol. 46, 2025.

[2] Octava Enmienda a la Constitución de los Estados Unidos: "No se exigirán fianzas excesivas, ni se impondrán multas excesivas, ni se infligirán castigos crueles e inusuales".

## II. LA INDIFERENCIA DELIBERADA ANTE NECESIDADES GRAVES DE SALUD MENTAL DE LOS PRESOS

En la sentencia del caso *Estelle v. Gamble*, el Tribunal Supremo de Estados Unidos declaró que "la indiferencia deliberada ante necesidades médicas graves de los presos" constituye una violación de la Octava Enmienda[3]. Y ello tanto si "la indiferencia se manifiesta por los médicos de la prisión en su respuesta a las necesidades del recluso como si se manifiesta por los guardias de la prisión al denegar o retrasar intencionadamente el acceso a la atención médica o al interferir intencionadamente en el tratamiento, una vez prescrito"[4].

Para llegar a esa conclusión, se parte de la idea de que los poderes públicos tienen la obligación de prestar asistencia sanitaria a los presos, ya que estos no pueden cuidar de sí mismos[5]. La Octava Enmienda no solo "impone restricciones al personal penitenciario", sino que también les obliga a "proporcionar condiciones humanas de internamiento", debiendo "garantizar que los reclusos reciban alimentos, ropa, alojamiento y atención médica adecuados"[6]. Pues, si bien "la Constitución no exige prisiones cómodas"[7], "tampoco permite prisiones inhumanas"[8].

Ahora bien, la falta de una adecuada atención sanitaria en el contexto carcelario no siempre puede ser considerada "una imposición innecesaria y gratuita de dolor", ni "repugnante para la conciencia de la humanidad", que es lo que caracteriza a los

---

3 Estelle v. Gamble, 429 U.S. 97 (1976), p. 104.

4 *Ibid.*, pp. 104-105.

5 *Ibid.*, pp. 103-104.

6 Farmer v. Brennan, 511 U.S. 825 (1994), p. 832.

7 Rhodes v. Chapman, 452 U.S. 337 (1981), p. 349.

8 Farmer v. Brennan, 511 U.S. 825 (1994), p. 832.

castigos crueles e inusuales[9]. La Octava Enmienda no prohíbe la simple mala praxis médica, sino la existencia de "una indiferencia deliberada ante necesidades médicas graves" de los presos, lo que excluye las actuaciones meramente "negligentes al diagnosticar o tratar un problema de salud"[10].

Aunque el caso *Estelle v. Gamble* examinó la demanda de un recluso con afecciones físicas —su queja se basaba en la falta de diagnóstico y el tratamiento inadecuado de su lesión de espalda—, los tribunales de apelaciones federales han reconocido que la doctrina de la indiferencia deliberada resulta igualmente aplicable a los problemas de salud mental de los presos, afirmando que "la indiferencia deliberada hacia las necesidades graves de salud mental de un recluso [también] viola la Octava Enmienda"[11]. En la sentencia del caso *Bowring v. Godwin*, dictada pocos meses después de *Estelle v. Gamble*, el Tribunal de Apelaciones de Estados Unidos para el Cuarto Circuito declaró no apreciar "ninguna diferencia esencial entre el derecho a la atención sanitaria para enfermedades físicas y su equivalente psicológico o psiquiátrico"[12], reconociendo, en consecuencia, el "derecho de los presos a recibir tratamiento psicológico o psiquiátrico"[13]; un derecho que, en la medida en que se deriva de la Octava Enmienda, que prohíbe únicamente los "castigos crueles e inusuales", se encuentra limitado:

> "[Cualquier recluso] tiene derecho a recibir tratamiento psicológico o psiquiátrico si un médico u otro proveedor de atención sanitaria, ejerciendo la habilidad y el cuidado ordinarios en el momento de la observación, concluye con una certeza médica razonable (1) que los síntomas del preso evidencian

---

[9] Estelle v. Gamble, 429 U.S. 97 (1976), pp. 105-106.

[10] *Ibid.*, p. 106.

[11] Torraco v. Maloney, 923 F.2d 231 (1st Cir. 1991), p. 234.

[12] Bowring v. Godwin, 551 F.2d 44 (4th Cir. 1977), p. 47.

[13] *Ibid.*, p. 48.

> una enfermedad o lesión grave; (2) que dicha enfermedad o lesión es curable o puede aliviarse sustancialmente; y (3) que el potencial daño al preso por razón de la demora o la denegación de la atención sería sustancial. El derecho al tratamiento se limita, por supuesto, al que se puede proporcionar a un coste y plazo razonables, y la prueba esencial es la necesidad médica y no simplemente lo que puede considerarse meramente deseable"[14].

Los presos afectados por un caso de indiferencia deliberada ante necesidades médicas graves pueden solicitar una reparación ante los tribunales federales, en virtud del artículo 1983 del Título 42 del Código de los Estados Unidos, que regula la acción civil por privación de derechos[15].

## III. REQUISITOS

De acuerdo con la sentencia del caso *Estelle v. Gamble*, la falta de una adecuada atención sanitaria a los presos constituye un castigo cruel e inusual prohibido por la Octava Enmienda cuando concurren dos requisitos: (1) que algún recluso presente una necesidad médica grave, y (2) que algún miembro del personal penitenciario actúe con indiferencia deliberada ante dicha necesidad médica.

---

14 *Ibid.*, pp. 47-48.

15 Artículo 1983 del Título 42 del Código de los Estados Unidos: "Toda persona que, al amparo de cualquier ley, ordenanza, reglamento, costumbre o uso de cualquier Estado o Territorio o del Distrito de Columbia, someta o haga que se someta a cualquier ciudadano de los Estados Unidos u otra persona dentro de la jurisdicción de los mismos a la privación de cualesquiera derechos, privilegios o inmunidades garantizados por la Constitución y las leyes, será responsable ante la parte perjudicada en un proceso judicial, juicio de equidad u otro procedimiento adecuado de reparación…".

### *1. Necesidades médicas "graves"*

Las reclamaciones por indiferencia deliberada requieren, en primer lugar, demostrar la existencia de necesidades médicas "graves" por parte de algún recluso. El Tribunal Supremo no ha establecido ninguna pauta para interpretar este requisito[16], habiéndose limitado a fundamentar su exigencia en el hecho de que "la sociedad no espera que los presos tengan un acceso ilimitado a la atención sanitaria"[17].

Ante esta falta de directrices, los tribunales de apelaciones han tratado de delimitar el concepto de necesidad médica grave, teniendo en cuenta

> "la dificultad que entraña formular un estándar que sea lo suficientemente sensible (en el sentido de abarcar aquellos problemas de salud que entran en el ámbito de aplicación de la Octava Enmienda), pero, a la vez, adecuadamente específico (es decir, que excluya las afecciones que no entran en dicho ámbito)"[18].

Como criterio general, se considera necesidad médica "grave" aquella "que ha sido diagnosticada por un médico como que requiere un tratamiento, o que es tan obvia que incluso un profano en la materia reconocería fácilmente la necesidad de la atención de un médico"[19]. Ese reconocimiento resulta más complicado cuando se trata de problemas de salud mental[20].

---

16 McAllister, J. (2020). "Mental Illness in Prison & the Objective Unreasonableness of the Estelle Test". *Indiana Journal of Law and Social Equality*, 8(2), p. 361.

17 Hudson v. McMillian, 503 U.S. 1 (1992), p. 9.

18 Gutierrez v. Peters, 111 F.3d 1364 (7th Cir. 1997), p. 1372.

19 Gaudreault v. Municipality of Salem, Mass., 923 F.2d 203 (1st Cir. 1990), p. 208.

20 Cohen, F. (1993). "Captives' Legal Right to Mental Health Care". *Law and Psychology Review*, 17, p. 19.

El Tribunal de Apelaciones de Estados Unidos para el Noveno Circuito ha señalado tres circunstancias que indican que un preso tiene una necesidad médica grave:

> "La existencia de una lesión que un médico o paciente razonable consideraría importante y digna de observación o tratamiento; la presencia de un problema de salud que afecte significativamente a las actividades cotidianas de una persona; o la existencia de un dolor crónico y sustancial"[21].

No es necesario que el daño grave a la salud sea actual, incluyéndose en la prohibición de castigos crueles e inusuales los "riesgos significativos de daño futuro"[22]. La Octava Enmienda protege a los reclusos "no solo de la indiferencia deliberada ante sus graves problemas de salud *actuales*, sino también de la indiferencia deliberada ante situaciones que impliquen un riesgo excesivo de daños graves para su salud *futura*"[23].

En los supuestos de demora en el acceso a la atención sanitaria, "la 'gravedad' de las necesidades médicas de un recluso también puede determinarse por referencia al efecto del retraso en el tratamiento [...], valorando si la demora empeoró los problemas de salud"[24]. En estos casos, así como en los de interrupción temporal del tratamiento, para analizar el requisito de la gravedad, "cabe detenerse en el retraso o la interrupción del tratamiento que se impugna y no solamente en los problemas de salud del preso"[25].

Y es que lo relevante a efectos de la Octava Enmienda "es el riesgo concreto de daño que enfrenta un preso debido a la

---

21 McGuckin v. Smith, 974 F.2d 1050 (9th Cir. 1992), pp. 1059-1060.

22 Perry v. Roy, 782 F.3d 73 (1st Cir. 2015), p. 79.

23 Board v. Farnham, 394 F.3d 469 (7th Cir. 2005), p. 479.

24 Hill v. Dekalb Regional Youth Detention Center, 40 F.3d 1176 (11th Cir. 1994), pp. 1188-1189.

25 Smith v. Carpenter, 316 F.3d 178 (2nd Cir. 2003), p. 185.

privación de los cuidados que se impugna, en vez de la gravedad del problema de salud subyacente del recluso, considerada en abstracto"[26]. Esta idea es muy importante para valorar la gravedad de las necesidades médicas de salud mental de los presos, pues, más que centrarse en si sus trastornos psíquicos —por ejemplo, depresión, trastorno bipolar o esquizofrenia— son en sí mismo graves, cabe atender a las "consecuencias para [su] salud que se derivan de la no prestación de asistencia"[27], de modo que, sin el tratamiento adecuado "para mantenerlos mentalmente estables, [...] se enfrenten a un grave riesgo de sufrir daños físicos y psicológicos", lo que sucede con aquellas enfermedades mentales que, cuando no son debidamente tratadas, "provocan paranoia, delirios, alucinaciones y cambios agresivos de humor"[28].

## 2. *Indiferencia deliberada*

Para que la falta de una adecuada atención a las necesidades médicas graves de un preso constituya una violación de la Octava Enmienda, se requiere que algún miembro del personal penitenciario manifieste una indiferencia deliberada ante dichas necesidades. Así lo explica el Tribunal Supremo en la sentencia del caso *Estelle v. Gamble*:

> "En el contexto médico, no se puede decir que una inadvertida falta de prestación de atención sanitaria adecuada constituya 'una imposición innecesaria y gratuita de dolor' o que sea 'repugnante para la conciencia de la humanidad'. Por lo tanto, la queja de que un médico ha sido negligente al diagnosticar o tratar un problema de salud no constituye una reclamación válida de malos tratos médicos en virtud de la Octava Enmienda. La mala praxis médica no se convierte

---

[26] *Ibid.*, p. 186.

[27] Charles v. Orange County, 925 F.3d 73 (2nd Cir. 2019), p. 86.

[28] *Ibid.*, p. 87.

> en una infracción constitucional por el mero hecho de que la víctima sea un preso. Para que una reclamación sea admisible, un preso debe alegar actos u omisiones lo suficientemente perjudiciales como para demostrar una indiferencia deliberada ante necesidades médicas graves. Solo tal indiferencia puede ofender 'los estándares evolutivos de la decencia' en violación de la Octava Enmienda"[29].

Por tanto, del párrafo citado se desprende que el Tribunal Supremo concibe la indiferencia deliberada como "algo más que la mera negligencia"[30]. La sentencia del caso *Farmer v. Brennan* se encargó de definir ese "algo más" en que consiste la indiferencia deliberada, aclarando previamente que esta "se satisface con algo menos que actos u omisiones con el propósito mismo de causar daño o con conocimiento de que se producirá daño"[31]. Concretamente, se identifica la indiferencia deliberada con la desconsideración (*recklessness*)[32], pues "actuar o dejar de actuar con indiferencia deliberada ante un riesgo sustancial de daño grave para un preso equivale a desatender desconsideradamente ese riesgo"[33]. Esa desconsideración debe ser entendida desde una perspectiva subjetiva, apreciándose "solo cuando una persona desatiende un peligro del que es consciente"[34]. De este modo, para que "un miembro del personal penitenciario [pueda] ser declarado responsable en virtud de la Octava Enmienda por denegar a un recluso condiciones humanas de reclusión", hay que demostrar que aquel sujeto "cono[cía] y desat[endió] un riesgo

---

29 Estelle v. Gamble, 429 U.S. 97 (1976), pp. 105-106.

30 Farmer v. Brennan, 511 U.S. 825 (1994), p. 835.

31 *Idem.*

32 La traducción del término "*recklessness*" como "desconsideración", asumida en este trabajo, ha sido propuesta, entre otros, por Oxman. *Vid.* Oxman, N. (2013). "Una aproximación al sistema de imputación subjetiva en el Derecho Penal anglosajón". *Ius et Praxis,* 19(1), pp. 168-169.

33 Farmer v. Brennan, 511 U.S. 825 (1994), p. 836.

34 *Ibid.*, p. 837.

desmesurado para la salud o la seguridad del recluso"[35]. Solo los actos u omisiones que van acompañados "del conocimiento de un riesgo significativo de daño" pueden ser considerados "como la imposición de un castigo"[36].

La propia sentencia del caso *Farmer v. Brennan* aclara dos aspectos importantes sobre la prueba del conocimiento requerido para apreciar indiferencia deliberada: (1) no es necesario demostrar que el demandado "actuó o dejó de actuar creyendo que un recluso sufriría realmente un daño", sino que "basta con que [...] actuara o dejara de actuar a pesar de tener conocimiento de un riesgo sustancial de daño grave"[37]; (2) dicho conocimiento puede inferirse "por el hecho mismo de que el riesgo era obvio", siendo tal obviedad "suficiente para permitir que un juez determine que el funcionario demandado tenía conocimiento real del riesgo"[38]. Ahora bien, esta presunción de conocimiento admitiría prueba en contrario:

> "Dado que no se puede sostener que los miembros del personal penitenciario que no tenían conocimiento de un riesgo hayan infligido un castigo, cabe la posibilidad de que [dichos sujetos] prueben que no eran conscientes ni siquiera de un riesgo obvio para la salud o la seguridad de los reclusos. En otras palabras, que un juez pueda inferir el conocimiento de lo obvio no significa que deba hacerlo. Los miembros del personal penitenciario a quienes se les atribuya indiferencia deliberada podrían probar, por ejemplo, que no conocían los hechos subyacentes que indicaban un peligro suficientemente sustancial y que, por lo tanto, no eran conscientes del peligro, o que conocían los hechos subyacentes, pero creían (aunque de manera errónea) que el riesgo al que daban lugar los hechos era insustancial o inexistente"[39].

---

35 *Idem.*

36 *Ibid.*, pp. 837-838.

37 *Ibid.*, p. 842.

38 *Idem.*

39 *Ibid.*, p. 844.

Para incurrir en indiferencia deliberada, además de conocer el riesgo sustancial de daño grave, el miembro del personal penitenciario demandado debe desatender desconsideradamente dicho riesgo. Esto equivaldría a no responder razonablemente frente al riesgo advertido, tal y como se deduce, en sentido contrario, de lo señalado por el Tribunal Supremo en el siguiente párrafo de la citada sentencia:

> "Los miembros del personal penitenciario que realmente conocían la existencia de un riesgo sustancial para la salud o la seguridad de los reclusos pueden quedar exentos de responsabilidad si respondieron razonablemente al riesgo, aunque finalmente no se evitara el daño. El deber del personal penitenciario en virtud de la Octava Enmienda es garantizar 'una seguridad razonable', un criterio que incorpora la debida consideración a la 'poco envidiable tarea de mantener a hombres peligrosos bajo custodia segura en condiciones humanas'. Ya sea en términos de dicho deber o de indiferencia deliberada, los miembros del personal penitenciario que actúan razonablemente no pueden ser considerados responsables en virtud de la Cláusula de Castigos Crueles e Inusuales"[40].

## IV. SUPUESTOS FRECUENTES

### *1. Suicidios*

La mayoría de las reclamaciones por indiferencia deliberada ante necesidades graves de salud mental de los presos se plantean en supuestos de suicidio o intento de suicidio. Como señala Taylor, el riesgo de suicidio de los reclusos involucra dos deberes del personal penitenciario: (1) el deber de garantizar a los presos una seguridad razonable, y (2) el deber de propor-

---

40 *Ibid.*, pp. 844-845 (se omiten las citas internas).

cionarles una atención sanitaria adecuada[41]. Pero la conjunción de estos deberes no implica que la falta de prevención de dicho riesgo en las cárceles comporte, por sí mismo, un castigo cruel e inusual. Para ello, es necesario que se demuestre, como en el resto de los casos, una indiferencia deliberada ante necesidades médicas graves[42].

En cuanto al primer requisito, ninguna duda cabe de que "el riesgo de suicidio es un problema de salud objetivamente grave" y que, en consecuencia, "los reclusos tienen derecho a no sufrir indiferencia deliberada ante este riesgo mientras se encuentren privados de libertad"[43]. Esto quiere decir que, en los supuestos en los que existe un riesgo de suicidio por parte de un preso, el elemento objetivo de la indiferencia deliberada ante necesidades médicas graves se cumple con la existencia misma de dicho riesgo.

El segundo requisito es el que resulta más difícil de probar, pues exige demostrar que el personal penitenciario contra el que se dirige la reclamación "tenía conocimiento real del riesgo 'sustancial' de suicidio de un recluso y no tomó medidas razonables para reducir ese riesgo"[44]. Ese conocimiento puede inferirse a partir de circunstancias externas que evidencien "que había una 'alta probabilidad' de que un recluso intentara suicidarse", como, por ejemplo, si se prueba que el preso "ya estaba bajo vigilancia de suicidio, intentó suicidarse previamente en condiciones similares o expresó recientemente el deseo de autolesionarse"[45]. En cambio, el bajo estado de

---

41 Taylor (2020, 61).

42 *Idem.*

43 Lisle v. Welborn, 933 F.3d 705 (7th Cir. 2019), p. 716.

44 Brabbit as Trustee for Bild v. Capra, 59 F.4th 349 (8th Cir. 2023), p. 353.

45 Troutman v. Louisville Metro Department of Corrections, 979 F.3d 472 (6th Cir. 2020), p. 483.

ánimo del recluso "no sugiere una 'alta probabilidad' de suicidio", ni siquiera "cuando [su] abatimiento viene acompañado de otros factores estresantes, como la abstinencia de drogas [...], si el recluso niega expresamente tener pensamientos suicidas"[46]. Tampoco evidencia una alta probabilidad de suicidio "la [mera] pertenencia de un recluso a un grupo de alto riesgo"[47].

Una vez demostrado que el demandado conocía la alta probabilidad de suicidio del recluso, debe probarse la falta de adopción de medidas razonables para afrontar tal riesgo, no apreciándose indiferencia deliberada si dicho sujeto "respondió razonablemente"[48]. Se trata de valorar si el miembro del personal penitenciario cuya actuación se cuestiona hizo "menos de lo que [su] capacitación indicaba que era necesario"[49]. La razonabilidad de las medidas adoptadas debe examinarse "en su conjunto", no bastando con "tomar algunas precauciones razonables"[50]. Cuando las medidas que se podrían haber adoptado contra el riesgo de suicidio constituyen "precauciones simples y obvias", su falta de adopción resulta indicativa de indiferencia deliberada[51].

Por ejemplo, incurren en indiferencia deliberada, por no adoptar medidas razonables para reducir el riesgo de suicidio de un recluso, (1) los guardias que, conociendo que un preso tiene una alta probabilidad de suicidio, lo encierran en una

---

46 Downard for Estate of Downard v. Martin, 968 F.3d 594 (6th Cir. 2020), p. 601.

47 *Idem.*

48 Francisco v. Corizon Health, Inc., 108 F.4th 1072 (8th Cir. 2024), p. 1078.

49 Comstock v. McCrary, 273 F.3d 693 (6th Cir. 2001), p. 706.

50 Converse v. City of Kemah, Texas, 961 F.3d 771 (5th Cir. 2020), p. 779.

51 Belbachir v. County of McHenry, 726 F.3d 975 (7th Cir. 2013), p. 982.

celda con puntos de amarre, dejando a su disposición ropa de cama suelta, sin efectuar una vigilancia constante[52]; (2) la trabajadora social clínica que decide retirar de la vigilancia de suicidio y colocar en la población penitenciaria general a un preso que le manifiesta sentirse muy deprimido y tener constantes pensamientos suicidas[53]; o (3) el personal de admisión que, estando al tanto del riesgo máximo de suicidio de un recluso, no activa el protocolo de prevención del suicidio de la cárcel[54].

## *2. Aislamiento prolongado*

Las medidas de aislamiento prolongado de los reclusos también pueden constituir castigos crueles e inusuales. En estos supuestos, el elemento objetivo de la indiferencia deliberada ante necesidades médicas graves no se pone en cuestión, pues "está asentado tanto en la jurisprudencia como en la investigación científica y médica que el aislamiento prolongado [...] implica un riesgo sustancial de daños psicológicos y físicos graves"[55]. Como "efectos secundarios comunes" se señalan "la ansiedad y el pánico"; como "resultados frecuentes", "la depresión, el trastorno de estrés postraumático, la psicosis, las alucinaciones, la paranoia, la claustrofobia y la ideación suicida"[56]. No hay ninguna duda, pues, sobre "las devastadoras consecuencias para la salud mental [que causa] el aislamiento prolongado"[57].

---

52 Converse v. City of Kemah, Texas, 961 F.3d 771 (5th Cir. 2020).

53 Sanchez v. Oliver, 995 F.3d 461 (5th Cir. 2021).

54 Estate of Clark v. Walker, 865 F.3d 544 (7th Cir. 2017).

55 Porter v. Pennsylvania Department of Corrections, 974 F.3d 431 (3rd Cir. 2020), p. 441.

56 Williams v. Secretary Pennsylvania Department of Corrections, 848 F.3d 549 (3rd Cir. 2017), p. 566.

57 Palakovic v. Wetzel, 854 F.3d 209 (3rd Cir. 2017), p. 225.

Esta evidencia del riesgo sustancial de daño que comporta el aislamiento prolongado incide en la valoración del requisito subjetivo de la indiferencia deliberada ante necesidades médicas graves. A la vista de "la extensa literatura académica que describe y cuantifica los efectos adversos para la salud mental del aislamiento prolongado", dicho riesgo sustancial de daño debe considerarse "tan obvio que tenía que haber sido conocido" [58]. Es decir, en los supuestos de aislamiento prolongado, la indiferencia deliberada debe analizarse "a la luz de la realidad cada vez más obvia de que las estancias prolongadas en régimen de aislamiento pueden causar graves daños a la salud mental"[59].

Ahora bien, para que el aislamiento prolongado de un recluso se considere contrario a la Octava Enmienda, el personal penitenciario, además de conocer el "riesgo objetivo de daño emocional y psicológico grave" que comporta dicha medida, debe actuar sin "una justificación penológica legítima"[60]. Y es que

> "los funcionarios de prisiones encargados de la difícil tarea de gestionar un establecimiento penitenciario pueden determinar razonablemente que el aislamiento prolongado del preso es necesario para proteger el bienestar de los empleados de la prisión, los reclusos y el público, o para servir a algún otro objetivo penológico legítimo"[61].

Un buen ejemplo del análisis de la indiferencia deliberada ante necesidades médicas graves que se suele llevar a cabo en los supuestos de aislamiento prolongado lo encontramos en la sentencia del caso *Clark v. Coupe*[62], donde el Tribunal de Apelaciones de Estados Unidos para el Tercer Circuito ordenó

---

[58] Porter v. Clarke, 923 F.3d 348 (4th Cir. 2019), p. 361 (se omiten las citas internas).

[59] Palakovic v. Wetzel, 854 F.3d 209 (3rd Cir. 2017), p. 226.

[60] Porter v. Clarke, 923 F.3d 348 (4th Cir. 2019), pp. 362-363.

[61] *Ibid.*, p. 363.

[62] 55 F.4th 167 (3rd Cir. 2022).

al Tribunal de Distrito de Delaware que admitiera a trámite la demanda interpuesta por un recluso, en virtud del artículo 1983 del Título 42 del Código de los Estados Unidos, contra un grupo de funcionarios de prisiones que lo mantuvieron en régimen de aislamiento durante siete meses, pese a haber sido diagnosticado con esquizofrenia y trastorno bipolar. Para fundamentar la existencia del requisito objetivo, la sentencia alude al "'consenso cada vez mayor' de que las situaciones de aislamiento pueden causar 'daños psicológicos graves y traumáticos' que, a su vez, conllevan altas tasas de autolesiones o suicidio"[63]. En cuanto al requisito subjetivo, además de tener en cuenta la vasta bibliografía que alerta sobre los problemas de salud mental que comporta el aislamiento prolongado, se señalan dos circunstancias que hacen presumir que el personal penitenciario demandado estaba al tanto del riesgo sustancial de daño grave del recluso:

> "Las propias políticas internas del Departamento de Instituciones Penitenciarias exigían que tuvieran en cuenta la enfermedad mental [del recluso] a la hora de determinar tanto la idoneidad como la duración del aislamiento, y los resultados de una investigación concluyeron que el uso del aislamiento por parte del [director de la prisión] demandado y del [centro penitenciario] ponía en peligro la salud de los reclusos con enfermedades mentales"[64].

Finalmente, se rechaza el argumento de la justificación penológica:

> "Aun suponiendo que [el recluso] fuese colocado inicialmente en [la unidad de aislamiento] con un propósito penológico justificado, el 'pronunciado empeoramiento' de los síntomas de su enfermedad mental resultante de los meses de aislamiento fue totalmente inútil e injustificado. No se cumplió ninguna finalidad penológica al dañar irrevocablemente la salud mental [del

---

63 *Ibid.*, p. 179.

64 *Ibid.*, p. 180.

> recluso], ya gravemente comprometida; los incidentes crecientes de alucinaciones o automutilación resultantes de la exacerbación de su esquizofrenia y trastorno bipolar no pueden considerarse una 'parte de su sanción' legítima por cometer una infracción disciplinaria"[65].

Además, se añade que "no hay indicios en la demanda de que el personal penitenciario impusiera el aislamiento prolongado por razones legítimas no punitivas, como la propia protección [del recluso] o una necesidad administrativa"[66].

### *3. Tratamientos médicos inadecuados*

Cuando un recluso tiene necesidades médicas graves, "la privación total de atención sanitaria no es una condición necesaria para constatar una violación constitucional"[67]. La Octava Enmienda exige que el personal penitenciario proporcione a dicho recluso "un tratamiento *constitucionalmente adecuado*"[68], de modo que "el hecho de que [el recluso] haya recibido *algún tipo* de atención médica no desvirtúa automáticamente una reclamación de indiferencia deliberada"[69]. Esto quiere decir que los tratamientos médicos inadecuados pueden constituir situaciones de indiferencia deliberada ante necesidades médicas graves.

La "falta de juicio profesional" es el elemento clave para valorar la indiferencia deliberada en los supuestos de tratamientos médicos inadecuados[70], pues se entiende que "una decisión terapéutica basada en el juicio profesional no puede revelar indiferencia deliberada, porque el juicio profesional

---

65 *Ibid.*, p. 183.

66 *Ibid.*, p. 184.

67 Langford v. Norris, 614 F.3d 445 (8th Cir. 2010), p. 460.

68 De'lonta v. Johnson, 708 F.3d 520 (4th Cir. 2013), p. 526.

69 Edwards v. Snyder, 478 F.3d 827 (7th Cir. 2007), p. 831.

70 Campbell v. Kallas, 936 F.3d 536 (7th Cir. 2019), p. 545.

conlleva la elección de lo que el demandado consideraba el mejor tratamiento"[71]. Es decir, en los supuestos "que implican la elección entre tratamientos alternativos", la actuación que se basa en "un juicio médico de que cualquiera de los dos [o más] tratamientos sería médicamente aceptable en vista de las circunstancias" resulta incompatible con la indiferencia deliberada[72].

Pero "la deferencia [debida al juicio profesional del personal sanitario] no significa que un demandado eluda automáticamente su responsabilidad cada vez que invoca el juicio profesional como base de una decisión terapéutica"[73]. Lo importante es que su actuación se haya basado realmente en dicho juicio, de modo que sus afirmaciones pueden ser contrarrestadas aportando "pruebas a partir de las cuales un jurado razonable podría concluir que el demandado no creyó *honestamente* la explicación médica ofrecida"[74]. Para valorar la existencia real de un juicio profesional en la decisión terapéutica, hay que atender al contexto que rodeó dicha decisión:

> "Cuando un médico dice que no se dio cuenta de que sus decisiones terapéuticas (o la falta de ellas) podían causar daños graves a un [recluso], un jurado tiene derecho a sopesar esa explicación frente a ciertos indicios de que el médico sí lo sabía. Esos indicios contextuales pueden incluir la existencia de documentos que el médico consultaba habitualmente y que desaconsejaban su plan de tratamiento, pruebas de que el paciente se quejaba repetidamente de soportar dolores persistentes sin que se modificara la atención médica, demoras inexplicables o desviaciones respecto de los estándares médicos comunes o, por supuesto, el propio testimonio del médico que indica que conocía el tratamiento necesario que no proporcionó"[75].

---

71 Zaya v. Sood, 836 F.3d 800 (7th Cir. 2016), p. 805.

72 Jackson v. McIntosh, 90 F.3d 330 (9th Cir. 1996), p. 332.

73 Zaya v. Sood, 836 F.3d 800 (7th Cir. 2016), p. 805.

74 *Idem.*

75 Petties v. Carter, 836 F.3d 722 (7th Cir. 2016), p. 731.

De ahí que, "para inferir indiferencia deliberada sobre la base de la decisión terapéutica de un médico, la decisión debe alejarse tanto de los estándares profesionales aceptados que se deduzca que en realidad no se basó en un juicio médico"[76]. Por tanto, para que prospere una reclamación de indiferencia deliberada ante necesidades médicas graves de un preso en supuestos de tratamientos médicos inadecuados, no basta con demostrar "nada más que 'una diferencia de opinión médica' en cuanto a la necesidad de seguir un tratamiento en lugar de otro", sino que hay que probar que el tratamiento elegido "era médicamente inaceptable dadas las circunstancias" y que fue elegido "desatendiendo conscientemente un riesgo excesivo para la salud del demandante"[77].

Por ejemplo, en el caso *Porretti v. Dzurenda*, el Tribunal de Distrito de Nevada acordó una medida cautelar —confirmada por el Tribunal de Apelaciones de Estados Unidos para el Noveno Circuito— que requería al Departamento de Instituciones Penitenciarias de Nevada que tratase las graves enfermedades mentales del recluso demandante con Wellbutrin —medicamento antidepresivo— y Seroquel —medicamento antipsicótico—, al considerar que el informe médico presentado por la parte demandada, que recomendaba que el recluso recibiese un tratamiento exclusivamente cognitivo-conductual, "era médicamente inaceptable y no creíble", porque "se basó casi exclusivamente en una breve entrevista con [el recluso]"[78]. El doctor de la parte demandada, a diferencia del de la parte demandante —que en su informe señaló que el preso debía recibir los mencionados medicamentos—, "no revisó el historial médico [del recluso], no analizó el posible abuso

---

76 Norfleet v. Webster, 439 F.3d 392 (7th Cir. 2006), p. 396.

77 Jackson v. McIntosh, 90 F.3d 330 (9th Cir. 1996), p. 332 (se omiten las citas internas).

78 Porretti v. Dzurenda, 11 F.4th 1037 (9th Cir. 2021), p. 1045.

de Wellbutrin y Seroquel en el sistema penitenciario, no examinó la experiencia [del recluso] con Wellbutrin y Seroquel, y ofreció un testimonio diseñado para sostener la postura de los demandados"[79]. El hecho de que los responsables del Departamento de Instituciones Penitenciarias de Nevada se apoyasen en dicho informe médico para justificar su decisión de no proporcionar al recluso los mencionados fármacos resulta indicativo de que "probablemente actuaron con indiferencia deliberada ante [su] grave necesidad médica"[80].

## V. VIOLACIÓN DE LA OCTAVA ENMIENDA POR DEFICIENCIAS SISTÉMICAS EN LOS SERVICIOS DE SALUD MENTAL DE LAS PRISIONES

Los supuestos analizados hasta ahora refieren a casos de indiferencia deliberada "ante necesidades médicas de un recluso en particular"[81]. Pero la indiferencia deliberada también puede manifestarse cuando se presentan "deficiencias sistémicas en los servicios médicos de la prisión" que revelan que "la atención sanitaria resulta constitucionalmente inadecuada para todos los reclusos"[82]. Y es que "la prohibición de castigos crueles e inusuales contenida en la Octava Enmienda [...] no se limita a actuaciones sobre individuos concretos, sino que es igualmente aplicable a condiciones generales de reclusión"[83].

En la sentencia del caso *Brown v. Plata*, el Tribunal Supremo de Estados Unidos reconoció que las demandas formuladas en virtud de la Octava Enmienda pueden basarse en

---

79 *Idem.*

80 *Ibid.*, p. 1049.

81 Cleveland-Perdue v. Brutsche, 881 F.2d 427 (7th Cir. 1989), p. 430.

82 *Ibid.*, pp. 430-431.

83 Gates v. Collier, 501 F.2d 1291 (5th Cir. 1974), pp. 1300-1301.

> "deficiencias de todo el sistema de prestación de cuidados médicos y de salud mental que, en su conjunto, someten a los presos enfermos y con trastornos mentales [...] a un 'riesgo sustancial de daño grave' y hacen que la prestación de atención sanitaria en las prisiones quede por debajo de los estándares evolutivos de decencia que marcan el progreso de una sociedad madura"[84].

Dicha sentencia confirmó la resolución de un tribunal de distrito de tres jueces que ordenó al Estado de California reducir su población penitenciaria al 137,5 % de la capacidad de diseño de sus cárceles en un plazo de dos años, al entender que el hacinamiento carcelario era la causa principal de que la atención a los problemas médicos y de salud mental de los presos resultase constitucionalmente inadecuada. En cuanto al riesgo sustancial de daño grave, el Tribunal Supremo señaló que "el hacinamiento puede impedir el diagnóstico y la atención necesarios para proporcionar un tratamiento eficaz y prevenir una mayor propagación de [...] enfermedades físicas o mentales graves", corriendo dicho riesgo "todos los presos de California", incluidos los "reclusos que no están enfermos ni padecen trastornos mentales"[85].

En cambio, en la citada sentencia no se incluye ningún análisis sobre el elemento subjetivo de la indiferencia deliberada ante necesidades médicas graves. Tal omisión, que probablemente se basó en la obviedad del riesgo[86], no sentó ningún precedente: los tribunales federales han seguido analizando los casos de deficiencias sistémicas en los servicios de salud de las prisiones desde una doble perspectiva objetiva y subjetiva.

---

84 Brown v. Plata, 563 U.S. 493 (2011), nota 3.

85 *Ibid.*, pp. 531-532.

86 Russell, K. D. (2017). "Cruel and Unusual Construction: The Eighth Amendment as a Limit on Building Prisons on Toxic Waste Sites". *University of Pennsylvania Law Review*, 165, p. 760.

Por ejemplo, en la sentencia del caso *Rasho v. Jeffreys*, que examinó una demanda colectiva contra el Departamento de Instituciones Penitenciarias de Illinois por no tratar adecuadamente los problemas de salud mental de los presos, el Tribunal de Apelaciones de Estados Unidos para el Séptimo Circuito, tras reconocer que "el elemento subjetivo del estado mental [también] se aplica a las reclamaciones por [...] deficiencias generalizadas en el tratamiento médico penitenciario"[87], negó la existencia de una violación de la Octava Enmienda al entender que la parte demandada no actuó con indiferencia deliberada:

> "El Departamento de Instituciones Penitenciarias de Illinois hizo esfuerzos razonables para remediar las deficiencias en las cinco áreas identificadas en la demanda y para aliviar la escasez de personal. Estos incluyen el aumento del número de profesionales psiquiátricos, la autorización de horas extras ilimitadas, el pago de dietas de viaje y salarios súper competitivos, y aumentar el uso de la telepsiquiatría (entre otras medidas). Estas acciones de los administradores del Departamento de Instituciones Penitenciarias de Illinois demuestran un compromiso para abordar el problema, la antítesis de la indiferencia cruel requerida para presentar una demanda en virtud de la Octava Enmienda"[88].

## REFERENCIAS BIBILIOGRÁFICAS

Cohen, F. (1993). "Captives' Legal Right to Mental Health Care". *Law and Psychology Review*, 17, 1-40.

McAllister, J. (2020). "Mental Illness in Prison & the Objective Unreasonableness of the Estelle Test". *Indiana Journal of Law and Social Equality*, 8(2), 355-378.

Oxman, N. (2013). "Una aproximación al sistema de imputación subjetiva en el Derecho Penal anglosajón". *Ius et Praxis*, 19(1), 139-194.

---

87 Rasho v. Jeffreys, 22 F.4th 703 (7th Cir. 2022), p. 710.

88 *Idem.*

Russell, K. D. (2017). “Cruel and Unusual Construction: The Eighth Amendment as a Limit on Building Prisons on Toxic Waste Sites”. *University of Pennsylvania Law Review*, 165, 741-783.

Taylor, B. (2020). “Professional Judgment or Deliberate Indifference? Suicide under the Eighth Amendment”. *University of Illinois Law Review Online*, 2020, 60-66.

*Capítulo 8*

# *La salud mental en menores infractores: prevención y medidas específicas. La experiencia en los Juzgados de Menores de Valencia*[1]

**CRISTINA GUISASOLA LERMA**
*Catedrática de Derecho Penal*
*Universidad de Valencia*

## I. ADOLESCENCIA, PROBLEMAS DE SALUD MENTAL Y RIESGOS DELICTIVOS: EL CONTEXTO GLOBAL

El presente estudio[2] supone una aproximación a los problemas de salud mental que presentan en la actualidad algunos infractores menores de edad, para analizar en qué medida dicha problemática se relaciona con la conducta delictiva y si las medidas judiciales susceptibles de ser impuestas en estos casos se consideran eficaces.

---

1 La LO 1/2025, de 2 de enero, de medidas en materia de eficiencia del Servicio Público de Justicia, ha cambiado la denominación al crear los Tribunales de Instancia, que agrupan y organizan la jurisdicción, y es en estos nuevos tribunales donde se integrarán las secciones especializadas, entre ellas las de menores (art. 84.2).

2 Este capítulo forma parte del proyecto titulado "Estudio crítico del uso de sanciones alternativas penales: una mirada a la salud mental y al género" (Ministerio de Ciencia e Innovación). PID2021-126236OB-I00.

La salud mental de los y las niños, niñas y adolescentes (NNA) es reconocida por la OMS como una prioridad fundamental debido a su impacto significativo en su desarrollo y bienestar[3]. La Estrategia del Consejo de Europa para los Derechos del Niño (2022–2027)[4] amplía el enfoque en los derechos de los NNA en el entorno digital, reforzando las directrices de 2018. Sin embargo, de acuerdo con estudios recientes[5] los trastornos de su salud mental se encuentran en un punto de inflexión, un punto crítico. El Informe de la OMS sobre *Salud Mental: Transformar la Salud Mental para Todos* (2022), ya recogía que aproximadamente entre el 10 y el 20% de los y las adolescentes experimentan problemas de salud mental en todo el mundo, y la mitad de todas las enfermedades mentales comienzan antes de los 14 años. Por ello en su Plan de acción 2013-2030 recomienda reorganizar los entornos que influyen en la salud

---

3 Los dos sistemas de clasificación más utilizados en salud mental son la Clasificación Internacional de las enfermedades, promovida por la Organización Mundial de la Salud (OMS) y el Manual de Diagnóstico y Estadística de los Trastornos Mentales, de la Asociación Americana de Psiquiatría en EEUU. In extenso, Ortega/ Puente/ Armiño/Jimenez (2023):" La problemática del diagnóstico en el ámbito de la *salud mental infanto-juvenil" en Salud Mental infantojuvenil en el sistema de protección de menores*, Aranzadi, p.75.

4 https://rm.coe.int/council-of-europe-strategy-for-the-rights-of-the-child-2022-2027-child/1680a5ef27

5 Cfr. el estudio publicado por *The Lancet* el 21 de mayo de 2025, que recoge las conclusiones de la segunda Comisión sobre su salud y bienestar y que ha involucrado a jóvenes de 36 países, indica que los adolescentes de hoy son la primera generación que crece en condiciones climáticas más duras, que se enfrenta a amenazas emergentes para la salud mundial, a conflictos internacionales y a la rápida transición digital, que si bien ofrece nuevas oportunidades debe asegurarse su acceso, previniendo los daños digitales. https://www.thelancet.com/journals/lancet/article/PIIS0140-6736(25)00503-3/abstract?dgcid=tlcom_carousel1_lancetadolescenthealth25

mental, incluyendo el entorno digital por su influencia actual en la salud mental de la infancia y la adolescencia.

En esta línea, el Informe de UNICEF, publicado en 2021 sobre el estado mundial de la infancia titulado *"En mi mente": promover, proteger y cuidar la salud mental de la infancia*" profundiza en cómo las crisis mundiales, como el virus de la COVID, han generado un aumento significativo de problemas neuropsicológicos. En concreto, la pandemia supuso un incremento de los riesgos de suicidio entre adolescentes. Adicionalmente, el Informe "*Crecer saludable(mente). Un análisis sobre la salud mental y el suicidio en la infancia y la adolescencia*" de *Save the children* (2021), incide en la importancia de contar con un sistema público que permita la detección y el acceso a la salud mental a los niños, niñas y adolescentes, y especialmente a aquellos que se encuentren en situación más vulnerable.

La salud mental es también una prioridad de nuestro Sistema Nacional de Salud, poniéndose en marcha la "Estrategia de salud mental 2022-2026" de la cual, a su vez, emanó el Plan de Acción de Salud Mental 2022-2024 y el vigente de 2025-2027, planes alineados con los Objetivos de Desarrollo Sostenible de la Agenda 2030 y diseñados de acuerdo con el enfoque integral de la Unión Europea. Por su parte el Consejo de ministros aprobó en enero de 2024 la creación de un Comité de personas expertas para la protección de NNA en el entorno digital, con un importante énfasis en la protección de la salud mental. Previamente, atiendo al incremento de los casos de problemas de salud mental, consecuencia de la pandemia y cumpliendo con las recomendaciones del Plan Integral de Salud Mental de la OMS, se aprobó en 2023 la nueva especialidad médica en Ciencias de la Salud, la Psiquiatría Infantil y de la Adolescencia[6].

---

6 BOE 4/3/23 Número 51 sección 1, página 32231 Orden PCM/205/2023, de 2 de marzo, por la que se aprueban y publican los programas formativos de las especialidades de Psiquiatría y Psiquiatría Infantil y de la

En esta línea, las conclusiones del reciente estudio "*Infancia y adolescencia en España en los últimos 30 años*" (2025) publicado por la Fundación ANAR (Ayuda a Niños/as y Adolescentes en Riesgo) presentan un análisis de la evolución de las problemáticas que afectan a la infancia y adolescencia en España a lo largo de los últimos años, así como las nuevas tendencias. En relación con la salud mental, se pone de manifiesto el empeoramiento de los/as adolescentes, tanto desde la experiencia clínica por el aumento de la atención a problemas mentales infanto-juveniles en Atención Primaria, Especializada y en Servicios de Urgencias[7] como desde estudios de expertos sobre salud mental de adolescentes.

A lo largo de los últimos años, la literatura científica sigue constatando una alta prevalencia de trastornos mentales en la población de jóvenes infractores, si bien esta mayor frecuencia de déficits relacionados con sus necesidades de salud mental, personalidad y funcionamiento cognitivo, se aprecian particularmente en el grupo de delincuentes reincidentes, que también protagonizan delitos más graves. Este grupo suele mostrar una compleja combinación de problemas de conducta, tales como el trastorno disocial, trastorno por déficit de atención con hiperactividad y abuso de drogas[8]. Este hecho también se hizo visible en los Informes anuales del Teléfono/Chat de ANAR, registrándose un incremento de un 643,9% de problemas de salud mental atendidos por dicha Fundación en los últimos 30 años, destacando especialmente el crecimiento

---

Adolescencia, los criterios de evaluación de los especialistas en formación y los requisitos de acreditación de las Unidades Docentes Multiprofesionales de salud mental.

7 "Cfr. el estudio de las psiquiatras López Diago y Sánchez Mascaraque (2023): "Actualización sobre el aumento de trastornos mentales en la adolescencia y estrategias de manejo clínico en Atención Primaria", *Congreso de Pediatría.*

8 Martín Gumersindo, D. (2015): "*Predicción del riesgo de reincidencia y establecer la relación con las características psicopatológicas de una muestra de menores dentro del Sistema de Justicia Juvenil*", p.78 y ss.

de casos relacionados con conducta suicida -ideación o intento- (+2.906,7%), autolesiones (+775,3%), adicciones (+775,3%) o problemas de conducta (+754,1%).

Con relación a las adicciones, el abanico es muy amplio[9]. Desde las adicciones a sustancias, como el alcohol o el tabaco, hasta las más novedosas sin sustancia, como la adicción al porno, a las apuestas por Internet, al trabajo o a las compras, entre otros. En particular, la relación del consumo de sustancias psicoactivas con la salud mental es compleja: por una parte, los problemas mentales hacen más vulnerable al adolescente para iniciar el consumo de algún tipo de estas sustancias y por otra, el propio consumo de este tipo de éstas puede aumentar el riesgo de desarrollar problemas de salud mental en adolescentes vulnerables o aumentar los ya existentes.

A su vez, en el entorno digital, el uso excesivo de redes sociales y/o videojuegos puede contribuir a problemas de salud mental como ansiedad, depresión y de percepción de la imagen corporal exacerbados por la comparación social con imágenes idealizadas. En la última Memoria de la Fiscalía General del Estado 2024 se dedica un capítulo monográfico a los "menores y el impacto en el uso de las redes sociales", desplegando la necesaria protección del menor tanto cuando sea víctima de cualquier delito en el marco digital, así como también cuando los menores son "los verdugos en la red" (en expresión de la Fiscalía). Así, se dice expresamente que: "El incremento de los delitos cometidos a través de las redes sociales o *que traen causa del uso abusivo y adictivo de las mismas* preocupa sobremanera a los que trabajamos en el ámbito de la justicia, especialmente la juvenil, pues no son sino un fiel reflejo de la banalización por parte de los menores y jóvenes de los valores de convivencia constitucionales".

---

9 GUERRERO, R.: "*La urgencia de una mirada global y humana del adolescente con adicción*", *El País, 5 marzo 2025.*

La OMS ha incluido oficialmente el trastorno por videojuegos (*gaming disorder*)[10] en la 11.ª edición de la Clasificación Internacional de Enfermedades (CIE-11). Este trastorno se encuentra dentro de la categoría de "trastornos debidos a comportamientos adictivos", junto al trastorno por juegos de azar. Adicionalmente, la exposición y acceso a contenidos inapropiados por parte de menores (violencia, drogas, pornografía, juego online...) sin límites eficaces, además de que pueden conllevar consecuencias graves para ellos en su desarrollo afectivo-sexual, pueden favorecer trastornos de adicción, dado que los menores pueden no tener suficiente capacidad crítica para gestionar los riesgos asociados a este tipo de actividades, además de facilitar fenómenos delictivos, como la violencia online, sexual, el ciberacoso, la suplantación de identidad y otros riesgos como el grooming, sexting, etc...[11].

Mención especial debe hacerse de los riesgos vinculados a la emergencia de la IA generativa con a creación de contenidos ilícitos. Entre los peligros más habituales de la IA se encuentra la suplantación de identidad mediante contenidos falsos, una práctica con niñas y jóvenes como diana prevalente.

---

10 https://www.who.int/news-room/questions-and-answers/item/addictive-behaviours-gaming-disorder
Cfr. Miró-Llinares/ Coloma-Carmona/Carballo/ Sancho-Domingo/ Rodríguez-Espinosa/Aguerri (2024) : "Engagement in New Gambling Practices and its Association with Gambling Disorder, Impulsivity, and Cognitive Distortions: Findings from a Nationally Representative Sample of Spanish Gamblers", *Journal of gambling Studies*

11 La miniserie británica "Adolescencia" (*Adolescens*), la española "Pubertad" y la danesa "Los secretos que ocultamos" (*Reservated*) estrenadas este año, reflejan, entre otras muchas cuestiones, el impacto actual de las redes sociales en la vida cotidiana de los adolescentes y la diferencia generacional entre éstos y los adultos a la hora de entender el papel de esas redes y cómo guían sus conductas.

Con una incidencia directa en la salud mental, identifica como potencialmente dañinas las funciones similares a las humanas, como los agentes de IA, o producir imágenes y contenidos de vídeo lo suficientemente convincentes como para ser indistinguibles del contenido auténtico (deepfakes y la desinformación)"[12].

La adaptación a estas nuevas formas de criminalidad para poder ejercer una protección eficaz frente a los nuevos delitos tecnológicos es el principio del que parten los cuatro ministerios implicados en el *Proyecto de Ley Orgánica para la protección de las personas menores de edad en entornos digitales*[13].

Expuesto el contexto, el enfoque metodológico del presente capítulo se estructura a partir de una serie de interrogantes que parten de las problemáticas de salud mental expuestas que afectan a los menores infractores a los menores infractores y en qué modo dichas afecciones son tenidas en cuenta en el diseño y aplicación de las medidas educativas o terapéuticas adoptadas. Asimismo, se analizará si tales medidas son efectivas y adecuadas desde una perspectiva resocializadora, centrada en la reintegración social del menor infractor con problemas de salud mental.

---

12 Como advierte Karen L Mansfield, psicóloga investigadora de la Universidad de Oxford Y
Marc Rivero, *Lead Security Researcher de Kaspersky,* https://elpais.com/ciencia/2025-01-21/un-estudio-senala-los-peligros-que-supone-la-ia-para-la-salud-mental-de-ninos-y-adolescentes.html

13 Ministerios de la Presidencia, Justicia y Relaciones con las Cortes, Transformación Digital, Juventud e Infancia y Derechos Sociales, Consumo y Agenda 2030. Aprobado en el Consejo de ministros del 25 de marzo, y publicado en el BOCG el 11 de abril, se abrió un plazo de 15 días hábiles para la presentación de enmiendas, que finalizó el 5 de mayo de 2025. El Pleno del Congreso aprobó el 10 de septiembre de 2025 su tramitación, al rechazar la enmienda a la totalidad de Vox.

## II. ABORDAJE DE LA ENFERMEDAD MENTAL Y LAS ADICCIONES EN EL PROCESO PENAL DEL MENOR

### 1. *Marco jurídico y competencias en la instrucción y ejecución de las medidas*

Como es sabido, la LO 5/2000 de 12 de enero, regula la responsabilidad penal de los menores (en adelante, LORPM) en el periodo comprendido entre los 14 y los 18 años, estableciendo en su artículo 7 un amplio catálogo de medidas susceptibles de ser impuestas (privativas y no privativas de libertad). Señala su Exposición de Motivos (en adelante, EM) como aspecto relevante que dicha LO ha sido guiada por la naturaleza formalmente penal pero materialmente "sancionadora-educativa" de las medidas aplicables a los infractores menores de edad; reconocimiento expreso de todas las garantías que se derivan del respeto de los derechos constitucionales y de las especiales exigencias del interés del menor, así como de la flexibilidad en la adopción y ejecución de las medidas aconsejadas por las circunstancias del caso concreto.

Asimismo, la EM señala que se regulan expresamente las situaciones que requieren una respuesta específica en los supuestos en los que el menor presente síntomas de enajenación mental o la concurrencia de otras circunstancias modificativas de la responsabilidad. Dichos supuestos se concretan en el art. 5.2 LORPM: cuando en un menor concurra alguna de las circunstancias previstas en los números1°, 2° y 3° del art. 20 del Código Penal le serán aplicables, solo "en caso necesario"[14],

---

14 Será preciso que la necesidad de tratamiento, la peligrosidad del menor y la prevención especial positiva (finalidad de reintegración social) justifiquen en cada caso la imposición de la medida (Circular FGE 3/2013 sobre criterios de aplicación de las medidas de internamiento terapéutico).

las medidas de **internamiento terapéutico** (art. 7.1.d LORPM), que puede cumplirse en régimen cerrado, semiabierto o abierto, tras la modificación legal por LO 8/2006, **o tratamiento ambulatorio** (art. 7.1 e)[15].

Por tanto, la previsión del art. 5.2 LORPM, por remisión a las circunstancias del art. 20, 1º, 2º y 3º, será aplicable en supuestos en los que se aprecien "*anomalías o alteraciones psíquicas que impidan comprender la ilicitud del hecho o actuar conforme a esa comprensión*", "*trastorno mental transitorio no provocado para delinquir*", "*intoxicación plena por el consumo de bebidas alcohólicas, drogas tóxicas, estupefacientes o psicotrópicas*", "*síndrome de abstinencia a causa de la dependencia a tales sustancias que impida comprender la ilicitud del hecho o actuar conforme a esa comprensión*" o "*alteraciones en la percepción desde el nacimiento o desde la infancia que alteren gravemente la conciencia de la realidad*". Las medidas citadas, de acuerdo con la Circular FGE 1/2000 se aplicarán tanto cuando las circunstancias referidas se valoren como eximente completa, incompleta del art. 21.1. CP o atenuante analógica[16].

---

15 El art.7.1. e de la LO establece dos tipos de obligaciones a las personas sometidas a esta medida: de un lado, asistir al centro designado con la periodicidad requerida por los facultativos que las atiendan y de otro lado, seguir las pautas fijadas para el adecuado tratamiento de la anomalía o alteración psíquica, adicción al consumo de bebidas alcohólicas, drogas tóxicas o sustancias psicotrópicas, o alteraciones en la percepción que padezcan.
Por su parte el Reglamento de la LORPM, aprobado por RD 1774/2004 (art. 16) recoge las reglas específicas para la ejecución de la medida de tratamiento ambulatorio.

16 En supuestos de inimputabilidad incompleta o parcial, si la entidad jurídica de los hechos lo justifica, cabrá imponer una medida privativa de libertad (internamiento ordinario cerrado, semiabierto o abierto) y al mismo tiempo una medida de seguridad de internamiento terapéutico. En estos casos el cumplimiento seguiría el denominado sistema vicarial, de manera que se iniciaría con el cumplimiento inicial de la medida de seguridad, con la posibilidad

En punto al consentimiento del Reglamento de la LORPM, aprobado por RD 1774/2004 el art. 27.3 del Reglamento la LORPM, establece que "cuando el tratamiento tenga por objeto la deshabituación del consumo de bebidas alcohólicas, drogas tóxicas o sustancia psicotrópicas y aquél no lo preste para iniciarlo o para someterse a los controles de seguimiento establecidos o, una vez iniciado, lo abandone o rechace someterse a los controles, la entidad pública no iniciará el tratamiento o lo suspenderá y lo pondrá en conocimiento del juez de menores a los efectos oportunos". Cuando el interesado rechace un tratamiento de deshabituación, el Juez habrá de aplicarle otra medida adecuada a sus circunstancias[17].

Atendiendo al **ámbito competencial**, el Ministerio Fiscal actuará como garante de protección del menor. Es el encargado de llevar la instrucción de los procedimientos por los hechos

---

de su sustitución por otra o de su suspensión, y con el posterior cumplimiento -si es necesario- de la medida de internamiento ordinario. Este mecanismo vicarial es especialmente adecuado en el Sistema de Justicia Juvenil porque su flexibilidad permite una amplia gama de respuestas con base en la valoración de la situación terapéutica del sometido a la medida (evolución del tratamiento, modificaciones en el diagnóstico, actitud del sujeto, etc...), de modo que atendiendo a las necesidades concretas y al interés del menor, podría cancelarse la medida terapéutica e iniciar el internamiento ordinario, o agotarse la medida terapéutica y cancelar el internamiento ordinario, o reducir la medida terapéutica y sustituir el internamiento ordinario por una medida en medio abierto. Como indica la Circular 1/2000, las posibilidades son múltiples y permiten, conforme a los postulados de la Justicia Juvenil, adecuar la respuesta ante el delito a las necesidades del menor infractor.

17 Debe recordarse en este punto la modificación introducida en el apartado 3 del art.100 CP, tras la reforma de la LO 5/2010, de 22 de junio, pues señala ahora el precepto en su inciso segundo que no se considerará quebrantamiento de la medida la negativa del sujeto a someterse a tratamiento médico o a continuar un tratamiento médico inicialmente consentido.

cometidos por ellos, teniendo entre sus competencias (art.23 LORPM) la de proponer la adopción de concretas medidas de contenido educativo y sancionador, adecuadas a las circunstancias del hecho y del autor, y sobre todo al interés del propio menor valorado en la causa.

No obstante, si se reunieran los requisitos previstos en el artículo 19.1[18], el Ministerio Fiscal podrá remitir el expediente al Juez con propuesta de sobreseimiento por conciliación o reparación entre el menor y la víctima, remitiendo, además, en su caso, testimonio de lo actuado a la entidad pública de

---

[18] Artículo 19. Sobreseimiento del expediente por conciliación o reparación entre el menor y la víctima.1. *También podrá el Ministerio Fiscal desistir de la continuación del expediente, atendiendo a la gravedad y circunstancias de los hechos y del menor, de modo particular a la falta de violencia o intimidación graves en la comisión de los hechos, y a la circunstancia de que además el menor se haya conciliado con la víctima o haya asumido el compromiso de reparar el daño causado a la víctima o al perjudicado por el delito, o se haya comprometido a cumplir la actividad educativa propuesta por el equipo técnico en su informe.*
*El desistimiento en la continuación del expediente sólo será posible cuando el hecho imputado al menor constituya delito menos grave o falta.*
2. *A efectos de lo dispuesto en el apartado anterior, se entenderá producida la conciliación cuando el menor reconozca el daño causado y se disculpe ante la víctima, y ésta acepte sus disculpas, y se entenderá por reparación el compromiso asumido por el menor con la víctima o perjudicado de realizar determinadas acciones en beneficio de aquellos o de la comunidad, seguido de su realización efectiva. Todo ello sin perjuicio del acuerdo al que hayan llegado las partes en relación con la responsabilidad civil.*
*Cuando la medida sea consecuencia de la comisión de alguno de los delitos tipificados en los Capítulos I y II del Título VIII del Código Penal, o estén relacionados con la violencia de género, no tendrá efecto de conciliación, a menos que la víctima lo solicite expresamente y que el menor, además, haya realizado la medida accesoria de educación sexual y de educación para la igualdad.* Aptdo. Redactado conforme a la *LO 10/2022 de 6 de septiembre de garantía integral de la libertad sexual.*

protección de menores que corresponda, a los efectos de que actúe en protección del menor. El correspondiente Equipo Técnico (en adelante, ET) -órgano auxiliar de la Administración de Justicia, compuesto por educadores, trabajadores sociales y psicólogos (art. 4 RP), expertos en ciencias de la conducta–realizaría las labores de mediación, informando, si lo considera conveniente y en interés del menor, sobre la posibilidad de que éste efectúe una *actividad reparadora o de conciliación con la víctima, de* acuerdo con los requisitos recogidos en los artículos 19 de la Ley y 5 del Reglamento, con indicación expresa del contenido y la finalidad de la mencionada actividad. Asimismo, podrá proponer en su informe la conveniencia de no continuar la tramitación del expediente en interés del menor, por haber sido expresado suficientemente el reproche al mismo a través de los trámites ya practicados, o por considerar inadecuada para el interés del menor cualquier intervención, dado el tiempo transcurrido desde la comisión de los hechos. En el caso de que el menor no cumpliera la reparación o la actividad educativa acordada el Ministerio Fiscal continuará con el expediente.

Durante la instrucción, el Ministerio Fiscal requerirá del Equipo Técnico, la elaboración de un **informe** o actualización de los anteriormente emitidos, que deberá serle entregado en el plazo máximo de diez días, prorrogable por un período no superior a un mes en casos de gran complejidad, sobre la situación psicológica, educativa y familiar del menor, así como sobre su entorno social, y en general sobre cualquier otra circunstancia relevante a los efectos de la adopción de alguna de las medidas previstas en la presente Ley (art. 27). Dicho Informe es **preceptivo pero no vinculante** y podrá contener la orientación de una de las medidas que recoge el artículo 7 con contenido reeducativo. Un aspecto diferenciador e importante en la valoración de las circunstancias del menor es que éstas se tendrán que poner en relación con el hecho delictivo, teniendo en cuenta los factores de riesgo, factores de protección y de qué modo han influido en la conducta del menor. Dicha valoración se obtendrá principalmente a través de la entrevista, test psicométricos, así como podrá recabarse información de otras instituciones públicas o privadas relacionados con el joven (por ejemplo, servicios sociales, medidas judiciales, etc.). También revisando su expediente personal y judicial, de tenerlo. En dicho Informe el ET también podrá proponer, asimismo, una intervención socio-educativa sobre el menor, poniendo de manifiesto en tal caso aquellos aspectos del mismo que considere relevantes en orden a dicha intervención.

Si en el transcurso de la instrucción quedaran suficientemente acreditados algunos de los casos de exención de responsabilidad (en situación de enajenación mental o en cualquiera otra de las circunstancias referidas en los apartados 1.º, 2.º o 3.º del artículo 20 CP) se adoptarán las **medidas cautelares** precisas para la protección y custodia del menor. Se instarán en su caso las actuaciones para la incapacitación del menor y la constitución de los organismos tutelares conforme a derecho, sin perjuicio todo ello de concluir la instrucción y de efectuar las alegaciones conforme a lo que establecen sus artículos 5.2 y 9, y de solicitar, por los trámites de la misma, en su caso, alguna medida terapéutica adecuada al interés del menor de las previstas (art.29 LORPM).

**Acabada la instrucción**, el Ministerio Fiscal resolverá la conclusión del expediente, notificándolo a las partes y lo remitirá inmediatamente al Juez de Menores, dando copia del mismo al letrado del menor. Durante la fase de **audiencia**, el Juez podrá dictar resolución de conformidad, si el menor se declara autor de los hechos y está de acuerdo con las medidas solicitadas (art.36); si procede a celebrarse la audiencia, una vez se finalice, el Juez de Menores **dictará sentencia** en el plazo de 5 días.

La **ejecución** de las medidas se realizará bajo **el control del Juez de Menores.** De acuerdo con el art. 44 de la Ley (d) le corresponde "conocer la evolución de los menores a través de los informes de seguimiento de las mismas".

Adicionalmente la competencia administrativa de las medidas adoptadas (art.45) recae en las Entidades Públicas, concretamente en las Consejerías de las Comunidades Autónomas (en adelante, CCAA), que llevarán a cabo, conforme a sus propias normas de organización, la creación, dirección, organización y gestión de los servicios, instituciones y programas adecuados. La norma permite el establecimiento de convenios o acuerdos de colaboración con otras entidades, públicas o privadas sin ánimo de lucro. En estos casos, como bien señalaba García Diez[19], partiendo de la función de la Fiscalía como garante del cumplimiento de la normativa, una buena manera de constatar la observancia y cumplimiento en materia de contratación de personal en aquellos supuestos donde la ejecución de las medidas se efectúa indirectamente, esto es a través de entidades colaboradoras, lo que sucede en la mayoría de las CCAA, sería la de recabar la remisión de los convenios celebrados o cuya firma se prevea ,examinando los términos de los mismos e instando su modificación para que se lleve a cabo su ajuste a los postulados exigidos. En suma, este sistema implica pues una interacción de la Jurisdicción y la Administración Autonómica con el fin de alcanzar el objetivo que es la reeducación del menor infractor.

---

19 Fiscal Decana de la Sección de Menores de la Fiscalía Provincial de Las Palmas, Jornadas de especialistas en menores, Madrid 16 y 17 de octubre de 2013

## *2. La ejecución de las medidas judiciales con contenido terapéutico: dificultades operativas*

### 2.1. Datos de partida: el Informe del Consejo General del Poder Judicial

Nuestro análisis parte del seguimiento continuado llevado a cabo por el Servicio de Inspección del Consejo General del Poder Judicial sobre la ejecución de las medidas impuestas a jóvenes infractores y los recursos disponibles, desde la entrada en vigor de la LORPM hasta su publicación en 2008[20]. Dicho informe, de carácter exhaustivo y técnico, puso de manifiesto graves deficiencias estructurales en el sistema de justicia juvenil, fundamentalmente relacionadas con la escasez e insuficiencia de recursos para la ejecución de las medidas judiciales. Su abordaje permitirá ver en que medida las recomendaciones y observaciones de aquel momento se reflejan o divergen de la realidad actual.

La metodología adoptada en aquel informe consistió en el envío de cuestionarios a los entonces Juzgados de Menores con el propósito de obtener información desde tres perspectivas complementarias:

a) Un enfoque cuantitativo, a partir de los datos remitidos por los juzgados y de los registros proporcionados por la Sección de Estadística del propio Consejo;

b) Un análisis de los recursos disponibles en las distintas comunidades autónomas para la ejecución de las medidas

---

20 Dicho Informe del que tuve conocimiento por la prensa con ocasión de un proyecto de investigación sobre la materia no se encuentra actualmente publicado en la web del CGPJ. Sin embargo, se ha podido acceder al mismo gracias a la intermediación de la periodista autora del reportaje, Mónica Ceberio, quien me puso en contacto con la autora del informe, María José Gandásegui, miembro del citado Servicio de Inspección del CGPJ, quien muy generosamente dedicó tiempo a localizarlo y remitírmelo. Mi agradecimiento nuevamente a ambas.

judiciales impuestas, así como de las recomendaciones formuladas por los jueces a las entidades públicas responsables;

c) Una evaluación de las dificultades operativas a las que se enfrentaba la Jurisdicción de Menores, junto con una valoración de las posibles mejoras en la gestión y disponibilidad de dichos recursos.

Con respecto a los **tiempos de designación de centros** de cumplimiento, los resultados del cuestionario (respondido solo por un 28 % de los órganos destinatarios) indicaban que el plazo medio oscilaba entre uno y tres meses. Sin embargo, las inspecciones presenciales llevadas a cabo en los Juzgados de Menores de Valencia durante 2007 revelaron que los tiempos reales de respuesta de la Administración eran significativamente superiores a lo declarado.

En relación con las **medidas de contenido terapéutico**, los jueces de menores señalaron aspectos especialmente críticos, entre los que destacaban los siguientes: primero, la inexistencia generalizada de centros terapéuticos públicos específicos para menores; segundo, la práctica habitual de derivar a los menores a servicios sanitarios generales o a centros privados concertados, lo que compromete seriamente tanto la eficacia del tratamiento como la coherencia de la medida impuesta; por último, la ausencia de recursos especializados para menores con trastornos mentales o problemas de drogodependencia, aspecto sobre el que el informe se manifestaba con especial contundencia.

El informe subrayaba asimismo la importancia del **control judicial sobre la ejecución de estas medidas.** En este sentido, un 49 % de los jueces valoró positivamente su funcionamiento, mientras que un 35 % expresó una valoración negativa. Un 16 % no respondió, lo que podría interpretarse como una señal de desconocimiento o falta de implicación respecto a este ámbito. Las valoraciones negativas se concentraron principalmente en las comunidades autónomas de Andalucía, Canarias, Castilla y León, Extremadura, Madrid, Murcia y la Comunidad Valenciana. Como señalaba Ferreiros Marcos[21], el internamiento de menores presenta características diferenciales con el de los adultos y la intervención del Fiscal cobra singular relevancia en aplicación de sus facultades de superior vigilancia del sistema de los acogimientos residenciales y en atención a sus deberes de inspección periódica que están siendo objeto de particular atención en el momento presente.

Por lo que se refiere a la relación entre la Jurisdicción de Menores y las distintas Administraciones Autonómicas y a la proyección que esta relación tiene en la eficacia de la gestión de la ejecución, el estudio aludía al Informe emitido por la Secretaría Técnica de la FGE. En dicho informe se destacaba la necesidad de fomentar la comunicación fluida entre las Secciones de Menores, los jueces competentes y las autoridades administrativas responsables de la ejecución, con el fin de garantizar un seguimiento eficaz de los casos. Dicho seguimiento requiere que los jueces dispongan de información actualizada y fiable sobre la evolución de los menores durante el cumplimiento de las medidas, para poder valorar su eficacia real en términos de reeducación y reintegración social. En este sentido, los Equipos Técnicos —tanto en medio abierto como en medio cerrado— desempeñan un papel clave, al ser quienes tienen contacto directo con los menores y pueden aportar valoraciones dinámicas sobre el curso de la intervención. Esta información es esencial para que los jueces puedan adoptar decisiones fundadas sobre la modificación, sustitución o mantenimiento de las medidas impuestas.

---

21 Ferreirós Marcos (2012): "El internamiento involuntario de los niños y niñas con discapacidad", *Estudios Jurídicos nº* 2012.

### 2.2. Situación actual de la aplicación de las medidas judiciales terapéuticas. Un enfoque centrado en los Juzgados/Secciones de Menores de Valencia

Lamentablemente, el Informe del CGPJ (2008) no fue objeto de actualización. Por ello, con el fin de aproximarnos a la situación actual de las medidas terapéuticas impuestas a menores, recurriremos a diversas fuentes, adoptando un análisis metodológico similar - aunque no idéntico - al empleado en el Informe de 2008. Finalizaremos este apartado con un estudio de campo llevado a cabo en los Juzgados de Menores de Valencia, ahora denominados Secciones de Menores de los nuevos Tribunales de Instancia.

#### A) Información cuantitativa sobre las medidas ejecutadas, extraída de registros estadísticos elaborados por instituciones oficiales.

En lo que respecta a los datos cuantitativos, se ha acudido a estadísticas oficiales, si bien hay que tener en cuenta que las metodologías empleadas varían entre ellas.

En primer término, atenderemos al último informe elaborado por la **Dirección General de Derechos de la Infancia y de la Adolescencia** —actualmente adscrita al Ministerio de Juventud e Infancia—que desde 2001 publica anualmente una recopilación sistematizada de las medidas impuestas y ejecutadas respecto de menores y jóvenes infractores, con base en la información remitida por las comunidades autónomas.

Según los datos que aparecen, correspondientes a 2023, en relación a las medidas ejecutadas, en términos porcentuales, destaca el aumento de internamientos terapéuticos en sus distintas modalidades en la franja de edad de 14-15 años -aumentos de 33% para el régimen cerrado, 31% para el régimen semiabierto y 160% para el régimen abierto respecto a 2022.

Las tablas recogidas en el Boletín hacen referencia a tasas de 1/100.000 personas de entre 14 y 21 años: conforme a ese dato, a nivel nacional el internamiento terapéutico más impuesto es el semiabierto (tasa del 29 %) seguido del abierto (3%) y por último el cerrado (2 %). De las medidas en medio abierto, destaca por número la libertad vigilada, que supone un 61,19% del total de medidas (423%) y el tratamiento ambulatorio (50%).

En la comparativa por CCAA, si atendemos a la Comunidad Valenciana, también el internamiento terapéutico semiabierto es el mayormente impuesto, sin embargo, la medida de tratamiento ambulatorio apenas se impone.

---

**Tabla 34. Comparativa CCAA - Medidas Art. 7 (LRPM) - Detalle Ejecutadas**

| | | Intern. régimen cerrado | Intern. régimen semiabierto | Intern. régimen abierto | Intern. Terap. Cerrado | Intern. Terap. Semiabierto | Intern. Terap. abierto | Tratam. Ambul. | Centro de día | Perm. de fin de semana | Libertad vigilada | Prohib. Aprox./com. Con víctima | Conv. con otra persona | Prest. benef. Comun. | Realiz. tareas socioed. | Amonest. | Privación permiso conducir | Inhabilitación absoluta |
|---|---|---|---|---|---|---|---|---|---|---|---|---|---|---|---|---|---|---|
| Andalucía | **Abs.** | 76,0 | 678,0 | 35,0 | 11,0 | 282,0 | 2,0 | 1.161,0 | 108,0 | 96,0 | 3.276,0 | 400,0 | 212,0 | 300,0 | 817,0 | 65,0 | 5,0 | 0,0 |
| | *Tasa* | 11,0 | 98,3 | 5,1 | 1,6 | 40,9 | 0,3 | 168,3 | 15,7 | 13,9 | 474,9 | 58,0 | 30,7 | 43,5 | 118,4 | 8,0 | 0,7 | 0,0 |
| Aragón | **Abs.** | 14,0 | 74,0 | — | 1,0 | 1,0 | — | 110,0 | 1,0 | 28,0 | 592,0 | 65,0 | 15,0 | 120,0 | 100,0 | 2,0 | 0,0 | — |
| | *Tasa* | 14,5 | 76,5 | — | 1,0 | 1,0 | — | 113,6 | 1,0 | 28,9 | 611,6 | 67,2 | 15,5 | 124,0 | 103,3 | 2,1 | 0,0 | — |
| Asturias | **Abs.** | 6,0 | 37,0 | 0,0 | 0,0 | 9,0 | 0,0 | 1,0 | 1,0 | 11,0 | 107,0 | — | 5,0 | 60,0 | 112,0 | 0,0 | 0,0 | 0,0 |
| | *Tasa* | 10,3 | 63,2 | 0,0 | 0,0 | 15,4 | 0,0 | 1,7 | 1,7 | 18,8 | 182,8 | — | 8,5 | 102,5 | 191,4 | 0,0 | 0,0 | 0,0 |
| Baleares | **Abs.** | 9,0 | 45,0 | 9,0 | 3,0 | 21,0 | 1,0 | 8,0 | 0,0 | 0,0 | 351,0 | 108,0 | 6,0 | 9,0 | 14,0 | 0,0 | 0,0 | 0,0 |
| | *Tasa* | 10,1 | 50,6 | 10,1 | 3,4 | 23,6 | 1,1 | 9,0 | 0,0 | 0,0 | 394,9 | 121,5 | 6,7 | 10,1 | 15,7 | 0,0 | 0,0 | 0,0 |
| Canarias | **Abs.** | 0,0 | 34,0 | 10,0 | 8,0 | 338,0 | 52,0 | 336,0 | 0,0 | 50,0 | 830,0 | 0,0 | 96,0 | 128,0 | 284,0 | 0,0 | 0,0 | 0,0 |
| | *Tasa* | 0,0 | 20,9 | 6,1 | 4,9 | 207,5 | 31,9 | 206,3 | 0,0 | 30,7 | 509,6 | 0,0 | 58,9 | 78,6 | 174,4 | 0,0 | 0,0 | 0,0 |
| Cantabria | **Abs.** | 5,0 | 15,0 | 0,0 | 0,0 | 5,0 | 0,0 | 5,0 | 5,0 | 9,0 | 221,0 | — | 14,0 | 23,0 | 90,0 | — | — | — |
| | *Tasa* | 12,2 | 36,5 | 0,0 | 0,0 | 12,2 | 0,0 | 12,2 | 12,2 | 21,9 | 537,5 | — | 34,1 | 55,9 | 218,9 | — | — | — |
| Castilla y León | **Abs.** | 13,0 | 43,0 | 4,0 | 3,0 | 23,0 | 6,0 | 17,0 | 15,0 | 35,0 | 748,0 | 2,0 | 74,0 | 380,0 | 349,0 | 0,0 | 0,0 | 0,0 |
| | *Tasa* | 8,6 | 28,5 | 2,6 | 2,0 | 15,2 | 4,0 | 11,3 | 9,9 | 23,2 | 495,1 | 1,3 | 49,0 | 251,5 | 231,0 | 0,0 | 0,0 | 0,0 |
| Castilla-La Mancha | **Abs.** | 7,0 | 74,0 | 41,0 | 8,0 | 85,0 | 27,0 | 65,0 | 0,0 | 28,0 | 805,0 | 82,0 | 13,0 | 169,0 | 331,0 | — | — | — |
| | *Tasa* | 4,4 | 46,1 | 25,5 | 5,0 | 52,9 | 16,8 | 40,5 | 0,0 | 17,4 | 501,1 | 51,0 | 8,1 | 105,2 | 206,0 | — | — | — |
| Cataluña | **Abs.** | 114,0 | 206,0 | 4,0 | 6,0 | 34,0 | 1,0 | 16,0 | 2,0 | 12,0 | 2.231,0 | 146,0 | 15,0 | 201,0 | 294,0 | 108,0 | 0,0 | 0,0 |
| | *Tasa* | 18,6 | 33,6 | 0,7 | 1,0 | 5,6 | 0,2 | 2,6 | 0,3 | 2,0 | 364,3 | 23,8 | 2,4 | 32,8 | 48,0 | 17,6 | 0,0 | 0,0 |
| C. Valenciana | **Abs.** | 64,0 | 697,0 | 1,0 | 7,0 | 93,0 | 1,0 | 9,0 | 1,0 | 16,0 | 2.550,0 | — | 105,0 | 343,0 | 988,0 | — | — | — |
| | *Tasa* | 16,0 | 174,7 | 0,3 | 1,8 | 23,3 | 0,3 | 2,3 | 0,3 | 4,0 | 639,1 | — | 26,3 | 86,0 | 247,6 | — | — | — |
| Extremadura | **Abs.** | 1,0 | 20,0 | 0,0 | 1,0 | 10,0 | 0,0 | 5,0 | 0,0 | 16,0 | 154,0 | 5,0 | 17,0 | 115,0 | 49,0 | — | — | — |
| | *Tasa* | 1,3 | 26,5 | 0,0 | 1,3 | 13,3 | 0,0 | 6,6 | 0,0 | 21,2 | 204,1 | 6,6 | 22,5 | 152,4 | 65,0 | — | — | — |
| Galicia | **Abs.** | 16,0 | 79,0 | 7,0 | 5,0 | 37,0 | 0,0 | 43,0 | 8,0 | 5,0 | 443,0 | 0,0 | 5,0 | 40,0 | 168,0 | 0,0 | 0,0 | 0,0 |
| | *Tasa* | 9,7 | 47,9 | 4,2 | 3,0 | 22,4 | 0,0 | 26,0 | 4,8 | 3,0 | 268,3 | 0,0 | 3,0 | 24,2 | 101,8 | 0,0 | 0,0 | 0,0 |
| Madrid | **Abs.** | 146,0 | 305,0 | 38,0 | 20,0 | 75,0 | 12,0 | 16,0 | 7,0 | 3,0 | 1.928,0 | — | 13,0 | 419,0 | 585,0 | — | — | — |
| | *Tasa* | 28,2 | 59,0 | 7,3 | 3,9 | 14,5 | 2,3 | 3,1 | 1,4 | 0,6 | 372,5 | — | 2,5 | 81,0 | 113,1 | — | — | — |
| Murcia | **Abs.** | 33,0 | 128,0 | 34,0 | 3,0 | 15,0 | 1,0 | 1,0 | 0,0 | 13,0 | 535,0 | 0,0 | 17,0 | 72,0 | 325,0 | 0,0 | 0,0 | 0,0 |
| | *Tasa* | 25,0 | 97,1 | 25,8 | 2,3 | 11,4 | 0,8 | 0,8 | 0,0 | 9,9 | 406,0 | 0,0 | 12,9 | 54,6 | 246,6 | 0,0 | 0,0 | 0,0 |
| Navarra | **Abs.** | — | — | — | — | 3,0 | — | 1,0 | 15,0 | 10,0 | 57,0 | — | 9,0 | 77,0 | 57,0 | 14,0 | — | — |
| | *Tasa* | — | — | — | — | 5,7 | — | 1,9 | 28,5 | 19,0 | 108,1 | — | 17,1 | 146,1 | 108,1 | 26,6 | — | — |
| País Vasco | **Abs.** | — | — | — | — | — | — | — | — | — | — | — | — | — | — | — | — | — |
| | *Tasa* | — | — | — | — | — | — | — | — | — | — | — | — | — | — | — | — | — |
| La Rioja | **Abs.** | 3,0 | 17,0 | 0,0 | 0,0 | 10,0 | 0,0 | 0,0 | 0,0 | 2,0 | 82,0 | 39,0 | 0,0 | 8,0 | 85,0 | 5,0 | 0,0 | 0,0 |
| | *Tasa* | 12,6 | 71,6 | 0,0 | 0,0 | 42,1 | 0,0 | 0,0 | 0,0 | 8,4 | 345,3 | 164,2 | 0,0 | 33,7 | 358,0 | 21,1 | 0,0 | 0,0 |
| Ceuta | **Abs.** | 40,0 | 21,0 | 1,0 | 0,0 | 0,0 | 0,0 | 8,0 | 0,0 | 4,0 | 150,0 | 12,0 | 0,0 | 0,0 | 24,0 | — | 16,0 | 0,0 |
| | *Tasa* | 483,2 | 253,7 | 12,1 | 0,0 | 0,0 | 0,0 | 96,6 | 0,0 | 48,3 | 1.812,0 | 145,0 | 0,0 | 0,0 | 289,9 | — | 193,3 | 0,0 |
| Melilla | **Abs.** | 1,0 | 38,0 | 0,0 | 0,0 | 8,0 | 0,0 | 1,0 | 0,0 | 4,0 | 170,0 | — | 0,0 | 2,0 | 6,0 | — | — | — |
| | *Tasa* | 11,9 | 450,6 | 0,0 | 0,0 | 94,9 | 0,0 | 11,9 | 0,0 | 47,4 | 2.015,9 | — | 0,0 | 23,7 | 71,1 | — | — | — |

Tasa 1/100.000 personas de entre 14 y 21 años

16

BOLETÍN DE DATOS ESTADÍSTICOS DE MEDIDAS IMPUESTAS A MENORES INFRACTORES 77

En segundo lugar, según la estadística de condenados menores elaborada por el **Instituto Nacional de Estadística** (INE) en el año 2024, se presenta en diversas tablas la evolución, durante la última década, de las medidas judiciales de internamiento terapéutico y tratamiento ambulatorio impuestas a menores infractores. En lo que respecta a los datos correspondientes al año 2023, a nivel nacional se registraron un total de 452 medidas de internamiento terapéutico, mientras que las medidas de tratamiento ambulatorio ascendieron a 256.

Por último, en la *Memoria de la Fiscalía General del Estado 2025* (ejercicio 2024), en la sección "Menores – Actividad de la Unidad Especializada en menores se alude al incremento de trastornos mentales entre los menores internados en régimen terapéutico (representa el 16,76% de los internamientos, la cual es complementada con otros tratamientos en régimen abierto. En numerosas ocasiones, los tratamientos terapéuticos integran medidas no privativas de libertad como los tratamientos ambulatorios o las reglas de conducta de una libertad vigilada, por lo que aquella cifra no mide en exclusiva la salud mental de los menores, pero nos da una idea de su gravedad.

Resulta de interés aludir a la Memoria de 2022 pues recoge la evolución en la aplicación de la medida de internamiento terapéutico en un periodo de 2017 a 2022 no apareciendo tampoco datos de la medida de tratamiento ambulatorio, siendo la libertad vigilada la medida más aplicada.

DATOS MEMORIA FGE 2022 UNIDAD DE MENORES 2022-2107
A NIVEL NACIONAL

| | | | | | | | |
|---|---|---|---|---|---|---|---|
| | Otras | [illegible] | [illegible] | [illegible] | [illegible] | [illegible] | [illegible] |
| MEDIDAS | | | | | | | |
| Expedientes Ejecución | | 14.826 | 14.789 | 12.374 | 12.302 | 11.630 | 11.771 |
| Internamientos | Cerrado | 735 | 773 | 679 | 757 | 528 | 642 |
| | Semiabierto | 2.416 | 2.493 | 2251 | 2.632 | 2.609 | 2.820 |
| | Abierto | 137 | 255 | 203 | 177 | 179 | 160 |
| | Terapéuticos | 634 | 568 | 494 | 509 | 579 | 479 |
| Permanencia de fin de semana | | 339 | 308 | 217 | 330 | 279 | 319 |
| Libertad vigilada | | 10.703 | 10.998 | 9.454 | 10.377 | 11.176 | 10.607 |
| Prestaciones en beneficio de la comunidad | | 2.231 | 1.592 | 1.821 | 3.436 | 3.604 | 3.591 |
| Privación de permisos y licencias | | 28 | 13 | 64 | 26 | 45 | 157 |
| | | 2022 | | | | | 2017 |

Ministerio Fiscal

Fte. Elaboración propia, partiendo de los datos de la Memoria FGE 2022.

En la actualidad ocurre algo similar. La razón sigue encontrándose en la escasa aplicación del tratamiento ambulatorio de forma aislada, al ser más limitada. El **tratamiento**

**ambulatorio** se viene vinculando con la medida de **libertad vigilada**, a la que sirve de complemento racional, siendo la que mayormente se impone en el ámbito del menor infractor, puesto que va acompañada de una serie de obligaciones y prohibiciones que tienen como objetivo la resocialización del menor y la prevención de futuras actividades delictivas. Así, coincido plenamente con García Diez cuando afirmaba que la intervención terapéutica con menores requiere de un trabajo simultáneo sobre la realidad social que viven. Por ello considera que como medida autónoma es limitada y de escasa eficiencia debiendo optarse preferentemente por la medida de libertad vigilada, cuyo contenido recoja la necesidad de una intervención "terapéutica y ambulatoria", al tiempo que, en aquellos casos de consumo de tóxicos, se recoja como regla de conducta la de someterse a tratamiento de deshabituación una vez el menor haya prestado su consentimiento al mismo. En suma, la libertad vigilada con contenido terapéutico es más integral, por su contenido formativo en la atención a la salud mental del menor.

### B) Breve análisis de la relación entre los trastornos de salud mental y los principales ámbitos de incidencia delictiva en menores infractores, a partir de los datos de la Memoria de la FGE 2025.

Aunque sin referirse específicamente a la salud mental, de forma casi unánime, las secciones de menores muestran su seria preocupación y alarma por el incremento y auge de conductas cada vez más violentas realizadas por menores.

En particular, en lo relativo a la violencia filio-parental, el informe destaca que las manifestaciones de violencia doméstica dirigidas hacia progenitores y hermanos constituyen un indicador relevante del estado de la salud familiar, entendida esta como la calidad del entorno relacional y afectivo en el que el menor se desarrolla y construye sus referentes primarios. Asimismo, las memorias territoriales continúan poniendo de relieve la reiteración de episodios violentos en el ámbito intrafamiliar, protagonizados por personas que presentan algún tipo de enfermedad mental o trastorno que agreden a los familiares que les cuidan, bien por falta de adherencia a los tratamientos para la propia enfermedad o bien por presentar trastornos no diagnosticados, a veces en combinación con consumo de tóxicos. En estos casos, mayoritariamente, los familiares que sufren la conducta violenta, más que pretender la aplicación de la respuesta penal a los hechos padecidos demandan una intervención de tipo terapéutico. En los casos de violencia filioparental, es frecuente que, tras la interposición de la denuncia, los familiares —particularmente los progenitores— manifiesten posteriormente su negativa a declarar en sede judicial, motivados por las posibles consecuencias penales que podrían derivarse para el menor agresor[22]. Cuando, como resultado de los hechos denunciados, se acuerdan medidas de alejamiento, no es infrecuente que se produzcan incumplimientos de las mismas, repitiéndose conductas de quebrantamiento. Asimismo, se observa con cierta recurrencia que los progenitores beneficiarios de tales medidas expresen, en etapas posteriores del procedimiento, su deseo de renunciar a la persecución penal de los hechos inicialmente denunciados. Estas dificultades se reproducen también tras la emisión de sentencias condenatorias, evidenciando la complejidad que caracteriza este tipo de conflictos familiares.

---

[22] La reforma del artículo 416 de la Ley de Enjuiciamiento Criminal por Ley Orgánica 8/2021, de 4 de junio, ha excluido de la dispensa de la obligación de declarar al testigo que haya aceptado declarar durante el procedimiento después de haber sido debidamente informado de su derecho a no hacerlo, lo que implica velar para que la información sobre el alcance de la dispensa sea proporcionada de forma clara y adecuada a las circunstancias de cada persona.

Por otro lado, los denominados delitos cibernéticos, cometidos a través de redes sociales o vinculados al uso abusivo y adictivo de estas plataformas, incluido cada vez más el uso de la IA, han registrado un aumento generalizado en los últimos años. Esta tendencia resulta particularmente preocupante en el ámbito de la justicia juvenil, dada la creciente implicación de menores tanto como víctimas como autores[23], destacando entre ellos los delitos relacionados con el acoso, especialmente en sus formas más graves, como el ciberacoso o el *cyberbullying*. A todo ello se une, una vez más, el acceso indiscriminado a través de las TIC y de las redes sociales, a conversaciones, vídeos y demostraciones de todo tipo de porno violento y duro. En el año 2024 se han incoado 3.283 causas por delitos contra la libertad sexual, representando un incremento con respecto a 2023 del +3,07%. Esta tónica ascendente viene evidenciándose desde el año 2017, continuando así una alarmante espiral.

Por último, la Memoria también dedica una atención específica a los delitos contra la salud pública. En esta modalidad delictiva, en el 2024, se ha experimentado un ligero descenso

---

[23] Un ejemplo significativo es la sentencia del Juzgado de Menores de Badajoz, de 20 de junio de 2024, que condenó a 15 menores por la manipulación y difusión de imágenes sexualizadas de compañeras mediante inteligencia artificial, extraídas de redes sociales. Los hechos fueron calificados como veinte delitos de pornografía infantil (art. 189.1.b y 2.b CP) y veinte delitos contra la integridad moral. La medida impuesta —fruto de un acuerdo entre las partes— fue **un año de libertad vigilada**, con un contenido marcadamente terapéutico y educativo: formación afectivo-sexual, sensibilización en el uso responsable de las TICs y en igualdad de género, así como intervención personalizada conforme a los informes del equipo técnico. El caso ilustra la creciente necesidad de abordar las conductas delictivas juveniles no solo desde una perspectiva sancionadora, sino también preventiva y psicoeducativa, especialmente ante los riesgos asociados al uso compulsivo de redes sociales y tecnologías emergentes como la IA.

del –1,91% respecto al año 2023.Si bien dicho dato no deja de tener relevancia, al tratarse de menores de edad, en quienes la posesión de sustancias, en la mayoría de los casos, les convierte en consumidores de las mismas existe el riesgo de que estos consumos tempranos en personas que continúan con su desarrollo cerebral puedan provocar un deterioro de la memoria, del aprendizaje, de la capacidad de concentración y de gestión de problemas, así como enfermedades mentales, que abocan a comportamientos violentos y disruptivos.

### C) La ejecución de las medidas en los Juzgados/Secciones de Menores de la provincia de Valencia.

#### *c.1. Justificación metodológica y agradecimientos institucionales.*

Por diversas razones de oportunidad y relevancia práctica, se consideró conveniente abordar el estudio de la aplicación de las medidas judiciales a través de un trabajo de campo[24] desarrollado en colaboración con los entonces Juzgados de Menores de Valencia. Si bien el número de expedientes analizados y de entrevistas realizadas no permite ofrecer datos con validez estadística —objetivo que, en todo caso, nunca se planteó como finalidad del estudio—, el análisis cualitativo de los casos reales proporciona una aproximación empírica valiosa, que permite identificar elementos y dinámicas que podrían pasar inadvertidos en un enfoque exclusivamente teórico. Por tanto, las observaciones y recomendaciones que se presentan a continuación no aspiran a ser exhaustivas, sino a destacar los aspectos más relevantes derivados del estudio realizado.

---

24 Con un enfoque similar, el estudio de Ocáriz, Arruabarrena & Etxegia ( 2021): "*La salud mental en personas infractoras menores de edad*" en el marco de una investigación I realizada en el marco de la Consejería de Igualdad, Justicia y Políticas Sociales de Gobierno Vasco al Instituto Vasco de Criminología.

Deseo expresar mi más sincero agradecimiento al Juez Decano, D. Florencio Izquierdo, y a la Fiscal Coordinadora, Dña. Consuelo Benavente, por su valiosa colaboración al facilitarnos los datos correspondientes al periodo 2020–2024 contenidos en las Memorias de la Fiscalía Provincial de Valencia, a través del Punto Neutro Judicial. Extiendo también mi agradecimiento a Dña. Susana Montesinos, Magistrada del Juzgado de Menores nº 1 de Valencia, por permitir el acceso a resoluciones judiciales de especial interés dictadas durante el año 2024, así como a Dña. Inmaculada Latorre, Coordinadora del Equipo Técnico, por proporcionarnos las memorias relativas a las medidas en régimen abierto y al funcionamiento del centro terapéutico. Finalmente, agradezco a D. Jesús Vilanova, Subdirector de la Residencia Pi Margall, la entrevista telefónica mantenida, que resultó de gran utilidad para la elaboración de este trabajo

A continuación, se presentan los aspectos más relevantes derivados del estudio realizado.

*c.2. Recursos disponibles para la ejecución de las medias judiciales.*

En lo que respecta a los centros destinados al cumplimiento de medidas terapéuticas en la provincia de Valencia, y a la disponibilidad de plazas en los mismos, los datos son los siguientes:

- Residencia Socioeducativa Mariano Ribera: 60 plazas.
- Centro Socioeducativo Rey Jaume I: 50 plazas.
- Residencia Socioeducativa Pi Margall: 20 plazas, siendo el único centro con orientación terapéutica específicamente dirigido a menores con problemas de salud mental.
- Colonia San Vicente Ferrer: 75 plazas.

La limitada disponibilidad de plazas —en especial en el ámbito terapéutico— obliga en la práctica a que, en ocasiones, se derive a los menores a centros de protección que no cuentan con las condiciones adecuadas, ni en cuanto a personal especializado ni a proyecto educativo, para ofrecer una atención integral y especializada conforme a sus necesidades.

*c.3. Medidas en medio abierto: evaluación de la reincidencia y recursos disponibles en la Comunidad Valenciana.*

A partir de los datos recogidos en la *Memoria anual de la Fiscalía Provincial de Valencia (2024) relativos a la actividad desarrollada en el marco de las medidas judiciales de "medio abierto"* dirigidas a menores infractores, se destaca como la evaluación del riesgo riesgo de reincidencia en el ámbito de la justicia juvenil resulta esencial para comprender los factores específicos que inciden en la reiteración delictiva por parte de menores y fundamentan su prevención[25]. En este sentido, los datos relativos a adolescentes y jóvenes sujetos a medidas en medio abierto revelan que, de un total de 1.062 menores (838 varones y 224 mujeres) que han cumplido una primera medida en este régimen, únicamente 295 (257 varones y 38 mujeres) habían estado previamente sometidos a alguna otra medida judicial. Esto implica que solo un 21,74 % del total corresponde a casos de reincidencia, frente a un 78,26 % de menores que ingresan por primera vez en el sistema.

Este dato sugiere que, en la mayoría de los casos, la vinculación de los menores con el sistema judicial es puntual y no prolongada, siendo relativamente reducido el grupo que persiste en conductas delictivas, tal y como concluyen Cuervo, Villanueva y Pérez[26]. Dado el limitado número de estudios que

---

25 Andrés Pueyo, A. (2024). "La reincidencia delictiva en la justicia juvenil en España, Psicología jurídica y forense del menor, Aranzadi, p.376. Anteriormente, Garrido Genovés/López/Galvis (2017) : "Predicción de la reincidencia con delincuentes juveniles: adaptación del IGI-J", *Revista sobre infancia y adolescencia, 30*

26 Con el objetivo de explorar el riesgo de reincidencia general, así como las áreas con mayor riesgo, resulta de interés el estudio de

abordan la reincidencia desde una perspectiva integral —particularmente en lo que respecta a la reintegración social de los menores infractores—, resulta pertinente destacar la tesis doctoral de Martín Gumersindo[27], centrada en la problemática de la delincuencia juvenil, el riesgo de reincidencia y los factores asociados al mismo. Esta investigación prestaba especial atención a los factores psicosociales y, en particular, a las necesidades de atención en salud mental. La segunda parte de la tesis comprendía un estudio empírico realizado sobre una muestra de menores infractores de la Comunidad Valenciana, cuyo objetivo principal fue explorar la relación entre el nivel de riesgo de reincidencia y determinadas variables psicopatológicas. Los resultados obtenidos de este estudio empírico confirman nuestra hipótesis: los adolescentes con historial delictivo violento presentaban con mayor frecuencia problemas de salud mental, así como una mayor intensidad en las características psicopatológicas evaluadas.

Por ello, en el marco de la ejecución de las medidas judiciales, corresponde a la entidad pública competente la elabo-

---

Cuervo/Villanueva/Pérez (2017). Las autoras realizaron un seguimiento prospectivo de la evolución del nivel de riesgo de los menores infractores reincidentes. Los participantes de esta investigación fueron los menores con expediente judicial en el Juzgado de Menores de Castellón (N= 210), a los que se aplicó el Inventario de evaluación del riesgo de reincidencia (IGI-J), a lo largo de los distintos periodos de tiempo del seguimiento de 2 años. Los resultados mostraron un perfil mayoritario de menores con un nivel de riesgo bajo y un contacto puntual con el sistema judicial, rebatiendo por tanto la creencia de la peligrosidad general de los menores infractores. Por el contrario, los menores reincidentes con largas trayectorias delictivas, sí se caracterizan por un alto riesgo que iría aumentando a lo largo del periodo de seguimiento.

27 Martin Gumersindo (2017): *Predicción del riesgo de reincidencia y establecer la relación con las características psicopatológicas de una muestra de menores dentro del Sistema de Justicia Juvenil*', ob.cit.

ración de un programa individualizado de intervención (PPI), en el que se designa el centro, servicio o institución más adecuada a la problemática concreta del menor, atendiendo a los objetivos específicos del tratamiento requerido. Por último, en cuanto a los recursos disponibles, la Comunitat Valenciana cuenta con una red extensa de dispositivos especializados en prevención, tratamiento y acompañamiento en materia de adicciones. Entre ellos, cabe destacar los regulados por el Decreto 132/2010, de 3 de septiembre, del Consell, relativo al registro y autorización de centros y servicios de atención y prevención de las drogodependencias y otros trastornos adictivos. Este marco normativo establece la diferenciación entre diversos tipos de recursos, entre los que se incluyen: las Unidades de Conductas Adictivas (UCA), las Comunidades Terapéuticas (CT), las Unidades de Prevención Comunitaria en Conductas Adictivas (UPCCA) y el Servicio de Adicciones. Asimismo, se dispone de recursos municipales complementarios, como los Equipos Específicos de Intervención con Infancia y Adolescencia (EEIIA), así como los servicios de salud mental infanto-juvenil —Unidad de Salud Mental Infantil y del Adolescente (USMIA)—, cuya intervención y contenido será determinado por la entidad pública encargada de la ejecución de la medida, siempre en atención al interés superior del menor.

*c.4. Medidas firmes ejecutadas en residencia educativa.*

Según la Memoria de Actividades de la Residencia Socioeducativa Pi Margall del ejercicio 2024, se observa que el perfil de los menores atendidos mantiene una proporción similar a la registrada en el contexto de las medidas en medio abierto, especialmente en lo que respecta a la reincidencia. De los 38 adolescentes o jóvenes ingresados durante el periodo analizado, 30 (25 varones y 5 mujeres), es decir, el 79 %, se encontraban en su primer ingreso en una residencia socioeducativa, mientras que únicamente 8 varones (21 %) presentaban ingresos previos. Este dato refuerza la idea ya apuntada en otros contextos de intervención, según la cual la mayoría de los menores infractores no presenta una trayectoria reiterada dentro del sistema judicial, sino más bien una vinculación puntual, lo cual podría sugerir la eficacia inicial de algunas intervenciones o la existencia de factores contextuales que limitan la cronificación del comportamiento delictivo.

En cuanto a las medidas judiciales ejecutadas en dicho centro, destaca la prevalencia del internamiento terapéutico en régimen semiabierto, que fue la modalidad mayoritaria, con un total de 12 casos, frente a los 2 internamientos en régimen cerrado, y la ausencia total de internamientos en régimen abierto. Esta distribución pone de manifiesto su función específica orientada al tratamiento de menores con necesidades terapéuticas relevantes, que requieren un entorno estructurado, pero no necesariamente de máxima contención.

Además, se contabilizaron 20 medidas cautelares en régimen semiabierto, lo cual revela que, más allá de la ejecución de sentencias firmes, el centro también desempeña un papel significativo en la fase previa al juicio, actuando como medida de contención e intervención provisional en contextos en los que el menor requiere atención especializada inmediata.

*c.5. Selección de resoluciones del Juzgado de Menores nº 1 de Valencia.*

Para ofrecer una aproximación práctica a la aplicación judicial de medidas terapéuticas, y en su caso cautelares, se han seleccionado algunas resoluciones por su relevancia en la apreciación de la eximente y en la elección de las medias adoptadas.

- *Auto de 27 diciembre de 2018: medida cautelar por delito de malos tratos en ámbito familiar.*

Para la adopción de tal medida, consistente en internamiento terapéutico en régimen semi-abierto por tiempo de seis meses prorrogables, había que atender a la gravedad de los hechos, valorando siempre las circunstancias personales y sociales del menor.

Respecto de la gravedad de los hechos que se imputaban a la menor, de la instrucción practicada por la Fiscalía existían indicios racionales de la comisión de delitos de malos tratos en el ámbito familiar; se trataba de hechos violentos en el domicilio familiar respecto de su hermano mellizo y de su madre, que se habían repetido en otras ocasiones, y hacían necesario proteger a la menor y a los demás miembros de la familia, y poder trabajar las carencias que el miso presenta antes de su mayoría de edad.

En cuanto a las circunstancias personales y sociales, la menor estaba diagnosticada de TDH, sigue tratamiento en salud metal, pero no tomaba la medicación prescrita, consume drogas y alcohol, tenía brotes psicóticos, el diagnóstico que presenta aún no está claro, tenía un absentismo total, desaparece de casa durante días sin que se sepa que hace ni donde está, por lo que se recomienda una intervención en un entorno estructurado y controlado. A la vista del Informe presentado por la representante del Equipo Técnico durante la comparencia y teniendo en cuenta la documentación médica aportada por la madre del menor, se estimó que el centro Pi Margall resultaba el recurso más adecuado para atender sus necesidades.

– *Sentencia de 2 de diciembre de 2024: condenatoria por delito de atentado y delito de lesiones.*

En el presente caso, la cuestión central radicó en la apreciación judicial de la inimputabilidad, que no se estimó acreditada en este supuesto concreto.

La defensa del menor alegó la concurrencia de la eximente completa del artículo 20.1 del CP, fundamentando su solicitud en el informe médico forense incorporado al expediente de instrucción. En particular, se hizo referencia a la conclusión tercera de dicho informe, en la que se indicaba que, en el momento de los hechos, el menor presentaba una disminución significativa de sus capacidades volitivas y cognitivas, provocando un distanciamiento del sentido objetivo de la realidad y una incapacidad para comprender el alcance de sus acciones.

No obstante, el órgano judicial desestimó la aplicación de dicha eximente. A pesar de que el menor se encontraba diagnosticado de un trastorno de conducta, trastorno por déficit de atención con hiperactividad (TDAH) y trastorno neuroconductual —patologías que además requerían tratamiento farmacológico que habría sido interrumpido—, y de que concurrían antecedentes vitales de especial vulnerabilidad (abandono por parte de sus progenitores biológicos y posteriormente de su madre adoptiva), se concluyó que tales circunstancias no resultaban suficientes para acreditar, de forma concluyente, que en el momento de la comisión de los hechos el menor fuera incapaz de comprender la ilicitud de su conducta. Aunque se reconoció que el diagnóstico de TDAH puede conllevar una mayor impulsividad y dificultades para anticipar las consecuencias de la propia conducta, el órgano judicial descartó que ello implicara, por sí solo, la inimputabilidad del menor. En el F.J° 5° se precisó que el artículo 5 de la LORRPM se remite de forma expresa y limitada a las causas de exención de responsabilidad penal recogidas en los artículos 20.1, 2 y 3 del CP, sin que puedan ser valoradas como eximentes incompletas en el marco de la jurisdicción de menores.

En consecuencia, se impuso al menor una medida de internamiento terapéutico de 22 meses, estructurada en dos fases: una primera en régimen semiabierto, y una segunda consistente en 6 meses de libertad vigilada, con contenido formativo-laboral, intervención psicológica y en salud mental, control de tóxicos y acompañamiento familiar. Asimismo, se estableció una prohibición de acercamiento y comunicación con la víctima por un periodo adicional de 10 meses, en un radio inferior a

50 metros de su domicilio, lugar de trabajo o aquellos que frecuente, así como por cualquier medio de comunicación.

– *Sentencia de 5 de marzo de 2025: absolutoria por eximente completa en delito de robo con violencia e intimidación en grado de tentativa*

En dicha resolución el órgano judicial parte de la existencia de una prueba de cargo suficiente para considerar acreditado que los hechos denunciados —calificados como constitutivos de un delito de robo con violencia e intimidación en grado de tentativa— efectivamente se produjeron, así como que el menor expedientado fue el autor de los mismos.

No obstante, el tribunal acuerda la absolución del menor al concurrir en el caso la eximente completa del artículo 20.1 del CP. Esta conclusión se fundamenta en el informe elaborado por el médico forense, del que se desprende que el menor presenta un historial de consumo habitual de cannabis, alcohol y otras sustancias psicoactivas, como ketamina. Durante el año 2024, protagonizó un episodio de agitación psicomotriz que requirió ingreso urgente en una unidad de psiquiatría, con una duración de 21 días. En dicho episodio se prescribió tratamiento antipsicótico intramuscular ante la presencia de síntomas psicóticos agudos. El informe pericial concluye que, en la fecha de los hechos, el menor presentaba una afectación grave de sus capacidades cognitivas y volitivas, siendo necesaria su hospitalización inmediata ese mismo día, lo que evidenciaba una alteración severa del juicio y del control de la conducta.

Tanto el informe del médico forense como el de la profesional del Equipo Técnico coinciden en que, dadas las condiciones clínicas del menor, la medida más adecuada —atendiendo tanto a sus necesidades personales como al principio del interés superior del menor— es la imposición de un tratamiento ambulatorio durante un periodo de 10 meses. Esta medida incluye la asistencia periódica a una Unidad de Salud Mental Infantojuvenil (UCA), así como el seguimiento por parte de los servicios especializados en salud mental.

Esta sentencia constituye un ejemplo ilustrativo de la apreciación de una causa de inimputabilidad en el ámbito de la justicia juvenil, al haberse constatado una afectación grave de las capacidades cognitivas y volitivas del menor en el momento de los hechos, derivada del consumo habitual de cannabis, en los términos previstos en el art. 20.2 del CP y con remisión al mismo por el art. 5 de la LO 5/2000.

## III. REFLEXIONES Y PROPUESTAS PARA LA MEJORA DEL ABORDAJE DE LA SALUD MENTAL EN EL SISTEMA DE RESPONSABILIDAD PENAL Y PROTECCIÓN DE LOS MENORES

No puede darse por concluido este trabajo sin poner de manifiesto que para atender a los menores infractores con enfermedad o trastornos mentales en el sistema penal se requiere un abordaje integral que atienda de manera coordinada al menos tres vertientes: la jurídico penal, sino también la sanitaria y la social[28]. Adicionalmente debe hacerse poniendo el foco en las 3P (prevención, protección, y políticas públicas) con un enfoque resocializador. De los problemas expuestos en la práctica, podemos extraer una serie de conclusiones y formular recomendaciones, en coherencia con las recomendaciones internacionales[29].

### *1. Breve referencia a los menores sometidos al sistema de protección*

De acuerdo con los datos obtenidos en los Juzgados de Menores de Valencia, aproximadamente el 25% de los procedimien-

---

[28] En esta dirección Martínez Escamilla/Ollero Perán/ Etxebarria Zarrabeitia (2024): *Abordaje resocializador de la enfermedad mental en el sistema penal y penitenciario. Reflexiones a partir de la experiencia*, Universidad Complutense de Madrid, p. 31 y ss.

[29] Periago Morant, J.J. (2023): "Recomendaciones internacionales para la atención en el ámbito de la salud mental infanto-juvenil", en *Salud Mental infanto-juvenil en el sistema de protección de menores*, Aranzadi.

tos se archivan por ser cometidos por menores de 14 años, esto es, inimputables. Resulta pues necesario que se aborden los problemas de salud mental en los dispositivos de protección de menores, con intervención temprana preventiva y se dé cumplimiento al artículo 17 bis de la **Ley Orgánica 1/1996 de Protección Jurídica del Menor**, reformada por la **Ley 8/2015**,relativo a las personas menores de catorce años en conflicto con la ley.

Uno de los aspectos destacados por la Unidad de Menores en la última Memoria de la Fiscalía General del Estado es la necesidad de reforzar los recursos del sistema de protección para abordar adecuadamente los casos en los que los menores son declarados inimputables. Por ello consideramos que dichos menores deben ser incluidos en un plan de seguimiento que valore su situación socio-familiar diseñado, realizado por los servicios sociales competentes de cada comunidad autónoma. Si el acto violento pudiera ser constitutivo de un delito contra la libertad o indemnidad sexual o de violencia de género, el plan de seguimiento deberá incluir un módulo formativo en igualdad de género. Por su parte el artículo 17 hace referencia a las "situaciones de riesgo" entre las que se contempla en su letra k) el consumo habitual de drogas tóxicas o bebidas alcohólicas por las personas menores de edad. La valoración de la situación de riesgo conllevará la elaboración y puesta en marcha de un proyecto de intervención social y educativo familiar que deberá recoger los objetivos, actuaciones, recursos y previsión de plazos, promoviendo los factores de protección del menor y manteniendo a éste en su medio familiar.

## *2. Diagnóstico e intervención: reforzar los recursos en salud mental destinados a jóvenes en conflicto con la ley*

La evaluación psicológica de los adolescentes infractores es imprescindible en su recorrido por los servicios de justicia juvenil[30]. Con una certera evaluación – que en ocasiones requiere incorporar nuevos diagnósticos, como el TDAH–se podrían realizar programas individualizados de ejecución educativos-terapéuticos más acertados y eficaces en la prevención de la reincidencia, atendiendo al nivel de riesgo del NNA. De este modo, vinculando el contenido de la medida a la naturaleza del delito cometido, se establece una mayor protección de las víctimas, evitando la reiteración de conductas punibles**.**

Para garantizar una intervención eficaz con menores infractores que presentan necesidades clínicas, resulta imprescindible **ampliar la dotación de plazas en centros de internamiento terapéutico**, especialmente en régimen semiabierto para los casos de mayor gravedad. Esta ampliación debe ir acompañada de **un incremento de recursos humanos y económicos**, con una adecuada **asignación presupuestaria por parte de las administraciones competentes**. Asimismo, se requiere una **mejora en la formación y especialización de los profesionales encargados de la ejecución, supervisión y tratamiento** de las medidas, adaptando su intervención a la evolución de los perfiles delictivos y clínicos de los menores.

Paralelamente, se debe **reforzar el uso de medidas judiciales en medio abierto**, dada su mayor eficacia reeducadora, así como **potenciar los servicios y programas de seguimiento tras el cumplimiento de la medida**, con el fin de favorecer una reintegración social sostenida. En línea con las recomendaciones de la Organización Mundial de la Salud, se subraya la necesidad de **evitar el internamiento inadecuado de personas con trastornos mentales**, promoviendo en su lugar **la derivación a dispositivos asistenciales especializados para su tratamiento**.[31].

---

30 Wenger/Andres-Pueyo (2026): "Tests personológicos y clínicos en español para evaluar adolescentes infractores", *Papeles del Psicólogo*, vol.37, p.89.

31 Periago (2023): "Recomendaciones internacionales para la atención en el ámbito de la salud mental infanto-juvenil", en *Salud Mental infanto-juvenil en el sistema de protección de menores*, Aranzadi, p.110.

### *3. Propuesta de actualización de la LORPM, transcurridos 25 años de su aprobación: puntos clave para un enfoque integral*

Tanto las Secciones de Menores de diversas fiscalías provinciales como la propia Unidad de Menores de la FGE han vuelto a señalar la necesidad ineludible de acometer una reforma de la LORPM, con el fin de adaptarla a las transformaciones que se han producido en los perfiles de los menores infractores y en las dinámicas delictivas actuales. En el marco del presente trabajo, se recogen a continuación algunas propuestas concretas de modificación normativa que se consideran especialmente relevantes.

A) El régimen actual previsto en el art.5.2, ante los supuestos de inimputabilidad recogidos en el art. 20 n. 1, 2 y 3, solo refiere a las medidas de internamientos en centros terapéuticos y el tratamiento ambulatorio, cuando hemos visto que ésta última se aplica escasamente de manera individual en la práctica. Se propone incluir expresamente para estos supuestos la medida de libertad vigilada con el contenido socioeducativo ya referido pues se ha demostrado en la práctica que es más eficaces en la prevención de la reincidencia.

B) Se sugiere ampliar en la LORRPM el reconocimiento expreso de aquellas situaciones que requieren una atención específica, no solo en referencia a las causas de inimputabilidad recogidas en los artículos 20.1, 2 y 3 del CP, incluyendo expresamente las eximentes incompletas (artículo 21.1) y la circunstancia atenuante derivada de una grave adicción (artículo 21.2). Si bien la Circular de la Fiscalía General del Estado admite la posibilidad de valorar estos supuestos como eximentes incompletas o atenuantes analógicas, lo cierto es que la ausencia de una regulación clara genera inseguridad jurídica. El estudio de campo y las entrevistas realizadas a jueces de menores revelan la existencia de criterios dispares en la aplicación práctica de estas figuras, que en muchos casos no se reconocen por una interpretación estricta del principio de legalidad.

C) Resulta oportuno valorar la posible actualización de la LORRPM en coherencia con las previsiones contenidas en el Proyecto de Ley Orgánica para la protección de los menores en los entornos digitales, en aquellos supuestos en que los propios menores sean autores de conductas delictivas. Si en dicho proyecto se ha considerado adecuada la incorporación en el Código Penal de la pena de alejamiento de los entornos virtuales, con el fin de reforzar la prevención general y especial en el ámbito de los delitos tecnológicos, de forma complementaria debería contemplarse la modificación del artículo 7.1.i) de la LORRPM, a fin de permitir que la prohibición de comunicación a través de redes sociales u otros espacios digitales pueda imponerse como medida específica en el marco del sistema de responsabilidad penal del menor.

Finalmente, y conforme a lo señalado en el informe del Consejo General del Poder Judicial al anterior Anteproyecto, resulta llamativa la ausencia de una previsión específica relativa a la reparación íntegra del daño en los casos en que el delito se comete a través de redes sociales, foros u otros espacios virtuales. El informe subraya que la denominada "huella digital" de los efectos de la conducta delictiva actúa como un factor multiplicador del daño, dada la persistencia, difusión y alcance que caracterizan a estos entornos.

### *4. Refuerzo de la coordinación interinstitucional en la intervención con menores infractores*

Tal como recoge la Memoria de la Fiscalía General del Estado, resulta imprescindible avanzar hacia una **mayor y más eficaz coordinación en red entre las distintas Administraciones competentes**, particularmente en lo que concierne al abordaje integral de los menores en situación de riesgo o conflicto con la ley. Esta necesidad se vincula directamente con la importancia de implementar un **enfoque global y multidisciplinar**, con especial énfasis en los entornos familiar y social, que permita intervenir de forma temprana y prevenir la consolidación de conductas violentas —de cualquier índole— como patrones normalizados de comportamiento.

En este sentido, se subraya la conveniencia de **habilitar recursos específicos de reeducación e intervención,** así como de valorar la posibilidad de que ciertas medidas judiciales, como las órdenes de alejamiento, permitan excepciones con fines terapéuticos, siempre que existan condiciones familiares de protección. Se cita como ejemplo la experiencia de la Comunidad Autónoma de Baleares, donde la entidad pública ha creado un recurso especializado para el tratamiento de la violencia filio-parental en menores sin antecedentes, que cuentan con un entorno familiar favorable. Esta medida atiende no solo la problemática conductual, sino también factores concurrentes como los trastornos mentales y el consumo de sustancias, perfil que, como recoge la Sección de Pontevedra, es frecuente entre los adolescentes que protagonizan este tipo de conductas.

El tratamiento integral de esta problemática requiere la colaboración efectiva entre los sistemas de salud, justicia y protección social, como así se contempla en el "Pacto de Estado: Protegiendo la infancia y la adolescencia en el entorno digital"[32]. En esta línea, desde distintos foros especializados en salud mental infanto-juvenil se insiste en la necesidad de reforzar las estrategias preventivas[33], revisando los protocolos actuales en materia de adicciones y desarrollando guías específicas para nuevas formas de dependencia, como aquellas vinculadas al uso compulsivo de tecnologías digitales.

---

32 Consensuado por seis entidades de la sociedad civil -la asociación europea para la transición digital (AETD), SAVE THE CHILDREN, ANAR, ICMEDIA, Dale Una Vuelta y UNICEF– con el apoyo institucional de la Agencia Española de Protección de Datos y de la FGE. Pacto presentado por primera vez en junio de 2023.

33 Cfr. el interesante programa Mind-u: un programa online para prevenir problemas de salud mental entre los/las jóvenes.

En este contexto, resulta especialmente relevante el contenido del *Informe del Comité de Expertos para el desarrollo de un entorno digital seguro para la infancia y la juventud*[34], que analiza los riesgos asociados a la salud mental en el entorno digital y propone una batería de medidas a corto, medio y largo plazo. Entre ellas se encuentran:

> La creación de programas de coordinación entre los servicios de salud mental y los centros educativos (medida 16) [35];
>
> El reconocimiento de los trastornos y adicciones tecnológicas como problemas de salud pública (medida 18);
>
> La incorporación de formación continua dirigida a profesionales del ámbito educativo, social y judicial (medidas 65 y 68);
>
> La puesta en marcha de un Observatorio de salud mental y adicciones en entornos digitales (medida 105), en el marco del Plan Nacional de Salud Mental, con funciones de monitoreo, generación de evidencia y formulación de recomendaciones para la prevención, detección y tratamiento precoz.

En conclusión, se hace ineludible una intervención integral, estructural y sostenida, orientada a mejorar el abordaje de los problemas de salud mental en jóvenes en conflicto con la ley. Para ello, se requiere el diseño e implementación de políticas públicas educativas, sanitarias y sociales articuladas desde el

---

[34] chrome-extension://efaidnbmnnnibpcajpcglclefindmkaj/https://www.juventudeinfancia.gob.es/sites/default/files/infancia/comite_expertos/Informe%20Comit%C3%A9.pdf

[35] A modo de ejemplo https://www.researchgate.net/publication/391368768_The_mindful_movement_program_in_primary_schools_a_single-arm_pilot_intervention_study

ámbito estatal y en estrecha coordinación con las comunidades autónomas. Solo mediante una acción conjunta, basada en la evidencia y dotada de recursos suficientes, será posible proporcionar a estos menores una atención especializada y continua, que no solo favorezca su desarrollo personal, emocional y social, sino que también contribuya a prevenir la reincidencia y a garantizar su inclusión efectiva en la comunidad.

## IV. REFERENCIAS BIBLIOGRÁFICAS

Andrés Pueyo, A. (2024). "La reincidencia delictiva en la justicia juvenil en España, Psicología jurídica y forense del menor, Aranzadi

Consejo General Poder Judicial (2008): *La ejecución de las medidas impuestas a menores infractores. situación actual y recursos disponibles.*

Cuervo/Villanueva/ Pérez (2017): "Riesgo de reincidencia y evolución, a través del inventario IGI-J en una población de menores infractores", *Revista Internacional de Sociología*, vol.75.

Ferreiros Marcos, C.(2012): "Los niños y niñas con discapacidad internados" En *Jornadas de Fiscales especialistas en protección de los derechos de las personas con discapacidad y apoyos.* Madrid, CEJ.

Garrido Genovés/López Galvis (2017) : "Predicción de la reincidencia con delincuentes juveniles: adaptación del IGI-J", *Revista sobre infancia y adolescencia, 30.*

López Diago y Sánchez Mascaraque (2023): "Actualización sobre el aumento de trastornos mentales en la adolescencia y estrategias de manejo clínico en Atención Primaria", Congreso de Pediatría

Martín Gumersindo, D.: (2015): "*Predicción del riesgo de reincidencia y establecer la relación con las características psicopatológicas de una muestra de menores dentro del Sistema de Justicia Juvenil*", Universitat Jaume I.

Martínez Escamilla/Ollero Perán/ Etxebarria Zarrabeitia (2024): *Abordaje resocializador de la enfermedad mental en el sistema penal y penitenciario. Reflexiones a partir de la experiencia*, Universidad Complutense de Madrid

Mesonero (2023) :"*Mind-u*: un programa online para prevenir problemas de salud mental entre los/las jóvenes", en *Salud Mental infanto-juvenil en el sistema de protección de menores*, Aranzadi

Miró-Llinares/ Coloma-Carmona/Carballo/ Rodríguez-Espinosa/Aguerri (2024): "Engagement in New Gambling Practices and its Association with Gambling Disorder, Impulsivity, and Cognitive Distortions", *Journal of gambling Studies*

Ocáriz, Arruabarrena & Etxegia ( 2021): "La salud mental en personas infractoras menores de edad", *International E-Journal of Criminal Sciences.*

Ortega/ Puente/Armiño/Jiménez (2023):"La problemática del diagnóstico en el ámbito de la salud mental infanto-juvenil" en *Salud Mental infanto-juvenil en el sistema de protección de menores*, Aranzadi

Periago Morant, J.J. (2023): "Recomendaciones internacionales para la atención en el ámbito de la salud mental infanto-juvenil", en *Salud Mental infanto-juvenil en el sistema de protección de menores*, Aranzadi

Wenger/Andrés-Pueyo (2026): "Tests personológicos y clínicos en español para evaluar adolescentes infractores", *Papeles del Psicólogo*, vol.37

*Capítulo 9*

# *La necesidad de programas públicos de atención especializada ante personas judicializadas con adicciones y/o patología mental*[1]

**MARÍA LUISA CUERDA ARNAU**
*Catedrática de Derecho penal*
*Universidad Jaume I. Castellón*

**ALEJANDRO GAÑÁN DURÁN**
*Psicólogo especialista en adicciones y experto en mediación familiar.*
*Coordinador de SAJIAD*

## I. ENFERMEDAD MENTAL EN PRISIÓN: UN TRIPLE FRACASO

Con gran acierto, ARROYO-COBO[2] denuncia que la falta de un recurso de la red sociosanitaria para personas judicializadas con problemas de salud mental- entre las que deben enmarcarse las adicciones- es un triple fracaso: el de la justicia,

1 Esta publicación es parte del proyecto de I+D+i Modalidad "Generación de Conocimiento" 2021, Estudio crítico del uso de sanciones alternativas penales: una mirada a la salud mental y al género PID2021-126236OB-I00, financiado por MCIN/ AEI/10.13039/501100011033/ y por "FEDER Una manera de hacer Europa".

2 2023, p.74

el del sistema nacional de salud, y también el fracaso de toda una sociedad incapaz de defender los derechos humanos de personas que en el medio cerrado sufren la doble estigmatización de ser penados y enfermos. Pese a ello y pese a la opinión coincidente de los expertos acerca de la necesidad de aplicar alternativas terapéuticas al margen de la privación de libertad, la enfermedad mental está claramente sobrerrepresentada en prisión. Así lo han puesto de manifiesto un número considerable de estudios doctrinales, que, como el muy reciente de COLÁS TURÉGANO[3], denuncian esa situación y confirman, sin contar con la cifra negra[4], que los trastornos mentales (TM) comunes serían dos veces más frecuentes entre la población penitenciaria que entre la población general, y los trastornos mentales graves serían cuatro veces más habituales, pese a lo cual hay una absoluta carencia de medios materiales y humanos[5], que ni el Estado provee ni las Comunidades autónomas

---

3 2024, p. 216 y 217

4 Téngase en cuenta que muchos de los estudios que se realizan en España hacen las estimaciones en función del número de personas que participan en el Programa PAIEM, dirigido específicamente a este colectivo. Sin embargo, en el referido programa solo participa un limitado porcentaje de los internos que padecen problemas de salud mental

5 En el mismo sentido, vid., entre otros muchos, Cervello/Colas, (2024, p. 11 y 12); Etxebarria Zarrabeita/ Martínez Escamilla / Ollero Perán (2024, p. 15) HAVA GARCÍA (2021, p.76 y ss). Asimismo, vid. los ya clásicos estudios de Rodríguez Yagüe (2019 y 2023), Montero Hernanz/Mata y Martín (2021). De singular interés resulta el capítulo 3 (p. 50 y ss) del Libro blanco sobre la atención sanitaria a las personas con trastornos mentales graves en los centros penitenciarios de España, https://consaludmental.org/centro-documentacion/libro-blanco-atencion-sanitaria-trastornos-mentales-centros-penitenciarios/ Asimismo, resulta de interés consultar los Informes sobre el particular elaborados por el Observatorio de Derechos Humanos y Salud Mental en Prisión (ODSP) https://associacioambit.org/observatorio-ddhh-y-salud-mental/

que debían haber asumido competencias se muestran dispuestas a hacerlo. De momento, solo lo han hecho Cataluña, el País Vasco y Navarra. En la primera se hizo el traspaso por Real Decreto 3482/1983, de 28 de diciembre, convirtiendo a Cataluña en la primera comunidad autónoma en asumir la gestión completa de sus instituciones penitenciarias. En el País Vasco, la transferencia de las competencias penitenciarias se formalizó mediante el Real Decreto 474/2021, de 29 de junio, y se hizo efectiva el 1 de octubre de 2021, mientras que en Navarra el traspaso fue formalizado mediante el Real Decreto 494/2021, de 6 de julio, asumiendo la competencia de la sanidad penitenciaria el 1 de agosto de 2021. En cuanto al resto de Comunidades Autónomas, la responsabilidad de la atención sanitaria en las cárceles sigue recayendo principalmente en el Ministerio del Interior, a través de la Secretaría General de Instituciones Penitenciarias, pese a que la Ley 16/2003, de Cohesión y Calidad del Sistema Nacional de Salud estableció que los servicios sanitarios penitenciarios debían ser transferidos a las comunidades autónomas y, por tanto, integrarse en el Sistema Nacional de Salud. Esta situación ha sido objeto de debate y críticas ya que la falta de integración total genera evidentes desigualdades en la atención sanitaria entre las personas privadas de libertad según la comunidad autónoma en la que se encuentren, ya que en la red dependiente de la Administración central sólo se cuenta con los psiquiátricos penitenciarios de Alicante y Sevilla. A la escasez de centros, con las dificultades que ello supone para el contacto con el entorno familiar, se suman las condiciones de estos centros, en los que, como señala MARTINEZ GARAY[6] predomina lo penitenciario por encima de lo asistencial, gran parte del personal de vigilancia y de tratamiento no tiene cualificación en salud mental, ambos padecen una grave infradotación crónica

---

[6] 2024, p. 423 y 424

de médicos y personal especializado en psiquiatría, y, en fin, arrastran una carencia de plazas que ha provocado que incluso un porcentaje no despreciable de medidas de seguridad se cumplan en centros penitenciarios ordinarios[7], muchos de los cuales carecen de unidades psiquiátricas penitenciarias[8] por lo que los penados con TM cumplen- los menos- en los módulos

---

7 Asimismo, Cervelló Donderis (2024, p, 340 y ss)

8 Tal es el caso, como confirman las personas que ocupan la dirección, de los centros penitenciarios de la provincia de Castellón (Albocàsser/Castellón II y Alcora/Castellón I) e, incluso, del Centro Penitenciario Antoni Asunción de Picassent (Valencia). En cuanto a la situación en Picassent, en 2024 el sindicato ACAIP (Agrupación de los Cuerpos de la Administración de Instituciones Penitenciarias) denunció que de las veintidós plazas de médicos que hay en la prisión de Picassent solo hay cubiertas seis, de las cuales ninguna es ocupada por un especialista en psiquiatría; es más, según datos del sindicato ni siquiera está previsto que los haya, porque la relación de puestos de trabajo no los incluye
https://cadenaser.com/comunitat-valenciana/2024/08/21/seis-medicos-en-picassent-para-2100-reclusos-el-sistema-de-prisiones-se-esta-viniendo-abajo-radio-valencia/?utm_source=chatgpt.com
En la provincia de Castellón los datos son igualmente desalentadores, ya que a partir de 2018 los psiquiatras y psicólogos del Consorcio Hospitalario Provincial de Castellón dejaron de prestar servicios ante la falta de recursos para hacerlo. En la actualidad tanto en Castellón I, como en la prisión de Albocàsser se carece de psiquiatra en plantilla. En Castellón I se cuenta con visitas por videollamada que se realizan una vez al mes desde el hospital de referencia y en las que se atiende a una media de cinco internos. En Castellón II ni siquiera se cuenta con un psiquiatra externo que preste servicios con regularidad, por lo que se ha tenido que recurrir a la ayuda de una psiquiatra que fue médico de Instituciones penitenciarias y atiende voluntariamente mediante videollamada a algunos internos. A ello cabe añadir que, como denunció el sindicato ACAIP en 2024, el número de médicos de plantilla sea de dos, una cifra significativamente inferior a los doce con los que contaba en 2008, año en que ese centro fue inaugurado.

de respeto y la mayoría en los módulos ordinarios, siendo la enfermería el único reducto que queda para los casos en que el enfermo sufre una crisis. De algún modo, la puesta en marcha en 2009 del programa PAIEM (Programa Marco de atención integral a enfermos mentales en el medio penitenciario) no es otra cosa que el reconocimiento de que en los establecimientos penitenciarios ordinarios hay un número muy considerable de personas con problemas graves de salud mental que, a falta de un entorno adecuado, eran merecedores, al menos, de una actuación específica.

De ese estado de cosas se hizo eco el Grupo de Estudios de Política Criminal, que en una sesión plenaria celebrada en Madrid el 20 de noviembre de 2021 aprobó un Manifiesto para un nuevo régimen penal aplicable a las personas con enfermedad mental o con discapacidad intelectual[9], en el que se describe la situación insatisfactoria en la que nos encontramos, fijando las líneas básicas que se desarrollaron en el documento que lleva por título "Una propuesta alternativa para un nuevo régimen penal aplicable a las personas con enfermedad mental o discapacidad intelectual"[10]. El GEPC comienza denunciando el exiguo número y la saturación de establecimientos y unidades psiquiátricas penitenciarias, la

---

Vid. https://www.elperiodicomediterraneo.com/castello-provincia/2024/02/01/sos-denuncian-falta-medicos-carcel-97629639.html?utm_source=chatgpt.com

Vid. asimismo, el tercer informe del Observatorio de Derechos Humanos, Salud Mental y Prisión, correspondiente a 2023, presentado el presentado el 26 de marzo de 2024 en la Facultad de Derecho de la Universitat de València.

9 Vid. el detenido análisis que de la Propuesta, en cuya redacción participó muy activamente, realiza Martínez Garay, 2024, p. 413 y ss

10 https://politicacriminal.es/una-propuesta-alternativa-para-un-nuevo-regimen-penal-aplicable-a-las-personas-con-enfermedad-mental-o-discapacidad-intelectual

insuficiencia de personal sanitario especializado y la defectuosa coordinación entre la administración penitenciaria y la red asistencial comunitaria y, a partir de ahí, exige poner fin a esa escasez de recursos y defiende un régimen de individualización de las respuestas y de su ejecución acorde con criterios preferentemente médicos y asistenciales, cuidando evitar, en particular, el desarraigo de las personas con enfermedad mental o discapacidad intelectual de sus familias y de su entorno Dicha propuesta pretende, entre otras cosas, restringir la intervención penal sobre las personas con trastorno mental o discapacidad intelectual, potenciando el uso de recursos de la red sanitaria comunitaria. De igual modo, pone el acento en algo que es, sin duda condición indispensable para el correcto tratamiento de estas personas y, en lo que afecta a nuestro objeto de estudio, para la correcta decisión acerca de una posible medida alternativa a la pena de prisión: la detección temprana de la enfermedad/discapacidad, ya que la experiencia nos demuestra que el sistema no lo favorece en absoluto, de ahí que, entre las propuestas, figure una mayor especialización del personal médico forense adscrito a los juzgados que favorezca la correcta valoración de la prueba sobre el estado mental del acusado.

En suma, el tratamiento real que recibe un enfermo mental judicializado no toma en consideración el hecho de que, conforme al propio CP, es una persona con discapacidad (art. 25 CP) y, asimismo, dista mucho de cumplir la Recomendación (UE) 2023/681 de la Comisión de 8 de diciembre de 2022 sobre los derechos procesales de las personas sospechosas o acusadas sometidas a prisión provisional y sobre las condiciones materiales de reclusión, que, en lo que nos concierne, obliga a los Estados "a garantizar que las personas diagnosticadas con enfermedades relacionadas con la salud mental reciban atención profesional especializada, cuando sea necesario en instituciones especializadas o secciones específicas del centro de reclusión bajo supervisión médica, y que se proporcione a los reclusos la continuidad de la asistencia sanitaria como preparación a la puesta en libertad, en caso necesario (n.75)". Sin embargo, lo cierto es que, desechado para el resto de los ciudadanos el aislamiento como alternativa terapéutica, éste sigue siendo el paradigma en el caso de los enfermos mentales condenados o en trance de serlo. Por tanto, no le faltaba razón al Informe elaborado en 2011 por la propia Secretaría General de Instituciones Penitenciarias en el que puede leerse que "las cárceles se han convertido en los nuevos manicomios del siglo XXI"[11] . Desde entonces, la situación en nada ha mejorado. Así lo acredita el último Informe (2023)[12] del Mecanismo Nacional de Prevención (MNP), que, como es sabido, es el órgano a través del cual el Defensor del Pueblo cumple las obligaciones contenidas en el Protocolo facultativo de la Convención contra la Tortura, cuyas conclusiones sobre el particular resultan, sin más, demoledoras[13]. Ahora bien, convendría añadir que, si bien el problema afecta prioritariamente al interno que sufre la desatención, no hay que olvidar el impacto que todo ello tiene en el entorno penitenciario, tanto en el día a día de los funcionarios que prestan servicios en el mismo, como en el de otros internos, así como en el desarrollo de programas y actividades que se ven dificultadas por esta contingencia.

---

11 Psiquiátricos dependientes de la Administración Penitenciaria. Propuesta de Acción, 2011, p. 36. Disponible en https://consaludmental.org/publicaciones/Hospitalespsiquiatricosadministracionpenitenciaria.pdf

12 https://www.defensordelpueblo.es/wp-content/uploads/2024/04/Informe_2023_MNP.pdf

13 Vid. especialmente, p. 74 a 85

## II. ¿LAS MEDIDAS ALTERNATIVAS COMO SOLUCIÓN? ALGUNOS PROBLEMAS PRÁCTICOS: LAS PENAS DE TRABAJO EN BENEFICIO DE LA COMUNIDAD COMO EJEMPLO

En un trabajo[14] realizado en el marco del mismo proyecto de investigación en que se inserta el presente, se tuvo ocasión de analizar si la pena de trabajos en beneficio de la comunidad (PTBC) es una alternativa adecuada para evitar que personas con enfermedad mental ingresen en prisión por la comisión de delitos leves o menos graves. Las principales conclusiones de aquel estudio fueron las siguientes: de un lado, se evidenció que la PTBC es una pena alternativa *objetivamente* idónea para los referidos penados si se cumple en una plaza adecuada a la patología mental que padezca o a través de su participación en programas específicos. Sin embargo, la segunda de las referidas conclusiones alertaba de que dicha pena en su concreta aplicación práctica tropezaba con muchas dificultades que se acrecentaban sobremanera cuando se trata de personas con enfermedad mental.

De entre tales dificultades, interesa ahora resaltar, en primer lugar, las que tienen que ver con la insuficiencia de datos relativos al estado de salud mental del acusado que tienen los operadores jurídicos involucrados en la decisión sobre su imposición y en la ejecución de la misma y, en segundo lugar, las referidas a la ausencia de un efectivo seguimiento y control de la pena alternativa.

En cuanto a lo primero, la práctica demuestra, en primer lugar, que la decisión acerca de la imposición de la pena alternativa se produce en muchos casos en el seno de los juicios rápidos y a través de la conformidad, sin que ni jueces ni fiscales conozcan las circunstancias personales del acusado que

---

14 Cuerda Arnau, M.L. (2025)

podrían desaconsejar su imposición. A diferencia de lo que sucede en la jurisdicción de menores, donde el juez cuenta con el informe del equipo técnico, en la jurisdicción de adultos no se prevé la existencia de informe alguno sobre el particular, extremo que sí estaba previsto en art. 28 del derogado RD 515/2005 en el que, al menos, se establecía la posibilidad de que jueces y fiscales lo requiriesen, si bien no era frecuente que lo hiciesen[15]. Sin embargo, contar con un informe de esas características es esencial si se quiere decidir con criterio acerca de la pena alternativa, lo cual, en el caso de personas con problemas de salud mental y/o adicciones se antoja absolutamente imprescindible. Que eso es así parece fuera de dudas, si bien su deseable implantación requiere de medios materiales y humanos y, en cualquier caso, debería ser compatible con la celeridad propia de los juicios rápidos, muchos de los cuales se celebran en el mismo Juzgado de guardia, singularmente en los supuestos de los arts. 379 y 384 CP. A lo anterior cabe añadir que ni jueces ni fiscales conocen el tipo de plazas disponibles, por lo que también sería necesario establecer un sistema que permitiese a los órganos sentenciadores acceder a una información que, hoy por hoy, solo tienen los Servicios de Gestión de Penas y Medidas Alternativas (SGPM), en cuyas manos queda, una vez impuesta la PTBC, la valoración del penado y la selección de la plaza a ocupar. Pese a la trascendencia que tiene esta valoración para elaborar un adecuado plan de ejecución, todos los SGPM consultados reconocen que la afrontan con muchas dificultades dado que, al limitado número de plazas disponibles adecuadas en abstracto para acoger a este tipo de penados, se suma un problema de base: la imposibilidad de facto de hacer una verdadera evaluación del penado ya que carecen de

---

15 Muy interesante el estudio de Larrauri Pijoan (2012) en el que la autora recoge los resultados de un estudio sobre el conocimiento y utilización de este informe en diversos juzgados de Cataluña tras corroborar el limitado uso que se hacía del mismo.

informes previos y de profesionales suficientes para afrontar esa tarea. Esto explica, por ejemplo, que en ninguno de los 1809 mandamientos para ejecutar PTBC que entraron en 2023 en el SGPMA de Castellón se detectase *oficialmente* (CURSIVA) la existencia de problemas de salud mental o adicciones, lo cual resulta insólito si atendemos a lo manifestado por los supervisores de las entidades colaboradoras y tomamos como referencia, aunque sea meramente indicativa, los datos que indican que la enfermedad mental está sobrerrepresentada entre la población penitenciaria. Por consiguiente, es obligado concluir que existe un manifiesto desequilibrio entre el número de personas con problemas severos de abuso de sustancias y/o problemas de salud mental crónicos y la detección oficial de estos casos a efectos de buscar una medida alternativa verdaderamente eficaz desde la perspectiva resocializadora. El segundo de los problemas apuntados fue la constatación de que los penados carecían de supervisores con tiempo, conocimiento y habilidades para identificar problemas, implementar un plan de trabajo adecuado, evitar incumplimientos y posibilitar con todo ello un comportamiento prosocial. Esta última circunstancia resulta crucial porque el tipo de supervisión ejercida sobre el penado es un factor determinante para el logro de las finalidades propias de esta pena alternativa, lo cual en el caso de la población que nos ocupa es doblemente importante porque solo una supervisión efectiva sabrá, en primer lugar, detectar las necesidades especiales a la hora de adaptar el plan de ejecución; en segundo lugar, estará en condiciones de conectar al penado con los servicios comunitarios que pueden contribuir a la satisfacción de las mismas y, por último, podrá controlar el efectivo cumplimiento de las obligaciones impuestas en los programas de cumplimiento (abstinencia de consumo, asistencia al centro de salud, seguimiento de la medicación, etc). En suma, una apuesta clara por un modelo rehabilitador pasa por potenciar el papel de las personas encargadas de la supervisión y control, que, obviamente, no pueden ser prioritariamente las instituciones colaboradoras, sino los SGPM, los cuales, sin embargo, se declaran incapaces de hacerlo de forma efectiva dada la escasez de recursos

Solventar los problemas apuntados no es, en absoluto, tarea fácil. Sin embargo, ayudaría mucho la puesta en marcha de iniciativas como el Programa de Mediación Jurídico-Penitenciaria para personas con patología mental grave (SAJIMENTAL) que estuvo vigente en la Comunidad de Madrid, donde sigue en marcha el Servicio de Asesoramiento a Jueces e información al drogodependiente detenido y familia (SAJIAD) que, radicado en los Juzgados de la Plaza de Castilla, presta atención, información, orientación y asesoramiento a operadores judiciales, drogodependientes detenidos o con causas judiciales pendientes y a sus familias. Como a continuación se expondrá con más detalle, se trata de un servicio público gratuito integrado por un equipo técnico en el que trabajan psicólogos y trabajadores sociales que, en lo que aquí interesa, elaboran informes periciales dirigidos a los órganos judiciales que lo solicitan y, en fase de ejecución, están en condiciones de asesorar acerca de la PMA más adecuada al perfil del drogodependiente y de las entidades donde cumplirla, no siendo infrecuente, por otra parte, que se delegue en dicho Servicio la supervisión del cumplimiento de la PMA impuesta, una cuestión, que, como acabamos de señalar, es uno de los principales problemas con los que hay que lidiar. En lo que sigue, se ofrece al lector una visión de conjunto de las funciones que desarrolla el referido Servicio

## III. SAJIAD-SAJIMENTAL: UNA APUESTA COORDINADA DE LA ADMINISTRACIÓN MUNICIPAL Y EL SISTEMA DE JUSTICIA PENAL

En el año 1989, en plena pandemia de la heroína en nuestro país, varios jueces de Instrucción de los Juzgados de Plaza de Castilla de Madrid solicitaron al Ayuntamiento un apoyo técnico para gestionar la avalancha de personas que comenzaban a presentar comportamientos delictivos relacionados con su adicción a los opiáceos. En ese momento y junto al nacimiento de la incipiente red municipal de atención a las drogodependencias, el Ayuntamiento puso en marcha un programa pionero que actuaba de puente entre dos ámbitos muy relacionados: las adicciones y la justicia penal.

En este contexto surge S.A.J.I.A.D: Servicio de Asesoramiento a Jueces e Información y Atención a las Drogodependencias. Es un programa del Instituto de Adicciones (SG de Adicciones del Organismo Madrid Salud Organismo Autónomo del Ayuntamiento de Madrid gestionado por la asociación SIAD), que aporta una perspectiva biopsicosocial al modelo jurídico con un equipo de 17 profesionales especializados en adicciones que trabajan desde dentro de la estructura judicial (7 psicólogas, 6 trabajadoras sociales, 2 técnicos especialistas en laboratorio y 2 auxiliares administrativos). En estos 36 años SAJIAD ha crecido como un modelo de atención y mediación en el ámbito judicial en relación con las adicciones, acompañando a usuarios/as, familias y profesionales, y ayudándoles a entender los procedimientos penales con el objetivo de promover los procesos de reinserción de las personas que padecen una adicción.

La experiencia del Servicio y la especialización de sus profesionales ha supuesto la asunción de funciones como equipo técnico a toda la estructura judicial, sobre todo con el desarrollo de valoraciones periciales rigurosas y ágiles tanto previas al enjuiciamiento como durante la ejecución de las sentencias. Para desarrollar el programa es imprescindible la colaboración de la Viceconsejería de Justicia de la Comunidad de Madrid, quién ha facilitado la infraestructura, los espacios de trabajo y los medios técnicos necesarios para el mismo.

La Asociación SIAD gestiona también un programa similar en el Principado de Asturias desde el año 2004. La administración regional puso en marcha en ese momento, mediante concurso público, un servicio que se mantiene hasta la actualidad.

SAJIAD introduce la atención directa a las personas con problemática de adicción en los calabozos de Plaza de Castilla durante el proceso judicial, el asesoramiento personalizado en el despacho y las valoraciones biopsicosociales como dictamen suficiente para acreditar una adicción en el proceso penal. Según la Encuesta del año 2022 sobre Salud y Consumo de Drogas en Instituciones Penitenciarias (Plan Nacional sobre Drogas, Ministerio de Sanidad) el 34,8% de la población penitenciaria refiere haber sido diagnosticado, alguna vez en su vida, de un trastorno mental o emocional. De cada diez internos, siete consumieron alguna droga ilegal en libertad (75,1%).

| | 2006 | 2011 | 2016 | 2022 |
|---|---|---|---|---|
| Cannabis | 27,7 | 21,3 | 19,4 | 11,2 |
| Alcohol | 3,7 | 3,8 | 2,2 | 2,0 |
| Alucinógenos | 0,1 | 0,2 | 0,1 | 0,2 |
| Inhalables | 0,2 | 0,2 | 0,1 | 0,0 |
| Heroína + cocaína mezclada | 1,6 | 0,8 | 0,8 | 0,7 |
| Tranquilizantes no recetados | 9,1 | 4,1 | 6,2 | 7,8 |
| Heroína sola | 4,8 | 2,4 | 2,8 | 1,4 |
| Cocaína base | 2,5 | 1 | 1,4 | 1,2 |
| Cocaína polvo | 2,9 | 1,3 | 1,4 | 1,3 |
| Metadona no recetada | 1,1 | 0,5 | 0,7 | 0,7 |
| Anfetaminas | 0,3 | 0,2 | 0,4 | 0,4 |
| Éxtasis | 0,3 | 0,2 | 0,3 | 0,2 |

*Consumo en prisión (en el último mes)*

- En el año 2006, la Delegación del Gobierno para el Plan Nacional sobre Drogas del Ministerio de Sanidad propuso el Programa de Intervención en los Juzgados de Madrid y Asturias para representar a nuestro país formando parte de EDDRA (base de datos en la que el Observatorio Europeo de Drogas y Toxicomanías recoge los programas de referencia en el ámbito de la reducción de la demanda). De igual modo, la misma administración promovió que la asociación SIAD liderase la elaboración de un nutrido grupo de estudios relacionados con el tema que nos ocupa que han pasado a integrar el fondo documental de la Delegación del Gobierno para el Plan

Nacional sobre Drogas (v.g. Manual de buenas prácticas para el abordaje de las drogodependencias en el ámbito jurídico 2014; Delitos contra la salud pública y consumo de drogas. La influencia del proceso migratorio, 2015; Incidencia del consumo de sustancias psicoactivas en los delitos de violencia de género, 2019, entre otros)

En el año 2015, el Ministerio de Derechos Sociales, por medio de las subvenciones del 0,7 comenzó a financiar un programa que traslada algunas de las ideas y aprendizajes de la experiencia de SAJIAD en el área jurídico-penitenciario al ámbito de la salud mental. El Programa de Mediación Jurídico-Penitenciaria para personas con patología mental grave (conocido por mucha gente como SAJIMENTAL, como clara mención a su hermano mayor, SAJIAD) ha estado vigente hasta el año 2023, momento en el que la insuficiente financiación del ente público provocó un cierre que, de alguna manera, está relacionado con éste artículo.

En otro orden de cosas, más allá de la gestión de SAJIAD los profesionales de la asociación han llevado a cabo a lo largo de estos 35 años, formaciones a fuerzas y cuerpos de seguridad del estado, abogados, profesionales del ámbito de las adicciones y de la salud mental.

### *III.1. Objetivos de los programas de intervención*

Todos los programas de intervención mencionados tienen un doble objetivo muy diferenciado.

Por un lado, un enfoque asistencial o sanitario que se sustenta en las pautas y recomendaciones de las organizaciones de salud sobre la alta eficacia de una atención individualizada y especializada en adicciones dentro del proceso penal. Se interviene intentando que las personas que se ven inmersas en un procedimiento judicial puedan tomar consciencia o ajustar su percepción sobre su problemática, motivando hacia el inicio de procesos de tratamiento públicos, homologados y especializados. En ésta parte de los programas somos personal sanitario que actúa en espacios muy determinados y generalmente cerrados para profesionales del sector, como los calabozos, promoviendo la salud, orientando y traduciendo a un lenguaje accesible la terminología y fases de un proceso judicial. No solo a los investigados, sino a sus familiares y a los agentes de salud que están trabajando con él. Este es un enfoque basado en la recuperación del individuo, pero que se traduce claramente en una reducción de la carga económica que el sistema judicial asume con ésta población. Prevenir la reincidencia (atajando los factores causales de un comportamiento delictivo) y promover la reinserción disminuye el gasto que al estado le supone una persona con una patología mental desde que es detenido hasta que ha cumplido su condena.

Un segundo enfoque, tan importante como el primero, pero más centrado en los operadores judiciales es el de pericial o de asesoramiento técnico. En el caso de las adicciones las memorias anuales de SAJIAD, nos hablan de un 25-30% de detenidos con los que intervenimos por reconocer una problemática adictiva. En ese porcentaje no se incluyen las personas que prefieren no reconocer un consumo o presentar otras patologías mentales. Buena parte de los Magistrados/as, jueces/as, fiscales, Letrados de la Administración de Justicia, forenses, agentes judiciales, tramitadores, funcionarios de instituciones penitenciarias y FFCC de seguridad del estado tienen contacto diario con un perfil de investigado/encausado que sufre una adicción y/o una patología mental. En muchos casos, todos estos profesionales, no cuentan con una formación suficiente o un conocimiento de la sintomatología propia de éstas enfermedades lo que les puede suponer un obstáculo para el desarrollo de sus funciones. La existencia de un equipo de profesionales especializados en la intervención en adicciones/patología mental dentro del ámbito jurídico-penitenciario, puede aportar un criterio riguroso y ajustado para que la rueda del sistema penal de justicia ponga en marcha medidas concretas que convierten en realidad algunos ideales teóricos como la reinserción de la población reclusa, la aplicación de medidas alternativas a prisión o la justicia restaurativa.

### *III.2. Ejes de intervención*

Los 3 ejes de intervención fundamentales de un programa de éste tipo son la atención en los calabozos, la realización de informes periciales y la mediación penal. Desarrollamos a continuación cada uno de ellos.

#### III.2.1. Intervención psicosocial en calabozos

Una persona detenida, trasladada a comisaría y puesta a disposición judicial tiene el derecho de ser atendida por el médico forense del Juzgado que entiende del procedimiento, quién recogerá información médica que pueda ser relevante para el proceso penal y asistirá al detenido realizando las exploraciones pertinentes y dispensando la medicación necesaria. Sin embargo, la intervención de los Institutos de Medicina Legal en los Juzgados se circunscribe a la atención médica en el momento de la puesta a disposición judicial y, lógicamente, biologicista y farmacológica. Poder contar con otro tipo de profesionales que atienden a las personas detenidas amplía las posibilidades de la actuación, pudiendo establecerse intervenciones y vínculos más continuados que promueven una mejor derivación y adherencia a recursos especializados.

Los objetivos principales de la atención psicosocial en los calabozos los 365 días del año, son los siguientes:

- Detectar población consumidora de drogas en las personas que pasan a disposición judicial, preguntando si usan sustancias psicoactivas o presentan otras adicciones y si esto tienen relevancia en los hechos que han dado lugar al procedimiento.

- Mantener una entrevista individual con quienes reconozcan ese consumo, para motivar el inicio de un proceso de cambio. Basándonos en el modelo teórico del cambio de PROCHASKA, NORCROSS y DICLEMENTE[16] realizamos una intervención breve en la que recogemos datos sobre las posibles adicciones, evaluamos en qué fase del proceso de cambio se encuentran e intervenimos para que avancen en el mismo. Para ello, se mantiene una entrevista motivacional fundamentada en sus principios básicos: realización de preguntas abiertas, evitar juicios o directrices paternalistas, mostrar empatía practicando la escucha reflexiva, reforzar la autoeficiencia-atribución interna y acompañar en la asunción de decisiones adaptativas.
- Informar y derivar a centros de atención a las adicciones, fundamentalmente de la red asistencial de adicciones, pero también de otros recursos del ámbito social y de la

16 2007, *passim*. La primera edición es de 1994 pero resulta de difícil localización, por lo que nos permitimos citar la editada por Harper Collins Publishers

salud mental. Para ello, los profesionales que trabajan en servicios de este tipo deben tener una formación actualizada sobre nuevas sustancias, nuevos patrones de consumo y sobre las diferentes entidades que llevan a cabo programas de intervención específicos en su zona de actuación.

- Desmontar creencias estereotipadas sobre los programas de tratamiento y ofrecer una información veraz e individualizada sobre el proceso de tratamiento, sus fases, posibles dificultades... La atención en calabozos supone, en muchas ocasiones, el primer contacto de muchos usuarios de sustancias con un profesional especializado por lo que uno de los objetivos fundamentales es trasladar una imagen cercana para que las personas que están detenidas valoren un tratamiento de adicciones como una posibilidad real y una opción relevante para su nueva situación judicial.
- Gestionar la dispensación del fármaco sustitutivo opiáceo (metadona) para pacientes incluidos en programa. En los Juzgados de Madrid, y tras mantener coordinación con el Instituto de Medicina Legal, SAJIAD se encarga de recoger los datos de las personas en calabozos incluidas en programas de mantenimiento con metadona para gestionar y coordinar con los centros de tratamiento de las redes públicas la gestión y toma de las dosis correspondientes.
- Recogida de información que pueda resultar relevante para el proceso penal con recogidas de muestras de orina (cuando se ha acordado la prueba por parte del juzgado correspondiente) el mismo día de la puesta a disposición judicial.
- En Madrid, y con las guardias rotativas de los Juzgados, SAJIAD es un servicio importante que presta atención continuada todos los días lo que nos permite tener acceso a situaciones especialmente urgentes, que tienen que ver

con sintomatología grave derivada del consumo. Este perfil de paciente con una clínica psicótica, puede pasar varias veces detenido en una misma semana, presentando un alto riesgo en la comisión de delitos que tienen relación con las dificultades en el control de impulsos. Los profesionales de SAJIAD informan de estas situaciones al Juzgado de Guardia, aportando informes de recursos externos que puedan servir al médico forense para tomar decisiones ajustadas.

### III.2.2. Perfiles de usuarios en función de la sustancia principal de abuso o adicción

#### A. *Cocaína*

Los datos recogidos durante las intervenciones en los calabozos, tanto de Madrid como de Asturias, indican que la cocaína es la sustancia más utilizada por la población que atendemos.

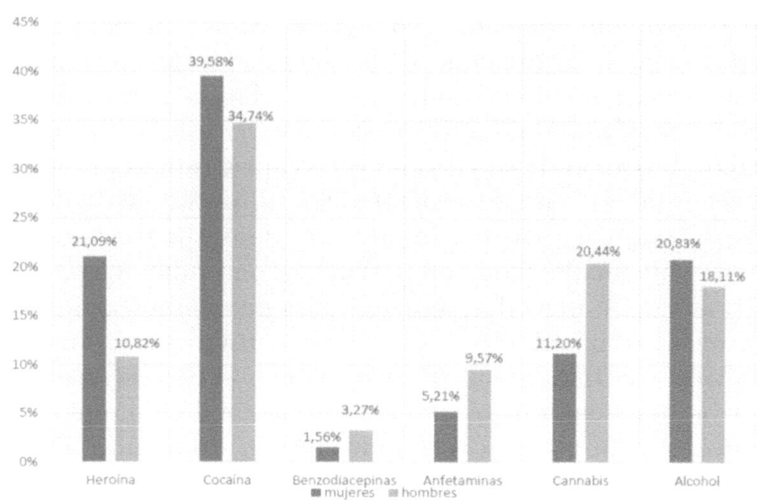


*Grafíco 1: Memoria 2024 de SAJIAD (Instituto de adicciones Madrid-Salud. Ayuntamiento de Madrid)*

Al contrario que ocurrió desde la década de los 90 con la heroína, cuando las campañas de las autoridades sanitarias y el impacto que produjo en muchísimas familias creó una alarma social que la colocó en el altar de los grandes problemas de la sociedad, la cocaína ha conseguido mantener una visión diferente entre la población consumidora. La cocaína sigue representando para la población general uno de los paradigmas de droga peligrosa e incontrolable (*La percepción social de los problemas de drogas en España, FAD 2014*), pero esta visión se suaviza en los más jóvenes y en los consumidores recreativos, entre quienes se asocia a la idea de diversión y desinhibición. Es utilizada por perfiles sociológicos muy diversos pero se asocia a la idea de ser una droga más limpia y menos relacionada con la desestructuración socio-sanitaria de los heroinómanos.

En el ámbito jurídico nos encontramos con dos tipos de consumidores de cocaína, diferenciados por la vía de administración. Las personas que la consumen esnifada (un 81 %, aproximadamente) se aproximan más al uso recreativo, esporádico y contextualizado en los fines de semana. Son usuarios aparentemente adaptados, en algunos casos con éxito social, que aumentan la frecuencia y las cantidades del consumo de una forma paulatina. Comienzan a utilizarla para divertirse y van incorporándola poco a poco a otras esferas de su vida (laboral, gestión de situaciones estresantes, rutinas diarias…). Muchos de estos usuarios desarrollan un síndrome de dependencia que provoca una importante desestructuración pero tienen dificultades para autopercibirse como adictos, concepto que asocian a unas determinadas vías de administración (intravenosa o fumada). Este patrón de consumo está muy relacionado con las ingestas de alcohol, con el uso recreativo de derivados anfetamínicos y con la utilización de tranquilizantes para gestionar las resacas o síndromes de abstinencia. Encontramos una fuerte relación entre las intoxicaciones de alcohol y cocaína (y la mezcla de ambas, conocida como cocaetanol), con una tipología del delito menos previsible que tiene que ver con alteraciones temporales de conciencia, la impulsividad-agresividad y el descontrol comportamental.

El segundo tipo (19%) de consumidores de cocaína que nos encontramos son los que la utilizan fumada ("pasta base"). Es un patrón mucho más relacionado con contextos marginales, que han adoptado tanto las personas que provienen de un consumo recreativo desaforado (fumada produce unos mayores efectos estimulantes), como algunos heroinómanos que han abandonado el uso de opiáceos, sustituyendo las pipas o las inyecciones de heroína por las de cocaína. Es reseñable que es mayor el porcentaje de mujeres que utilizan éstas vías de administración (27%, por un 17% de los varones) lo que puede indicar que ellas utilizan cocaína en contextos menos relacionados con funciones recreativas.

Como hemos indicado, la cocaína como sustancia principal de abuso de personas que pasan a disposición judicial, se relaciona con otros consumos secundarios (alcohol y benzodiacepinas) generando un patrón de conductas disfuncionales que se suelen producir en contextos de intoxicación. Conocida como "delincuencia inducida"[17], engloba desde reacciones desproporcionadas de personas que debutan en su trayectoria penal hasta usuarios que utilizan las sustancias para afrontar un acto delictivo y atreverse a "hacer cosas", que sin estar intoxicados no podrían hacer. La utilización de la cocaína y otros estimulantes (derivados anfetamínicos) parece relacionarse también con reacciones paranoides que pueden provocar comportamientos delictivos. Los delitos con los que más nos encontramos, en personas que abusan/dependen de alcohol-cocaína-benzodiacepinas son las lesiones, robos con violencia-intimidación, daños, amenazas, desobediencia, resistencia a la autoridad y delitos de violencia de género o doméstica.

---

[17] Elzo, J./ Lidón, J.M./ Urquijo, M.L. (1992)

*B. Alcohol*

Por lo que respecta a las personas abusadoras o dependientes del alcohol que entran en conflicto con la ley, podríamos diferenciarlas en dos grupos. El más prevalente es el alcohólico puro, que no utiliza otras drogas y que ha generado un síndrome de dependencia que ha afectado de forma muy significativa a diferentes áreas de su vida (familiar, laboral, comportamental, legal, parental, económica...). Son pacientes de fácil detección que comparten circunstancias psicosociales muy precarias, encontrándose en muchos casos en una clara situación de exclusión social. Muy relacionados con el sinhogarismo y con la coexistencia de otras patologías mentales- que pueden ser previas al consumo o consecuencia del mismo-, suelen vivir al margen del sistema sanitario y, como consecuencia de todo lo anterior, tienen graves dificultades para remontar su compleja situación.

La segunda categoría de consumidores de alcohol que presentan problemas judiciales son personas socialmente adaptadas. Mantienen un consumo continuado que han podido compatibilizar con un estilo de vida aparentemente funcional, escondidas bajo la permisividad y normalización de nuestra cultura con el uso de alcohol en diferentes espacios. Utilizan el alcohol después de su actividad laboral o durante los fines de semana, lo que genera en ocasiones dificultades en el cumplimiento de sus responsabilidades personales o laborales que, sin embargo, no se perciben como suficientemente graves para contemplar un cambio en su relación con el alcohol. En esta categoría nos encontramos personas de todas las edades, fundamentalmente de origen español o latino, que usan de forma esporádica cocaína esnifada en contextos recreativos y que presentan una baja conciencia de problema. Su debut en los Juzgados (por conductas relacionadas con una intoxicación aguda) suele ser un importante momento de reflexión para reajustar su percepción y mantener sus primeras entrevistas con personal sanitario especializado, lo cual puede suponer un avance en la conciencia de necesidades de realizar cambios en éste área de su vida. La violencia de género, las lesiones, las amenazas y las agresiones sexuales son los delitos por los que con mayor frecuencia son detenidos.

*C. Heroína-opiáceos*

Suelen ser personas de edad avanzada cuya sustancia principal de abuso son los opiáceos. Es la población que mantiene un estilo de vida que iniciaron a finales de los años 80. La gente de su generación que compartió ese modus vivendi abandonó el consumo de heroína (reinsertándose en contextos funcionales) o falleció (por sobredosis o enfermedades asociados al uso intravenoso de drogas). Generalmente, presentan un alto historial jurídico-penitenciario, especializándose en delitos como los robos con fuerza (hurtos, coches, entradas en domicilios) o el menudeo de sustancia (tranquilizantes, heroína, cocaína). Comparten una fotografía psicosocial semejante: graves problemas sanitarios, deterioro cognitivo, deficiente red de apoyo socio-familiar, sinhogarismo, fracasos terapéuticos, carencias formativas y trayectoria laboral muy precaria o inexistente. Son pacientes que presentan un alto grado de institucionalización ya que han alternado cortos periodos de tiempo en libertad con otros más dilatados. La aparición de los programas de sustitutivos opiáceos (metadona) y de reducción de daños a finales de los años 90, sacaron del circuito de la drogodelincuencia a buena parte de esta población. Pero, los que no han conseguido abandonar este estilo de vida y están incluidos en programas de metadona han incorporado otras sustancias de abuso (cocaína fumada o alcohol) a su patrón de consumo, manteniendo comportamientos del histórico toxicómano que permanece en el imaginario popular. Observamos en los últimos años que en los poblados marginales en los que conviven muchos de estos antiguos heroinómanos, a los españoles que sobreviven a toda su trayectoria de consumo les acompañan personas de otras nacionalidades (sobre todo de Europa del este y árabes) que comparten trayectorias comunes, en ocasiones iniciadas en sus países de origen y a veces desarrolladas en España tras un proceso migratorio fallido.

A lo largo de los años se han reducido de forma significativa el número de personas con adicción a opiáceos (personas cuya sustancia principal de abuso es la heroína) que pasan a disposición judicial. Este perfil poblacional se relaciona más con una tipología delictiva en la que se intentan financiar el consumo por medio de delitos contra la propiedad (pequeños hurtos, robos con fuerza, robo y uso de vehículo). La "delincuencia funcional" se plasma en este caso en la comisión de delitos – generalmente cometidos en el contexto del síndrome de abstinencia- dirigidos prioritariamente a conseguir su próxima dosis para calmar el malestar, perpetuando de ese modo la adicción.

*D. Fines de semana/ocio. Consumo recreativo*

En este perfil, englobamos a personas menores de veinticinco años que tienen sus primeras detenciones por delitos cometidos en contextos de ocio (delitos contra la seguridad vial, hurtos, lesiones, resistencia o desobediencia). Es muy probable que no vuelvan a pasar por el sistema judicial ya que tienen un contexto personal y sociofamiliar que actúa como factor de protección y el aprendizaje derivado de una experiencia tan hostil como compartir calabozo y privación temporal de libertad con personas institucionalizadas les provoca reajuste en cuanto a su relación con las sustancias psicoactivas. Estas detenciones suelen estar relacionadas con la pérdida de control derivada de un puntual uso de sustancias (derivados anfetamínicos, ketamina, cocaína, alcohol, tranquilizantes, ácidos...) que, hasta ese momento, no había generado espacial problemática derivada. En el caso del alcohol, este patrón de consumo es conocido como "binge drinking" o atracón y está muy asociado a los botellones, fiestas locales o celebraciones variadas. Personas que no suelen consumir (alcohol u otras sustancias) y que tienen una vida funcional, pero que pierden el control en un momento concreto. El conflicto legal funciona como una señal de alerta para realizar cambios sin que, en muchos casos, sea necesaria la derivación a la red de adicciones. No obstante, el Instituto de Adicciones (SG de Adicciones) de Madrid Salud -organismo Autónomo del Ayuntamiento de Madrid- cuenta con profesionales de Educación Social que trabajan en los Equipos de Atención a Adolescentes y Jóvenes (EAJ) a los que se deriva a este perfil de población en el caso de tratarse de personas que sí lo precisen.

Nos encontramos aquí con el tercer tipo de relación adicciones-justicia penal que propone ELZO[18]: la "delincuencia relacional", referidas a personas que han sido detenidas por un delito contra la salud pública. El perfil de estos detenidos no es homogéneo, pues cabe distinguir, de un lado, aquellos a quienes se les han incautado pequeñas cantidades de sustancias ilegales que estaban destinadas a su propio consumo (individual o junto a su grupo de iguales), en intervenciones policiales realizadas en contextos recreativos. Este perfil de población detenida está relacionado con tenencia de cánnabis (hachís o marihuana), derivados anfetamínicos (éxtasis, 2CB, MDMA), tranquilizantes obtenidos sin receta médica o pequeñas cantidades de cocaína. De otro lado, nos encontramos con otra categoría de detenidos por delitos contra la salud pública a quienes se relaciona con el tráfico de drogas a mayor escala, cuyo consumo , con cantidades mayores y cuyo uso de drogas, generalmente se relaciona con un estilo de vida sustentado en el lucro derivado del delito.

---

[18] Op. cit. *passim*

*E. Jóvenes institucionalizados-benzodiacepinas.*

En esta categoría incluimos a jóvenes menores de veinticinco años que se incorporan a la justicia penal adulta con el bagaje de haber pasado por los juzgados y centros de protección de menores o centros de reforma y, en el mejor de los casos, habiendo sido condenados a una medida de libertad vigilada. Son un tipo de detenido que genera muchas dificultades en las comisarías y los calabozos ya que afronta estas situaciones con una actitud reactiva, muy rebelde y en ocasiones agresiva. Debido a su juventud, a sus adicciones o patologías mentales y a las múltiples carencias de sus desarrollos evolutivos no cuentan con las habilidades necesarias para gestionar estas situaciones de una forma adaptativa a o que se suma el hecho de que en las comisarías, calabozos y centros penitenciarios de adultos el enfoque es diferente al que es propio de los centros de menores, donde los educadores priorizan la reeducación al castigo, mientras que en estos otros entornos el desafío suele ser respondido con medidas coercitiva. Hablamos de jóvenes españoles y de otras muchas nacionalidades, siendo la población marroquí la que predomina al ser, porcentualmente, la que más emigra a nuestro país (61% de los menores no acompañados que llegan a España, según datos de 2024 del Ministerio de Inclusión, Seguridad Social y Migraciones). Muchos presentan fuertes adicciones a tranquilizantes que han desarrollado durante sus procesos migratorios o en contextos de exclusión social. Asimismo, abundan quienes acumulan experiencias previas de periodos de adaptación al sistema, cuando han formado parte de centros de acogida en los que se han comprometido en procesos formativos y prelaborales de forma ajustada y exitosa, pero con 18 años dejan de formar parte del sistema de atención al menor y se enfrentan al "mundo real" sin la red que supone un entorno familiar y un arraigo en nuestro país, lo que aumenta sus posibilidades de presentar recaídas en el consumo y en patrones comportamentales delictivos, especialmente cuando aparecen frustraciones o dificultades para acceder al mercado de trabajo o a la primera vivienda.

*F. Chemsex*

El uso de drogas para el mantenimiento de relaciones sexuales es un patrón de consumo que ha aumentado de manera significativa en nuestro país[19], principalmente vinculado a la población que epidemiológicamente se engloba en el concepto de hombres que tienen sexo con hombres (HSH) en entornos urbanos. Se trata de un fenómeno que se traduce en encuentros sexuales de parejas estables u ocasionales, pero también en grupos grandes (saunas y otros lugares análogos), donde se pretende alargar la relación sexual durante horas, o incluso días. La aparición de apps y de terminología específica ha supuesto un detonante que ha puesto en alerta a las autoridades y a los profesionales que trabajan en adicciones y/o en salud mental, quienes han puesto en marcha programas de chemsex especializados. En esos contextos se mezclan sustancias que podemos considerar nuevas (GHB, Mefedrona-catinonas, metanfetamina) con otras, más conocidas (cocaína, popper, ketamina o viagra). Los usuarios suelen realizar en estas sesiones un policonsumo que se lleva a cabo por vías diversas (entre ellas la inyectada, más conocida como "*Slam*" en el argot), lo que nos retrotrae al inicio de la década de los 90, donde el VIH y las enfermedades de trasmisión sexual se convirtieron en problema de orden público en este perfil poblacional. Las personas que nos encontramos en los calabozos por detenciones que se producen en el contexto del chemsex, suelen presentar unos rasgos psicosociales comunes (adaptación o éxito laboral, buena posición económica, sin antecedentes penales y con entornos sociofamiliares estructurados) y, mayoritariamente, son acusados de delitos relacionados con la tenencia de drogas, lesiones o detenciones ilegales.

---

19 "Informe sobre chemsex en España". Secretaria del Plan Nacional sobre el Sida, Ministerio de Sanidad, Consumo y Bienestar Social2019 ). https://www.sanidad.gob.es/ciudadanos/enfLesiones/enfTransmisibles/sida/docs/informeCHEMSEX.pdf

Para concluir este análisis sobre los perfiles de los consumidores de sustancias psicoactivas que pasan a disposición judicial, haremos una mención a la variable del género, ya que analizar el binomio drogas-delincuencia teniendo en cuenta dicha perspectiva nos permite ver realidades ocultas por el enfoque androcentrista de investigaciones previas. Sin embargo, hubo que esperar a la última década del pasado siglo para que se comenzase a introducir una mirada diferenciada a la relación de hombres y mujeres con las sustancias psicoactivas y otras adicciones comportamentales (trastorno por juego patológico, compras compulsivas o dependencias emocionales). Hasta ese momento, los estudios realizados con población predominantemente masculina generaban una base teórica que era extrapolada a las mujeres. No cabe duda de que, en el imaginario popular, la imagen de una mujer adicta se relaciona con una serie de estigmas. Hay evidencia de que las adicciones en mujeres tienen de base problemáticas relacionadas fundamentalmente con temas de perspectiva de género: culpa, estigma, vergüenza, cuidado, cumplimiento de expectativas, cargas familiares etc.[20]

Según datos de las memorias de SAJIAD indican que solo un 9% de las personas atendidas en los calabozos son mujeres (año 2024), siendo llamativo el alto porcentaje de personas sin hogar(17% por 12% en varones). Pertenecen a rangos de edad más avanzados (el 47% de las atendidas tienen 38 años o más, mientras entre los varones este porcentaje es del 37%) y conviven principalmente con la familia propia (un 38% por un 22% de los varones). Por lo demás, es una evidencia que la "feminización" de la exclusión social aumenta cuando incluimos en el análisis a las mujeres migrantes provenientes de países empobrecidos[21] . Por su parte, GALÁN, RAMOS y TURBI, en

---

[20] Estévez, A. (2024), p. 13 y ss.

[21] Markez, i./Pérez/Pareja, V., (2022)

la línea de otras investigaciones previas[22], concluyeron en el año 2021 que en España un 51,6% de las mujeres privadas de libertad presentan trastornos derivados del uso de sustancias y un 23,2%, problemas de adicción

Por último, hay que hacer una mención específica a las patologías mentales que desarrollan su sintomatología en personas con problemas de adicción. El término "patología dual" hace referencia a la concomitancia de un trastorno de adicción que coexiste con otro trastorno mental. Este cuadro clínico dificulta el abordaje de ambas patologías, cuya mezcla (cuando están activos ambos síndromes) genera unas características determinadas como un alto nivel de impulsividad, dificultades en la asunción de la enfermedad, vulnerabilidad social (desempleo y exclusión) y alto índice de fracaso en intervenciones psicoterapéuticas. Por otra parte, como parece obvio, los estudios concluyen que las mujeres con patología dual son más susceptibles ante la violencia de género y sufren mayor estigma y exclusión social[23]

### III.2.3. Elaboración de periciales e intervención en fase de ejecución de sentencia

Un servicio público que funcione como equipo técnico de asesoramiento en adicciones o en salud mental dentro de la estructura del sistema judicial permite a los operadores judiciales contar con valoraciones periciales más especializadas, basadas en el conocimiento actualizado de nuevos patrones

---

22 Galán Casado D. /Ramos-Ábalos, E./Turbi Pinazo, A./ AÑAANOS BENDRIÑANA, F. (2021), p. 85 y ss. Vid asimismo Pérez M./ Gallego, L./ Arenas Carbellido (2006.) *Cfr.* Onorbe de la Torre, J/Silvosa Rodríguez, G. (2006)

23 RED SALUD MENTAL ESPAÑA (2020)

de consumo y en la coordinación con los profesionales de los recursos asistenciales que abordan este tipo de problemáticas.

Un programa de atención y mediación en el ámbito judicial en relación con las adicciones realiza un asesoramiento técnico a todos los órganos judiciales que así lo soliciten. Resumimos a continuación en qué suelen consistir este tipo de peticiones.

### *III.2.3.1. Informe biopsicosocial y de adicción. Fase de Instrucción*

La mayor parte de las solicitudes que recibe un programa como SAJIAD proviene de Juzgados de Instrucción, Juzgados de lo Penal y Audiencias Provinciales. Estos órganos judiciales solicitan, siempre mediante oficio y tras haberse acordado en el procedimiento, la elaboración de informes periciales en los que se informe sobre el historial adictivo del investigado, especificando su situación en el momento de los supuestos hechos. Asimismo, en muchos casos, son los letrados de la defensa o la Fiscalía quienes solicitan este tipo de pruebas.

Históricamente, y aún hoy en algunos Juzgados, se solicita la recogida la muestra capilar como prueba fundamental que acredite una posible toxicomanía. Ahora bien, el análisis de una muestra de pelo por medio del Instituto Toxicológico puede objetivar un consumo continuado de una sustancia, pero no permite evaluar la afectación que ese consumo ha producido en diferentes esferas vitales. Resulta, pues, que para objetivar un diagnóstico de adicción a sustancias es imprescindible valorar de forma individual una serie de factores psicosociales que no pueden ser evaluados con el mero análisis de una muestra biológica. Es obvio que esta evaluación biopsicosocial es fundamental para evaluar otro tipo de dependencias, categorizadas más recientemente en los manuales clínicos, como adicciones sin sustancia (ludopatía, nuevas tecnologías, compras compulsivas, dependencias emocionales…). La recogida de datos en un contexto pericial requiere la utilización de fuentes de contraste para objetivar la información. Los informes periciales que finalizan con una conclusión diagnóstica se diferencian en este punto de un certificado de un centro de tratamiento, el cual describe una petición de atención profesional basada en muchos casos en verbalizaciones (no confirmadas) del paciente. Es decir, resulta imprescindible poder contar con otras fuentes de información para poder llegar a una conclusión diagnóstica. Esta cuestión es diferente en un contexto terapéutico-asistencial, donde los profesionales no tienen por qué dudar de la palabra de un usuario que refiere consumir una sustancia y está solicitando ayuda. Los centros de atención a las adicciones, atienden a pacientes que acceden a tratamiento motivados por las causas judiciales recientes o pendientes. Se encuadra el diseño de intervención con una lógica terapéutica en primer lugar y consiguientemente un posible beneficio por la adherencia al tratamiento. Este es un matiz muy importante que justifica la existencia de estos equipos especializados. Es conocido por todas las personas que trabajan en juzgados penales el intento de instrumentalizar certificados de centros de tratamiento haciéndolos pasar por un informe pericial.

Para elaborar estos informes, cuya entrega no suele exceder de los dos meses desde el momento de la petición, los profesionales del servicio llevan a cabo las diferentes técnicas:

- Entrevista personal conjunta (trabajadora social y psicóloga). Siendo trasladado desde el centro penitenciario a los calabozos de los juzgados, cuando se encuentra en prisión provisional, o siendo citado en los juzgados si se encuentra en libertad. En esta entrevista de una hora de duración, se explora en primer lugar toda la historia vital de la persona investigada incidiendo en primera infancia y familia de origen, trayectoria académica y laboral, incidencias legales (valorando posibles consecuencias de los largos periodos en situación privativa de libertad), familia propia y situación actual. Posteriormente, se pregunta sobre sustancias utilizadas, fechas, patrón y contexto del consumo, tratamientos realizados y enfermedades asociadas.

- Entrevista familiar de contraste de información. Los profesionales que están elaborando el informe contactan, previa autorización del investigado/a, con alguien de su entorno familiar. Durante esa entrevista familiar se objetiva y se amplía información sobre la supuesta afectación que una posible adicción ha podido tener en la historia personal de la persona encausada. Con ésta técnica de contraste estamos evaluando la veracidad del relato recogido en la entrevista personal para comprobar si la persona en cuestión cumple o no criterios diagnósticos de adicción a sustancias psicoactivas.
- Coordinación con los centros de atención a las adicciones, CAD, CCAD y otros recursos asistenciales. Otra técnica complementaria para confirmar datos, es la coordinación (previa autorización del usuario/a) con los diferentes profesionales con los que el encausado/a ha estado en contacto a lo largo de su vida. Nos interesa valorar las fechas en las que inicia sus primeros tratamientos para poder descartar si son previas a sus primeros procedimientos judiciales. De esta forma descartamos que puedan estar instrumentalizándose esos contactos profesionales (v.g empezando un programa de tratamiento sin que exista una problemática de consumo con el único objetivo de obtener un beneficio judicial). Los informes que nos envían desde los centros de tratamiento son enviados al Juzgado solicitante como parte del informe pericial.
- Análisis de nuestras bases de datos. Un equipo técnico especializado como el de SAJIAD que mantiene su trabajo a lo largo del tiempo, genera una base de datos muy valiosa para el ámbito jurídico-penitenciario. La sintomatología propia de un consumo activo en los usuarios con los que trabajamos provoca, en muchas ocasiones, que no acudan a las citas en las que (a petición de su defensa) se pretende objetivar su patología como circuns-

tancia modificativa de responsabilidad penal. Esto supone que personas que presentan historias de consumo y exclusión social cronificadas que han marcado absolutamente su estilo de vida y su comportamiento, pasen por un proceso penal sin que se pueda aportar información que contextualice algunos comportamientos delictivos. Como es bien sabido, no acreditar este tipo de circunstancias impide (o dificulta) la posibilidad de medidas terapéuticas alternativas a los ingresos penitenciarios. En la Jurisdicción Penal de Madrid muchos Juzgados solicitan a SAJIAD el envío de la documentación obrante en nuestros archivos en procedimientos en los que no ha existido la posibilidad de elaborar un informe pericial actualizado o cuando esta posibilidad se ha valorado en momentos muy cercanos al juicio, cuando ya no contamos con tiempo suficiente para realizar una pericial. Poder analizar las diferentes intervenciones realizadas con alguna persona (en la atención en calabozos, con resultados de muestras de orina o en informes periciales anteriores) es una técnica fundamental para realizar un informe biopsicosocial y de adicciones riguroso y ajustado a la petición de los órganos judiciales.

- Pruebas de laboratorio. Son muchas las ocasiones en las que el Juzgado, a petición de la defensa, solicita una recogida de una muestra de orina bien para complementar las técnicas anteriores o bien cómo técnica independiente. La implementación de esta práctica se lleva a cabo en circunstancias muy concretas. En primer lugar, en la mayoría de las ocasiones los datos recogidos en las técnicas anteriormente descritas son suficientes para acreditar o descartar una problemática de consumo. Un resultado positivo (o negativo) en una muestra de orina no acredita (ni descarta) más que un consumo reciente. Como hemos mencionado antes, es absolutamente necesario un contexto psicosocial para poder interpretar unos resultados de analítica sobre drogas. En segundo lugar, solemos descartar esta técnica cuando nos encontramos en nuestra práctica diaria con personas que vienen a nuestras entrevistas con una "orientación previa" sobre la necesidad de demostrar un consumo. Lógicamente un consumo de sustancias instrumentalizado que busca un posible beneficio judicial no debe ser tenido en cuenta para emitir un diagnóstico clínico.

Tras obtener toda la información pertinente sirviéndonos de las técnicas mencionadas, la trabajadora social y la psicóloga redactan, de forma conjunta, el informe pericial, siguiendo la estructura siguiente: encuadre, técnicas utilizadas, historia psicosocial, historial toxicológico, diagnóstico y conclusiones. El objetivo es conocer el estado del acusado en el momento de los hechos que se juzgan y los informes de SAJIAD intentan arrojar luz a esa cuestión concreta, de modo que el tribunal tenga en su mesa un contexto vital de la persona encausada que puede ayudarle a aplicar la norma con un enfoque reparador o basado en el principio de reinserción. Un enfoque más holístico nos puede mostrar que es difícil reducir la reincidencia si no se presta atención, por ejemplo, a las dificultades que supone volver a la calle después de un proceso de prisionización que, como es sabido, implica la asunción de los códigos y los valores de la cultura carcelaria que se produce en la mayoría de los reclusos que han sufrido largos periodos de privación de libertad.

Por otra parte, en el acto del juicio oral, y siempre que así lo requiera el Juzgado, los peritos de SAJIAD expondrán las conclusiones de su informe respondiendo a las preguntas de la defensa, el ministerio fiscal, jueces-magistrados y tribunal del jurado cuando sea el caso. Los profesionales de SAJIAD están citados a un rango de entre 5 y 10 juicios diarios. Muchos de ellos se suspenden o hay conformidades previas, pero estos peritos especializados aportan un punto de vista muy concreto que complementa los informes médicos, sustituyendo en muchos casos a otros profesionales de centros de tratamiento que tienen que pasar mañanas enteras en los Juzgados para participar en juicios que retrasan su hora de celebración o se suspenden.

Si el diagnostico de adicción está acreditado, algunas posibles preguntas pueden versar sobre los factores psicosociales de vulnerabilidad, las áreas afectadas por la adicción, la posible afectación de las facultades volitivas (suele considerarse así cuando una persona está en un periodo de consumo activo), posible afectación de las facultades cognitivas (más determinado por la situación concreta en el momento de los supuestos hechos delictivos), el pronóstico de la enfermedad, las posibilidades de cambio ó los medios más adecuados para facilitar el mismo.

*III.2.3.2. Informes de valoración técnica en fase de ejecución de sentencia*

A diferencia de los informes solicitados en fases previas, en este caso el Juzgado que está supervisando la ejecución de la sentencia o el cumplimiento de las medidas alternativas solicita a SAJIAD la elaboración de valoraciones en las que indique si la situación clínica actual de una persona condenada es compatible con una medida judicial en la que suspenda una condena con el requisito de realizar un programa de tratamiento de adicciones. Además de aportar un enfoque psicosocial actualizado sobre la situación clínica del reo, en fase de ejecución de sentencia se solicita la supervisión del cumplimiento de la medida alternativa. Los profesionales de los equipos de atención a las adicciones tienen un mejor conocimiento de los recursos asistenciales, de sus tiempos, de sus procedimientos y de sus protocolos de actuación. Además, y al formar parte de la estructura judicial, tienen un contacto directo con los órganos judiciales poniendo en su conocimiento de forma ágil y ajustada la terminología requerida e interpretando determinadas situaciones clínicas que pueden dar lugar a la revocación de las mismas.

Por otra parte, SAJIAD actúa, cuando se le requiere, apoyando en la supervisión de las medidas alternativas concedidas en virtud del art. 80.5 CP, valorando los informes de los distintos recursos de tratamiento y complementándolos con recogidas aleatorias de muestras de orina que objetiven una línea estable de abstinencia. De esta manera, cuando se entregan informes trimestrales de seguimiento, éstos se integran por el informe pertinente del centro de atención a las adicciones (quien recoge analíticas de orina que no tienen por qué ser supervisadas) y por los resultados de muestras de orina recogidas aleatoriamente por las Técnicos Especialistas en Laboratorio de SAJIAD. Se procura de este modo valorar la adherencia y evolución en el tratamiento y en el proceso de reinserción social (si se mantiene abstinente, si está en tratamiento, en qué tipo de programa, si cuenta con apoyo familiar, si tiene una red social adecuada, si ha tenido recaídas en otras ocasiones y qué las ha motivado, si hay actividad laboral...) A tal efecto, se mantiene una entrevista personal más centrada en su adherencia y evolución en el presente, en la historia de consumo y de tratamientos, en su motivación hacia al cambio, en el análisis de factores de riesgo, etc, que se complementa mediante coordinaciones con los profesionales de referencia y controles de abstinencia (analíticas de orina/parches), ya que los Centros de Atención a las Adicciones (CAD) o Unidades de Conductas Adictivas (UCAs) son recursos sociosanitarios cuya función no es "vigilar" una abstinencia. Ahora bien, SAJIAD no se limita tampoco a la mera supervisión de la abstinencia sino que trabaja desde la vinculación con el usuario, ofreciendo alternativas terapéuticas sí hay una evolución irregular. Se intenta acompañar en esta última parte del proceso, para que nuestros profesionales sean la puerta de reentrada a la reinserción y derivación a centros de atención a las adicciones. En este escenario, es labor del equipo técnico informar al tribunal sobre el contexto de algunos positivos. Si una persona ha tenido una adicción a opiáceos durante 20 años y consigue abandonar ese consumo y ese estilo de vida, ¿es motivo de revocación de una medida un consumo de alcohol? ¿Y de cánnabis?. Habrá casos y casos, pero lo que parece evidente es que un dato fisiológico (restos de una sustancia en la sangre) necesita un contexto psicosocial para ser entendido. En el caso de seguimientos de medidas de personas con patología mental grave, la existencia de SAJIMENTAL permitía a los órganos judiciales de Madrid contar con un Servicio puente que supervisaba (mediante citas y coordinaciones con los profesionales de los centros de salud mental y de las entidades del tercer sector que atienden a ésta población) la evolución de estas personas, informando al Juzgado de las posibles incidencias que pudiesen conllevar la ejecución de otro tipo de medidas y de los posibles recursos (ambulatorios y residenciales) en los que se podían cumplir. En ambos casos, y como hemos comentando en diversas ocasiones, no solo se presta un servicio especializado a los órganos judiciales y a los Centros de Inserción Social. También se presta un asesoramiento importante a los profesionales de los centros de atención a las adicciones y/o salud mental, informando sobre cómo gestionar determinados escenarios terapéuticos, plasmar determinadas situaciones en un informe que va dirigido a un Juzgado o mediar con los usuarios ante el incumplimiento de las medidas.

Por lo demás, desde el año 1989, el SAJIAD ha llevado a cabo otros programas de intervención a solicitud de los Juzgados de Vigilancia Penitenciaria de Madrid. Podemos encuadrarlos en este apartado ya que forman parte de las medidas alternativas a prisión, que han promovido un enfoque que pone más energía en la capacitación de las personas condenadas y la prevención de reincidencia que en las medidas punitivas. Entre los años 2006 y 2013, la asociación SIAD puso en marcha un "Aula contra la violencia", financiado por la Dirección General de Instituciones Penitenciarias. Se trataba de un programa desde el que se realizaban intervenciones grupales con personas condenadas por delitos de violencia doméstica, que habían accedido a una suspensión de la condena para asistir a estos grupos formativos. Se abordaban, en algunos casos con la participación presencial de jueces de Vigilancia Penitenciaria que querían conocer nuestro trabajo, contenidos relacionados con la competencia social, emocional y cognitiva que se relacionan, como factores causales, con los comportamientos impulsivos o violentos. Entre los años 2009 y 2019 varios Juzgados de Vigilancia Penitenciaria de Madrid propusieron al Ayuntamiento que SAJIAD que realizase un programa de prevención de reincidencia para personas no consumidoras de drogas, condenadas por delitos Contra la Salud Pública. La intervención grupal se acordaba como medida de reinserción en personas que acababan de acceder al tercer grado.

### III.2.4. Informes especializados en adicciones para Juzgados de Familia

SAJIAD también recibe peticiones de los Juzgados de Familia, solicitando fundamentalmente la recogida de muestras de orina como herramienta para detectar consumo de sustancias psicoactivas. En estos casos, y cuando los equipos psicosociales de estos Juzgados se encuentran realizando informes sobre custodias, divorcios o regímenes de visita, contactan con nuestro Servicio para solicitar una recogida de una muestra de orina el mismo día que están realizando las exploraciones oportunas.

Tal como ha quedado explicado, la recogida de una muestra biológica para detectar consumo de sustancias dentro de la jurisdicción de los Juzgados de Familia debe realizarse teniendo en cuenta las cuestiones mencionadas anteriormente. Un positivo a cualquier sustancia no tiene por qué ser indicativo de la existencia de una problemática ni, por supuesto, ser interpretado como factor que inhabilita para el desarrollo de las funciones parentales. En sentido contrario, un resultado negativo en una recogida puntual no puede hacernos descartar la existencia de un consumo continuado. Es necesario mantener una intervención más continuada en el tiempo, contextualizada con otro tipo de información, para poder llegar a conclusiones de cualquier tipo. De hecho, SAJIAD recibe numerosos oficios de Juzgados de Familia que solicitan un seguimiento analítico continuado en el tiempo (con recogidas aleatorias y citas telefónicas comunicadas con un solo día de antelación) para poder hacer una valoración global sobre la relación de una persona con cualquier sustancia psicoactiva.

### III.2.5. Servicio de asesoramiento y orientación jurídica. Mediación

Además de la atención en los calabozos y la elaboración de informes periciales, el tercer eje de intervención de un equipo técnico en adicciones es el de la orientación jurídica, sirviendo de "facilitador judicial" que permita a esta población recibir una información adaptada sobre los procedimientos judiciales en los que está inmerso. En el caso de SAJIAD, el objetivo principal de este eje es el acercamiento del proceso judicial a todos los actores del ámbito de las adicciones: usuarios/as, familias y profesionales de atención a las adicciones. Se trata de informar de los pasos de todo el proceso, recogiendo información previa para conocer cada circunstancia clínica e informar a los usuarios sobre los pasos necesarios para hacer constar su situación de consumo en el proceso penal. Los usuarios acceden al Servicio cuando están detenidos, si bien, generalmente, son derivados por los profesionales de los centros de atención a las adicciones, quienes durante la entrevista de acogida les dirigen a SAJIAD cuando se mencionan procedimientos judiciales pendientes. A partir de ahí, aun cuando se interesen exclusivamente por un procedimiento en concreto, se intenta reorientar la demanda para que aborden su situación judicial de una forma global, ofreciéndoles un listado de causas pendientes, actualizando su dirección de notificaciones, instándoles a personarse en el juzgado si existe algún requerimiento, localizando a sus abogados e intermediando con los funcionarios tramitadores del procedimiento y, en general, se procura mejorar su capacitación para que entiendan algunas cuestiones básicas del área jurídico-penitenciaria, sin que, no obstante, corresponda a SAJIAD llevar a cabo un asesoramiento más especializado, para lo que son redirigidos a sus abogados u otros profesionales. Cuando el usuario/a ha finalizado el trabajo de revisión de causas, se elabora un documento accesible que resuma su situación. Este instrumento deberá ir siendo modificado, actualizando posteriormente la nueva información obtenida en las diferentes gestiones realizadas, manteniendo contacto (presencial o telefónicos) con los profesionales de SAJIAD. Un servicio de este tipo ofrece a las personas que están rehabilitándose contar con un profesional de referencia que conoce su situación global, tanto a nivel sanitario como judicial, que le ayudará a resolver dudas y a encaminar sus pasos hacia escenarios más funcionales.

Asimismo, SAJIAD puede formular una propuesta de medida alternativa pese a que el Juzgado no las haya solicitado. cuando se objetiva que un ingreso penitenciario puede dificultar el éxito de un proceso de tratamiento, ya que puede ser de interés para el órgano judicial una actualización de la situación clínica y psicosocial que puede no constar en el procedimiento, extremo que no es siempre atribuible al reo.

De igual modo, SAJIAD presta asesoramiento a familias de consumidores privados de libertad o en régimen terapéutico residencial. En estos casos, y contando con una autorización expresa del informado, se acompaña a las familias para recopilar información relevante que le permita contactar con los diferentes abogados y conocer la situación médica del encausado. Además, se atiende a los familiares de las personas que se encuentran detenidas por primera vez, manteniendo entrevistas en las que se realiza un encuadre sobre el momento del procedimiento penal, resolviendo dudas sobre las posibilidades y alternativas terapéuticas y los estilos de afrontamiento más adecuados para gestionar las fuertes emociones que genera (en los detenidos y en sus familiares) el debut judicial de una persona.

Otra faceta a destacar es el asesoramiento y orientación a los profesionales que trabajan en los centros de atención a las adicciones. Tal como planteamos en puntos anteriores, los trabajadores sociales derivan a un servicio como SAJIAD a los usuarios/as o contactan directamente con este servicio para solventar dudas puntuales sobre "decodificación" de cartas del Juzgado, regularización de Buscas y Captura o posibilidades de medidas alternativas a prisión. Poder contar con un servicio especializado en cuestiones jurídicas que responde inmediatamente a las preguntas de los profesionales ayuda a desbloquear otro tipo de situaciones propias de un proceso de tratamiento como la gestión de plazas en centros hospitalarios, pisos de apoyo al tratamiento y pisos de apoyo a la reinserción. Además del asesoramiento sobre la situación de sus usuarios, los profesionales de los recursos asistenciales solicitan orientación y herramientas para adaptar su trabajo al ámbito judicial, cuando así es requerido por un Juzgado. Plantean dudas relacionadas con el tipo de terminología utilizada en la redacción de informes o las formas de proceder en los informes trimestrales que realizan en las suspensiones de condena.

Por último, desde el año 2023, SAJIAD realiza intervenciones que podríamos encuadrar, en sentido amplio, en labores de mediación penal, entendida ésta como un proceso en el que víctima y agresor están capacitados, si ellos libremente consienten, para participar activamente y con ayuda de un tercero imparcial (mediador) en la resolución de las cuestiones surgidas por la comisión de un delito. Concretamente, el tipo de mediaciones que se han realizado en SAJIAD tienen que ver con personas consumidoras que han cometido delitos leves, sobre todo relacionados con sus entornos familiares. En estos casos, una de las solicitudes básicas de los entornos familiares que han sufrido una agresión por parte de una persona consumidora es el inicio de un programa de tratamiento. Las sesiones de mediación son un espacio seguro que acompaña al proceso terapéutico de una persona que sufre una adicción y un lugar en el que los núcleos familiares pueden llevar a cabo una comunicación viable y efectiva sobre las formas de sentir, de pensar y de actuar de cada una de las partes. Encontrar un contexto en el que poder escucharse, promueve la conexión emocional y reduce las posibilidades de realizar atribuciones poco realistas sobre los estilos relacionales de un núcleo familiar.

## REFERENCIAS BIBLIOGRÁFICAS

Arroyo-Cobo , J. M., (2023) "Rehabilitación psicosocial para las personas con Trastorno Mental Grave (TMG) que son condenados por los tribunales de justicia en España", en Norte de Salud Mental, , Vol. 19, Nº. 69, 66-77, https://dialnet.unirioja.es/servlet/articulo?codigo=9372274

Cervello Donderis, V / Colas Turégano, A. (dir.) (2024) *Salud mental y género. El debate entre el punitivismo y la despenalización*, Tirant lo Blanch.

Colas Turégano, A. (2024) "Enfermedad mental y prisión: una lectura de la legislación española desde la normativa internacional", en Cervelló/Colás, *Salud mental y género. El debate entre el punitivismo y la despenalización*, (2024), 215- 260, Tirant lo Blanch.

Cuerda Arnau, M.L. (2025) "Salud mental y delito: ¿Los trabajos en beneficio de la comunidad como alternativa sancionadora? Revista de Derecho penal y Criminología, 3ª época, nº 33, julio 2025 (en prensa)

Elzo, J./ Lidón, J.M./ Urquijo, M.L. (1992) Análisis jurídico y sociológico de sentencias emitidas en las Audiencias Provinciales y en los Juzgados de la CAV Delincuencia y Drogas. Vitoria-Gasteiz: Secretaria de la presidencia del Gobierno Vasco.

Estévez, A. (2024). Perspectiva de género en las adicciones. Revista Española de Drogodependencias, 49(4), 13-15.

Etxebarria Zarrabeita, J/ Martínez Escamilla M./ Ollero Perán, J. (2024) Abordaje resocializador de la enfermedad mental en el sistema penal y penitenciario. Reflexiones a partir de la experiencia navarra. Ed. Universidad Complutense de Madrid.

Galán Casado D. /Ramos-Ábalos, E./Turbi Pinazo, A./ Añaanos Bendriñana, F. (2021), "Salud mental y consumo de drogas en prisiones españolas. Una perspectiva de género". Psychology, Society & Education, ISSN 1989-709X, ISSN-e 2171-2085, Vol. 13, Nº. 1, págs. 85-98 https://dialnet.unirioja.es/servlet/articulo?codigo=7846769

Grupo De Estudios De Política Criminal (2021) Una propuesta alternativa para un nuevo régimen penal aplicable a las personas con enfermedad mental o discapacidad intelectual, Disponible en https://politicacriminal.es/una-propuesta-alternativa-para-un-nuevo-regimen-penal-aplicable-a-las-personas-con-enfermedad-mental-o-discapacidad-intelectual

Hava, E. (2021) Enfermedad mental y prisión: análisis de la situación penal y penitenciaria de las personas con trastorno mental grave (TMG), *Estudios Penales y Criminológicos*, Vol. XLI, págs., 59- 135.

Larrauri Pijoan, E. (2012) La necesidad de un informe social para la decisión y ejecución de las penas comunitarias" *Boletín Criminológico.* noviembre (n.º 139), págs. 1-5.

Markez, I./Pérez/Pareja, V., (2022) "Género y adicciones en el medio penitenciario". Revista de la Asociación Española de Neuropsiquiatría, vol.42 no.141 Madrid ene-jun. https://scielo.isciii.es/scielo.php?script=sci_arttext&pid=S0211-57352022000100011

Martínez Garay, L. (2024) "La Propuesta alternativa del Grupo de Estudios de Política Criminal para un nuevo régimen penal aplicable a las personas con enfermedad mental o con discapacidad intelectual", en Cervello/Colas, *Salud mental y género. El debate entre el punitivismo y la despenalización*, págs. 413-461, Tirant lo Blanch.

Mata y Martín, R. (Dir) y Montero Hernanz, T. (2021) Salud mental y privación de libertad. Aspectos jurídicos e intervención, Colex, Madrid,

Onorbe De La Torre, J/Silvosa Rodríguez, G. (coord..) (2006) Encuesta sobre salud y consumo de drogas a los internados en Instituciones penitenciarias, Madrid. https://pnsd.sanidad.gob.es/profesionales/sistemasInformacion/sistemaInformacion/pdf/encuestaPenitenciaria2006.pdf

Pérez M./ Gallego, L./ Arenas Carbellido (2006.) Actuar es posible: intervención sobre drogas en centros penitenciarios. Delegación del Gobierno para el Plan Nacional sobre Drogas, Madrid, https://pnsd.sanidad.gob.es/profesionales/publicaciones/catalogo/catalogoPNSD/publicaciones/pdf/IntervCCPP.pdf

Prochaska, J. O./Norcross/Diclemente, C.C. (2007) Changing for Good: A Revolutionary Six-Stage Program for Overcoming Bad Habits and Moving Your Life Positively Forward, HarperCollins Publishers, Nueva York.

Red Salud Mental España, (2002) Apuntes sobre patología dual, Madrid. https://www.consaludmental.org/publicaciones/Apuntes-patologia-dual.pdf

Rodríguez Yagüe, C. (2023) "Estándares penitenciarios europeos sobre enfermedad mental y privación de libertad", Revista General de Derecho Penal, nº 40.

### *Otros materiales de interés*

Informes del Observatorio de Derechos Humanos y Salud Mental en Prisión (ODSP) https://associacioambit.org/observatorio-ddhh-y-salud-mental/

"Informe sobre chemsex en España" (2019). Secretaria del Plan Nacional sobre el Sida, Ministerio de Sanidad, Consumo y Bienestar Social https://www.sanidad.gob.es/ciudadanos/enfLesiones/enfTransmisibles/sida/docs/informeCHEMSEX.pdf

*Capítulo 10*

# *Jurisprudencia sobre libertad condicional en delitos de terrorismo y delincuencia organizada. Contraste con la postura del TEDH y riesgos para la salud mental*[1]

**MARGARITA ROIG TORRES**
*Catedrática de Derecho penal*
*Universitat de València*

## I. INTRODUCCIÓN

En los casos de terrorismo y delincuencia organizada nuestra legislación requiere determinadas condiciones específicas para clasificar en tercer grado (art. 72.6 LOGP), conceder la libertad condicional (art. 90.8 y 91.4 CP), o suspender la ejecución de la prisión permanente revisable (art. 92.2 CP). En concreto, es necesario que la persona condenada muestre signos inequívocos de haber abandonado los fines y los medios

1 Esta publicación es parte del proyecto de I+D+i Modalidad "Generación de Conocimiento" 2021, Estudio crítico del uso de sanciones alternativas penales: una mirada a la salud mental y al género PID2021-126236OB-I00, financiado por MCIN/AEI/10.13039/501100011033/ y por "FEDER Una manera de hacer Europa".

de la actividad terrorista y haya colaborado activamente con las autoridades. Estos extremos pueden constatarse mediante manifestaciones del propio penado o través de informes técnicos. En el primer caso, el interno debe realizar una declaración expresa de repudio de sus actividades delictivas y de abandono de la violencia y una petición expresa de perdón a las víctimas de su delito. Los informes técnicos han de acreditar que el preso está realmente desvinculado de la organización terrorista y del entorno y actividades de asociaciones y colectivos ilegales que la rodean y su colaboración con las autoridades. Como se advierte, estos preceptos están pensados para los delitos cometidos en el seno de organizaciones terroristas o de otras asociaciones o colectivos relacionados con ellas.

Por lo tanto, esas disposiciones no solo obligan a abandonar los medios terroristas, presupuesto necesario para afirmar una evolución favorable a la reinserción social[2], sino también los fines terroristas[3], lo que una vez aceptadas las vías democráticas

---

2 Acale Sánchez, M. (2004). "Terrorismo, delincuencia organizada y sistema de penas". *Nuevos retos del Derecho penal en la era de la globalización.* Tirant lo Blanch, p. 366; Llobet Anglí, M. (2007). "La ficticia realidad modificada por la Ley de Cumplimiento Íntegro y Efectivo de las Penas y sus perversas consecuencias". *Indret,* (1), pp. 14 y 15; Pérez Cepeda, A.I. (1995). "Cuestiones sobre la reinserción en materia de terrorismo". *Reflexiones sobre las consecuencias jurídicas del delito.* Tecnos, pp. 239 y ss.

3 Critican los aspectos moralizantes, Cervelló Donderis, V. (2019). *Libertad condicional y sistema penitenciario.* Tirant lo Blanch, p. 53; Cuerda Arnau, M.L. (2005). "El premio por el abandono de la organización y la colaboración con las autoridades como estrategia de lucha contra el terrorismo en momentos de crisis interna". *Estudios Penales y Criminológicos,* (25), p. 32; Faraldo Cabana, P. (2004). "Un Derecho penal de enemigos para los integrantes de organizaciones criminales. La Ley Orgánica 7/2003, de 30 de junio, de medidas de reforma para el cumplimiento íntegro y efectivo de las penas". *Nuevos retos del Derecho penal...*, cit., pp. 326 y ss; Faraldo Cabana, P.

supone exigir un cambio ideológico contrario al artículo 16 CE[4]. Pero, además, precisan la colaboración activa con las autoridades, enfrentándose a la banda. Por lo tanto, es posible que, pese a estar desvinculada de la organización y haber abandonado la actividad delictiva, la persona condenada no coopere por miedo a represalias. En este caso, la pena será contraria al principio de resocialización, y al de humanidad de las penas. Como se verá, así lo ha declarado el Tribunal Europeo de Derechos humanos.

---

(2006). "Medidas premiales durante la ejecución de condenas por terrorismo y delincuencia organizada: consolidación de un subsistema penitenciario de excepción". *Derecho penal del enemigo: el discurso penal de la exclusión,* (I). Edisofer, pp. 785 y ss; Fuentes Osorio, J.L. (2011). "Sistema de clasificación penitenciaria y el «periodo de seguridad» del art. 36.2 CP". *InDret,* (1), p. 6; García Albero, R./ Tamarit Sumalla, J. (2004). *La reforma de la ejecución penal.* Tirant lo Blanch, p. 125; Landa Gorostiza, J.M. (2006). "Delitos de terrorismo y reformas penitenciarias (1996-2004): Un golpe de timón y correcciones de rumbo ¿hacia dónde?". *Derecho penal del enemigo...*, cit., p. 200; López Pelegrín, C. (2003). «¿Lucha contra la criminalidad mediante el cumplimiento íntegro y efectivo de las penas?». *Revista Española de Investigación Criminológica,* (1), p. 11; Rodríguez Yagüe, C. (2009). "El modelo penitenciario español frente al terrorismo". *La Ley Penal,* (65), pp. 3 y ss. (Universitat de València. Trobes [en línea]: catàleg de la biblioteca. Valencia: Servei de Biblioteques i Documentació); Rodríguez Yagüe, C. (2018). *La Ejecución de las penas de prisión permanente revisable y de larga duración.* Tirant lo Blanch, pp. 171 y 172; y Vidales Rodríguez, C. (2004). "La libertad condicional y la retroactividad de las disposiciones que la regulan. Razones para un debate acerca de su posible inconstitucionalidad". *Revista de Derecho Penal,* (12), p. 102.

4 Carbonell Mateu, J.C. (2015). "Prisión permanente revisable I (arts. 33 y 35)". *Comentarios a la Reforma del Código Penal de 2015,* 2ª edición. Tirant lo Blanch, p. 204; y Garro Carrera, E. (2017). "Tercer grado y libertad condicional de condenados por delitos de terrorismo: una mirada desde la libertad ideológica y el derecho a no incriminarse. La gestión penitenciaria del final de ETA". *Revista General de Derecho Penal,* (28), p. 22.

Ahora bien, la Audiencia Nacional al resolver los recursos relativos a los condenados por terrorismo, especialmente de ETA, viene precisando los presupuestos recogidos en aquellas normas también para conceder permisos de salida ordinarios y para progresar del primero al segundo grado, aunque la normativa penitenciaria no los contempla. Se aparta, así, del principio de legalidad, porque es patente que si el legislador los hubiera querido exigir los habría previsto expresamente. Además, entiende que la petición de perdón a las víctimas debe expresar arrepentimiento, lo que obviamente no precisa la ley que regula ese acto de un modo objetivo. Por otra parte, afirma que al valorar la salida no solo se debe tener en cuenta el fin resocializador de la pena, sino también el de prevención general y el de retribución. De manera que comprueba el delito o delitos cometidos, la pena total impuesta, la condena que la persona va a cumplir y el tiempo que le resta para extinguirla. Así pues, incluso para conceder un permiso de salida suele establecer como tiempo mínimo de reclusión la mitad de la condena, plazo fijado para el tercer grado (art. 36.2 CP), o incluso las tres cuartas partes, propias de la libertad condicional (art. 90.1 CP).

Pues bien, se ha evidenciado que la privación de libertad duradera provoca daños psíquicos a veces irreparables. En consecuencia, siempre que la persona interna cumpla los requisitos generales y el pronóstico de peligrosidad sea favorable debería acordarse su salida. Añadir condiciones adicionales, cuya inobservancia no siempre revela peligrosidad, supone incrementar esos daños, con la posible vulneración de los citados principios constitucionales.

## II. EFECTOS DE LA PRIVACIÓN DE LIBERTAD EN LA SALUD MENTAL

En la doctrina hay coincidencia al afirmar que, al margen de la afección anímica inherente a la pena de prisión, el transcurso del tiempo produce una perturbación psíquica a menudo irreversible[5]. El periodo en el que se suele situar el origen de estas secuelas es el de quince años[6], aunque algunos autores afirman un tiempo mucho más breve[7], o incluso entienden

---

5 La cuestión, pues, consistirá en diferenciar las "normales" consecuencias psicológicas que produce, generalmente, la misma entrada en prisión, de su exacerbamiento como consecuencia de una estancia prolongada. Álvarez García, F.J. (2009). "Estudio preliminar". *Los efectos psicosociales de la pena de prisión.* Tirant lo Blanch, p. 40.

6 Cuerda Riezu, A. (2011). *La cadena perpetua y las penas muy largas de prisión: por qué son inconstitucionales en España.* Atelier, pp. 59 y ss; De la Cuesta, P. (2009). "El principio de humanidad en Derecho penal". *Eguzkilore,* (23), p. 219; Fuentes Osorio, J.L. (2014). "¿La botella medio llena o medio vacía? La prisión permanente revisable: el modelo vigente y la propuesta de reforma". *Revista de Derecho Constitucional Europeo,* (21), p. 335; Gracia Martín, L./Boldova Pasamar, M.Á. (2023). "El sistema de penas". *Tratado de las consecuencias jurídicas del delito,* 2ª edición. Tirant lo Blanch, pp. 74 y 75; Jorge Barreiro, A. (1996). "El sistema de sanciones en el Código penal español de 1995". *Anuario de Derecho Penal y Ciencias Penales,* (II), p. 335; Landa Gorostiza, J.M. (2015). "Prisión perpetua y de muy larga duración tras la LO 1/2015: ¿derecho a la esperanza?". *Revista Electrónica de Ciencia Penal y Criminología,* (17-20), p. 19; Mapelli Caffarena, B. (2011). *Las consecuencias jurídicas del delito,* 5ª edición. Civitas, p. 81; Mir Puig, S. (2016). *Derecho penal. Parte general,* 10ª edición. Reppertor, p. 430; Pérez Manzano, M./Cancio Meliá, M. (2015). "Principios de Derecho penal (III)". *Introducción al Derecho penal,* 2ª edición. Civitas, pp. 145 y 146; Rodríguez Devesa, J.M/Serrano Gómez, A. (1995). *Derecho penal español. Parte general.* Dykinson, p. 905; Sanz Mulas, N. (2000). *Alternativas a la pena privativa de libertad. Análisis crítico y perspectivas de futuro en las realidades española y centroamericana.* Colex, p. 220; Segovia Bernabé, J.L. (2005). "Del sueño de la reinserción social a la pura retribución. Cambio de paradigma y reformas penales". *Las cárceles de la democracia. Del déficit de ciudadanía a la producción de control.* Ediciones Bajo Cero, p. 36; y Serrano Patiño, J.V. (2023). "La asistencia postpenitenciaria". *Derecho penitenciario. Enseñanza y aprendizaje,* 2ª edición. Tirant lo Blanch, p. 379.

7 Van Zyl Smit, D./Snacken, S. (2013). *Principios de Derecho y Política Penitenciaria Europea.* Tirant lo Blanch, p. 100.

que puede producirse desde el ingreso en el establecimiento penitenciario[8]. No obstante, los estudios empíricos reflejan que la mayor o menor incidencia de los déficits intelectivos y emocionales varía en función del sistema penitenciario concreto y de las características individuales de la persona interna[9]. Basta pensar en las cárceles conocidas justamente por su antagonismo en cuanto al tratamiento de los penados. Por una parte, las prisiones ejemplares de los Países Escandinavos, basadas en el espacio abierto y la amplia dotación de medios. En el otro extremo, muchas de Latinoamérica, África y Asia, donde prima la corrupción y las carencias en las necesidades más primarias, incluso los centros norteamericanos con normas de control muy duras, u otros de países totalitarios con un régimen complemente opaco[10].

En cualquier caso, esas investigaciones reflejan que la privación de libertad prolongada, antes o después deteriora la

---

8 Mapelli Caffarena, B. (1998). “Contenido y límites de la privación de libertad (Sobre la constitucionalidad de las sanciones disciplinarias de aislamiento)”. *Eguzkilore*, (12), p. 101.

9 Álvarez García, F.J. (2006). “El nuevo modelo de política criminal”. *Jueces para la Democracia*, (57), p. 28.

10 Drenkhahn analiza las diferencias en cuanto a la ejecución de las penas de larga duración en once países de la Unión Europea, incluida España. Drenkhahn, K. (2015). “Las penas de larga duración y los derechos humanos”. *Revista de Estudios de la Justicia*, (23), pp. 107 y ss. Recogen los resultados de diversos estudios sobre los efectos de esas condenas, Grassian, S. (2006). “Psychiatric Effects of Solitary Confinement”, *Washington University Journal of Law & Policy*, (22), pp. 324 y ss; Haney, C. (2023). “Mental Health Issues in Long-Term Solitary and “Supermax” Confinement”. *Crime & Delinquency*, pp. 124 y ss; Pérez Fernández, E./Redondo Illescas, S. (1991). “Efectos psicológicos de la estancia en prisión”. *Papeles del psicólogo*, (48). (https://www.papelesdelpsicologo.es/); y Ríos Martín, J.C./Cabrera Cabrera, P.J. (2002). *Mirando el abismo: El régimen cerrado*. Universidad Pontificia de Comillas, p. 146.

capacidad mental del sujeto de un modo cualitativamente superior a la primera etapa. En este sentido se habla de la "prisionización", para aludir a la asimilación de hábitos, costumbres, usos y cultura de la prisión, en detrimento de las conductas generales normalizadas[11]. Se afirma que la reclusión duradera estigmatiza, deshumaniza y produce un deterioro físico y psíquico[12]. Así lo advierte el Comité de prevención de la tortura

---

11 Echeverri Vera, J.A. (2010). "La prisionización, sus efectos psicológicos y su evaluación". *Revista Pensando Psicología,* (6-11), pp. 158 y 159. (https://revistas.ucc.edu.co/index.php/pe/article/view/375); Muñoz Conde, F./García Arán, M. (2022). *Derecho penal. Parte general,* 11ª edición. Tirant lo Blanch, p. 475; y Rivera González, G. (2017). "Tratamiento penitenciario individualizado en las penas privativas de libertad de larga duración. Efecto intimidatorio de la cadena perpetua". *Penas de prisión de larga duración. Una perspectiva transversal.* Tirant lo Blanch, p. 206.

12 Entre otros, Cervelló Donderis, V. (2018). "La inocuización como objetivo punitivo". *Represión Penal y Estado de Derecho. Homenaje al Profesor Gonzalo Quintero Olivares* Aranzadi, pp. 605 y ss; Cervelló Donderis, V. (2019) *Libertad condicional...*, cit., p. 23; Cervelló Donderis, V. (2022). *Derecho penitenciario.* Tirant lo Blanch, p. 42; Chaves Pedrón, C. (2024). "Salud mental y permisos de salida". *Salud mental y género: el debate entre el punitivismo y la despenalización.* Tirant lo Blanch, p. 383; Colás Turégano, A. (2024). "Enfermedad mental y prisión: una lectura de la legislación española desde la normativa internacional". *Salud mental y género...*, cit., p. 217; De León Villalba, F.J. (2017). "Penas de prisión de larga duración: eficacia versus legitimidad, determinación versus ejecución". *Penas de prisión de larga duración...,* cit., p. 44; Juanatey Dorado, C. (2016). *Manual de Derecho penitenciario,* 3ª edición. Iustel, p. 81; Muñoz Conde, F. (2015). *Análisis de las reformas penales. Presente y futuro.* Tirant lo Blanch, p. 18; Muñoz Conde, F./García Arán, M. (2022). *Derecho penal. Parte general,* cit., p. 475; Roca de Agapito, L. (2018). "El hacinamiento carcelario y el principio de humanidad". *Represión Penal y Estado de Derecho...*, cit., pp. 693 y ss; y Orts Berenguer, E./ González Cussac, J.L. (2023). *Compendio de Derecho penal. Parte general,* 10ª edición. Tirant lo Blanch, p. 477.

del Consejo Europa[13] y la Organización Mundial de la Salud[14]. La Sociedad Española de Psiquiatría señala que la tasa media de suicidios en los centros penitenciarios supera al de la población general[15], siendo aproximadamente veinte veces mayor[16], si bien este porcentaje está por debajo de la mayoría de países europeos[17]. También hay un incremento de las enfermedades mentales en las personas condenadas a penas de prisión largas[18], dependiendo su incidencia de distintas variables[19]. En

---

13 European Committee for the Prevention of Torture and Inhuman or Degrading Treatment or Punishment (CPT). *11th General Report on the CPT's activities,* (2001) 16, p. 18. (https://rm.coe.int/0900001680927e21).

14 "Prisons and probation: a Council of Europe White Paper regarding persons with mental health disorders", *Council for Penological Co-operation (PC-CP),* (2021) 8 Rev 6. (https://rm.coe.int/pc-cp-2021-8-rev-6-white-paper-regarding-persons-with-mental-health-di/1680a69439).

15 Los resultados indican que las tasas de incidencia de suicidio entre personas encarceladas respecto a la población general oscilan entre 1,9–6,0 en hombres y 10,4–32,4 en mujeres. (https://www.psiquiatrialegal.org/incidencia-mundial-de-suicidios-en-prision).

16 Ucelay, P. *Suicidios en las prisiones españolas, triste pero cierto.* (https://funcionarioprisiones.com/suicidio-internos/).

17 Mundt, A.P/Cifuentes-Gramajo, P.A./Baranyi, G./Fazel, S. (2024). "Worldwide incidence of suicides in prison: a systematic review with meta-regression analyses". *The Lancet Psychiatry,* vol. 11. (chrome-extension://efaidnbmnnnibpcajpcglclefindmkaj/https://www.thelancet.com/pdfs/journals/lanpsy/PIIS2215-0366(24)00134-2.pdf).

18 Así se constató en un estudio realizado con internos que llevaban más de diez años ininterrumpidos en prisión, frente a otros que estaban menos de tres años. Álvarez García, F.J. (2009). "Estudio preliminar", cit., pp. 161 y ss. Analiza el porcentaje de penados con trastornos mentales, Martínez Garay, L. (2024). "Un nuevo régimen penal aplicable a las personas con enfermedad mental con discapacidad intelectual: la propuesta alternativa del Grupo de Estudios de Política Criminal". *Salud mental y género…*, cit., p. 415.

19 Recoge una síntesis de esos factores, Martínez Garay, L. (2024). "Un nuevo régimen penal aplicable a las personas con enfermedad men-

concreto, los trastornos comunes son dos veces más frecuentes que en el resto de la ciudadanía[20], y los graves en torno a cinco veces más habituales[21].

Ante estas evidencias, se subraya la necesidad de usar mecanismos de resocialización para evitar o paliar esos daños. En concreto, se deben favorecer las salidas al exterior a través de permisos, del tercer grado y de la libertad condicional. En estos extremos ha insistido la normativa internacional[22] y, en particular el Consejo de Europa[23]. Cabe destacar la Decisión marco de 13 de junio de 2002 del Consejo de Europa, sobre la

---

tal...", cit., pp. 414 y ss.

20 Calcedo-Barba, A./Antón-Basanta, J./Paz Ruiz, S. (2023). *Libro blanco sobre la atención sanitaria a las personas con trastornos mentales graves en los centros penitenciarios de España.* SEPL, p. 51. (https://www.psiquiatrialegal.org/libroblanco2023).

21 Con carácter general respecto a la población reclusa, Hava García, E. (2021). "Enfermedad mental y prisión: análisis de la situación penal y penitenciaria de las personas con trastorno mental grave (TMG)". *Estudios Penales y Criminológicos,* (XLI), pp. 76 y ss.

22 Sobre la normativa internacional al respecto, Colás Turégano, A. (2024). "Enfermedad mental y prisión: una lectura de la legislación española ...", cit., pp. 219 y ss; y López Lorca, B. (2017). "Los estándares del Consejo de Europa sobre la concesión de la libertad condicional: Implicaciones para el sistema de revisión de la pena de cadena perpetua". *El diseño de la ejecución penitenciaria de la prisión permanente revisable.* Tirant lo Blanch, pp. 45 y ss.

23 Cabe destacar la Rec (2003) 22–Recommendation of the Committee of Ministers to member states on conditional release (parole) (Adopted by the Committee of Ministers on 24 September 2003 at the 853rd meeting of the Ministers' Deputies). (https://search.coe.int/cm?i=09000016805df03f); y la Rec (2003) 23 of the Committee of Ministers concerning the management by the prison administration of life sentences and other long-term sentences. (https://pjp-eu.coe.int/documents/41781569/42171329/CMRec+%282003%29+23+on+the+management+of+life+sentence+and+other+long+term+prisoners.pdf/bb16b837-7a88-4b12-b9e8-803c734a6117).

lucha contra el terrorismo. Esta norma en su artículo 6 preveía que los Estados miembros podrán considerar la posibilidad de tomar las medidas necesarias para que las penas impuesta por esos delitos puedan reducirse si el autor abandona la actividad terrorista y colabora con las autoridades. Por consiguiente, planteaba la regulación de un beneficio, consistente en rebajar la condena si se daban esos presupuestos. No los configuraba como requisitos *sine quanon* para acortar el cumplimiento o conceder la libertad condicional[24].

Pues bien, de esas normas del Consejo de Europa se desprenden varios criterios importantes: la privación de libertad extensa ocasiona perjuicios psicológicos mayores a los derivados del internamiento; su incidencia es distinta según las características de cada interno; puede manifestarse antes o después, si bien es previsible a partir de cinco años; para combatir tales daños el mejor instrumento es la libertad condicional; por eso, se debe fomentar, negándola tan solo cuando las posibilidades de que el reo delinca superen a las de que no lo haga; la certeza de este peligro debe probarla el Estado, en ningún caso el condenado; no cabe denegarla por otras razones distintas a la peligrosidad, ni siquiera atendiendo a la prevención general; y en la decisión de reconocerla se han de tener en cuenta las circunstancias sociales de la persona. Sin embargo, en nuestro país estas indicaciones no se siguen, ni en la legislación, ni en la práctica judicial.

---

24 Puede verse un comentario en, Cuerda Arnau, M.L. (2005). "El premio por el abandono de la organización...", cit., p. 29; y Leganés Gómez, S. (2004). *La evolución de la clasificación penitenciaria.* Ministerio del Interior, pp. 137 y ss. (https://www.interior.gob.es/opencms/pdf/archivos-y-documentacion/documentacion-y-publicaciones/publicaciones-descargables/instituciones-penitenciarias/La-evolucion-de-la-clasificacion-penitenciaria-NIPO-126-10-054-3.pdf).

## III. LA STEDH CASO MARCELLO VIOLA C. ITALIA

La STEDH de 7 de octubre de 2019, sobre el caso Marcello Viola c. Italia[25], declaró que negar automáticamente la revisión de la cadena perpetua por no colaborar el penado con las autoridades, como exigía la legislación italiana es contrario al artículo 3 CEDH, que prohíbe las penas inhumanas o degradantes. El recurrente fue condenado a cadena perpetua por pertenecer a una organización mafiosa, por lo que en lugar de la modalidad ordinaria (*ergastolo*) del artículo 22 del Código penal italiano, se le aplicó la restrictiva (*ergastolo ostativo*) del artículo 4 bis de la Ley Penitenciaria. Esta norma establece que los condenados por determinados delitos, entre ellos, los de terrorismo y los relativos a organizaciones mafiosas[26], solo pueden obtener beneficios penitenciarios y la libertad condicional si colaboran con la justicia para evitar las consecuencias del delito, esclarecer los hechos e identificar a los autores.

Pues bien, el demandante se negó a cooperar alegando el temor a represalias contra él o su familia, además de su derecho a la libertad ideológica. De forma que, aunque había participado en un programa de resocialización, el tribunal rechazó la revisión de su condena. Ante la Corte aduce que ese automatismo infringe el mandato de resocialización, lesionando

---

25 STEDH, Sección 1ª, de 7 de octubre de 2019, sobre el Caso Marcello Viola c. Italia (nº 2) (TOL7.274.513).

26 Caterini, M./Maldonado Smith, M.E. (2020). "La cadena perpetua en el ordenamiento jurídico italiano y argentino. Análisis y comparación". *Revista Anales de la Facultad de Ciencias Jurídicas y Sociales,* (50), pp. 470 y ss; y Mellone, A.M. (2021). "Ergastolo ostativo. Guida all'istituto: l'evoluzione della normativa, il doppio binario, la giurisprudenza costituzionale e della Corte europea dei diritti dell'uomo". *Procedura Penale.* (https://www.altalex.com/guide/ergastolo-ostativo).

la dignidad del recluso. El TEDH argumenta que el artículo 4 bis de la Ley Penitenciaria italiana establece una presunción de peligrosidad que se mantiene durante el encarcelamiento, requiriendo que el interno demuestre mediante su colaboración la ruptura con el grupo criminal. Señala que este requisito no es adecuado para apreciar los avances del penado hacia la reinserción social. La falta de participación no siempre es el resultado de una elección libre, ni significa necesariamente que continúa la adhesión a los valores criminales y la vinculación con la organización. La negativa podría atribuirse a otras circunstancias, como el miedo a represalias contra el interno o su familia. A la inversa, la decisión de colaborar puede responder a razones puramente oportunistas. Así pues, se evaluó la peligrosidad del recurrente atendiendo al momento en que cometió el delito, en lugar de tener en cuenta el progreso realizado desde la condena. En consecuencia, concluye que la pena es contraria al artículo 3 CEDH[27]. Señala que aun admitiendo que el Estado pueda pedir la ruptura con el grupo criminal, esto se puede concretar de otro modo, sin exigir la colaboración con la justicia y sin el automatismo actualmente vigente, por lo que debería reformar su legislación.

---

27 Comparten los argumentos de esta sentencia, Brucale, M. (2020). "Liberazione condizionale agli ergastolani ostativi. L'art. 4 bis torna alla Consulta". *Penale. Diritto e Procedura,* pp. 2 *y ss;* Galliani, D. (2021). "Il chiaro e lo scuro. Primo commento all'ordinanza 97/2021 della Corte costituzionale sull'ergastolo ostativo", *Giustizia Insieme.* (https://www.giustiziainsieme.it/it/giustizia-pene/1741-il-chiaro-e-lo-scuro-primo-commento-all-ordinanza-97-2021-della-corte-costituzionale-sull-ergastolo-ostativo); y Mauri, D. (2019). "Nessuna speranza senza collaborazione per i condannati all'ergastolo ostativo? Un primo commento a Viola c. Italia". *SIDIBlog.* (http://www.sidiblog.org/).

## IV. LA POSTURA ESTRICTA DE LA AUDIENCIA NACIONAL RESPECTO A LOS REQUISITOS ESPECÍFICOS

La aplicación práctica de las condiciones especiales establecidas en el artículo 72.6 LOGP para clasificar en tercer grado y en el artículo 90.8 CP para conceder la libertad condicional, se desprende de las resoluciones de la Audiencia Nacional que deciden los recursos relativos a personas condenadas por terrorismo. Sobre los delitos cometidos en el seno de otras organizaciones criminales las resoluciones son escasas y suelen referirse a asociaciones o colectivos que pertenecen al entorno de una organización terrorista, principalmente ETA. Pues bien, en cuanto a los condenados por terrorismo precisa esos presupuestos particulares también a la hora de concederles permisos de salida ordinarios y de acordar su progresión al segundo grado, pese a que no se contemplan expresamente en la normativa penitenciaria.

### *1. Obligaciones particulares para conceder el tercer grado y la libertad condicional en casos de terrorismo y delincuencia organizada*

La Audiencia Nacional es muy exigente en la aplicación de los presupuestos previstos en los artículos 72.6 LOGP y 90.8 CP. En el caso de declaraciones de condenados por terrorismo precisa un "sincero cambio de actitud", para constatar el abandono de los fines y los medios terroristas. Además, una "petición expresa y concreta de perdón a sus víctimas", que refleje "espontaneidad y sinceridad", es decir, que implique "arrepentimiento". Rechaza los pronunciamientos efectuados por algunos miembros de ETA que se ajustan a los requisitos legales, pero añaden una justificación de la actividad delictiva por motivos políticos. En este caso, dice la Audiencia, se sigue la disciplina de la banda, consistente en atender dichas obligaciones con el fin de obtener consecuencias penitenciarias, pero sin que exista una ruptura real con la organización. Tampoco admite el reconocimiento genérico del daño causado a las víctimas, siendo necesaria la referencia a las personas individuales afectadas. A continuación, apuntaré algunas resoluciones que reflejan esta postura firme de la Audiencia Nacional. Las relativas a la libertad condicional acceden a la concesión tras comprobar los presupuestos legales. En cambio, se advierte una mayor severidad en las relativas al tercer grado, y de modo sorprendente, en las que atañen a la concesión de permisos ordinarios de salida, pese a que la ley no recoge esas obligaciones singulares para otorgárselos a los terroristas.

### 1.1. Libertad condicional

El Auto de la Audiencia Nacional de 8 de noviembre de 2017[28], confirmó la libertad condicional. Dice la Audiencia que el condenado ha realizado una declaración expresa en la que muestra su arrepentimiento, señala que no ha pertenecido a la organización terrorista ETA y que desde 2009 se encuentra desvinculado del entorno de la izquierda abertzale, condena la violencia ejercida por la banda y dice que su actividad delictiva solo causó daños materiales, a los que está haciendo frente. Muestra su disposición a colaborar con las autoridades en todo lo que le sea requerido. Estas circunstancias cumplen las exigencias del artículo 90 CP. Por lo tanto, se trataba de un interno que no pertenecía a ETA, sino a un grupo relacionado con ella. Por eso, se le piden los presupuestos previstos en esa disposición para los delitos cometidos en asociaciones y colectivos ilegales que rodean a una organización terrorista.

El Auto de la Audiencia Nacional 619/2021, de 26 de julio[29], mantiene la libertad condicional de una interna que debía

---

28 AAN de 8 de noviembre de 2017 (FJ.1 a 3) (TOL6.455.246).

29 AAN 619/2021, de 26 de julio (FJ.1 a 5) (TOL8.589.466).

cumplir 30 años de prisión por delitos de terrorismo. Había alcanzado las tres cuartas partes de la pena en 2018 y su licenciamiento estaba previsto para 2022. La Audiencia argumenta que en el escrito presentado constaba que había abandonado los medios terroristas y hace referencias concretas y precisas a las víctimas de los delitos cometidos por la organización, pues no había víctimas directas de sus actos. No obstante, esta decisión se adopta el año antes de extinguirse la condena.

El Auto de la Audiencia Nacional 855/2021, de 12 de noviembre[30], se refiere a un condenado por delitos contra la salud pública realizados en una organización dedicada al narcotráfico. El Ministerio Fiscal argumenta que el penado no ha cumplido las condiciones previstas en el artículo 90.8 CP para los delitos cometidos en el seno de una organización criminal. La Audiencia señala que en este supuesto dichas condiciones sirven para indicar que el interno se ha reinsertado socialmente. Por lo tanto, se conectan con las del artículo 90.1 c) CP, esto es, observar buena conducta y un pronóstico favorable a la reinserción social. Concluye que el interno reúne los tres requisitos del artículo 90.1 CP y, por lo tanto, procede la libertad condicional. Así pues, en el caso de delitos cometidos en el seno de una organización criminal no terrorista la Audiencia no precisa acreditar las obligaciones específicas del artículo 90.8 CP, sino solo los requisitos generales del artículo 90.1 CP. Esto confirma que la mención a esas organizaciones se introdujo para abarcar a los colectivos y asociaciones afines a las organizaciones terroristas y en particular a ETA.

En cambio, el Auto de la Audiencia Nacional 243/2022, de 22 de abril[31], refrenda la resolución que denegó la libertad condicional a un condenado por un delito de integración en organización terrorista de carácter yihadista. El recurrente alega que

---

30 AAN 855/2021, de 12 de noviembre (FJ.1 a 3) (TOL8.672.728).

31 AAN 243/2022, de 22 de abril (FJ.1 a 3) (TOL8.949.425).

está en tercer grado, ha mostrado su arrepentimiento y pedido perdón a la Asociación de Víctimas del Terrorismo. Pese a ello se desestima su petición atendiendo a la especial gravedad de los hechos cometidos, pues formaba parte de una célula terrorista dedicada al reclutamiento de combatientes para el Estado Islámico. La decisión se centra en la peligrosidad y en motivos retributivos. No se alude a la colaboración, que a mi juicio se concibió para el terrorismo nacional.

Por otra parte, las exigencias específicas se mantienen con una rigidez llamativa a la hora de otorgar la libertad anticipada por razón de edad o enfermedad. Según el artículo 91 CP en los casos de mayores de 70 años y de enfermos muy graves con padecimientos incurables se han de cumplir las condiciones particulares del artículo 90.8 CP, salvo cuando el peligro para la vida del interno es patente. De este modo, dice el Auto de la Audiencia Nacional 359/2012, de 19 de septiembre[32], la ley adopta el principio de humanidad de las penas. En este supuesto se concedió la libertad porque el pronóstico de vida era de unos meses. Pese a ello hay un Voto particular en el que el magistrado disidente sostiene lo siguiente: "*Con carácter previo he de señalar, que la diferencia efectiva que en nuestra sociedad contemporánea existe entre el..., condenado como fanático criminal y las personas normales, no es otra que la indignidad de los primeros, que les lleva a faltar al respeto a los derechos individuales fundamentales..., como son la libertad y la vida*". Afirma que existen contradicciones entre los informes médicos que ponen en tela de juicio su credibilidad. Aquí se ve la crudeza con que se trata a los terroristas, a quienes se ve como *enemigos*. Siguiendo este criterio restrictivo, el Auto de la Audiencia Nacional 251/2021, de 15 de abril[33], deniega la libertad condicional a un preso condenado por adoctrinamiento terrorista, con una enferme-

---

32 AAN 359/2012, de 19 de septiembre (FJ.4) (TOL5.348.732).

33 AAN 251/2021, de 15 de abril (FJ.1 a 4) (TOL8.415.230).

dad renal crónica, un pronóstico desfavorable (1-5 años), que había recibido un trasplante con resultado negativo, no se le pudo practicar el segundo y estaba a la espera de otro. Igualmente, el Auto de la Audiencia Nacional 389/2024, de 20 de junio[34], se la niega a un condenado por un delito de apología del terrorismo afectado de un carcinoma, con complicaciones y un diagnóstico grave, porque el peligro para la vida no es inminente.

### 1.2. Tercer grado

En cuanto a las exigencias del artículo 72.6 LOGP para conceder el tercer grado, la Audiencia Nacional se muestra más estricta que respecto a la libertad condicional, lo que es lógico teniendo en cuenta que es el paso previo a esta suspensión final. De modo que, el comportamiento del penado durante el tercer grado, en tanto supone un régimen de semilibertad[35], permite valorar su peligrosidad de cara a la libertad condicional. Ese rigor se advierte especialmente frente a los condenados de ETA quienes, dice la Audiencia, siguiendo una táctica marcada por la banda, satisfacían formalmente las obligaciones legales para lograr la salida, pero sin existir una verdadera desvinculación. Por otra parte, no solo atribuye a la pena un fin preventivo, sino también retributivo, por lo que tiene en cuenta el delito o los delitos cometidos, el total de la condena impuesta, el tiempo efectivo que el penado ha de cumplir y el que le resta para extinguirla.

---

34 AAN 389/2024, de 20 de junio (FJ.1) (TOL10.093.191).

35 Artículo 102.4 del Reglamento penitenciario: "La clasificación en tercer grado se aplicará a los internos que, por sus circunstancias personales y penitenciarias, estén capacitados para llevar a cabo un régimen de vida en semilibertad".

Así, el Auto de la Audiencia Nacional 373/2022, de 9 de junio[36], aduce que el escrito presentado por el penado es un texto estandarizado, donde no hay una declaración expresa de repudio de la actividad terrorista, ni de rechazo de la violencia, tampoco arrepentimiento, ni una petición expresa de perdón a las víctimas de sus actos. Asimismo, no consta colaboración activa con las autoridades. Además, argumenta que la pena total impuesta asciende a más de 51 años, con condenas acumuladas en 25 años, que ingresó en 2002, estuvo en primer grado hasta 2019 y fue trasladado al actual centro penitenciario en 2021. Por lo tanto, no hay consolidación suficiente de factores positivos, ni bastante tiempo de observación, resultando completamente prematura la progresión a tercer grado, dada la gravedad de su carrera delictiva, la lejanía de la libertad definitiva y que todavía no ha empezado a disfrutar de permisos de salida. De hecho, por esos mismos motivos el mes anterior se le había denegado el permiso solicitado[37]. La Audiencia no se limita a exigir una petición expresa de perdón a las víctimas como indica el artículo 72.6 LOGP, sino un cambio interno que implique arrepentimiento. Además, en su decisión pesa la pena total impuesta y el tiempo cumplido, de modo que le atribuye una finalidad retributiva.

Sin embargo, el Auto de la Audiencia Nacional 292/2023, de 19 de abril[38], confirma la clasificación en tercer grado de un penado por delitos de terrorismo con una condena acumulada de 25 años de prisión, que ingresó en 2001, pues según el informe psicológico se dan los requisitos del artículo 72.6 LOGP. Dice la Audiencia que se debe tener presente el valor que esta norma atribuye a dichos informes penitenciarios, como forma de acreditar el abandono de los fines y medios terroristas y la colaboración con las autoridades. En realidad, al interno le quedaban solo 3 años y unos meses por cumplir.

---

36 AAN 373/2022, de 9 de junio (FJ.3) (TOL9.045.132).

37 AAN 335/2022, de 27 de mayo (FJ.3) (TOL9.044.750).

38 AAN 292/2023, de 19 de abril (FJ.5) (TOL9.521.789).

El Auto de la Audiencia Nacional 307/2023, de 27 de abril[39], mantiene la decisión de no progresar a tercer grado a un interno que ingresó en la cárcel en el año 2000, con una condena acumulada de 30 años de prisión, originalmente de 153 años y 33 meses. Los informes destacaban los factores de la evolución positiva del penado. Dice la Audiencia que se han de considerar los hechos extraordinariamente graves por los que fue condenado y que faltaban bastantes meses para cumplir los tres cuartos de la pena. En consecuencia, declara que dicha progresión resulta prematura porque no ha dado tiempo a consolidar los elementos del artículo 72.6 LOGP. Como se advierte, esta resolución se adopta cuando el penado ha extinguido más de 22 años y ha satisfecho las obligaciones concretas que recoge ese precepto. En realidad, la continuación en el segundo grado se debe a los delitos realizados y a la condena impuesta que, a su juicio, ha de comportar un tiempo de internamiento elevado atendiendo al fin retributivo que asigna a la pena.

El Auto de la Audiencia Nacional 537/2023, de 24 de julio[40], revisa la concesión del tercer grado a un condenado por un delito de tráfico de drogas cometido en el seno de una organización criminal. El Ministerio fiscal centra su recurso en la valoración incorrecta que a su juicio efectuó la Junta de tratamiento de las variables comunes previstas en el artículo 102.2 del Reglamento penitenciario para la clasificación[41]. La Audiencia asume el informe. "*Atendidos los factores de adaptación concurrentes en el interno, que el mismo ha pedido perdón, se*

---

39 AAN 307/2023, de 27 de abril (FJ.2) (TOL9.554.127).

40 AAN 537/2023, de 24 de julio (FJ.1 a 5) (TOL9.678.394).

41 Artículo 102.2 del Reglamento penitenciario: "Para determinar la clasificación, las Juntas de Tratamiento ponderarán la personalidad y el historial individual, familiar, social y delictivo del interno, la duración de las penas, el medio social al que retorne el recluso y los recursos, facilidades y dificultades existentes en cada caso y momento para el buen éxito del tratamiento".

*ha ofrecido a colaborar con las autoridades y se consigna la renuncia explícita a la actividad delictiva, teniendo un pronóstico de reincidencia bajo, se estima que se dan las circunstancias para acceder al tercer grado*". Por lo tanto, la Junta de Tratamiento y la Audiencia Nacional atribuyen relevancia a estos factores, pero sin aplicar el artículo 72.6 LOGP, que parecen reservar a las organizaciones terroristas. Llama la atención que la Junta de Tratamiento tiene en cuenta "*el bajo índice de prisionización*".

Por el contrario, el Auto de la Audiencia Nacional 541/2023, de 24 de julio[42], deja sin efecto la progresión al tercer grado de un condenado a 17 años de prisión por delitos de terrorismo. Respecto al informe del psicólogo que motivó la decisión, la Audiencia argumenta que "*Se elabora sobre la base de las manifestaciones del interno…, sin expresar los métodos científicos aplicados que le han llevado a dicha conclusión, ni los `signos inequívocos´ comprobados de desvinculación de la actividad terrorista y de la organización terrorista ETA, como exige el artículo 72.6 CP*". Añade que "*tampoco se mencionan las actividades realizadas de colaboración con las autoridades*". Por lo tanto, deja claro que han de concurrir estos tres elementos. Además, resta credibilidad a los informes porque se basan en las manifestaciones del penado, cuando la propia ley admite esta forma de acreditación de los elementos exigidos.

En cambio, el Auto de la Audiencia Nacional 713/2023, de 2 de noviembre[43], ratificó la concesión del tercer grado a un condenado de ETA. El Ministerio fiscal estima que la carta dirigida a la Junta de Tratamiento es un modelo estereotipado, sin arrepentimiento, ni repudio de sus concretos hechos delictivos, como exigen los artículos 72 LOGP y 90 CP. Sin embargo, la Audiencia afirma que "*La sinceridad de las manifestaciones contenidas en la carta escrita por el interno, como elemento perteneciente a la psique de una persona, debe buscarse a través de elementos externos, y es*

---

42 AAN 541/2023, de 24 de julio (FJ.3) (TOL9.680.316).

43 AAN 713/2023, de 2 de noviembre (FJ.3) (TOL9.806.199).

*el mismo artículo 72.6 LOGP el que da indicaciones de donde hallar esos elementos externos al referirse a los informes técnicos*". Concluye que los informes del educador y el psicólogo corroboran el contenido de la carta, sin que el tribunal tenga elementos para afirmar que son incorrectos, erróneos o falaces[44]. Por lo tanto, a diferencia de la resolución anterior no se cuestiona el contenido de los informes, sin que haya una diferencia sustancial entre ellos. Además, estos escritos no se refieren a la colaboración con las autoridades, seguramente porque la organización había cesado en su actividad, como en este caso apunta el Tribunal.

El Auto de la Audiencia Nacional 258/2024, de 15 de abril[45], avala el rechazo de la progresión al tercer grado a un preso condenado por varios delitos contra la salud pública cometidos en el seno de una organización criminal. Señala que "*no ha quedado acreditada su desvinculación efectiva con las personas integrantes de la organización criminal con las que cometió los delitos ni colaboración con las autoridades para su desarticulación..., por lo que no se cumple el requisito exigido en el artículo 72.6 LOPGP*". Esta vez aplica, excepcionalmente, las condiciones de este precepto a un miembro de una organización no terrorista ni conectada a ella.

Esos presupuestos los mantiene, incluso, para atribuir el tercer grado por razón de edad o enfermedad. El Auto de la Audiencia Nacional 796/2023, de 4 de diciembre[46], se lo negó a un recluso de 68 años que padeció un accidente cerebral agudo, y después un ictus que llevó a la Junta de Tratamiento a proponer el tercer grado. Fue condenado a 30 años de prisión por asesinato como miembro de ETA, habiendo cumplido la mitad de la condena. La Audiencia niega la aplicación del artículo 104.4 del Reglamento penitenciario, que permite

---

44 En el mismo sentido el AAN 47/2023, de 31 de enero (FJ.4) (TOL9.392.468).

45 AAN 258/2024, de 15 de abril (FJ.3) (TOL9.994.967).

46 AAN 796/2023, de 4 de diciembre (FJ.3) (TOL9.829.093).

clasificar en tercer grado a los enfermos muy graves con padecimientos incurables, sin precisar las condiciones del artículo 72.6 LOPGP. Sin embargo, la resolución las tiene en cuenta.

## *2. La extensión de esos presupuestos para la concesión de permisos de salida ordinarios y para la progresión al segundo grado*

### 2.1. Permisos de salida ordinarios

Los artículos 47 LOGP y 154 del Reglamento penitenciario prevén la concesión de permisos de salida ordinarios, previo informe preceptivo del Equipo Técnico, como preparación para la vida en libertad, con una duración de hasta 7 días, hasta un total de 36 o 48 días por año, a los condenados clasificados en segundo o tercer grado respectivamente, siempre que hayan extinguido la cuarta parte de la condena o condenas y no observen mala conducta. Según el artículo 156 del Reglamento penitenciario se pondrán denegar cuando el Informe del Equipo Técnico sea desfavorable porque, por la peculiar trayectoria delictiva, la personalidad anómala del interno o la existencia de variables cualitativas desfavorables, resulte probable el quebrantamiento de la condena, la comisión de nuevos delitos o una repercusión negativa de la salida sobre el interno respeto a su preparación para la vida en libertad o su programa individualizado de tratamiento.

Pues bien, aunque las condiciones especiales del artículo 72.6 LOGP rigen solo para la progresión al tercer grado, la Audiencia Nacional determina que el Equipo Técnico los debe valorar también en su informe relativo a la concesión de estos permisos. Lo explica en el Auto de la Audiencia Nacional 20/2023, de 8 de febrero[47]. "*Ciertamente, estos requisitos,*

---

[47] AAN 20/2023, de 8 de febrero (FJ.1 a 5) (TOL9.413.293).

*establecidos específicamente para esta progresión de grado penitenciario, no obligan a su aplicación para la obtención de otros beneficios penitenciarios...". "Sin embargo, sólo mediante el análisis de estas circunstancias podrá valorarse si la pena ha cumplido sus objetivos de reinserción social y de prevención especial, y si el interno está en condiciones de preparar una vida honrada en libertad". "Además, teniendo como objetivo los permisos de salida ordinarios preparar para la vida en libertad, la falta de cumplimiento de los requisitos para obtener el... tercer grado, necesariamente debe influir en las decisiones sobre la concesión de estos permisos. Si no se dan las condiciones para la progresión a tercer grado..., los permisos de salida deberán contemplarse únicamente..., tras el cumplimiento íntegro de la condena en régimen ordinario".* En esta resolución, además, se considera la colaboración activa con las autoridades como la principal vía para demostrar el abandono de los fines y medios terroristas[48]. Por consiguiente, niega el permiso de salida propuesto por la Junta de Tratamiento, en tanto no se dio esta colaboración exigida en el artículo 72.6 CP. En su argumentación tiene en cuenta también la naturaleza de los delitos cometidos por los que se le condenó a 75 años de prisión, de los que cumpliría solo 25 años y que le faltaban todavía 5 años para alcanzar este término, por lo que no era apremiante su preparación para salir en libertad.

---

[48] En el mismo sentido, el AAN 390/2022 de 4 de julio (FJ.4) (TOL9.149.075); el AAN 401/2022, de 14 de julio (FJ.4) (TOL9.149.075); el AAN 402/2022, de 14 de julio (FJ.4) (TOL9.152.586); el AAN 456/2022, de 14 de julio (FJ.4) (TOL9.156.146); el AAN 457/2022, de 14 de julio (FJ.4) (TOL9.149.976); el AAN 460/2022, de 14 de julio (FJ.4) (TOL9.154.110); el AAN 584/2022, de 29 de septiembre (FJ.4) (TOL9.255.332); el AAN 661/2022, de 27 de octubre (FJ.3) (TOL9.284.481); y el AAN 744/2022, de 15 de diciembre (FJ.2) (TOL9.360.130).

Es ejemplificativo de esta postura, el Auto de la Audiencia Nacional 869/2020, de 26 de noviembre[49]. En este caso el Ministerio Fiscal impugna la resolución que aprobó el permiso ordinario propuesto por la Junta de Tratamiento para un interno condenado a 20 años de prisión por terrorismo, aduciendo que la Junta no mencionó la existencia de una asunción sincera de responsabilidad, ni arrepentimiento, ni profundo cambio de actitudes. La defensa del penado presentó un escrito en el que lamentaba el daño causado por la organización ETA a la que pertenecía, compartiendo su decisión de finalizar su actividad. Dice la Audiencia que "*se ha de analizar..., si podría estimarse concurrente un sincero cambio de actitud en el interno o si el escrito presentado pudiera obedecer a factores externos oportunistas, tendentes a la obtención de beneficios penitenciarios* ". En este sentido alude a escritos de diversos condenados de ETA con una asunción genérica de responsabilidades, limitada a reconocer los hechos o incluso con mención al daño causado a las víctimas, renunciando a la violencia como "*medio para la consecución de objetivos políticos*". Estas declaraciones se dirigieron a los Centros Penitenciarios o al Juzgado de Vigilancia con el fin de obtener consecuencias penitenciarias. Sin embargo, dice la Audiencia, dichas manifestaciones no son equiparables a la petición expresa e individualizada de perdón a las víctimas concretas, con la reparación del daño, colaboración en el esclarecimiento de otros delitos sin resolver, ni con el rechazo de los postulados terroristas. Por consiguiente, también para el otorgamiento de permisos penitenciarios precisa las condiciones singulares del artículo 72.6 LOGP, e incluso exige arrepentimiento, lo que obviamente no prevé el legislador en ese precepto.

---

49 AAN 869/2020, de 26 de noviembre (FJ.1) (TOL8.253.158).

El Auto de la Audiencia Nacional 796/2021, de 22 de octubre[50], indica que es en la ponderación de las variables establecidas en la normativa penitenciaria para la concesión del permiso donde hay que encajar el arrepentimiento por el daño causado a las víctimas, el abandono de las ideas que condujeron a la comisión de actos delictivos y la desvinculación de tal organización, porque es indicativo de que el tratamiento penitenciario está surtiendo efecto. Por lo tanto, deben valorarse los factores del artículo 72.6 LOGP, a los que añade el arrepentimiento, aunque no exige la colaboración con las autoridades. En este caso el interno sí expresó su rechazo a los delitos cometidos en el seno de ETA en una carta que envió a la Junta de Tratamiento y que, a juicio de la Audiencia, no es una carta modelo como las remitidas por otros internos. Además, no existen víctimas directas de sus acciones a las que deba pedir perdón, pero lo hace respecto a las víctimas indirectas. Todos estos factores han de ponderarse en el Informe preceptivo del Equipo Técnico previsto en la legislación penitenciaria, donde no se recogen de modo explícito.

El Auto de la Audiencia Nacional 803/2021, de 26 de octubre[51], deja sin efecto el permiso de salida otorgado. Argumenta que es en el marco de los artículos 154 y 156 del Reglamento penitenciario que regulan esos permisos donde hay que situar las circunstancias apuntadas. Afirma que todavía queda tiempo para alcanzar las tres cuartas partes de la condena, que el interno cometió dos asesinatos acumulándose las penas en 30 años, que en las cartas enviadas no pide perdón a los familiares de sus víctimas y no se advierte un arrepentimiento verdadero. Por lo tanto, no basta renunciar a la actividad terrorista, que una vez desarticulada ETA resulta creíble, es necesario que el

---

50 AAN 796/2021, de 22 de octubre (FJ. 1 a 4) (TOL8.642.903).

51 AAN 803/2021, de 26 de octubre (FJ. 1 a 4) (ECLI:ES:AN:2021:7862A).

penado se arrepienta de su comportamiento. De nuevo requiere un cambio interno que no precisa el artículo 72.6 CP.

El Auto de la Audiencia Nacional 883/2021, de 18 de noviembre[52], también anula el permiso de salida atribuido a un preso condenado a 25 años de prisión por delitos terroristas, que ingresó en 2007. Reitera que es en el marco del artículo 156 del Reglamento penitenciario donde hay que considerar los factores indicados en las resoluciones anteriores[53]. Aduce que no procede la concesión porque al interno todavía le queda mucho tiempo para alcanzar las tres cuartas partes de la condena y de la carta presentada se deduce que todavía está en una fase temprana de la asunción de responsabilidad. Así pues, una vez asumida esta responsabilidad, se le deniega el permiso porque no ha estado bastante tiempo en prisión, señalando como referencia las tres cuartas partes necesarias para la libertad condicional.

El Auto de la Audiencia Nacional 979/2021 de 22 diciembre[54], reproduce la misma argumentación, pero en este supuesto confirma el permiso otorgado a un recluso con una condena acumulada de 30 años de prisión, que ingresó en 2003. El Tribunal se basa en que tanto del escrito presentado, como de los informes del Equipo Técnico y de la videoconferencia realizada con el juez, se deduce que sí hubo arrepentimiento y petición de perdón a las víctimas. Igualmente, el Auto de la Audiencia Nacional 227/2022, de 19 de abril[55], reconoció un permiso de salida a un condenado por delitos de terrorismo, señalando que no había víctimas concretas y

---

52 AAN 883/2021, de 18 de noviembre (FJ.1 a 4) (TOL8.669.980).

53 Son de interés sobre este punto, el AAN 979/2021, de 22 de diciembre (FJ.1 a 4) (TOL8.728.715); y el AAN 204/2024, de 21 de marzo (FJ.4) (TOL9.957.546).

54 AAN 979/2021 de 22 de diciembre (FJ.1 a 5) (TOL8.728.715).

55 AAN 227/2022, de 19 de abril (FJ.1 y 2) (TOL8.925.340).

admitiendo el reconocimiento del daño causado por su actividad en ETA. Pero la pena era de 20 años de prisión y le quedaba poco más de un año para el licenciamiento, por lo que había que ir preparando su libertad. No se le había concedido el tercer grado.

El Auto de la Audiencia Nacional 268/2022, de 5 de mayo[56], ratifica la denegación de un permiso propuesto por el Centro penitenciario. Para ello se basa en la gravedad del delito, un intento de asesinato terrorista por el que el interno fue condenado a 30 años de prisión, de los que ha cumplido menos de 8 años, y en la falta de arrepentimiento por los hechos cometidos y de petición expresa de perdón a las víctimas concretas[57]. Por consiguiente, desde una perspectiva retributiva tiene en cuenta el tiempo cumplido, además de los elementos específicos, requiriendo de nuevo arrepentimiento. También el Auto de la Audiencia Nacional 403/2022, de 27 de junio[58], refrendó la negativa de un permiso de salida propuesto por la Junta de Tratamiento para un condenado por delitos realizados en ETA, que ingresó en prisión en 2002. La Sala recuerda que ya le había denegado otro permiso porque el escrito presentado era un texto estandarizado, y no estaba acreditada la colaboración activa con las autoridades. Por lo tanto, precisa los mismos presupuestos que para conceder el tercer grado. Asimismo, el Auto de la Audiencia Nacional 281/2023, de 17 de abril[59], declara aplicables los requisitos del artículo 72.6 LOGP y confirma la negativa de un permiso de salida por no cumplirlos. Reproduce los argumentos relativos a la necesidad

---

56 AAN 268/2022, de 5 de mayo (FJ.3) (TOL8.960.806).

57 En igual dirección, el AAN 626/2022, de 20 de octubre (FJ.4) (TOL9.284.477); y el AAN 590/2022, de 17 de noviembre (FJ.3) (TOL9.300.195).

58 AAN 403/2022, de 27 de junio (FJ.3) (TOL9.118.413).

59 AAN 281/2023, de 17 de abril (FJ. 3) (TOL9.521.782).

de colmar las condiciones específicas para progresar al tercer grado, al estar enfocadas ambas instituciones a la preparación de la vida en libertad.

En cambio, el Auto de la Audiencia Nacional 283/2023, de 17 de abril[60], le reconoce el permiso solicitado a un condenado a 30 años de prisión por delitos cometidos en ETA, que llevaba en la cárcel desde 2002. Entiende que la petición expresa de perdón se desprende de los informes técnicos. Señala que *"aparte de como es bien sabido no ser un requisito necesario para los permisos, aparece en el propio texto del artículo 72.6 LOGP..., únicamente como una forma entre las posibles de acreditar el abandono de los fines y medios terroristas y de colaboración con las autoridades"*, pudiéndose constatar a través de informes técnicos penitenciaros, lo que se da en este caso. Así pues, señala que no son precisos esos presupuestos, pero los verifica para resolver acudiendo a dichos informes. Por el contrario, el Auto de la Audiencia Nacional 667/2023, de 16 de octubre[61], corrobora la decisión de rechazar un permiso de salida propuesto por la Junta de Tratamiento por no cumplir los presupuestos del artículo 72.6 LOGP, ni la acreditación del abandono de los medios y fines de la banda, ni la colaboración con las autoridades. Además, aduce que falta casi un año para cumplir las tres cuartas partes de una larga condena, impuesta por un delito de asesinato cometido en el seno de una organización terrorista.

En definitiva, la Audiencia Nacional señala que al examinar los elementos indicados en el artículo 156 del Reglamento penitenciario se debe comprobar que se dan las condiciones del artículo 72.6 CP para el tercer grado, pues sin ellas no cabe afirmar el éxito del tratamiento. Además, va más allá y precisa arrepentimiento respecto al daño causado. Únicamente

---

60 AAN 283/2023, de 17 de abril (FJ.3 a 7) (TOL9.521.778).

61 AAN 667/2023, de 16 de octubre (FJ.1 a 5) (TOL9.757.684).

se advierte cierta divergencia en las resoluciones en lo que hace a la colaboración con las autoridades, pues no siempre se exige. Por otra parte, esa asimilación con el tercer grado se aprecia también en el tiempo de cumplimiento que se precisa para conceder los permisos, de manera que en algunos casos se aduce que no se ha extinguido la mitad de la condena, plazo fijado para el tercer grado (art. 36.2 CP), o incluso las tres cuartas partes, necesarias para la libertad condicional (art. 90.1 CP). La Audiencia Nacional adopta una perspectiva preventiva respecto a la pena, que determina la valoración de todas esas circunstancias, pero también retributiva, como apunta en alguna resolución, lo que le lleva a mantener que la persona condenada por terrorismo debe permanecer interna unos periodos mínimos antes de salir de la cárcel.

### 2.2. Concesión del segundo grado

Esos criterios del artículo 72.6 LOGP se han precisado también para la progresión del primero al segundo grado, aunque la ley los prevea solo para el tercero. De acuerdo con el artículo 10 LOGP se clasificará en primer grado a los internos calificados de peligrosidad extrema o inadaptación manifiesta y grave a las normas generales de convivencia ordenada. Según el 102.5 del Reglamento Penitenciario, a estos efectos se ponderarán factores como, c) Pertenencia a organizaciones delictivas o a bandas armadas, mientras no muestren, en ambos casos, signos inequívocos de haberse sustraído a la disciplina interna de dichas organizaciones o bandas. Además, los artículos 75 LOGP y 65.2 del Reglamento penitenciario disponen que, para acordar la progresión se ha de atender a la modificación de aquellos rasgos de personalidad directamente relacionados con la actividad delictiva.

Pues bien, el Auto de la Audiencia Nacional 720/2020, de 22 de octubre[62], ratificó el mantenimiento en primer grado de un recluso condenado a 700 años de prisión por delitos de terrorismo, con un límite de cumplimiento de 30 años y que llevaba 19 años en primer grado. En el recurso se alega la excepcionalidad y temporalidad del primer grado y que no persiste la peligrosidad extrema; que la gravedad de los hechos cometidos ya se consideró para fijar la pena; el condenado ha presentado un escrito reconociendo su responsabilidad y el daño causado a las víctimas; la organización terrorista con la que estuvo vinculado se ha disuelto; y está cumpliendo en un módulo de segundo grado, efectuando salidas por razón de estudios. La Audiencia parte de las normas apuntadas y dice que se deben tener en cuenta la naturaleza de los delitos cometidos y la pertenencia a una organización terrorista, los cuales persisten en el interno. Además, requiere la petición expresa e individualizada de perdón a las víctimas concretas. Así pues, aunque para la progresión del primero al segundo grado la normativa penitenciaria no contempla las condiciones del artículo 72.6 LOGP, la Audiencia las deduce de la regulación citada. Además, argumenta que no se puede ignorar el profundo impacto social que causa en la sociedad que penas tan elevadas se reduzcan notoriamente hasta un límite como el referido. En el fondo, dado que ETA había abandonado su actividad, la decisión de mantener en primer grado responde, como reconoce la Audiencia Nacional, a razones retributivas, y esas exigencias específicas buscan que los terroristas muestren arrepentimiento a las víctimas y a la sociedad.

Ese mismo razonamiento se mantuvo en el Auto de la Audiencia Nacional 758/2020, de 29 de octubre[63]. El Ministerio Fiscal impugnó el régimen de flexibilización dentro del primer

---

62 AAN 720/2020, de 22 de octubre (FJ.1 y 2) (TOL8.194.470).

63 AAN 758/2020, de 29 de octubre (FJ.1 y 2) (TOL8.219.277).

grado, acordado para un condenado por delitos de terrorismo a 95 años y 6 meses de prisión, con un límite de cumplimiento de 30 años, que se extinguiría en 2023. Los informes técnicos indicaban cierta evolución positiva en la actitud del interno, pero la Audiencia cuestiona si se debe a una directriz de la organización o a un proceso de reflexión personal que le ha conducido a solicitar la colaboración con el sistema legal, aceptando su ordenamiento jurídico. Por consiguiente, lo que se valora no es la peligrosidad del sujeto, sino si el arrepentimiento es sincero. Esta duda lleva a negar, no ya la progresión al segundo grado, sino la aplicación de un régimen más flexible conforme al artículo 100.2 del Reglamento penitenciario.

## V. CONSIDERACIONES FINALES

Los estudios empíricos ponen de relieve que la privación de libertad prolongada produce perjuicios psicológicos a veces irreversibles. Por eso, el Consejo de Europa ha dictado normas dirigidas a limitar en lo posible la estancia en prisión y a reducir esos efectos. En este sentido, indica que cuando se cumplen los plazos mínimos fijados para la libertad condicional se debe conceder lo antes posible, pudiendo denegarse únicamente por razones de peligrosidad que, además, ha de demostrar el Estado, teniendo en cuenta, entre otros factores, las circunstancias sociales del penado.

Pues bien, en nuestro ordenamiento se prevén condiciones específicas para otorgar el tercer grado y suspender la ejecución del resto de la pena en los casos de terrorismo y delincuencia organizada (art. 72.6 LOGP, 90.8 y 92.2 CP). Según estas normas es necesario acreditar que el penado ha abandonado los fines y los medios terroristas y ha colaborado activamente con las autoridades. De modo que no se facilita la salida de prisión cuando se cumple el tiempo mínimo y la administración constata la falta de peligrosidad, como indica el

Consejo de Europa, sino que es el interno el que ha de probar esa desvinculación de la organización y de la actividad delictiva y colaborar con las autoridades, enfrentándose a ella. Además, no se valoran las circunstancias sociales de la persona interna, pues la principal es la relación con la banda criminal y la reacción que ésta pueda tener frente al miembro que coopera con el Estado en su contra.

Por otra parte, al examinar las resoluciones de la Audiencia Nacional se comprueba lo exigente que es para permitir la salida de prisión de tales condenados. En muchos casos la deniega pese al informe favorable del Equipo Técnico del centro penitenciario. En ocasiones, efectivamente, porque entiende que no concurren las exigencias de dichos preceptos. Así ocurre con muchos condenados de ETA que envían cartas a la Junta de tratamiento o al Juzgado de Vigilancia Penitenciaria cumpliendo formalmente esas condiciones. Pese a ello la Audiencia entiende que se trata de escritos estereotipados realizados en connivencia con la organización terrorista con el único objetivo de lograr ventajas penitenciarias. Ahora bien, en otros supuestos reconoce que se dan los requisitos para conceder el tercer grado o la libertad condicional, pero argumenta que no solo hay que atender al fin resocializador de la pena, sino también a los de prevención y retribución. Por eso, se fija en el delito o delitos cometidos, en la pena total impuesta, en la condena que el interno va a cumplir y en el tiempo que le resta para extinguirla. De forma que, pese a haber transcurrido el periodo legal no concede la libertad, aunque no lo estime peligroso, apartándose de las indicaciones del Consejo de Europa, que afirma que no se debe dilatar ni siquiera en aras de la prevención general. Además, requiere arrepentimiento por parte del penado. Es cierto que los citados preceptos recogen la petición expresa de perdón a las víctimas como forma de acreditar el abandono de los medios y fines terroristas. Sin embargo, esto no conlleva un cambio moral, que el Derecho penal no puede exigir y que supone una infracción del artículo 16 CE.

Pero la Audiencia Nacional no solo retrasa la concesión del tercer grado y de la libertad condicional. Además, sigue esta misma línea restrictiva respecto a la concesión de los permisos ordinarios de salida. Establece que se debe comprobar que se cumplen los requisitos particulares del artículo 72.6 CP al evaluar las variables que según el artículo 156 del Reglamento penitenciario determinan su denegación. Argumenta que sin esos presupuestos no cabe afirmar que el programa de tratamiento dirigido a la reinserción social ha sido exitoso. Por otra parte, toma como parámetro para reconocerlos el tiempo legal requerido para conceder el tercer grado o, incluso, la libertad condicional. Así pues, el cúmulo de las exigencias específicas, de estos periodos temporales, y del prisma retributivo, determina que con frecuencia se niegue un permiso de salida a penados con condenas de 20 o 25 años, a quienes restan pocos años para extinguir la pena. Desde luego, estas resoluciones desoyen las indicaciones del Consejo de Europa, e infringen el principio de legalidad, porque es evidente que, si el legislador hubiese querido aplicar esas condiciones lo habría dispuesto expresamente.

Además, los requisitos especiales contemplados para reconocer el tercer grado o la libertad condicional, la Audiencia Nacional los precisa también para progresar del primero al segundo grado. En realidad, en este caso la normativa da pie a tener en cuenta esos factores, pues, el artículo 102 del Reglamento Penitenciario dispone que para clasificar en primer grado se tendrá en cuenta la pertenencia a organizaciones delictivas o a bandas armadas, mientras no muestren signos inequívocos de haberse sustraído a su disciplina. Además, los artículos 75 LOGP y 65.2 del Reglamento penitenciario determinan que, para acordar la progresión se ha de atender a la modificación de aquellos rasgos de personalidad directamente relacionados con la actividad delictiva. Pero la Audiencia Nacional exige un cambio de actitud y una petición expresa de perdón a las víctimas, de forma paralela al artículo 72.6 LOGP. De este modo encontramos penados que llevan clasificados en primer grado hasta 27 años, aunque según el artículo 10 LOGP es un régimen excepcional y de acuerdo con el artículo 72.4 LOGP en ningún caso se mantendrá a un interno en un grado inferior cuando por la evolución de su tratamiento se haga merecedor a su progresión.

La inmensa mayoría de los autos de la Audiencia se refieren a personas condenadas por delitos cometidos en la organización terrorista ETA, que en el momento de recaer esas resoluciones ya no estaba operativa. Por consiguiente, la decisión de alargar la prisión no responde generalmente a la peligrosidad de la persona interna, ni a razones de prevención especial, sino como ella misma indica a un fin retributivo. No se puede ignorar, dice, el profundo impacto que causa en la sociedad que penas tan elevadas como las impuestas a algunos terroristas se reduzcan hasta límites de cumplimiento notoriamente inferiores.

A mi juicio, la Audiencia Nacional vulnera el principio de legalidad, porque aplica requisitos legales a supuestos no previstos en las normas que los contemplan. Por otra parte, creo que las condiciones específicas reguladas en los artículos 72.6 LOGP, 90.8 y 92.2 CP son contrarias a los principios de resocialización y de humanidad de las penas, en tanto puede haber penados que no las cumplan por temor a represalias de la organización. De manera que, si esto ocurre, el interno continuará en prisión, aunque esté plenamente preparado para reinsertarse en la sociedad. Como se ha comprobado, la privación de libertad provoca perjuicios psicológicos que se agravan con el tiempo. Por lo tanto, en tal supuesto, la retención injustificada de la persona, además le supondrá un sufrimiento indebido y la pena se volverá inhumana. En este sentido se pronunció la STEDH sobre el caso Marcello Viola c. Italia, respecto a la obligación de colaboración con la justicia que se establece en la legislación italiana para que los condenados por ciertos delitos, como los de terrorismo o la pertenencia a organizaciones mafiosas, puedan obtener beneficios penitenciarios, la libertad condicional, o la revisión de la cadena perpetua. Dice la Corte que la falta de cooperación no significa necesariamente que el penado sea peligroso, pues esa decisión puede no ser libre y deberse al miedo a sufrir actos de venganza. Por lo tanto, hay que comprobar otros factores a fin de evaluar si ha habido un avance positivo hacia la reinserción social. El TEDH concluye que, dado que al recurrente se le negó la revisión de la condena y se le impidió la salida de prisión solo por no colaborar con la justicia, su pena es contraria al artículo 3 CEDH, que prohíbe las penas inhumanas o degradantes.

Por consiguiente, entiendo que debería regularse esa colaboración con las autoridades como un incentivo, estableciendo beneficios para quienes contribuyan a luchar contra la criminalidad organizada y el terrorismo. Pero dicha cooperación ha de ser voluntaria y su omisión nunca debe suponer un veto para seguir el sistema progresivo propio de nuestro sistema penitenciario. Dentro de este modelo, efectivamente, habrá que comprobar la desvinculación de la banda y el abandono de la actividad delictiva para efectuar el pronóstico de reinserción social y conceder la salida. Además, será más factible que este pronóstico resulte favorable si la organización ya ha abandonado su actividad delictiva. No parece previsible que un miembro de ETA, por ejemplo, se afilie a un grupo yihadisa, teniendo en cuenta que los fines de cada grupo son muy diferentes. Pero esas comprobaciones deberá hacerlas la administración.

En conclusión, considero que deberían suprimirse las disposiciones específicas de los artículos citados e introducir otras enteramente distintas que prevean recompensas para quienes colaboren con la justicia en la desarticulación de la organización criminal, en la línea apuntada por el Consejo de Europa. De esta forma, se fomentaría la libertad condicional, como indica ese órgano, se cumplirían las directrices marcadas por el TEDH y se preservarían nuestros principios constitucionales.

## REFERENCIAS BIBLIOGRÁFICAS


Acale Sánchez, M. (2004). "Terrorismo, delincuencia organizada y sistema de penas". *Nuevos retos del Derecho penal en la era de la globalización.* Tirant lo Blanch, 341-380.

Álvarez García, F.J. (2006). «El nuevo modelo de política criminal». *Jueces para la Democracia,* (57), 18-32.

Álvarez García, F.J. (2009). «Estudio preliminar». *Los efectos psicosociales de la pena de prisión.* Tirant lo Blanch, 9-40.

Brucale, M. (2020). "Liberazione condizionale agli ergastolani ostativi. L'art. 4 bis torna alla Consulta". *Penale. Diritto e Procedura,* 1-5.

Calcedo-Barba, A./Antón-Basanta, J./Paz Ruiz, S. (2023). *Libro blanco sobre la atención sanitaria a las personas con trastornos mentales graves en los centros penitenciarios de España.* SEPL. (https://www.psiquiatrialegal.org/libroblanco2023).

Carbonell Mateu, J.C. (2015). "Prisión permanente revisable I (arts. 33 y 35)". *Comentarios a la Reforma del Código Penal de 2015,* 2ª edición. Tirant lo Blanch, 196-206.

Caterini, M./Maldonado Smith, M.E. (2020. "La cadena perpetua en el ordenamiento jurídico italiano y argentino. Análisis y comparación". *Revista Anales de la Facultad de Ciencias Jurídicas y Sociales,* (50), 465-498.

Cervelló Donderis, V. (2018). "La inocuización como objetivo punitivo". *Represión Penal y Estado de Derecho. Homenaje al Profesor Gonzalo Quintero Olivares* Aranzadi, 605-626.

Cervelló Donderis, V. (2019). *Libertad condicional y sistema penitenciario.* Tirant lo Blanch.

Cervelló Donderis, V. (2022). *Derecho penitenciario.* Tirant lo Blanch.

Chaves Pedrón, C. (2024). "Salud mental y permisos de salida". *Salud mental y género: el debate entre el punitivismo y la despenalización.* Tirant lo Blanch, 381-411.

Colás Turégano, A. (2024). "Enfermedad mental y prisión: una lectura de la legislación española desde la normativa internacional". *Salud mental y género: el debate entre el punitivismo y la despenalización.* Tirant lo Blanch, 215-259.

Cuerda Arnau, M.L. (2005). "El premio por el abandono de la organización y la colaboración con las autoridades como estrategia de lucha contra el terrorismo en momentos de crisis interna". *Estudios Penales y Criminológicos,* (25), 3-68.

Cuerda Arnau, A. (2011). *La cadena perpetua y las penas muy largas de prisión: por qué son inconstitucionales en España*. Atelier.

De la Cuesta, P. (2009). "El principio de humanidad en Derecho penal". *Eguzkilore,* (23), 209-225.

De León Villalba, F.J. (2017). "Penas de prisión de larga duración: eficacia versus legitimidad, determinación versus ejecución". *Penas de prisión de larga duración. Una perspectiva transversal.* Tirant lo Blanch, 35-117.

Drenkhahn, K. (2015). "Las penas de larga duración y los derechos humanos". *Revista de Estudios de la Justicia,* (23), 107-144.

Echeverri Vera, J.A. (2010). "La prisionización, sus efectos psicológicos y su evaluación". *Revista Pensando Psicología,* (6-11), 157-166. (https://revistas.ucc.edu.co/index.php/pe/article/view/375).

Faraldo Cabana, P. (2004). "Un Derecho penal de enemigos para los integrantes de organizaciones criminales. La Ley Orgánica 7/2003, de 30 de junio, de medidas de reforma para el cumplimiento íntegro y efectivo de las penas". *Nuevos retos del Derecho penal en la era de la globalización.* Tirant lo Blanch, 299-340.

Faraldo Cabana, P. (2006). "Medidas premiales durante la ejecución de condenas por terrorismo y delincuencia organizada: consolidación de un subsistema penitenciario de excepción". *Derecho penal del enemigo: el discurso penal de la exclusión,* (I). Edisofer, 757-798.

Fuentes Osorio, J.L. (2011). "Sistema de clasificación penitenciaria y el «periodo de seguridad» del art. 36.2 CP". *InDret,* (1), 1-28.

Fuentes Osorio, J.L. (2014). "¿La botella medio llena o medio vacía? La prisión permanente revisable: el modelo vigente y la propuesta de reforma". *Revista de Derecho Constitucional Europeo,* (21), 309-345.

Galliani, D. (2021). "Il chiaro e lo scuro. Primo commento all'ordinanza 97/2021 della Corte costituzionale sull'ergastolo ostativo", *Giustizia Insieme.* (https://www.giustiziainsieme.it/it/giustizia-pene/1741-il-chiaro-e-lo-scuro-primo-commento-all-ordinanza-97-2021-della-corte-costituzionale-sull-ergastolo-ostativo).

García Albero, R./Tamarit Sumalla, J. (2004). *La reforma de la ejecución penal.* Tirant lo Blanch.

Garro Carrera, E. (2017). "Tercer grado y libertad condicional de condenados por delitos de terrorismo: una mirada desde la libertad ideológica y el derecho a no incriminarse. La gestión penitenciaria del final de ETA". *Revista General de Derecho Penal,* (28), 1-64.

Gracia Martín, L./Boldova Pasamar, M.Á. (2023). "El sistema de penas". *Tratado de las consecuencias jurídicas del delito,* 2ª edición. Tirant lo Blanch, 61-99.

Grassian, S. (2006). "Psychiatric Effects of Solitary Confinement", *Washington University Journal of Law & Policy,* (22), 324-383.

Haney, C. (2023). "Mental Health Issues in Long-Term Solitary and "Supermax" Confinement". *Crime & Delinquency,* 124-156.

Hava García, E. (2021). "Enfermedad mental y prisión: análisis de la situación penal y penitenciaria de las personas con trastorno mental grave (TMG)". *Estudios Penales y Criminológicos,* (XLI), 59-135.

Jorge Barreiro, A. (1996). "El sistema de sanciones en el Código penal español de 1995". *Anuario de Derecho Penal y Ciencias Penales,* (II), 327-384.

Juanatey Dorado, C. (2016). *Manual de Derecho penitenciario,* 3ª edición. Iustel.

Landa Gorostiza, J.M. (2006). "Delitos de terrorismo y reformas penitenciarias (1996-2004): Un golpe de timón y correcciones de rumbo ¿hacia dónde?". *Derecho penal del enemigo: el discurso penal de la exclusión,* (I). Edisofer, 165-202.

Landa Gorostiza, J.M. (2015). "Prisión perpetua y de muy larga duración tras la LO 1/2015: ¿derecho a la esperanza?". *Revista Electrónica de Ciencia Penal y Criminología,* (17-20), 1-42.

Leganés Gómez, S. (2004). *La evolución de la clasificación penitenciaria.* Ministerio del Interior. (https://www.interior.gob.es/opencms/pdf/archivos-y-documentacion/documentacion-y-publicaciones/publicaciones-descargables/instituciones-penitenciarias/La-evolucion-de-la-clasificacion-penitenciaria-NIPO-126-10-054-3.pdf).

Llobet Anglí, M. (2007). "La ficticia realidad modificada por la Ley de Cumplimiento Íntegro y Efectivo de las Penas y sus perversas consecuencias". *Indret,* (1), 1-36.

López Lorca, B. (2024). "Los estándares del Consejo de Europa sobre la concesión de la libertad condicional: Implicaciones para el sistema de revisión de la pena de cadena perpetua". *El diseño de la ejecución penitenciaria de la prisión permanente revisable.* Tirant lo Blanch, 45-124.

López Pelegrín, C. (2003). "¿Lucha contra la criminalidad mediante el cumplimiento íntegro y efectivo de las penas?". *Revista Española de Investigación Criminológica,* (1), 1-20.

Mapelli Caffarena, B. (1998). "Contenido y límites de la privación de libertad (Sobre la constitucionalidad de las sanciones disciplinarias de aislamiento)". *Eguzkilore*, (12), 87-106.

Mapelli Caffarena, B. (2011). *Las consecuencias jurídicas del delito*, 5ª edición. Civitas.

Martínez Garay, L. (2024). "Un nuevo régimen penal aplicable a las personas con enfermedad mental con discapacidad intelectual: la propuesta alternativa del Grupo de Estudios de Política Criminal". *Salud mental y género: el debate entre el punitivismo y la despenalización*. Tirant lo Blanch, 413-461.

Mauri, D. (2019). "Nessuna speranza senza collaborazione per i condannati all'ergastolo ostativo? Un primo commento a Viola c. Italia". *SIDIBlog*. (http://www.sidiblog.org/).

Mellone, A.M. (2021). "Ergastolo ostativo. Guida all'istituto: l'evoluzione della normativa, il doppio binario, la giurisprudenza costituzionale e della Corte europea dei diritti dell'uomo". *Procedura Penale*. (https://www.altalex.com/guide/ergastolo-ostativo).

Mir Puig, S. (2016). *Derecho penal. Parte general*, 10ª edición. Reppertor.

Mundt, A.P/Cifuentes-Gramajo, P.A./Baranyi, G./Fazel, S. (2024). "Worldwide incidence of suicides in prison: a systematic review with meta-regression analyses". *The Lancet Psychiatry*, (11-7). (https://www.thelancet.com/journals/lanpsy/home).

Muñoz Conde, F. (2015). *Análisis de las reformas penales. Presente y futuro*. Tirant lo Blanch.

Muñoz Conde, F./García Arán, M. (2022). *Derecho penal. Parte general*, 11ª edición. Tirant lo Blanch.

Orts Berenguer, E./González Cussac, J.L. (2023). *Compendio de Derecho penal. Parte general*, 10ª edición. Tirant lo Blanch.

Pérez Cepeda, A.I. (1995). "Cuestiones sobre la reinserción en materia de terrorismo". *Reflexiones sobre las consecuencias jurídicas del delito*. Tecnos, 227-249.

Pérez Fernández, E./Redondo Illescas, S. (1991). "Efectos psicológicos de la estancia en prisión". *Papeles del psicólogo*, (48). (https://www.papelesdelpsicologo.es/).

Pérez Manzano, M./Cancio Meliá, M. (2015). "Principios de Derecho penal (III)". *Introducción al Derecho penal*, 2ª edición. Civitas.

Ríos Martín, J.C./Cabrera Cabrera, P.J. (2002). *Mirando el abismo: El régimen cerrado*. Universidad Pontificia de Comillas.

Rivera González, G. (2017). "Tratamiento penitenciario individualizado en las penas privativas de libertad de larga duración. Efecto intimidatorio de la cadena perpetua". *Penas de prisión de larga duración. Una perspectiva transversal.* Tirant lo Blanch, 205-264.

Roca de Agapito, L. (2018). "El hacinamiento carcelario y el principio de humanidad". *Represión Penal y Estado de Derecho. Homenaje al Profesor Gonzalo Quintero Olivares.* Aranzadi, 693-709.

Rodríguez Devesa, J.M/Serrano Gómez, A. (1995). *Derecho penal español. Parte general.* Dykinson.

Rodríguez Yagüe, C. (2009). "El modelo penitenciario español frente al terrorismo". *La Ley Penal,* (65). (Universitat de València. Trobes [en línea]: catàleg de la biblioteca. Valencia: Servei de Biblioteques i Documentació).

Rodríguez Yagüe, C. (2018). *La Ejecución de las penas de prisión permanente revisable y de larga duración.* Tirant lo Blanch.

Sanz Mulas, N. (2000). *Alternativas a la pena privativa de libertad. Análisis crítico y perspectivas de futuro en las realidades española y centroamericana.* Colex.

Segovia Bernabé, J.L. (2005). "Del sueño de la reinserción social a la pura retribución. Cambio de paradigma y reformas penales". *Las cárceles de la democracia. Del déficit de ciudadanía a la producción de control.* Ediciones Bajo Cero, 31-68.

Serrano Patiño, J.V. (2023). "La asistencia postpenitenciaria". *Derecho penitenciario. Enseñanza y aprendizaje,* 2ª edición. Tirant lo Blanch, 363-382.

Ucelay, P. *Suicidios en las prisiones españolas, triste pero cierto.* (https://funcionarioprisiones.com/suicidio-internos/).

Van Zyl Smit, D./Snacken, S. (2013). *Principios de Derecho y Política Penitenciaria Europea.* Tirant lo Blanch.

Vidales Rodríguez, C. (2004). "La libertad condicional y la retroactividad de las disposiciones que la regulan. Razones para un debate acerca de su posible inconstitucionalidad". *Revista de Derecho Penal,* (12), 93-113.

*Capítulo 11*

# *Análisis comparativo de variables psicológicas en ofensores: implicaciones para la justicia restaurativa*[1]

**ELENA T. AVIÑÓ**
*Psicóloga del Cuerpo Superior Técnico de Instituciones Penitenciarias*

**ROSA MARÍA TRENADO SANTAREN**
*Profesora Titular del Departament de Psicología Básica. Universitat de València*

**ÁNGEL ROMERO MARTÍNEZ**
*Profesor Titular del Departament de Psicobiología. Universitat de València*

## I. RESUMEN Y PALABRAS CLAVE

La utilización del derecho penal como alternativa retributiva impide conocer los factores que impulsan al agresor a cometer actos delictivos, conforme a variables personales, y contextuales[2].

---

1 El presente estudio se enmarca dentro del proyecto de investigación de Tesis de Elena T. Aviñó, cuyos directores son Dña. Rosa M Trenado Santarém y Don. Ángel Romero Martínez, titulada " Hacia una mayor comprensión de la asunción delictiva en la población penitenciaria: su importancia para la reinserción".

2 Loinaz, I., Ortiz-Tallo-Alarcón, M., Sánchez-Rodríguez, L. M., & Ferragut-Ortiz-Tallo, M. (2011). Clasificación multiaxial de agresores de pareja en centros penitenciarios.

Horcajo, Mesa y Osorio (2018)[3] describen enfoques teóricos para explicar el fenómeno de la violencia de género, y consideran la perspectiva de género como origen del fenómeno debido a las relaciones de poder asimétricas entre ambos géneros. Presentamos un estudio comparativo entre dos grupos de delincuentes, condenados por delitos de género (n=39) y condenados por otras tipologías delictivas (n=61). El análisis se centró en identificar diferencias y patrones característicos entre ambos grupos. Como hipótesis de trabajo se explorará si las diferencias significativas en las variables psicológicas relacionadas con el poder (ira y psicopatía), la asunción delictiva (locus de control delictivo y general) y las emociones (alexitimia y autoestima) justifican o respaldan la recomendación de excluir a ciertas personas de los procesos de Justicia Restaurativa, considerando que estas diferencias pudieran comprometer la eficacia y los principios del proceso. Los resultados revelaron que no existen diferencias significativas entre ambos grupos, salvo en las escalas de culpa y manipulación interpersonal, donde se observaron variaciones específicas no significativas en su interpretación.

Este análisis inicial pone de manifiesto la relevancia de seguir investigando sobre las diferencias psicológicas y emocionales que pueden influir en la participación en la Justicia Restaurativa. Profundizar en estos hallazgos permitirá avanzar en el conocimiento científico y facilitar la transferencia de conocimiento hacia prácticas más efectivas y basadas en evidencia.

*Palabras clave: Justicia Restaurativa, género, delito, variables psicológicas.*

---

3 Horcajo, P. J., Mesa, P., López-Osorio, J. J., & Halty Barrutieta, L. (2018). La psicopatía y sus componentes: estudio de feminicidas en España.

## II. JUSTIFCACIÓN

El presente estudio trata de hacer una comparativa entre un grupo de victimarios con delitos contra las mujeres (delitos de violencia de género y abuso sexual) y otro grupo de victimarios con otra tipología delictiva, con el fin de determinar si atendiendo a su similitud o diferencia, pueden ser objeto de la implementación de la Justicia Restaurativa como actividad dentro de su programa individualizado de tratamiento con la finalidad de trabajar variables, cognitivas, emocionales y conductuales que estén relacionadas con el desistimiento delictivo.

La falta de investigaciones empíricas en España hace necesario prestar atención al tema, para conocer si el delincuente de género puede ser tenido en cuenta cuando así la víctima lo precise, para participar en la justicia restaurativa, o si su perfil es incompatible con el recurso e instrumentos de la misma.

## III. MARCO TEÓRICO

En primer lugar, pasemos por definir que es la justicia restaurativa, : "La Justicia Restaurativa es una forma de responder al comportamiento delictivo equilibrando las necesidades de la comunidad, de las víctimas y de los delincuentes mediante un proceso restaurativo. En este procedimiento la víctima, el delincuente y, cuando proceda, cualesquiera otras personas o miembros de la comunidad afectados por un delito, participan conjuntamente de forma activa en la resolución de las cuestiones derivadas de la infracción penal. Durante el proceso serán atendidas tanto las necesidades como las responsabilidades individuales y colectivas de las partes, con el objetivo de lograr la reintegración de las víctimas y del delincuente. Los procesos de Justicia Restaurativa, generalmente, se realizan con la ayuda de una facilitadora".[4]

---

[4] Definición propia basada en el estudio de varias fuentes sobre justicia restaurativa. Acevedo C. El pequeño libro de la Justicia restaurativa.

Según las Naciones Unidas, por justicia restaurativa se entiende “Todo proceso en que la víctima, el delincuente y, cuando proceda, cualquier otra persona o miembro de la comunidad afectados por un delito, participen de forma activa en la resolución de cuestiones derivadas del delito, por lo general con la ayuda de un facilitador”[5].

Dentro del proceso de justicia restaurativa se prescinde del uso de la prisión como forma por excelencia de la ejecución de la pena, se centra en la responsabilización de los victimarios (es decir, que estos asuman de forma sincera la responsabilidad por los delitos cometidos y las consecuencias que de ellos se derivan), la reparación (moral y económica) de las víctimas y la verdad, arrepentimiento y garantía de no repetición como presupuestos básicos del proceso[6]

Si tomamos como referencia los valores de la justica retributiva y restaurativa en prisión vemos que, la justicia retributiva por su parte, persigue el castigo en sí y la cárcel como lugar adecuado para cumplirlo, sin embargo, la justicia restaurativa no focaliza su atención en la cárcel si no que incluso esta institución es contraria a sus fines, viéndola únicamente como un espacio donde poder llevarla a cabo. La cárcel limita los objetivos de la Justicia Restaurativa ya que excluye física y simbólicamente de la sociedad al condenado, en contraposición a su fin que es acercar víctima y victimario a la sociedad para que logren la reconciliación y convivencia.

Cuando se comete un delito y se establece una pena y unas consecuencias para el victimario, muchas veces se olvida a la

---

5 Oficina de las Naciones Unidas Contra la Droga y el Delito, Manual sobre programas de justicia, 7.https://www.unodc.org/documents/justice-and-prison-reform/20-01146_Handbook_on_Restorative_Justice_Programmes.pdf

6 Ariza e Iturralde, 2016. ISSN 2011-3188. E-ISSN 2215-969X. Bogotá, pp. 20-31. http://dearq.uniandes.edu.co

víctima. La justicia restaurativa ofrece una vía de reinserción y reeducación del victimario, ofreciendo ventajas adicionales en relación a otras herramientas de intervención postdelictuales, ayudan a reparar el daño causado a la víctima y a recomponer la convivencia social que se supone rota tras el delito.[7] El proceso restaurativo permite el acercamiento victimario y su víctima, así como transformar aspectos tanto cognitivos, emocionales y conductuales de ambos, facilitando el cambio y el desistimiento delictivo por parte del delincuente.

Entre las consecuencias que tiene para la víctima el proceso judicial, encontramos por una parte la orden de protección del victimario, según se contempla en el art. 544 ter de la LeCrim, en este caso como pena accesoria, y por otra la responsabilidad civil derivada del daño ocasionado. La labor indemnizatoria de la responsabilidad civil que se reconoce a lo largo del procedimiento penal está en el daño patrimonial, que no reconciliador o reinsertador, por tanto, se podría esperar alguna actuación más por parte de las Instituciones que apoyen la parte individualizada de cada casuística víctima-victimario en atención al orden social y el objetivo reinsertador.

Las prácticas restaurativas encuentran sustento normativo en el artículo 90.2 del Código Penal que, para las penas privativas de libertad, contempla la posibilidad de que las personas condenadas a privación de libertad participen en programas de reparación a las víctimas con resultado o valoración favorable como requisito para la obtención de la libertad condicional adelantada. Se abre así una ventana a la implementación de acciones de naturaleza restaurativa, en aras a promover la asunción del delito y la responsabilidad por el delito cometido, el reconocimiento del daño causado a la víctima y abrir la posibilidad de reparación a la víctima y la sociedad.

---

7 Liñares, G. G. (2024). JUSTICIA RESTAURATIVA UNA APROXIMACIÓN PENITENCIARIA. *Revista de Derecho UNED,* (33), 509-540.

En España desde 2025 aparece la Justicia Restaurativa en la disposición adicional novena de la LECRIM, así como también la encontramos en la Ley 4/2015, de 27 de abril, del Estatuto de la víctima del delito, no obstante se establece a tenor del art. 89.9 de la LOPJ, que está vedada su utilización en aquellos supuestos de violencia de género y abuso sexual, entre los motivos que apoyan esta medida encontramos aquellos que creen que existe una falta de seguridad para la víctima por procesos de dominación o desequilibrio de poder entre víctima y victimario.[8]

Estudios empíricos acerca de la efectividad de la Justicia Restaurativa expresan resultados positivos de su aplicación[9]. En este sistema, quien causa el daño reconoce su responsabilidad con más frecuencia, disminuye la reincidencia, particularmente de delitos de violencia interpersonal, incrementa el bienestar de las víctimas, reduce el daño psicológico y la venganza, disminuye los tiempos de la resolución, los costes económicos de la justicia y la necesidad de sentencias de culpabilidad. En general ofensores y víctimas tras participar en la justicia restaurativa prefieren este tipo de proceso a la justicia retributiva tradicional[10].

La presunción de inocencia es válida hasta que existe una condena efectiva, determinada por un tribunal sentenciador, en adelante a este momento, el reconocimiento del delito, atribución de la responsabilidad y culpa por el daño causado son

---

[8] Romero Seseña, P. (2023). El desarrollo de la justicia restaurativa en España y su prohibición en casos de violencia sexual y de género: reflexiones a partir de la LO 10/2022 y la nueva Ley Foral 4/2023 de Navarra. *Revista de Derecho Penal y Criminología, 2023, 30.*

[9] Sherman, LL, Strang, HH, Barnes, GG, Bennett, SS, Ángel, CC, Newbury-Birch, DD, ... y Gill, CC (2007). Justicia restaurativa: La evidencia.

[10] Tapias, A. (2020). Paneles de impacto de justicia restaurativa como reparación y resocialización en homicidio. *Diversitas: Perspectivas en Psicología, 16*(2), 427-439. https://doi.org/10.15332/22563067.6321

aspectos a tratar durante el cumplimento de la pena para la efectiva reinserción de la persona y el desistimiento delictivo, que ayudaran a una nueva concepción de sí mismo más acorde al pensamiento prosocial. Es por ello que cuando mencionamos este tipo de justica no retributiva y restaurativa no únicamente podemos atender aspectos jurídicos si no también otro de tipo, personal y psicológicos tanto de la víctima como del victimario.

Winter y cols.[11], plantearon en los hallazgos de su investigación que la agresión no se limita a individuos con trastornos de personalidad, también afecta a individuos sanos; asimismo, vinculan la agresión con la alexitimia, un rasgo de personalidad que describe dificultad para identificar y expresar los propios estados emocionales. Uno de los planteamientos que aparecen en diversas teorías psicológicas en torno al desarrollo de la mente humana[12] es la idea de que el conocimiento de los propios estados internos es un prerrequisito básico para conocer los estados de los demás; de ahí que la falta de conciencia en los propios estados mentales influiría en la conciencia de los estados mentales de los demás [13]. Una vía para conocer los estados de ánimo de los demás será elevar el nivel de conciencia de los estados mentales y el nivel emocional propios en términos de ser capaz de diferenciar y distinguir matices del propio estado emocional, y, como consecuencia de ello, dar cuenta de los afectos de los demás[14].

---

11 Winter, K., Spengler, S., Bermpohl, F., Singer, T., & Kanske, P. (2017). Social cognition in aggressive offenders: Impaired empathy, but intact theory of mind. *Scientific reports, 7*(1), 670.

12 (Gergely & Watson, 1996) *The social biofeedback model of parental affect-mirroring.* The International Journal of Psycho-Analysis; Jan 1, 1996; 77, 6; ProQuest pg. 1181

13 Fonagy, P., Gergely, G., Jurist, E. L., y Target, M. (2018). *Affect regulation, mentalization, and the development of the self.* Routledge.

14 Gallardo Vergara, R. R. (2018). Teoría de la mente y alexitimia: autoconciencia emocional y el rostro del otro en una muestra de pacientes oncológicos y grupo de contraste. *Psicología desde el Caribe, 35*(2), 116-130

El modelo de Kaplan (1969)[15] predice que la delincuencia supone un intento de restaurar una baja autoestima generada en experiencias sociales de signo negativo, de modo que la conducta delictiva podría ser un curso de acción alternativo que permitiría al individuo establecer una estimación aceptable del sí mismo.

Se ha relacionado un mayor locus de control externo con una variedad de correlatos de riesgo de comportamiento delictivo[16]. Además, se sugiere que las personas con una orientación de locus de control interno están más abiertas a participar en el tratamiento penitenciario y también se considera que tienen más posibilidades de tener resultados exitosos en el mismo. Atendiendo al modelo de procesamiento de un juicio específico, como el de la trayectoria de culpabilización [17], se señala en la detección de un evento quizás moralmente inapropiado, se evalúa tanto el rol causal y la intencionalidad del agente implicado, como sus justificaciones y excusas para dicho acto[18].

La utilización del derecho penal como alternativa retributiva impide conocer los factores que impulsan al agresor a cometer actos delictivos, conforme a variables personales, y

---

15 Kaplan, H.B., y Pokorny, A.D. (1969). Self-derogation and psychosocial adjustment. *Journal of Nervous and Mental Disease, 149*, 421-434

16 Tyler, N., Heffernan, R., y Fortune, C. A. (2020). Reorienting Locus of Control in Individuals Who Have Offended Through Strengths-Based Interventions: Personal Agency and the Good Lives Model. *Frontiers in Psychology*, 11, 553240. https://doi.org/10.3389/fpsyg.2020.553240

17 Malle, B. F., Monroe, A. E., y Guglielmo, S. (2014b). Paths to Blame and Paths to Convergence. *Psychological Inquiry, 25, 251*-260. https://doi.org/10.1080/1047840X.2014.913379

18 Cushman, F. (2008). Crime and punishment: Distinguishing the roles of causal and intentional analyses in moral judgment. *Cognition, 108*(2), 353-380.

contextuales, se han realizado estudios empíricos en distintas prisiones que destacan la importancia de la personalidad a saber; rasgos antisociales y rasgos normalizados, que serán determinante para el diseño de tratamientos psicológicos, en la posterior adherencia a este y pronóstico de recaídas[19].

Horcajo, Mesa y López Osorio, (2018)[20], describen enfoques teóricos para explicar el fenómeno de la Violencia de género, (i) la perspectiva de género, considerando el origen del fenómeno en las relaciones de poder asimétricas entre ambos géneros, (ii) la perspectiva de la violencia, más referida a las características individuales de los perpetradores, y (iii) el modelo ecológico como una perspectiva más integradora.

Por todo ello y con el fin de comprender que factores psicológicos están implicados en el proceso retributivo, pretendemos analizar si existen diferencias en atributos como la ira, psicopatía relacionadas con el poder, entre victimarios de género y otras tipologías delictivas, así como si existe similitud o no en cuanto a variables de reconocimiento del daño ocasionado, como culpa o atribución externa o interna del mismo., que sean tan significativos como para excluirlos del proceso restaurativo. De esta manera es de interés conocer la inteligencia emocional de ambos grupos de victimarios, así como su autoestima para comprobar que realmente estas son diferentes en ambos grupos y por ello no se podría trabajar de la misma manera dentro de su tratamiento individualizado en prisión.

---

19 Loinaz, I., Ortiz-Tallo-Alarcón, M., Sánchez-Rodríguez, L. M., & Ferragut-Ortiz-Tallo, M. (2011). Clasificación multiaxial de agresores de pareja en centros penitenciarios.

20 [20]Horcajo, P. J., Mesa, P., López-Osorio, J. J., & Halty Barrutieta, L. (2018). La psicopatía y sus componentes: estudio de feminicidas en España

## *1. Objetivos*

En el presente trabajo de investigación se pretende comparar las variables relacionadas con el poder: ira y psicopatía, así como el reconocimiento delictivo y del daño ocasionado entre un grupo de delincuentes de género (violencia de género y abuso sexual) y otro grupo de victimarios con delitos no relacionados con el género, comprobando si esta diferencia puede desaconsejar la justicia restaurativa en el primer grupo, delincuentes de género.

### 1.1. Objetivo General

Analizar y comparar dos grupos de delincuentes (género y otras tipologías delictivas) en variables relacionadas con el poder y la dominación, asunción delictiva e inteligencia emocional y autoestima.

### 1.2. Objetivos específicos e hipótesis

- Comparar los niveles de ira en su estado y como rasgo entre los dos grupos, con el propósito de identificar diferencias significativas en la expresión y manejo de esta emoción
    - H.1.: Existe una falta de seguridad para la víctima por procesos de dominación o desequilibrio de poder entre víctima y victimario, es por ello por lo que la ira es más elevada en delincuentes de género y se desaconseja el uso de justicia restaurativa para este tipo de delincuentes.
- Examinar y comparar la psicopatía en ambos grupos y sus posibles implicaciones en el contexto restaurativo
    - H.2.: Existe una falta de seguridad para la víctima por procesos de dominación o desequilibrio de poder entre víctima y victimario, es por ello por lo que

la psicopatía es más elevada en delincuentes de género y se desaconseja el uso de justicia restaurativa para este tipo de delincuentes.

- Analizar las diferencias en la asunción de responsabilidad delictiva entre los dos grupos, evaluando su impacto potencial en la disposición hacia la Justicia Restaurativa y comparar el locus de control general entre los dos grupos, explorando cómo se percibe la influencia de factores internos y externos en su conducta.
    - H.3.: La responsabilización de los victimarios (es decir, que estos asuman de forma sincera la responsabilidad por los delitos cometidos y las consecuencias que de ellos se derivan), la reparación (moral y económica) de las víctimas y la verdad, arrepentimiento y garantía de no repetición como presupuestos básicos del proceso restaurativo atendiendo a esta premisa los victimarios de género tendrán una menor asunción delictiva, mostrado en una atribución externa, lo que indicara una baja preparación para el proceso restaurativo y por tanto no ser útil su aplicación.
- Evaluar y comparar la alexitimia, entendida como un componente de la inteligencia emocional, para identificar su relevancia en las dinámicas emocionales de cada grupo.
    - H.4.: Se vincula la agresión con la alexitimia, un rasgo de personalidad que describe dificultad para identificar y expresar los propios estados emocionales y como esto influye en el reconocimiento de los estados emocionales de los demás. Bajo esta premisa se hipotetiza que los delincuentes de género presentarán una mayor alexitimia, como expresión de una baja inteligencia emocional, y por ello no podrán participar en procesos restaurativos.

- Explorar las diferencias en la autoestima entre ambos grupos, con el objetivo de comprender su papel en la autovaloración y en los procesos restaurativos
    - H.5.: El modelo de Kaplan predice que la delincuencia supone un intento de restaurar una baja autoestima generada en experiencias sociales de signo negativo, de modo que la conducta delictiva podría ser un curso de acción alternativo que permitiría al individuo establecer una estimación aceptable del sí mismo, con ello entendemos que el delincuente de género tiene una menor autoestima que eleva su probabilidad de reincidencia, desaconsejando la participación en justicia restaurativa.

## IV. METODOLOGÍA

### *1. Instrumentos de medida. Cuestionarios auto informados*

#### 1.1. Control de la ira. STAXI (State-Trait Anger Expession Inventory Spielberger o S.T.A.X.I.)

La Escala de Expresión de la Ira de Spielberger en su versión castellana de Miguel-Tobal et al., 1992, publicada por TEA ediciones, consta de un total de 44 ítems. Los ítems están distribuidos en tres escalas: de Estado, compuesta de 10 ítems; de Rasgo, formada por 10 ítems y de Expresión de ira, con 24 ítems. A partir de los ítems de la escala de Rasgo se obtiene dos nuevas puntuaciones: Temperamento y Reacción de ira; y de la escala Expresión de ira se obtienen las subescalas: Ira Interna, Ira Externa y Control de Ira. Los autores presentan una correlación test-retest de 0.71 y un coeficiente alfa de Cronbach de 0.89 para la escala de Ira-Estado, de 0.82 para la de Ira-Rasgo, y de 0.69 para la de Expresión de Ira

### 1.2. Alexitimia TAS (Toronto Alexithymia Scale)

La escala de Alexitimia de Toronto en adelante TAS-20, es un instrumento de autoinforme de 20 ítems con cada ítem puntuado en una escala Likert de 5 puntos[21]

### 1.3. Psicopatía SRP (Self-Report Psychopathy Scale)

La Escala de autoinforme de psicopatía, en adelante SRP, es uno de los instrumentos más utilizados para evaluar la psicopatía entre la población general, por medio de dos factores estables y correlacionados como son la psicopatía primaria y secundaria [22] Este instrumento muestra adecuados índices de fiabilidad, con un alfa de Cronbach de .83 en la escala global del instrumento. En el caso del Factor 1 presenta un alfa de Cronbach de .82 y de .61 para el Factor 2 dimensión de orden menor que en conjunto dan lugar a la dimensión global de psicopatía.

### 1.4. Asunción delictiva G-BAI-R (Inventario de atribución de la culpa de Gudjonsson versión revisada)

El Inventario de atribución de culpa de Gudjonsson [23] Revisado (GBAI-R) es una medida auto informada de la atribución de culpa de un individuo. La atribución de culpa se refiere

---

[21] Bagby, R. M., Parker, J. D., y Taylor, G. J. (2020). Twenty-five years with the 20-item Toronto Alexithymia Scale. *Journal of Psychosomatic Research, 131*, 109940.

[22] Camacho Guerrero, L., Mezquita, L., Viruela Royo, A., Gallego Moya, S., y González Torre, J. A. (2011). *Estructura factorial de la escala de psicopatía SRP y su relación con el modelo de personalidad de cinco factores.*

[23] Gudjonsson, G. H. (1984). A new scale of interrogative suggestibility. *Personality and Individual Differences, 5*(3), 303-314.
Gudjonsson, G. H. (1987). A parallel form of the Gudjonsson Suggestibility Scale. *British Journal of Clinical Psychology, 26*(3), 215-221.

al proceso de intentar construir explicaciones causales para los comportamientos que muestran ellos mismos y los demás.

El GBAI-R está diseñado específicamente para su uso con delincuentes y enmarca las declaraciones en relación con la atribución de su(s) delito(s) cometido(s) anteriormente. El inventario mide tres factores: atribución al elemento mental (es decir, culpar del delito a una enfermedad mental o falta de autocontrol), atribución externa (es decir, culpar del delito a las circunstancias sociales, a las víctimas o a la sociedad) y atribución del sentimiento de culpa (es decir, sentimientos de arrepentimiento y remordimiento por la ofensa). La comparación del puntaje de un delincuente individual en cada uno de estos tres factores con los puntajes normativos apropiados permite crear un perfil de su tipo de atribución de culpa. Posee buena confiabilidad test-retest (r = 0,73, 0,85 y 0,78 para las atribuciones de elemento mental, externo y de culpa, respectivamente).

### 1.5. Locus de control de Rotter

Escala de Rotter, 1966[24], en su versión castellana de Pérez García, 1984[25], y que consta de 29 ítems. Esta escala tiene 29 ítems de elección obligatoria de los que 23 de ellos van dirigidos a evaluar el locus de control, mientras que 6 sólo tienen el propósito de hacer más ambigua la prueba. Cada ítem obliga a elegir entre dos frases, una que implica atribución interna y

---

Gudjonsson, G. H., y Singh, K. K. (1989). The revised Gudjonsson blame attribution inventory. *Personality and Individual Differences, 10*(1), 67-70.

24 Rotter, J.B. (1966). Generalized expectancies for internal versus external control of reinforcement. *Psychological Monograph, 80,* 1 Whole No. 609

25 Pérez García, A.M. (1984). Dimensionalidad del constructo "Locus of control". Revista de Psicología General y Aplicada, 39, 471-488.

otra que implica atribución externa. En lo referente a las características psicométricas de la escala, ésta ha presentado una fiabilidad test-retest entre .49 y .85, según el periodo utilizado entre las aplicaciones, así como una alta consistencia interna.

### 1.6. Cuestionario de autoestima de Rosemberg

Se trata de una de las escalas más utilizadas para la medición global de la autoestima. Desarrollada originalmente por Rosemberg [26](1965), para la evaluación de la autoestima en adolescentes, incluye diez ítems cuyos contenidos se centran en los sentimientos de respeto y aceptación de sí mismo/a. La mitad de los ítems están enunciados positivamente y la otra mitad negativamente. La escala ha sido traducida y validada en castellano La consistencia interna de la escala se encuentra entre 0.76 y 0.87. La fiabilidad es de 0.80.

### 1.7. Cuestionario de deseabilidad social

Escala de Deseabilidad Social de Marlowe y Crowne, 1960. La M-C SDS consta de 33 ítems, la suma de las puntuaciones a los ítems permite obtener una puntuación total entre 0 y 33 en la que una mayor puntuación indica una mayor deseabilidad social entendida como sesgo de respuesta o rasgo de personalidad (defensividad). En este estudio se utilizó la adaptación española de Ávila Espada y Tomé Rodríguez (1989) [27], con coeficientes alfa de consistencia interna que oscilan entre .75 y .80.

---

26 Rosenberg, M. (1989). *Society and the adolescent Self-image.* Revised edition. Wesleyan University Press.

27 Ávila Espada, A., y Tomé Rodríguez, M. C. (1989). Evaluación de la deseabilidad social y correlatos defensivos emocionales. Adaptación castellana de la Escala de Crowne y Marlowe. En A. Echevarría y D. Páez (Eds.), *Emociones: perspectivas psicosociales* (pp. 505-514). Fundamentos.

## *2. Participantes*

Para obtener la población N=100 se hizo una captación mediante muestra no probabilística voluntaria entre los distintos módulos del Centro Penitenciario Antoni Asunción Hernández de Valencia, se les informó del objetivo de estudio, así como del consentimiento informado que firmaron. Las características de la población era internos hombres entre 18 y 85 años. Para la evaluación de los internos del centro penitenciario, se utilizó el protocolo aprobado por la comisión de ética e instituciones penitenciarias. La separación interior de los módulos que se usaron para la obtención de la muestra incluye tanto módulos de respeto, como de cumplimiento ordinario, enfermería, condenas cortas y preventivos. Con lo que se pretendió una muestra homogénea atendiendo a la población reclusa en general excluyendo las mujeres.

Una vez la muestra completa se dividieron en las siguientes variables sociodemográficas: tipología delictiva, tiempo de condena y tratamiento. Pare el presente estudio se dividió la población N=100 en dos grupos: N=39 condenados por delitos contra las mujeres, como violencia de género(19%) y abuso sexual (20%) incluyendo niñas menores de 16 años y N=61 por otra tipología delictiva como robos (19%), delitos económicos (7%), tráfico de drogas (CSP)(16%), lesiones (5%), daños (1%), quebrantamiento (1%) y versatilidad criminal (8%), el delito homicidio lo dividimos en ambos grupos atendiendo a si la víctima era de género u otro tipo.

## *3. Procedimiento*

Se ha llevado a cabo un estudio donde hemos trabajado con una variable independiente a dos niveles, tipología delictiva de género y otra tipología delictiva. Y como variables dependientes enmarcamos las distintas características psicológicas relacionadas con el poder, asunción delictiva e inteligencia emocional, como son, ira, psicopatía, locus de control, alexitimia y autoestima.

La selección de participantes fue mediante muestra voluntaria como se ha comentado en el anterior apartado, la evaluación se llevó a cabo en el comedor de los módulos, los cuestionarios incluyen preguntas estructuradas, con opciones claras que facilitan la categorización de las respuestas, fueron administrados de manera presencial en un entorno que garantizara la comodidad de los participantes. Se proporcionaron instrucciones claras y concisas antes de iniciar la respuesta para asegurar la comprensión de las preguntas, se les facilitó los cuestionarios y el consentimiento informado, el evaluador permaneció todo el tiempo para resolver dudas y animar a la finalización de dosier. Se administro los cuestionarios en un total de 12 sesiones de dos horas y media cada una, coincidiendo con horario entre recuentos para facilitar de esta manera la marcha normal regimental de los módulos, en horario de tarde ya que es cuando mayor disponibilidad tienen, por qué el grueso de las actividades se realiza por la mañana. Se aseguró que las sesiones fueran con el tiempo disponible para responder el cuestionario de forma suficiente y cómoda, aun así, se les permitió más tiempo en celda para su conclusión, yendo el evaluador a recoger los mismos en otro día. Las respuestas de los participantes fueron recopiladas en formato físico. Posteriormente, los datos fueron verificados para asegurar su integridad y completitud y codificados en Excel. Los datos recopilados fueron procesados utilizando el software SPSS.

Se aplicaron pruebas T, puesto que se contó con 2 grupos y los datos se ajustaron a la normalidad ya que la asimetría es cercana a 0 (-1.9 a 1.9) y la curtosis varia, siendo de 8.5 en las escalas sentimiento y afecto insensible y el resto de escalas presenta puntuaciones entres 0 y3.

Para poder comparar la magnitud de los diferentes grupos en las variables de interés se ha optado por el estadístico T Student, con el que pretendemos ver si existe diferencias de medias entre ambos grupos. Este análisis de comparación de medias para muestras independientes, ya que los grupos no tienen ningún tipo de relación, nos ha permitido comparar su igualdad o diferencia para poder extraer conclusiones estadísticas sobre aceptar o rechazar la hipótesis nula.

## *4. Resultados y análisis de datos*

Pasemos a exponer los resultados obtenidos en cada una de las variables dependientes atendiendo a ambos grupos.

Dentro de las escalas referentes a la ira estado medidas por el STAXI, no obtenemos diferencias significativos en ambos grupos siendo su significación bilateral superior a 0.05 tanto en Sentimiento (0.18) como expresión física (0.82) y expresión verbal (0.671).

**Tabla 1. Prueba T Student para muestras independientes IRA ESTADO**

**Prueba de muestras independientes**

| | | Prueba de Levene de igualdad de varianzas | | prueba t para la igualdad de medias | | | | | | |
|---|---|---|---|---|---|---|---|---|---|---|
| | | | | | | | | | 95% de intervalo de confianza de la diferencia | |
| | | F | Sig. | t | gl | Sig. (bilateral) | Diferencia de medias | Diferencia de error estándar | Inferior | Superior |
| Sentimiento | Se asumen varianzas iguales | 8,008 | ,006 | -1,349 | 98 | ,180 | -,495 | ,367 | -1,224 | ,233 |
| | No se asumen varianzas iguales | | | -1,570 | 88,704 | ,120 | -,495 | ,315 | -1,122 | ,131 |
| Expresión Física | Se asumen varianzas iguales | ,000 | ,986 | -,228 | 98 | ,820 | -,120 | ,527 | -1,165 | ,925 |
| | No se asumen varianzas iguales | | | -,228 | 81,489 | ,820 | -,120 | ,526 | -1,166 | ,926 |
| Expresión verbal | Se asumen varianzas iguales | ,607 | ,438 | -,426 | 98 | ,671 | -,225 | ,529 | -1,276 | ,825 |
| | No se asumen varianzas iguales | | | -,437 | 87,958 | ,663 | -,225 | ,516 | -1,250 | ,799 |

**Figura 1. Resultados comparación grupos en la variable IRA ESTADO STAXI**

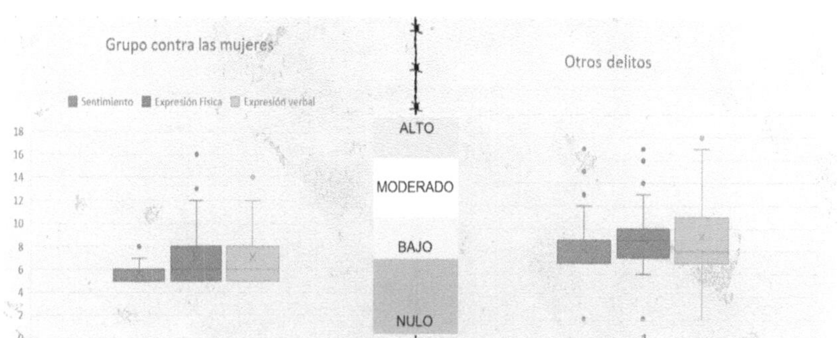


Dentro de las escalas referentes a la ira rasgo medidas por el STAXI, no obtenemos diferencias significativos en ambos grupos siendo su significación bilateral superior a 0.05 tanto en temperamento de la ira (0.84) como reacción de la ira (0.22), expresión externa de la ira (0.371), expresión interna de la ira (0.627), control externo de la ira (0.724) y control interno de la ira (0.375).

**Tabla 2. Prueba T Student para muestras independientes IRA RASGO**

**Prueba de muestras independientes**

| | | Prueba de Levene de igualdad de varianzas | | prueba t para la igualdad de medias | | | | | | |
|---|---|---|---|---|---|---|---|---|---|---|
| | | | | | | | | | 95% de intervalo de confianza de la diferencia | |
| | | F | Sig. | t | gl | Sig. (bilateral) | Diferencia de medias | Diferencia de error estándar | Inferior | Superior |
| Temperamento de la ira | Se asumen varianzas iguales | ,044 | ,834 | ,196 | 98 | ,845 | ,087 | ,446 | -,798 | ,973 |
| | No se asumen varianzas iguales | | | ,195 | 79,295 | ,846 | ,087 | ,449 | -,807 | ,981 |
| Reacción de la ira | Se asumen varianzas iguales | ,054 | ,816 | -1,236 | 98 | ,220 | -,945 | ,765 | -2,464 | ,573 |
| | No se asumen varianzas iguales | | | -1,230 | 79,888 | ,222 | -,945 | ,769 | -2,476 | ,584 |
| Expresión Externa de la ira | Se asumen varianzas iguales | ,800 | ,373 | ,898 | 98 | ,371 | ,504 | ,561 | -,610 | 1,618 |
| | No se asumen varianzas iguales | | | ,868 | 72,064 | ,388 | ,504 | ,580 | -,653 | 1,661 |
| Expresión Interna de la ira | Se asumen varianzas iguales | ,089 | ,768 | -,488 | 98 | ,627 | -,404 | ,827 | -2,046 | 1,238 |
| | No se asumen varianzas iguales | | | -,498 | 86,629 | ,620 | -,404 | ,810 | -2,014 | 1,207 |
| Control Externo de la ira | Se asumen varianzas iguales | 3,398 | ,068 | ,354 | 98 | ,724 | ,395 | 1,115 | -1,817 | 2,608 |
| | No se asumen varianzas iguales | | | ,373 | 93,283 | ,710 | ,395 | 1,061 | -1,711 | 2,501 |
| Control interno de la ira | Se asumen varianzas iguales | ,607 | ,438 | ,891 | 98 | ,375 | 1,045 | 1,172 | -1,282 | 3,371 |
| | No se asumen varianzas iguales | | | ,914 | 87,733 | ,363 | 1,045 | 1,143 | -1,227 | 3,316 |

## Figura 2. Resultados comparación grupos en la variable IRA RASGO STAXI

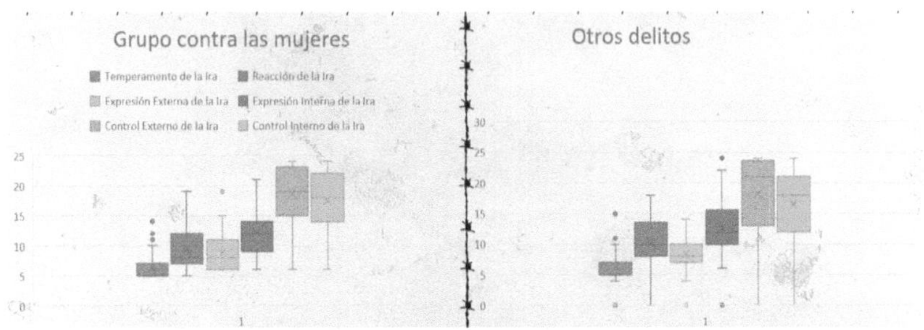


En cuanto a la escala alexitimia, volvemos a observar dos grupos sin variaciones con una puntuación de 0.85.

## Tabla 3. Prueba T Student para muestras independientes ALEXITIMIA

**Prueba de muestras independientes**

| | | Prueba de Levene de igualdad de varianzas | | prueba t para la igualdad de medias | | | | | | |
|---|---|---|---|---|---|---|---|---|---|---|
| | | | | | | | | | 95% de intervalo de confianza de la diferencia | |
| | | F | Sig. | t | gl | Sig. (bilateral) | Diferencia de medias | Diferencia de error estándar | Inferior | Superior |
| Alexitimia | Se asumen varianzas iguales | 1,406 | ,239 | -,174 | 98 | ,863 | -,681 | 3,925 | -8,470 | 7,107 |
| | No se asumen varianzas iguales | | | -,181 | 91,992 | ,856 | -,681 | 3,757 | -8,143 | 6,780 |

**Figura3. Resultados comparación grupos en la variable ALEXITIMIA TAS-20**

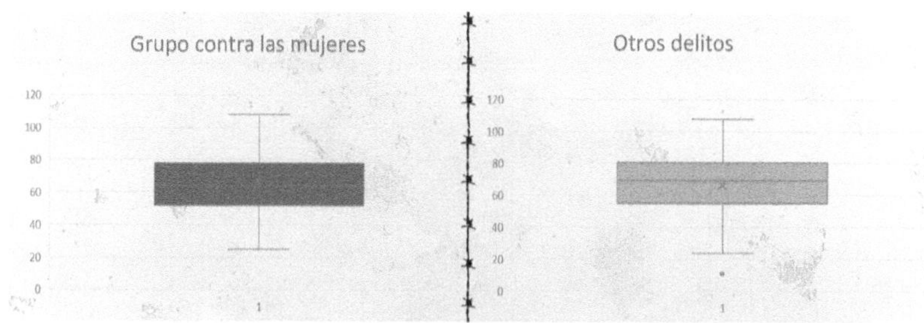


En la variable psicopatía, encontramos una puntuación que nos hace interpretar que no existe diferencias significativas en las escalas afecto insensible (0.15) y estilo de vida errático (0.97), pero nos detendremos en el factor manipulación interpersonal por tener una puntuación de 0.041siendo esta menor a 0.05 (0.041 <0.05)

**Tabla 4. Prueba T Student para muestras independientes PSICOPATÍA**

**Prueba de muestras independientes**

| | | Prueba de Levene de igualdad de varianzas | | prueba t para la igualdad de medias | | | | | 95% de intervalo de confianza de la diferencia | |
|---|---|---|---|---|---|---|---|---|---|---|
| | | F | Sig. | t | gl | Sig. (bilateral) | Diferencia de medias | Diferencia de error estándar | Inferior | Superior |
| Afecto insensible | Se asumen varianzas iguales | ,596 | ,442 | 1,340 | 98 | ,183 | 1,100 | ,821 | -,529 | 2,728 |
| | No se asumen varianzas iguales | | | 1,423 | 95,064 | ,158 | 1,100 | ,773 | -,434 | 2,634 |
| Estilo de vida errático | Se asumen varianzas iguales | ,073 | ,787 | ,033 | 98 | ,974 | ,042 | 1,277 | -2,491 | 2,576 |
| | No se asumen varianzas iguales | | | ,033 | 82,249 | ,973 | ,042 | 1,271 | -2,487 | 2,571 |
| Manipulación interpersonal | Se asumen varianzas iguales | ,784 | ,378 | 1,999 | 98 | ,048 | 1,299 | ,650 | ,009 | 2,589 |
| | No se asumen varianzas iguales | | | 2,071 | 90,216 | ,041 | 1,299 | ,627 | ,053 | 2,545 |

**Figura4. Resultados comparación grupos en la variable PSICOPATÍA SRP**

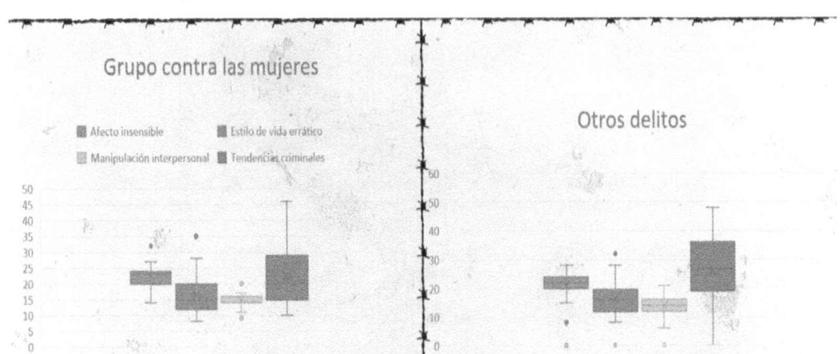


En el cuestionario GBAI-R que evalúa atribución de la culpa con respecto al delito, consideramos esta vez la escala culpa, con una puntuación 0.049 menor a 0.05, pudiendo ser también significativo en ambos grupos, el resto de variables del cuestionario no se observan diferencias siendo factor mental 0.27 y factor externo 0.26. Tampoco encontramos significación en el locus de control genérico con una puntuación de 0.14

**Tabla 5. Prueba T Student para muestras independientes atribución culpa**

**Prueba de muestras independientes**

| | | Prueba de Levene de igualdad de varianzas | | prueba t para la igualdad de medias | | | | | 95% de intervalo de confianza de la diferencia | |
|---|---|---|---|---|---|---|---|---|---|---|
| | | F | Sig | t | gl | Sig. (bilateral) | Diferencia de medias | Diferencia de error estándar | Inferior | Superior |
| Factor mental | Se asumen varianzas iguales | ,152 | ,697 | 1,112 | 98 | ,269 | ,584 | ,525 | -,458 | 1,626 |
| | No se asumen varianzas iguales | | | 1,099 | 78,053 | ,275 | ,584 | ,531 | -,474 | 1,641 |
| Factor Externo | Se asumen varianzas iguales | ,040 | ,843 | -1,131 | 98 | ,261 | -,711 | ,629 | -1,959 | ,537 |
| | No se asumen varianzas iguales | | | -1,119 | 78,206 | ,267 | -,711 | ,636 | -1,977 | ,554 |
| Culpa | Se asumen varianzas iguales | ,934 | ,336 | 2,025 | 98 | ,046 | 1,777 | ,878 | ,036 | 3,519 |
| | No se asumen varianzas iguales | | | 1,997 | 77,427 | ,049 | 1,777 | ,890 | ,006 | 3,549 |

**Figura 5. Resultados comparación grupos en la variable ATRIBUCIÓN CULPA GBAI-R**

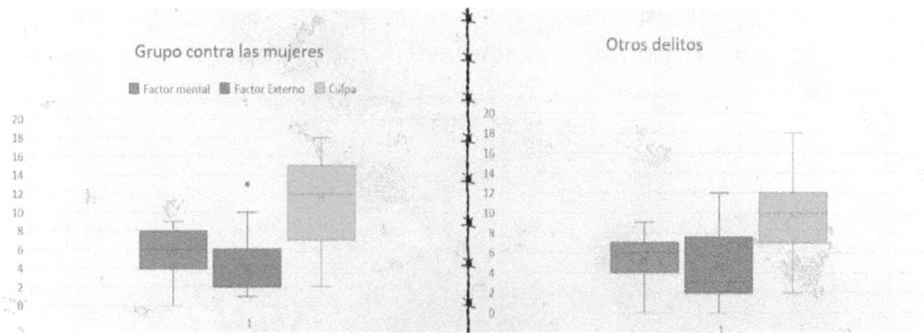


**Tabla 6. Prueba T Student para muestras independientes locus de control**

**Prueba de muestras independientes**

| | | Prueba de Levene de igualdad de varianzas | | prueba t para la igualdad de medias | | | | | | |
|---|---|---|---|---|---|---|---|---|---|---|
| | | | | | | | | | 95% de intervalo de confianza de la diferencia | |
| | | F | Sig | t | gl | Sig. (bilateral) | Diferencia de medias | Diferencia de error estándar | Inferior | Superior |
| LOCUS DE CONTROL | Se asumen varianzas iguales | 3,029 | ,085 | -1,561 | 98 | ,122 | -,963 | ,617 | -2,187 | ,261 |
| | No se asumen varianzas iguales | | | -1,492 | 69,162 | ,140 | -,963 | ,645 | -2,250 | ,324 |

**Figura 6. Resultados comparación grupos en la variable LOCUS DE CONTROL**

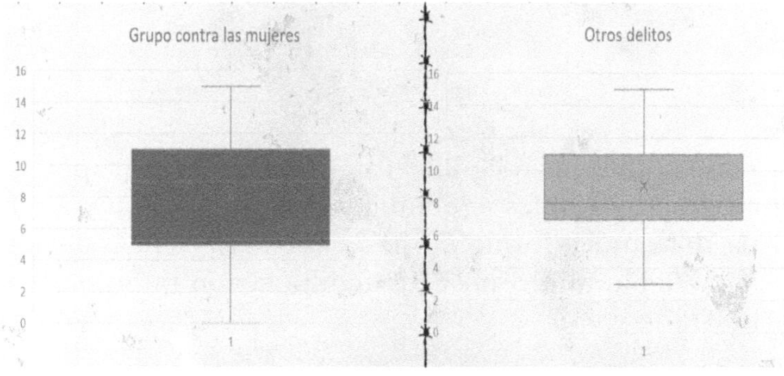

En la variable autoestima tampoco encontramos diferencias significativas en ambos grupos con una puntuación de 0.41.

**Tabla 7. Prueba T Student para muestras independientes autoestima**

**Prueba de muestras independientes**

| | | Prueba de Levene de igualdad de varianzas | | prueba t para la igualdad de medias | | | | | | |
|---|---|---|---|---|---|---|---|---|---|---|
| | | | | | | | | | 95% de intervalo de confianza de la diferencia | |
| | | F | Sig. | t | gl | Sig. (bilateral) | Diferencia de medias | Diferencia de error estándar | Inferior | Superior |
| Autoestima | Se asumen varianzas iguales | ,013 | ,911 | ,834 | 98 | ,406 | ,995 | 1,194 | -1,374 | 3,365 |
| | No se asumen varianzas iguales | | | ,813 | 74,351 | ,419 | ,995 | 1,224 | -1,444 | 3,435 |

**Figura 7. Resultados comparación grupos en la variable AUTOESTIMA**

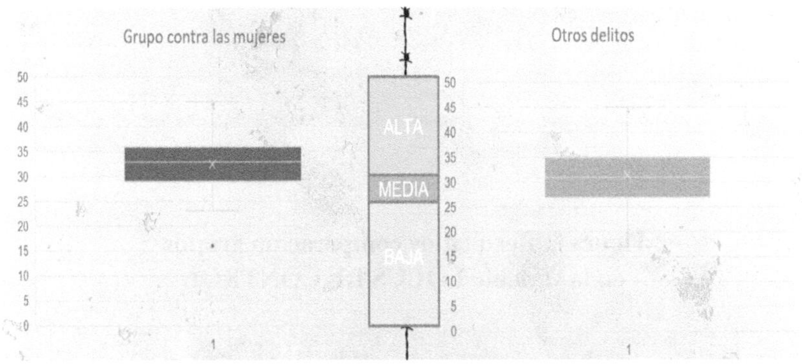


No existe diferencia significativa entre ambos grupos en cada una de las variables dependientes estudiadas salvo en la subescala del auto informe GBAI-R, culpa (p0.049 < 0.05) y la subescala del autoinforme SRP manipulación interpersonal (p0.041< 0.05) .

Nos podríamos plantear si estamos ante falsos positivos atendiendo al número total de la población estudiada N=100 y el número de comparaciones que estamos realizando, para salvar este posible error metodológico podríamos hacer una corrección, dividiendo la significación por el número de comparaciones, obteniendo un valor de 0.025, con este nivel de significación nuestro resultado tendría que ser menor a esta puntuación corregida, debido a que el resultado obtenido era extremadamente cercano a 0.05, con esta corrección estaríamos aceptando la hipótesis nula en ambas escalas.

## V. DISCUSIÓN

Gómez-Leal, R .y cols., (2021) [28] realizan una adaptación y validación al español de la escala SRP, y explican que el factor 2 corresponde a la "manipulación interpersonal", esta significa cómo viven las personas en su mundo relacional, esta adaptación está realizada con un total de 1938 personas de población en general, no siendo población delincuente, Paola Sánchez-Bojórquez y cols., (2023) [29] realiza una adaptación con un estudio que estuvo conformado por 300 personas de sexo masculino privados de su libertad en un centro penitenciario de la Ciudad de México. En España no existe un estudio de población penitenciaria que iguale nuestra muestra N=100

---

[28] Gómez-Leal, R., Megías-Robles, A., Gutiérrez-Cobo, M. J., Cabello, R., Fernández-Abascal, E. G., & Fernández-Berrocal, P. (2021). Spanish Adaptation and Validation of the 34-Item Self-Report Psychopathy Scale (SRP). *Journal of personality disorders, 35*(2), 217–235. https://doi.org/10.1521/pedi_2019_33_434

[29] Sánchez-Bojórquez, P., Caraveo-Anduaga, J. J., Rivera-Aragón, S., Rosas-Hernández, C. A. y García-López, E. (2022). *Self-Report Pychopathy Scale Short Form* 4ª Edición: Adaptación y Modelamiento Estructural en Población Penitenciaria Mexicana. *Anuario de Psicología Jurídica, 32*(1), 1–9. https://doi.org/10.5093/apj2021a15

por lo que nuestra media puede ser indicativa para la comparativa del total, obteniendo que en el grupo de delincuentes de género la media es ligeramente superior a la media total, logrando diferencias con el otro grupo. Seria plausible que el grupo de delincuentes de género vivieran su mundo relacional más cercano a la manipulación que los delincuentes condenados por otra tipología delictiva, demostrando que pueden usar la Justicia Restaurativa desviándola a su interés personal y no al de la víctima, no beneficiándose de esta manera de los resultados positivos que indica la literatura científica, no obstante y comprobando que el valor se acerca mucho a la no significación con el otro grupo no lo podemos concluir de forma contundente, por lo que la utilización de poder que se supone para este tipo de población no es tan clara.

Por otra parte, y atendiendo a la escala culpa del cuestionario de atribución de la causalidad delictiva, observamos que para la estandarización del cuestionario GBAI_R Gudjanson mostró las puntuaciones medias y las desviaciones estándar de la muestra dividida en cuatro grupos: Violento, Sexual, Propiedad y Otros. Se realizó un análisis de varianza para comparar las diferencias entre los cuatro grupos en cada uno de los tres factores. Se encontraron diferencias altamente significativas para las atribuciones de culpa y elemento mental. Los que habían cometido un delito sexual o violento tenían las puntuaciones más altas en la escala culpabilidad, y los que habían cometido un delito violento tenían las puntuaciones más altas en el estilo de atribución interno o mental, seguidos por aquellos con un delito sexual. Por lo tanto, nuestros resultados muestran lo mismo que aquello que se obtuvo en la estandarización del test, pues, no podríamos considerar como significativa la elevación en la escala culpa de la muestra del grupo 1, género ya que es acorde a la estandarización del test, como se indica en la siguiente tabla relacionada con los resultados que obtuvo el autor en la estandarización de la prueba.

**Tabla 8. Puntuaciones del factor de atribución de culpa promedio y desviación estándar para grupos de delitos en estandarización cuestionario GBAI_R**

| | Tipo de atribución | | | | | |
|---|---|---|---|---|---|---|
| | Culpa | | elemento mental | | Externo | |
| Grupo | Significar | Dakota del Sur | Significar | Dakota del Sur | Significar | Dakota del Sur |
| Violento | 11.2 | 4.9 | 7.0 | 2.0 | 3.5 | 3.0 |
| Sexual | 12.6 | 3.6 | 5.8 | 2.5 | 2.3 | 2.8 |
| Propiedad | 8.7 | 4.2 | 4.9 | 3.0 | 2.8 | 3.1 |
| Otro | 7.7 | 4.3 | 4.6 | 2.8 | 3.5 | 3.4 |

Con lo expuesto y atendiendo a las hipótesis de trabajo formuladas, podríamos decir que, comparando ambos grupos en variables como la ira, psicopatía, atribución de la culpa, alexitimia y autoestima, estamos ante dos grupos que presentan el mismo tipo de características psicológicas, no existiendo por tanto indicios para presuponer que dentro del proceso de Justicia Restaurativa va a existir un desequilibrio de poder entre víctima y victimario que presupongan una falta de seguridad. Por tanto, existe también la misma responsabilización de los victimarios de género y otra tipología delictiva en cuanto a hablar del delito y asunción de sus causas, esta igualdad entre ambos grupos permitirá que ambos puedan reparar de forma sincera el daño moral desde el arrepentimiento sincero y el proceso restaurativo. En cuanto a inteligencia emocional, ambos pueden expresar de la misma manera los propios estados emocionales y llegar a reconocer los sentimientos de los demás. Según lo explicado uno y otro pueden haber intentado de la misma manera restaurar su baja autoestima con una conducta antisocial, sin embargo, entrambos grupos hemos obtenido puntuaciones medias y altas en este factor, pudiendo ser una línea de futuras investigaciones.

## VI. REFERENCIAS BIBLIOGRÁFICAS


Ávila Espada, A., y Tomé Rodríguez, M. C. (1989). Evaluación de la deseabilidad social y correlatos defensivos emocionales. Adaptación castellana de la Escala de Crowne y Marlowe. En A. Echevarría y D. Páez (Eds.), *Emociones: perspectivas psicosociales* (pp. 505-514). Fundamentos.

Bagby, R. M., Parker, J. D., y Taylor, G. J. (2020). Twenty-five years with the 20-item Toronto Alexithymia Scale. *Journal of Psychosomatic Research, 131*, 109940.

Beretvas, S. N., Meyers, J. L., y Leite, W. L. (2002). A reliability generalization study of the Marlowe-Crowne Social Desirability Scale. *Educational and Psychological Measurement, 62*, 570-589.

Camacho Guerrero, L., Mezquita, L., Viruela Royo, A., Gallego Moya, S., y González Torre, J. A. (2011). *Estructura factorial de la escala de psicopatía SRP y su relación con el modelo de personalidad de cinco factores.*

Carretero-Dios, H., y Pérez, C. (2005). Normas para el desarrollo y revisión de estudios instrumentales. *International Journal of Clinical and Health Psychology, 5*, 521-551.

Curbow, B. y Somerfield, M. (1991). Use of the Rosenberg Self-esteem Scale with adult cancer patients. *Journal of Psychosocial Oncology, 9*, 113-131.

Cushman, F. (2008). Crime and punishment: Distinguishing the roles of causal and intentional analyses in moral judgment. *Cognition, 108*(2), 353-380.

Fonagy, P., Gergely, G., Jurist, E. L., y Target, M. (2018). *Affect regulation, mentalization, and the development of the self.* Routledge.

Gallardo Vergara, R. R. (2018). Teoría de la mente y alexitimia: autoconciencia emocional y el rostro del otro en una muestra de pacientes oncológicos y grupo de contraste. *Psicología desde el Caribe, 35*(2), 116-130

Gergely, G., y Watson, J. S. (1996). The Social Biofeedback Theory of Parental Affect-Mirroring: The Development of Emotional Self-Awareness and Self-Control in Inf. *International Journal of Psycho-Analysis, 77*, 1181-1212

Gómez-Leal, R., Megías-Robles, A., Gutiérrez-Cobo, M. J., Cabello, R., Fernández-Abascal, E. G., & Fernández-Berrocal, P. (2021). Spanish Adaptation and Validation of the 34-Item Self-Report Psychopathy Scale (SRP). *Journal of personality disorders, 35*(2), 217–235. https://doi.org/10.1521/pedi_2019_33_434

Gudjonsson, G. H. (1984). A new scale of interrogative suggestibility. *Personality and Individual Differences, 5*(3), 303-314.

Gudjonsson, G. H. (1987). A parallel form of the Gudjonsson Suggestibility Scale. *British Journal of Clinical Psychology, 26*(3), 215-221.

Gudjonsson, G. H., y Singh, K. K. (1989). The revised Gudjonsson blame attribution inventory. *Personality and Individual Differences, 10*(1), 67-70.

Hagborg, W.J. (1993). The Rosenberg Selfesteem Scale and Harter's Self-perception Profile for adolescents: a concurrent validity study. *Psychology in the Schools, 30,* 132-136

Kaplan, H.B., y Pokorny, A.D. (1969). Self-derogation and psychosocial adjustment. *Journal of Nervous and Mental Disease, 149,* 421-434

Kernis, Mh., Granneman, B.D. y Mathis, L.C. (1991). Stability of self-esteem as a moderator of the relation between level of self-esteem and depression. *Journal of Personality and Social Psychology, 61,* 80-84

Libardo José Ariza, y Iturralde, M. (2016). La prisión como espacio de exclusión o de reconciliación. [A prisão como espaço de exclusão ou de reconciliação. Prisons as spaces of exclusion or reconciliation] *Dearq, 18,* 20-20–31. https://doi.org/10.18389/dearq18.2016.02

Linares, G. G. (2024). JUSTICIA RESTAURATIVA UNA APROXIMACIÓN PENITENCIARIA. [RESTORATIVE JUSTICE A PENITENTIARY APPROACH] *Revista De Derecho UNED,* (33), 509-540. https://universidadviu.idm.oclc.org/login?url=https://www.proquest.com/scholarly-journals/justicia-restaurativa-una-aproximación/docview/3101281602/se-2

Loinaz, Sánchez y Ferragut (2011). Clasificación multiaxial de agresores de pareja en centros penitenciarios. International Journal of Clinical and Health Psychology ISSN 1697-2600 2011, Vol. 11, No. 2, pp. 249-268

López-Ossorio, J. J., Carbajosa, P., Cerezo-Domínguez, A. I., González-Álvarez, J. L., Loinaz, I. y Muñoz-Vicente, J. M. (2018). Taxonomía de los homicidios de mujeres en las relaciones de pareja. *Psychosocial Intervention, 27,* 95-104 https://doi.org/10.5093/pi2018a11

Malle, B. F., Monroe, A. E., y Guglielmo, S. (2014b). Paths to Blame and Paths to Convergence. *Psychological Inquiry, 25, 251*-260. https://doi.org/10.1080/1047840X.2014.913379

Pérez García, A.M. (1984). Dimensionalidad del constructo "Locus o control". Revista de Psicología General y Aplicada, 39, 471-488.

Pineda, D., Galán, M., Martínez-Martínez, A., Piqueras, J. A. y González-Álvarez, J. L. (2024). La violencia de género y el feminicidio. Comparación del perfil de los agresores. Anuario de Psicología Jurídica, 34, 47-56. https://doi.org/10.5093/apj2024a3

Rosenberg, M. (1965). *La autoimagen del adolescente y la sociedad.* Buenos Aires: Paidós (traducción de 1973).

Rosenberg, M. (1989). *Society and the adolescent Self-image.* Revised edition. Wesleyan University Press.

Rotter, J.B. (1966). Generalized expectancies for internal versus external control of reinforcement. *Psychological Monograph, 80,* 1 Whole No. 609

Sánchez-Bojórquez, P., Caraveo-Anduaga, J. J., Rivera-Aragón, S., Rosas-Hernández, C. A. y García-López, E. (2022). *Self-Report Pychopathy Scale Short Form* 4ª Edición: Adaptación y Modelamiento Estructural en Población Penitenciaria Mexicana. *Anuario de Psicología Jurídica, 32*(1), 1–9. https://doi.org/10.5093/apj2021a15

Shahani, C., Dipoye, R.L. y Phillips, A.P. (1990). Global self-esteem as a correlate of work-related attitudes: a question of dimensionality. Jornal of Personality Assessment, 54, 276-288.

Seseña, P. R. (2023). El desarrollo de la justicia restaurativa en España y su prohibición en casos de violencia sexual y de género: reflexiones a partir de la lo 10/2022 y la nueva ley foral 4/2023 de navarra. [The development of restorative justice in Spain and its prohibition in cases of sexual and gender violence: Reflections from lo 10/2022 and the new regional law 4/2023 of Navarra] *Revista De Derecho Penal y Criminología,* (30), 305-327. https://universidadviu.idm.oclc.org/login?url=https://www.proquest.com/scholarly-journals/el-desarrollo-de-la-justicia-restaurativa-en/docview/2889693560/se-2

Sherman, L. y Strang, H. (2007). *Restorative Justice: The Evidence.* Bogotá: Legis. Recuperado de http://www.iirp.edu/pdf/RJ_full_report.pdf

Snyder, M. L., Stephan, W. G., y Rosenfield, D. (1976). Egotism and attribution. *Journal of personality and social psychology, 33*(4), 435.

Tapias, A. (2020). Paneles de impacto de justicia restaurativa como reparación y resocialización en homicidio. *Diversitas, 16*(2), 427-439. Doi: HTTPs://doi.org/10.15332/22563067.6321

Taylor, G. J., Bagby, M., y Parker, J. D. A. (1997). *Disorders of affect regulation: alexithymia in medical and psychiatric illness.* Cambridge: Cambridge University Press.

Tyler, N., Heffernan, R., y Fortune, C. A. (2020). Reorienting Locus of Control in Individuals Who Have Offended Through Strengths-Based Interventions: Personal Agency and the Good Lives Model. *Frontiers in Psychology*, 11, 553240. https://doi.org/10.3389/fpsyg.2020.553240

Wang, M. C., Shou, Y., Deng, Q., Selbo, M., Salekin, R. T., y Gao, Y. (2018). Factor structure and construct validity of the Levenson Self-Report Psychopathy Scale (LSRP) in a sample of Chinese male inmates. *Psychological assessment, 30*(7), 882. https://doi.org/10.1037/pas0000537

Winter, K., Spengler, S., Bermpohl, F., Singer, T., y Kanske, P. (2017). Social cognition in aggressive offenders: Impaired empathy, but intact theory of mind. *Scientific Reports,* 7(1), 670. https://doi.org/10.1038/s41598-017-00745-0

*Capítulo 12*

# *Percepción y Conocimiento de la Justicia Restaurativa en la Población Carcelaria: Evaluación del Bienestar Psicológico*[1]

**ROSA M. TRENADO SANTARÉN**
*Profesora Doctora del Departamento Psicología Básica*
*Universidad de Valencia*

**GLORIA BERNABÉ VALERO**
*Profesora Titular*
*Universidad Católica de Valencia, San Vicente Mártir*

**ELENA TORRES AVIÑÓ**
*Psicóloga del Cuerpo Superior Técnico de Instituciones Penitenciarias.*
*Estudiante Programa Doctorado en Investigación en Psicología.*
*Universidad de Valencia*

## I. JUSTICIA RESTAURATIVA Y BIENESTAR PSICOLÓGICO

El interés investigador por el Bienestar Psicológico ha experimentado un notable crecimiento en las últimas décadas, consolidándose como un constructo clave en el ámbito de la

---

1 Esta publicación es parte del proyecto de I+D+i Modalidad "Generación de Conocimiento" 2021, Estudio crítico del uso de sanciones alternativas penales: una mirada a la salud mental y al género PID2021-126236OB-I00, financiado por MCIN/ AEI/10.13039/501100011033/ y por "FEDER Una manera de hacer Europa"

salud integral. Este interés responde a la evidencia que vincula el Bienestar Psicológico con la salud mental y física, la adaptación social y la calidad de vida. Desde el enfoque propuesto por Carol Ryff[2], el Bienestar Psicológico se concibe como un fenómeno multidimensional que abarca dimensiones fundamentales como la autonomía, el dominio del entorno, el crecimiento personal, las relaciones positivas, el propósito vital y la autoaceptación. Estas dimensiones han sido validadas empíricamente y permiten una comprensión más profunda y estable del bienestar humano a largo plazo.[3]

Mientras que el bienestar subjetivo se asocia con estados emocionales transitorios y satisfacción vital, el Bienestar Psicológico actúa como un predictor más consistente del equilibrio emocional, especialmente en contextos adversos. En este sentido, un nivel elevado de Bienestar Psicológico puede funcionar como un recurso protector que amortigua los efectos negativos de situaciones de alta vulnerabilidad, como la privación de libertad, ayudando a las personas a preservar su integridad emocional y su capacidad de afrontamiento.

Por su parte, la justicia restaurativa ha emergido como un enfoque transformador dentro del ámbito penal, centrado en la reparación del daño, la participación activa de las partes implicadas y la reconstrucción del tejido social. Si bien tradicionalmente se ha valorado su impacto positivo en las víctimas y en la comunidad, resulta pertinente preguntarse por el papel que puede desempeñar en el Bienestar Psicológico de las personas condenadas. En este contexto, cobra especial relevancia explorar cómo la participación en procesos restau-

---

2 Ryff, C. (1989). Happiness is everything, or is it? Explorations on the meaning of psychological well-being. *Journal of Personality and Social Psychology, 57*, 1069-1081.

3 Rozas Calderón, Vanessa, & Enciso Sotomayor, Esmeralda. (2025). Bienestar Psicológico: una revisión teórica. *Vive Revista de Salud, 8*(22), 250-265. https://doi.org/10.33996/revistavive.v8i22.374

rativos puede contribuir a la resocialización, al fortalecimiento de la identidad prosocial y a la mejora del Bienestar Psicológico de la población penitenciaria.

## *1. Bienestar Psicológico en personas privadas de libertad*

Tradicionalmente, los estudios sobre población reclusa han analizado diversos ámbitos: factores sociodemográficos[4], factores familiares y sociales[5], aspectos psicológicos —como la presencia de trastornos mentales, la impulsividad, la agresividad o las adicciones[6], —, factores criminológicos[7] y, finalmente, factores institucionales.[8] Sin embargo, a partir de la década de los 80 fueron incorporándose los modelos provenientes de la psicología positiva y se empezó a estudiar el Bienestar Psicológico.

En el siglo XXI han ido realizándose estudios que tienen como objetivo estudiar el Bienestar Psicológico en población reclusa. Los resultados indican que si los niveles de afrontamiento

---

4 Alcántara-Jiménez, M., Torres-Parra, I., Guillén-Riquelme, A., & Quevedo-Blasco, R. (2023). Los Factores Psicosociales en el Suicidio de Presos en Prisiones Europeas: una Revisión Sistemática y Metaanálisis. *Anuario de Psicología Jurídica, 33*(1), 101-114. https://doi.org/10.5093/apj2022a13

5 Bringas, C., Rodríguez, F. J., Gutiérrez, E., & Pérez-Sánchez, B. (2010). Socialización e historia penitenciaria. *Revista Iberoamericana de Psicología y Salud,* 1(1), 101-116.

6 Ruiz, J. I. (2007). Síntomas psicológicos, clima emocional, cultura y factores psicosociales en el medio penitenciario. *Revista Latinoamericana de psicología, 39*(3), 547-561.

7 Patricio, E. C. (2024). Aproximación cuantitativa a los factores de riesgo delictivo presentes en la infancia de los jóvenes internos en las prisiones de Andalucía. *Revista Española de Investigación Criminológica, 22*(1), e895-e895.

8 Sánchez, I. G. (2012). La cárcel en España: mediciones y condiciones del encarcelamiento en el siglo XXI. *Revista de derecho penal y criminología,* (8), 351-402.

al estrés se incrementan aumentará el Bienestar Psicológico de los internos.[9] Otros estudios han indicado que el Bienestar Psicológico en población penitenciaria muestra una correlación positiva con factores protectores como el apoyo social, la resiliencia y el modelaje parental, y una correlación negativa con experiencias de violencia, consumo de sustancias y conductas desviadas.[10] Altamirano en su estudio en el Centro Penitenciario de Herrera de la Mancha concluyó que la mejora en el Bienestar Psicológico del recluso ayudará a frenar las consecuencias derivadas de la estancia en prisión.[11]

En definitiva, el estudio del Bienestar Psicológico en contextos penitenciarios ha evolucionado desde un enfoque centrado en el déficit hacia una perspectiva más integradora, influida por los aportes de la psicología positiva. La evidencia empírica acumulada en las últimas décadas respalda la relevancia de factores protectores, subrayando que la promoción del Bienestar Psicológico no solo mejora la calidad de vida de las personas privadas de libertad, sino que también puede mitigar los efectos negativos asociados a la reclusión y favorecer procesos de reinserción social más efectivos. Estos resultados destacan la necesidad de implementar intervenciones que fortalezcan los recursos psicosociales en contextos de privación de libertad, con el objetivo fundamental de evitar que la persona interna salga del sistema penitenciario en peores condiciones que aquellas con las que ingresó.

---

9 Ticlla Sánchez, D. (2024). *Bienestar Psicológico y afrontamiento al estrés en internos de un instituto penitenciario en Lambayeque 2023*. Universidad Católica de Trujillo Benedicto XVI.

10 Angarita Gamez, J., & Rodriguez Solano, R. (2023). *Relación entre Bienestar Psicológico y los factores históricos de las personas privadas de la libertad de la Cárcel Modelo de Barranquilla*. Corporación Universidad de la Costa.

11 Altamirano Argudo, Z. (2013). *El Bienestar Psicológico en prisión: antecedentes y consecuencias* (Doctoral dissertation, Universidad Autónoma de Madrid).

## *2. Bienestar Psicológico en el proceso de resocialización*

La investigación se ha centrado más en los factores de riesgo de reincidencia que en los factores psicológicos que permitirán el éxito en el proceso de resocialización tanto al inicio como en su mantenimiento. En este sentido, pueden destacar las dimensiones del Bienestar Psicológico.

Los estudios realizados con población vulnerable y que ha participado en un proceso de resocialización indican que se debe trabajar en el fortalecimiento y potencialización del Bienestar Psicológico tanto de las personas más vulnerables como de su red de apoyo familiar y social.[12,13] En concreto los resultados subrayan:

- Aceptación de sí mismos en su integridad, incluyendo tanto lo positivo como lo negativo, las equivocaciones, la intención de mejorar, la aceptación de la vida que les tocó vivir y sus defectos.
- La Autonomía aumenta a lo largo de las primeras etapas de vida, pero se estabiliza una vez alcanzada la adultez.
- El propósito en la vida es una dimensión compleja con factores intra y extrapersonales que influyen en la manera y los tiempos en que cada persona encamina sus metas y propósitos. A la vez, es la dimensión más importante porque fortalece su motivación para vivir. Por lo tanto, si no hay un proyecto de vida esta carencia afecta negativamente al resto de dimensiones y dificulta lograr un proceso de resocialización que permanezca en el tiempo.

---

12 Casullo, M. M. (2002). *Evaluación del Bienestar Psicológico en Iberoamérica.* Buenos Aires: Paidós

13 Orozco Arrieta, S., Vega Velásquez, D., & Gómez Vargas, M. (2019). Bienestar Psicológico en habitantes de calle resocializados de la ciudad de Medellín. *Revista Psicoespacios, 13* (22): 23-39, https://doi.org/10.25057/21452776.1179

- Las relaciones positivas, en concreto el apoyo familiar o los vínculos de confianza, son el principal predictor de la satisfacción vital y uno de los elementos más relacionados con el Bienestar Psicológico, en cuanto representa para la persona la sensación de estar acompañado y ser parte de una comunidad próxima que conforma una red social de ayuda. Sin embargo, dada la historia de vida de muchas de las personas más vulnerables, es muy importante dotarlos de herramientas que aumenten sus capacidades para seleccionar adecuadamente a las personas con las que establecen sus redes de apoyo.
- El control de situaciones, asumir la responsabilidad de sus actos y no buscar culpables externos es un aspecto fundamental para el proceso de resocialización. Es reconocer que tienen la capacidad de tomar las riendas de sus propias vidas y de adaptación a nuevas situaciones sin sentirse desbordados.

Las investigaciones con personas que han infringido la ley ponen de manifiesto que la intervención restaurativa y terapéutica les ayuda a responsabilizarse de sus actos, trabajar la reafirmación de los valores violados y comprometerse con la conducta futura. Como consecuencia de este proceso se incrementa la autoestima y la empatía, el sentido de pertenencia a la comunidad, la gratitud hacia el perdonador y se reduce la reincidencia. Son nuevas vías para hacer justicia que promueven el Bienestar Psicológico de las personas.[14] Otras investigaciones han concluido que la implementación de los programas de Justicia Restaurativa y Justicia Terapéutica pueden producir

---

14 Marcos, V., Novo, M., & González, A. (2021). El estudio del perdón desde la Justicia Terapéutica: Revisión sistemática sobre los beneficios del perdón para el victimario. *Revista Iberoamericana de Justicia Terapéutica, 3.*

efectos positivos en los usuarios del sistema legal para su vida emocional y Bienestar Psicológico.[15]

En resumen, estudiar el Bienestar Psicológico de la población más desfavorecida puede dotar de algunos indicadores de interés para implementar adecuadamente y evaluar los procesos terapéuticos y restaurativos en los centros penitenciarios.

## II. OBJETIVOS

Analizar la percepción de las personas privadas de libertad respecto a la justicia restaurativa y la justicia punitiva, así como determinar la posible relación con las dimensiones del Bienestar Psicológico, según el modelo de Ryff. Para ello se plantearon los siguientes objetivos específicos:

- Evaluar el grado de conocimiento de las personas privadas de libertad sobre la justicia restaurativa.
- Evaluar el nivel de Bienestar Psicológico en personas privadas de libertad, según el modelo de Ryff.
- Examinar la disposición de las personas reclusas a participar en procesos de justicia restaurativa y su conocimiento previo sobre estos enfoques.
- Identificar creencias y percepciones sobre las penas de prisión y su función resocializadora.
- Describir la relación entre factores protectores del Bienestar Psicológico, propósito en la vida y crecimiento personal, con las actitudes favorables hacia la justicia restaurativa.

---

15 González-Peón, A., Selaya, A., & Arce, R. (2020). Revisión sistemática sobre los efectos del perdón para el victimario. Libro de Actas del *XIII Congreso Internacional de Psicología Jurídica y Forense,* celebrado en Vigo y organizado por la Sociedad Española de Psicología Jurídica y Forense, 296-297.

- Analizar la visión específica de las mujeres en prisión en relación con su Bienestar Psicológico y su percepción sobre la justicia restaurativa como vía de reparación y transformación.
- Proponer indicadores que integren el Bienestar Psicológico como facilitador de la resocialización de esta población vulnerable.

## III. MÉTODO

### *1. Participantes*

En el presente estudio participaron 119 internos e internas del Centro Penitenciario de Valencia Antoni Asunción Hernández (Picassent-Valencia), seleccionados mediante un muestreo no probabilístico por conveniencia, adecuado para los estudios exploratorios con poblaciones específicas de difícil acceso, como es el caso de las personas reclusas.

Inicialmente participaron 119 sujetos, pero se decidió excluir 13 casos debido a no haber completado todas las respuestas en el cuadernillo de cuestionarios. Por lo tanto, la muestra final fue de 106, 18 se identificaron como mujeres, 86 como hombres, y 2 no indicaron su sexo/género, con un rango de 22 a 60 años (M= 38 y SD= 10,6). El 86% menores de 50 años, por lo tanto, participaron menos personas mayores privadas de libertad. Del total de sujetos, el 43% solteros, 15% separados o divorciados y el 42% casados o con pareja. La mayoría con nacionalidad española (77%) y el resto con nacionalidad de Algeria, Bolivia, Brasil, Bulgaria, Croacia, Ecuador, Francia, Grecia, Honduras, Lituania o Rumania. Respecto a su nivel de estudios, el 25% no completaron sus estudios, el 35% finalizó la enseñanza obligatoria, el 27% cursaron bachiller o ciclos formativos y el 13% tenía estudios universitarios.

Todos otorgaron su consentimiento informado antes de la recogida de datos sobre variables sociodemográficas e información relativa a su percepción de la justicia restaurativa y el Bienestar Psicológico.

## *2. Instrumentos*

Para llevar a cabo la investigación se utilizarán las siguientes pruebas psicométricas:

### 2.1. Entrevista semiestructurada elaborada ad hoc

Para la presente investigación se diseñó una entrevista semiestructurada *ad hoc*, elaborada por las autoras con el objetivo de explorar en profundidad el conocimiento y la percepción social de la población reclusa sobre la justicia restaurativa y factores relacionados con la resocialización. Este instrumento fue elaborado específicamente para el contexto y los objetivos del estudio, dado que no se encontraron herramientas previamente validadas que abordaran de forma integral las variables de interés desde una perspectiva cualitativa.

La entrevista incluyó 31 preguntas organizadas en torno a 3 dimensiones: perfil sociodemográfico, contexto familiar y relacional y conocimiento y percepción sobre la justicia. La formulación de las preguntas se basó en una revisión teórica previa y en criterios de pertinencia, claridad y accesibilidad para la población participante.

Antes de su aplicación definitiva, el instrumento fue sometido a un proceso de validación por juicio de académicas, funcionarias de prisión y estudiantes de grado y máster en criminología de la Universidad de Valencia.

### 2.2. Bienestar Psicológico de Ryff[16]

Cuestionario compuesto por 29 ítems con formato tipo Likert de cinco opciones. Se evalúan: la autoaceptación, el crecimiento personal, el propósito en la vida, las relaciones positivas, el dominio ambiental y la autonomía. Lo que permite una evaluación del Bienestar Psicológico eudaimónico, es decir, el desarrollo personal pleno y el funcionamiento óptimo del individuo más allá del placer o la satisfacción momentánea. Ha mostrado buenos niveles de consistencia interna según el coeficiente alfa de Cronbach que oscilan entre 0,84 y 0,70, lo que indica una adecuada consistencia interna para su uso en investigación psicológica.

## *3. Procedimiento*

Este estudio se desarrolla bajo un modelo de participación voluntaria, garantizando que todos los participantes han otorgado su consentimiento informado antes de proceder con la evaluación.

La evaluación se lleva a cabo en el Centro Penitenciario Valencia "Antoni Asunción Hernández". Participaron tanto internos como internas, quienes proporcionaron información sobre diversos aspectos relacionados con la justicia restaurativa y su Bienestar Psicológico.

La recogida de datos se realizó en una sesión en la que se les explicaba el objetivo de la investigación y se procedía a la evaluación con la colaboración de estudiantes en prácticas de grado y postgrado del Instituto Universitario de Investigación en Ciencias Penales de la Universidad de Valencia.

---

16 Díaz, D., Rodríguez-Carvajal, R., Blanco, A., Moreno-Jiménez, B., Gallardo, I., Valle, C., & Van Dierendonck, D. (2006). Adaptación española de las escalas de Bienestar Psicológico de Ryff. *Psicothema, 18*(3), 572-577. https://www.redalyc.org/pdf/727/72718337.pdf

El proceso de evaluación se inició en 2024, tras la resolución favorable emitida por el Comité de Ética en Investigación con Humanos de la Universidad de Valencia y por Instituciones Penitenciarias, lo que garantiza el respeto a los principios éticos aplicables a la investigación. Y continúa en curso hasta 2026, con recogida activa de datos para la posterior sistematización y análisis de resultados. Para el presente estudio se han utilizado los datos correspondientes a las evaluaciones realizadas entre diciembre de 2024 y marzo de 2025.

La base de datos fue pseudoanonimizada, utilizando la herramienta de Anonimización de Protección de Datos de Carácter Personal proporcionada por la Agencia Española de Protección de Datos (actualización, septiembre 2023), con el objetivo de proteger la confidencialidad de todas las personas participantes.

### *4. Análisis*

El análisis se realizó mediante estadística descriptiva, utilizando Microsoft Excel para la organización inicial de los datos y SPSS, versión 26, para el procesamiento estadístico. Se calcularon frecuencias, porcentajes y distribuciones por ítem, con el fin de identificar patrones preliminares en las tres dimensiones del estudio: perfil sociodemográfico, conocimiento sobre la justicia restaurativa y Bienestar Psicológico.

## IV. RESULTADOS

En este apartado se presentan los principales hallazgos obtenidos a partir del análisis de los datos recogidos durante la primera fase de evaluación en el marco del proyecto multidisciplinar "*Estudio crítico del uso de sanciones alternativas penales: una mirada a la salud mental y al género*". Estos resultados han permitido conocer la visión que tienen las personas privadas de libertad sobre la justicia restaurativa y su potencial resocializador, identificar indicadores relevantes relacionados con el Bienestar Psicológico como facilitador del éxito en la implementación de los procesos restaurativos y analizar estas variables desde la perspectiva de las mujeres en prisión. La información se organiza en distintos su bepígrafes que abordan dimensiones clave del estudio.

## *1. La visión de los internos sobre la justicia restaurativa y su potencial resocializador*

El primer paso para estudiar el nivel de conocimiento sobre un fenómeno puede ser preguntar a las personas directamente implicadas, en este caso, a la población reclusa, si conocen qué es la justicia restaurativa. Se constató que el 50,5% no la conocían y el 16,8% tenían un conocimiento muy bajo (ver fig. 1).

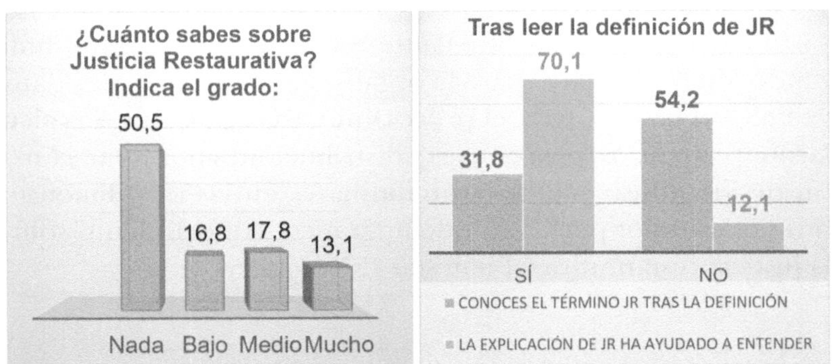


**Figura 1:** *Conocimiento de la población carcelaria de Valencia sobre la Justicia Restaurativa (JR).*

Estos datos indican que debemos empezar informando adecuadamente y resolviendo las dudas que puedan manifestar. De hecho, la lectura de la siguiente definición, redactada por investigadoras de este proyecto, les ayudó a entender mejor este tipo de justicia, principalmente a las personas que ya tenían algún conocimiento previo:

*La Justicia Restaurativa es una forma de tratar el delito que busca poner en equilibrio las necesidades de la comunidad, de las víctimas y de las personas que cometieron el delito mediante un proceso restaurativo. En este proceso, la víctima, el delincuente y, si es necesario, otras personas afectadas por el delito trabajan juntos para resolver lo que el delito ha producido. Se atiende a las necesidades de todas las partes, se reconoce las responsabilidades de cada uno y se pretende que tanto la víctima como el delincuente consigan reintegrarse lo mejor posible. Normalmente, los procesos de Justicia Restaurativa, se realizan con la ayuda de una persona facilitadora que trata de guiar el proceso.*

Los resultados constataron que hay un grupo que presenta disposición a aprender sobre Justicia Restaurativa y a beneficiarse de los programas dirigidos a la resocialización.

La reinserción de las personas que delinquen es importante y el 90% de los evaluados consideraron posible la reinserción y participarían en un proceso de Justicia Restaurativa, pero un 73% contestaron que la prisión no es la mejor manera de ayudar a reintegrarse socialmente y un 20% tenía dudas.

La justicia restaurativa requiere que el autor del delito comprenda el daño causado, el proceso judicial y las consecuencias de sus actos. Si un interno es capaz de distinguir entre distintos niveles de severidad penal, es más probable que reconozca la proporcionalidad de su pena, sea capaz de reflexionar críticamente sobre su responsabilidad y se involucre de forma más consciente y activa en procesos restaurativos. En esta línea se les preguntó ¿cómo piensas que son las penas que ponen los jueces en España? El 55% consideró que son "severas", pero es interesante subrayar que hay un 31% que las consideró "blandas" y un 7% que contestó "depende", planteándose un análisis previo a contestar.

## 2. Bienestar Psicológico como facilitador de la justicia restaurativa en contextos penitenciarios

En primer lugar, se presentan los porcentajes obtenidos en la evaluación del cuestionario de Bienestar Psicológico, tanto a nivel global como por subescalas (ver fig. 2). Los datos indicaron que hombres (*Media de puntuación directa = 117,52; DT=22,16*) y mujeres (*Media de puntuación directa = 127,56; DT=19,23*) en situación de privación de libertad reportan niveles de Bienestar Psicológico altos.

Estas puntuaciones de alto Bienestar Psicológico pueden atribuirse al desarrollo de mecanismos de afrontamiento que les permiten adaptarse a la vida en prisión, reduciendo así el impacto negativo en su Bienestar Psicológico; las relaciones interpersonales establecidas dentro del entorno carcelario, el sentido de pertenencia y la eliminación temporalmente de ciertos factores estresantes externos. Teniendo presente que la autoevaluación en entornos penitenciarios puede estar influenciada por el deseo de mostrar adaptabilidad.

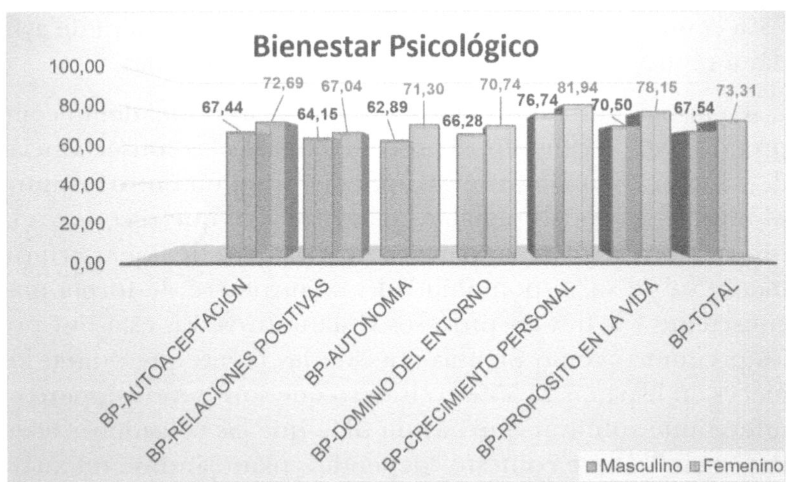


**Figura 2:** *Niveles de Bienestar Psicológico obtenido por hombres y mujeres internos en el Centro Penitenciario "Antoni Asunción Hernández".*

Los datos obtenidos en Bienestar Psicológico por los hombres fueron similares (*p=0,212*) a los obtenidos en 2019 con internos jóvenes del centro penitenciario Madrid III[17], lo que sugiere que ambos grupos presentan resultados comparables.

Por lo que respecta a las mujeres, hay pocos estudios, por ello se compararon estos datos con los obtenidos en una muestra de mujeres que habían pasado por una enfermedad grave[18] y en población no vulnerable. Los análisis mostraron diferencias estadísticamente significativas entre los grupos (*p = 0.0032*). La prueba *post hoc* de Tukey indicó que la puntuación total de Bienestar Psicológico obtenido por las mujeres privadas de libertad difiere significativamente de la población no vulnerable (p = 0.0021), mientras que no se observaron diferencias significativas con el grupo de mujeres que habían estado gravemente enfermas (*p = 0.1184*).

A continuación, se exponen los resultados obtenidos al analizar la relación entre las dimensiones que conforman el Bienestar Psicológico de Ryff diversas percepciones que tienen las personas privadas de libertad sobre la justicia restaurativa y el sistema penal español. Los resultados se estructuran en torno a ejes específicos que permiten observar cómo la autoaceptación, las relaciones positivas, el dominio del entorno, el propósito vital y el crecimiento personal se vinculan con la disposición a participar en procesos restaurativos, las creencias sobre las penas de prisión y la percepción de la resocialización como objetivo del cumplimiento penal.

---

17 Chiclana, S., Castillo-Gualda, R., Paniagua, D., & Rodríguez-Carvajal, R. (2019) Salud mental, afectividad positiva y bienestar en prisión: un estudio comparativo entre jóvenes y mayores presos. *Rev Esp Sanid Penit.* 21(3):147-157 2013-6463-sanipe-21-03-147.pdf

18 Guil, R., Zayas, A., Gil-Olarte, P., Guerrero, C., González, S. & Mestre, J. M. (2016). Bienestar Psicológico, optimismo y resiliencia en mujeres con cáncer de mama. *Psicooncología, 13*(1), 127-138. https://doi.org/10.5209/rev_PSIC.2016.v13.n1.52492

## 2.1. Autoaceptación y la disposición a participar en un proceso de justicia restaurativa

En función del nivel en la dimensión autoaceptación del cuestionario de Bienestar Psicológico, se observaron las diferentes respuestas a la pregunta: *En tu caso, ¿Participarías en un proceso de Justicia Restaurativa?* Las personas con las puntuaciones más altas en autoaceptación estarían más receptivas a participar en un proceso restaurativo, un 61,3% del total de personas evaluadas (ver fig.3).

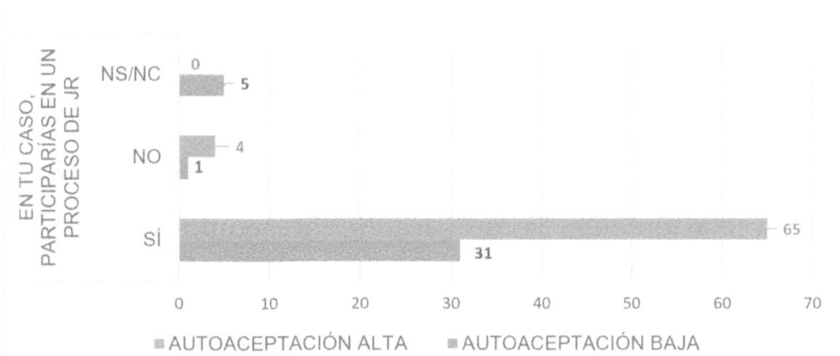


**Figura 3:** *Niveles de autoaceptación y disposición a participar en procesos de justicia restaurativa.*

Esta alta disposición a participar se puede explicar atendiendo a diferentes aspectos que definen la autoaceptación:

- Capacidad de reconciliación con uno mismo: a pesar de las circunstancias adversas, la persona ha logrado desarrollar una visión positiva de sí misma, aceptando tanto sus fortalezas como sus debilidades.
- Resiliencia emocional: capacidad para afrontar el estrés y la adversidad.
- Potencial de cambio y reinserción: al tener un nivel elevado de autoaceptación, es más probable que la persona

esté abierta al aprendizaje y a trabajar en su rehabilitación, algo que podría facilitar su proceso de reinserción social.

- Satisfacción con la vida actual: aceptan la situación en la que se encuentran mientras mantienen una perspectiva esperanzadora hacia el futuro.

## 2.2. Relaciones positivas y creencias sobre las penas de prisión

El cuestionario incluye preguntas que les hacen reflexionar sobre las penas en prisión. En este caso nos interesó tanto su opinión como sus deseos en función de su capacidad para establecer redes de apoyo. El 31% consideraron las penas severas y el 73% indicó que la prisión no ayuda a la reinserción.

En esta gráfica observamos que las personas que consideran que las penas tienen una finalidad punitiva puntúan alto en relaciones positivas. Y es de interés observar que su deseo se centró en la resocialización (ver fig. 4).

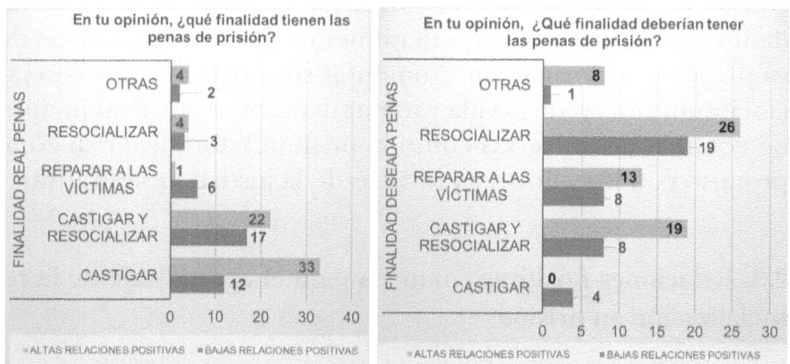


**Figura 4:** *Influencia del nivel de relaciones positivas y evaluación de las creencias sobre las penas en prisión.*

Una persona con relaciones positivas dentro de la prisión puede estar mejor capacitada para construir redes sociales saludables fuera de la prisión, aumentando su probabilidad de reintegrarse con éxito en la sociedad.

Por ello estas personas con alta capacidad de adaptación, resiliencia y habilidades para establecer relaciones indicaron su deseo de unas penas centradas en la resocialización, plantearon la opción de penas que combinen "castigar y resocializar" y descartaron las penas exclusivamente punitivas.

La dimensión dominio del entorno, la habilidad para gestionar su vida y los recursos disponibles para poder adaptarse, está muy relacionada con la red de apoyo. En este sentido, los datos fueron similares, las personas que obtuvieron puntuaciones más altas en dominio del entorno indicaron su deseo de penas centradas principalmente en la resocialización y en reparar a las víctimas. Sin embargo, las personas con puntuaciones bajas indicaron como primera opción penas que combinen castigo y resocialización.

Por lo tanto, fomentar el dominio del entorno como parte de los programas psicosociales en prisión podría potenciar significativamente los resultados restaurativos. En este sentido se considera que estas intervenciones han de fomentar las habilidades prosociales y el empoderamiento como protagonistas de su propia transformación. Aumentar su capacidad de manejar las circunstancias de la vida y tomar decisiones efectivas incluso en condiciones adversas como la prisión. Y fortalecer su compromiso con los valores y prácticas de la justicia restaurativa.

### 2.3. Relaciones positivas como vía para el aprendizaje de la resocialización en prisión

Las relaciones positivas, tal como se miden en el Bienestar Psicológico de Ryff, pueden tener un impacto significativo en la capacidad de una persona para adquirir nuevos conocimientos incluso en un contexto como el penitenciario. En esta línea, los resultaron indicaron que el 45.5% tienen algún conocimiento de la justicia restaurativa. Y destaca el conocimiento a través de personas cercanas y participación propia (ver fig. 5):

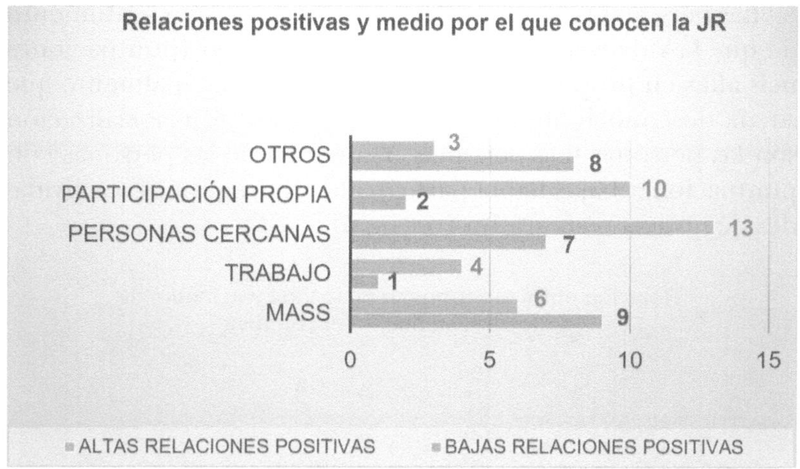


**Figura 5:** *Nivel de relaciones positivas en el entorno penitenciario e información sobre la justicia restaurativa (JR).*

Las interacciones sociales pueden facilitar el aprendizaje colaborativo y el intercambio de ideas. De hecho, los datos indicaron que aquellas personas que tienen más relaciones positivas han obtenido más información sobre procesos de resocialización. Y estos vínculos positivos pueden aumentar su motivación para participar en este tipo de actividades.

## 2.4. Propósito en la vida, conocimiento de la justicia restaurativa y percepción de la prisión como herramienta de reparación del daño a las víctimas

Tener un propósito adecuado en la vida funciona como un motor intrínseco que orienta el comportamiento hacia metas constructivas y socialmente beneficiosas. Un componente esencial para que estas personas, incluso en contextos difíciles como el penitenciario, desarrollen conductas prosociales que faciliten su reintegración social.

Las personas privadas de libertad que tienen un sentimiento de que la vida tiene un significado y dirección (puntuaciones más altas en propósito de vida) indicaron principalmente que su vía de conocimiento sobre los procesos de resocialización son las personas más cercanas. Y ninguna de las personas con puntuaciones bajas había participado en programas o actividades de justicia restaurativa (ver fig.6).

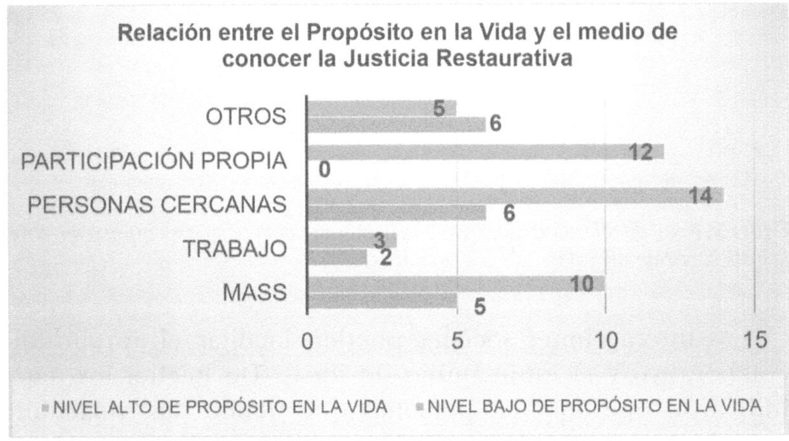


**Figura 6:** *Propósito en la vida de las personas privadas de libertad y caminos para conocer la justicia restaurativa.*

Intervenir en el propósito de vida dentro de programas penitenciarios puede ser una herramienta poderosa para promover la justicia restaurativa.

Reconocer la necesidad de reparar el daño puede ser un paso clave en el desarrollo personal y en el fortalecimiento del propósito de vida, generando un ciclo positivo de crecimiento y transformación. Las personas que participaron en este estudio, independientemente de su proyecto en la vida, informaron que la prisión no es la mejor forma de reparar el daño que se le ha causado a la víctima. Sin embargo, un 8% de aquellas personas que tienen un nivel alto de propósito en su vida plantearon que no saben cómo se puede reparar ese dato. Un dato que podemos utilizar a la hora de intervenir en los procesos restaurativos.

## 2.5. Crecimiento personal como clave para decidir participar en justicia restaurativa

En el siguiente gráfico se plasman las respuestas a la pregunta: *Si fueras víctima ¿participarías en un proceso de justicia restaurativa?* Es interesante observar que han realizado el trabajo empático de ponerse en el lugar de la víctima e indicar que el 82% sí participarían, mayoritariamente los sujetos con mayor nivel de crecimiento personal. Otro dato de interés es el 8,5% que indican que no lo saben, es una respuesta que reconoce que es una decisión difícil y que necesitan reflexionar o estar en esa situación para poder contestar (ver fig.7).

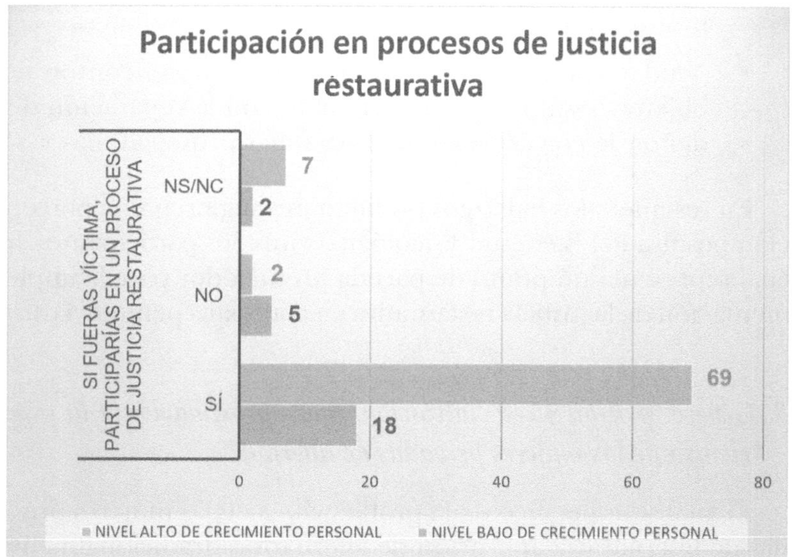


**Figura 7:** *Crecimiento personal y disposición a ponerse en el lugar de la víctima y valorar su participación en procesos de justicia restaurativa.*

Dado que su crecimiento personal es clave en su decisión de participar en programas restaurativos, se ha de fomentar para ayudarles a potenciar su proceso de resocialización. Para ello algunas claves podrían ser:

- Trabajar el autoconocimiento y reflexión sobre sus conductas delictivas y las consecuencias.
- Ayudar a construir la capacidad de afrontar desafíos emocionales y contextuales de manera adaptativa.
- Fomentar una actitud proactiva hacia el aprendizaje y la transformación personal.
- Desarrollar habilidades para conectar emocionalmente con las víctimas y entender el impacto de sus acciones, lo que facilita la reconciliación y el diálogo.
- Impulsar la confianza en sus capacidades para influir positivamente en su vida y en la vida de los demás.
- Ayudar a las personas internas en prisión a encontrar un objetivo significativo, relacionado con la reparación del daño y la construcción de relaciones prosociales.

En resumen, los hallazgos preliminares sugieren una percepción positiva del Bienestar Psicológico entre los participantes, lo cual representa un punto de partida prometedor para la implementación de la justicia restaurativa en contextos penitenciarios.

## *3. Género, prisión y resocialización: una aproximación a la experiencia de las mujeres privadas de libertad*

El análisis específico de la problemática de las mujeres privadas de libertad y la aplicación de alternativas, tradicionalmente diseñadas desde un enfoque masculinizado, constituye un eje central de estudio. En este sentido, el informe del Comité Europeo para la prevención de la tortura y tratos o penas inhumanas o degradantes sobre la situación en España, recomienda a las autoridades penitenciarias españolas el desarrollo de un enfoque específico de género hacia las mujeres en prisión (CPT/inf (2021) 27, pág. 83).[19] Este impacto de género se ve acentuado por la singularidad del sistema penitenciario español, que presenta una tasa de prisionización femenina del 7,5%, significativamente superior al promedio europeo del 4%.

Desde la criminología crítica y feminista, diversas autoras han denunciado históricamente el androcentrismo estructural del sistema penal y penitenciario español diseñados para y por un sujeto masculino hegemónico.[20],[21],[22] La literatura especializada coincide en señalar que las necesidades específicas de las mujeres en prisión no son adecuadamente atendidas por un sistema orientado mayoritariamente hacía la población masculina, lo que genera situaciones de discriminación estructural. Además, investigaciones internacionales han evidenciado que parte de las mujeres que cometen un delito han sido previamente víctimas, lo que añade complejidad a su perfil criminológico.[23],[24] Esta discriminación se intensifica cuando las mujeres presentan problemas de salud mental, condición que incrementa su vulnerabilidad.

---

19 Comité Europeo para la Prevención de la Tortura y de las Penas o Tratos Inhumanos o Degradantes (CPT). (2021). Informe al Gobierno Español sobre la visita a España realizada por el Comité Europeo para la prevención de la tortura y tratos o penas inhumanas o degradantes. CPT/Inf (2021) 27. Consejo de Europa.

20 Larrauri, E. (1992). La mujer ante el Derecho Penal. *Revista de derecho penal y criminología, 2,* 291-310.

21 Almeda, E. (2017). Criminologías feministas, investigación y cárceles de mujeres en España. Papers. *Revista de Sociología, 102,* num. 2, p. 151-181.

22 Cervelló, V. (2021). Mujer, prisión y no discriminación. *Estudios Penales y Criminológicos, 41,* 551-591.

23 Rumgay, J. (2004). Scripts for safer survival: Pathways out of female crime. *The Howard Journal of Criminal Justice, 43*(4), 405-419.

24 Verrecchia, P. J. (2009). Female delinquents and restorative justice. *Women & Criminal Justice, 19*(1), 80-93.

Un factor especialmente relevante es la situación de los hijos e hijas que conviven con sus madres en las prisiones españolas, un colectivo invisibilizado por las instituciones y que constituye una población altamente vulnerable de internos no penados.[25] Los estudios con perspectiva de género subrayan que la ejecución penal, al estar diseñada para hombres, no satisface las necesidades específicas de las mujeres penadas.[26] En consecuencia, se ha propuesto que las intervenciones dirigidas a mujeres privadas de libertad se basen en principios adaptados a sus características y trayectorias vitales.[27]

En esta línea, diversas investigaciones han identificado buenas prácticas con mujeres penadas, destacando la eficacia de las medidas penales alternativas frente al encarcelamiento.[28],[29] Esto, a su vez, ha conllevado al crecimiento de investigaciones sobre cómo estas medidas están siendo ejecutadas y si, en realidad, no replican formas de discriminación similares a las del régimen penitenciario.[30]

---

25 Aguirre, A. M., & Boix, M. T. (2017). La Infancia entre Rejas: necesidades y demandas. *Revista de Educación Inclusiva, 10*(1), 31-44.

26 Gelsthorpe, L., Sharpe, G., & Roberts, J. (2007). *Provision for women offenders in the community*. London: Fawcett Society.

27 Van Voorhis, P., Salisbury, E., Wright, E., & Bauman, A. (2008). *Achieving accurate pictures of risk and identifying gender responsive needs: Two new assessments for women offenders*. University of Cincinnati Center for Criminal Justice Research, National Institute of Corrections, Washington DC.

28 Gelsthorpe, L., & Hedderman, C. (2012). Providing for women offenders: the risks of adopting a payment by results approach. *Probation journal, 59*(4), 374-390.

29 Österman, L., & Masson, I. (2018). Restorative justice with female offenders: The neglected role of gender in restorative conferencing. *Feminist Criminology, 13*(1), 3-27.

30 Malloch, M., & Mclvor, G. (2012). Women, punishment and social justice. *Women, Punishment and Social Justice: Human Rights and Penal Practices, 5*, 1.

El informe "La situación de la mujer privada de libertad en la Institución Penitenciaria", presentado por Instituciones Penitenciarias en octubre de 2021, reconoce el sesgo de género, que impera en las actuaciones penitenciarias, y propone medidas orientadas a garantizar la equidad y eliminar desigualdades derivadas de roles y estereotipos de género.[31]

La evaluación psicosocial de mujeres en prisión plantea desafíos significativos y requiere un enfoque integral y sensible al género. Entre los factores a considerar se encuentran la vulnerabilidad social, el estigma cultural, la diversidad de perfiles y el impacto del encarcelamiento en la disposición a participar y en la calidad de las respuestas obtenidas.

En los primeros meses de evaluación se han visitado módulos de cumplimiento y preventivos, incluyendo los módulos de Mujeres Reincidentes, Mujeres Primarias y del programa Proyecto Hombre, en el que solo una mujer accedió a participar. El proceso de recogida de datos continúa.

Las mujeres participantes en el estudio tienen más de 36 años. Las que más reinciden son las que iniciaron su carrera delictiva a una edad más temprana (19-23 años), presentan niveles de estudios bajos (estudios primarios) y antecedentes laborales precarios (prostitución, venta ambulante, entre otros). Aunque parte de las mujeres informaron contar con apoyo familiar, en la práctica, la mayoría decían mantener contacto únicamente con sus hijos. Estos datos sugieren la necesidad de explorar si la entrada en prisión implica una pérdida del apoyo de la pareja o si, por el contrario, la relación

---

31 Secretaría General de Instituciones Penitenciarias (2021). *La situación de la mujer privada de libertad en la institución penitenciaria.* Ministerio del Interior. Gobierno de España. https://derechopenitenciario.com/circular/la-situacion-de-la-mujer-privada-de-libertad-en-la-institucion-penitenciaria/

de pareja fue un factor desencadenante del delito, ya sea por violencia de género o por implicación delictiva inducida.

En relación con la justicia restaurativa solo dos mujeres manifestaron su negativa a participar en programas de Justicia Restaurativa. Ninguna de ellas había oído hablar previamente sobre ello y consideraron que la finalidad de la pena no es la reparación a la víctima. No obstante, una de ellas sí opinó que la participación en procesos restaurativos debería otorgar beneficios penitenciarios.

En resumen, el análisis de la situación de las mujeres privadas de libertad en España revela una estructura penitenciaria profundamente influida por un enfoque masculinizado, que no responde adecuadamente a las necesidades específicas de esta población. La literatura especializada y los informes institucionales coinciden en la urgencia de incorporar una perspectiva de género en las políticas penitenciarias, así como en el diseño de medidas alternativas al encarcelamiento. La evaluación psicosocial en curso confirma la existencia de trayectorias vitales marcadas por la vulnerabilidad, la precariedad y la victimización previa, lo que refuerza la necesidad de intervenciones diferenciadas y sensibles al género. La escasa familiaridad con la justicia restaurativa entre las mujeres evaluadas sugiere la importancia de promover procesos formativos y participativos que favorezcan su inclusión en este tipo de programas.

## V. CONCLUSIONES

Los resultados preliminares revelan una elevada percepción de Bienestar Psicológico por parte de las personas evaluadas, lo cual constituye un indicador positivo para el primer acercamiento a los principios y objetivos de la justicia restaurativa. Aunque esta percepción podría no corresponder completamente a la realidad de su contexto actual, el hecho de que los participantes hayan sido capaces de reconocer y conceptualizar el significado de dicho bienestar constituye un avance significativo en términos de autocomprensión y reflexión.

El propio proceso de evaluación ha desempeñado un papel fundamental al fomentar la introspección respecto a la justicia restaurativa, promoviendo una mayor comprensión y disposición hacia su implementación.

Los resultados del estudio evidencian una relación significativa entre el Bienestar Psicológico y la disposición a participar en procesos de justicia restaurativa. En particular, las personas con altos niveles de autoaceptación mostraron una mayor apertura hacia estos procesos, lo que sugiere que trabajar en la reconciliación personal, la resiliencia emocional y la aceptación de uno mismo puede facilitar la participación activa en iniciativas restaurativas. Asimismo, se observó que quienes mantienen relaciones positivas dentro del entorno penitenciario tienden a valorar más la resocialización que el castigo, y están mejor informados sobre la justicia restaurativa, lo que refuerza la importancia de fomentar vínculos sociales saludables como vía de aprendizaje y transformación. Además, la gestión eficaz del entorno y la orientación vital emergen como factores clave para promover actitudes prosociales y el deseo de reparar el daño causado. Las personas con mayor sentido de propósito en la vida mostraron mayor conocimiento sobre la justicia restaurativa y una mayor disposición a participar en procesos que promuevan la reparación del daño, aunque algunas aún no sepan cómo hacerlo. Finalmente, el crecimiento personal se revela como un elemento esencial dado que favorece la empatía, la capacidad de tomar decisiones conscientes y constructivas incluso en situaciones hipotéticas de victimización. En conjunto, estos hallazgos subrayan la necesidad de diseñar programas penitenciarios que integren el desarrollo del Bienestar Psicológico, el fortalecimiento de redes de apoyo, la construcción de un propósito vital y el empoderamiento personal, como estrategias fundamentales para facilitar la reinserción social y el éxito de la justicia restaurativa.

Como cierre, se aborda del proceso restaurativo con mujeres privadas de libertad indicando que requiere una perspectiva integral, sensible al género y profundamente contextualizada. Los datos recogidos hasta el momento revelan que estas mujeres presentan perfiles marcados por la vulnerabilidad social, trayectorias delictivas tempranas, escaso apoyo familiar y experiencias de violencia o coacción. Estos factores influyen directamente en su disposición a participar en procesos de justicia restaurativa. Aunque la mayoría mostraron un potencial de intervención, si se abordan adecuadamente las barreras informativas y emocionales. Las aplicaciones prácticas incluyen el diseño de programas restaurativos con enfoque de género, que promuevan el empoderamiento, fortalezcan los vínculos afectivos y ofrezcan espacios seguros para la reflexión y la reparación. Es clave incorporar estrategias educativas adaptadas y reconocer la diversidad de perfiles para lograr procesos restaurativos efectivos y sostenibles.

En resumen, los resultados descriptivos del presente estudio ofrecen una base sólida para la formulación de hipótesis y el diseño de futuras fases del proyecto con muestras más amplias y representativas.

Por lo que respecta a las limitaciones de esta investigación, es importante señalar la posibilidad de sesgos de deseabilidad social, frecuentes en este tipo de poblaciones, donde puede darse la tendencia a ocultar características negativas o asumir características positivas. Para abordar estas limitaciones, se propone un estudio posterior que contemple la evaluación de múltiples dimensiones del funcionamiento psicológico, con el objetivo de obtener una visión más completa de los sujetos, utilizando una muestra significativa de población penitenciaria de la Comunidad Valenciana.

## REFERENCIAS BIBILIOGRÁFICAS


Aguirre, A. M., & Boix, M. T. (2017). La Infancia entre Rejas: necesidades y demandas. *Revista de Educación Inclusiva, 10*(1), 31-44.

Alcántara-Jiménez, M., Torres-Parra, I., Guillén-Riquelme, A., & Quevedo-Blasco, R. (2023). Los Factores Psicosociales en el Suicidio de Presos en Prisiones Europeas: una Revisión Sistemática y Metaanálisis. *Anuario de Psicología Jurídica, 33*(1), 101-114. https://doi.org/10.5093/apj2022a13

Almeda, E. (2017). Criminologías feministas, investigación y cárceles de mujeres en España. Papers. *Revista de Sociología, 102,* núm. 2, p. 151-181.

Altamirano Argudo, Z. (2013). *El Bienestar Psicológico en prisión: antecedentes y consecuencias.* (Doctoral dissertation, Universidad Autónoma de Madrid).

Angarita Gamez, J., & Rodriguez Solano, R. (2023). *Relación entre Bienestar Psicológico y los factores históricos de las personas privadas de la libertad de la Cárcel Modelo de Barranquilla.* Corporación Universidad de la Costa.

Bringas, C., Rodríguez, F. J., Gutiérrez, E., & Pérez-Sánchez, B. (2010). Socialización e historia penitenciaria. Revista Iberoamericana de Psicología y Salud, 1(1), 101-116.

Casullo, M. M. (2002). *Evaluación del Bienestar Psicológico en Iberoamérica.* Buenos Aires: Paidós

Cervelló, V. (2021). Mujer, prisión y no discriminación. *Estudios Penales y Criminológicos, 41,* 551-591.

Chiclana, S., Castillo-Gualda, R., Paniagua, D., & Rodríguez-Carvajal, R. (2019) Salud mental, afectividad positiva y bienestar en prisión: un estudio comparativo entre jóvenes y mayores presos. *Rev Esp Sanid Penit. 21*(3): 147-157 2013-6463-sanipe-21-03-147.pdf

Comité Europeo para la Prevención de la Tortura y de las Penas o Tratos Inhumanos o Degradantes (CPT). (2021). *Informe al Gobierno Español sobre la visita a España realizada por el Comité Europeo para la prevención de la tortura y tratos o penas inhumanas o degradantes.* CPT/Inf (2021) 27. Consejo de Europa.

Díaz, D., Rodríguez-Carvajal, R., Blanco, A., Moreno-Jiménez, B., Gallardo, I., Valle, C., ., & Van Dierendonck, D. (2006) Adaptación española de las escalas de Bienestar Psicológico de Ryff. *Psicothema, 18*; 572-577. https://www.redalyc.org/pdf/727/72718337.pdf

Gelsthorpe, L., & Hedderman, C. (2012). Providing for women offenders: the risks of adopting a payment by results approach. *Probation journal, 59*(4), 374-390.

Gelsthorpe, L., Sharpe, G., & Roberts, J. (2007). *Provision for women offenders in the community.* London: Fawcett Society.

González-Peón, A., Selaya, A., & Arce, R. (2020). Revisión sistemática sobre los efectos del perdón para el victimario. Libro de Actas del *XIII Congreso Internacional de Psicología Jurídica y Forense,* celebrado en Vigo y organizado por la Sociedad Española de Psicología Jurídica y Forense, 296-297.

Guil R., Zayas, A., Gil-Olarte, P., Guerrero, C., González, S. & Mestre, J. M. (2016). Bienestar Psicológico, optimismo y resiliencia en mujeres con cáncer de mama. *Psicooncología, 13*(1), 127-138. https://doi.org/10.5209/rev_PSIC.2016.v13.n1.52492

Larrauri, E. (1992). La mujer ante el Derecho Penal. *Revista de derecho penal y criminología, 2,* 291-310.

Malloch, M., & Mclvor, G. (2012). 1 Women, punishment and social justice. *Women, Punishment and Social Justice: Human Rights and Penal Practices, 5,* 1.

Marcos, V., Novo, M., & González, A. (2021). El estudio del perdón desde la Justicia Terapéutica: Revisión sistemática sobre los beneficios del perdón para el victimario. *Revista Iberoamericana de Justicia Terapéutica, 3.*

Orozco Arrieta, S., Vega Velásquez, D., & Gómez Vargas, M. (2019). Bienestar Psicológico en habitantes de calle resocializados de la ciudad de Medellín. *Revista Psicoespacios, 13* (22): 23-39, https://doi.org/10.25057/21452776.1179

Österman, L., & Masson, I. (2018). Restorative justice with female offenders: The neglected role of gender in restorative conferencing. *Feminist Criminology, 13*(1), 3-27.

Patricio, E. C. (2024). Aproximación cuantitativa a los factores de riesgo delictivo presentes en la infancia de los jóvenes internos en las prisiones de Andalucía. *Revista Española de Investigación Criminológica, 22*(1), e895-e895.

Rozas Calderón, Vanessa, & Enciso Sotomayor, Esmeralda. (2025). Bienestar Psicológico: una revisión teórica. *Vive Revista de Salud, 8*(22), 250-265. https://doi.org/10.33996/revistavive.v8i22.374

Ruiz, J. I. (2007). Síntomas psicológicos, clima emocional, cultura y factores psicosociales en el medio penitenciario. *Revista Latinoamericana de psicología, 39*(3), 547-561.

Rumgay, J. (2004). Scripts for safer survival: Pathways out of female crime. *The Howard Journal of Criminal Justice, 43*(4), 405-419.

Ryff, C. (1989). Happiness is everything, or is it? Explorations on the meaning of psychological well-being. *Journal of Personality and Social Psychology, 57,* 1069-1081.

Sánchez, I. G. (2012). La cárcel en España: mediciones y condiciones del encarcelamiento en el siglo XXI. *Revista de derecho penal y criminología,* (8), 351-402.

Secretaría General de Instituciones Penitenciarias (2021). *La situación de la mujer privada de libertad en la institución penitenciaria.* Ministerio del Interior. Gobierno de España. https://derechopenitenciario.com/circular/la-situacion-de-la-mujer-privada-de-libertad-en-la-institucion-penitenciaria/

Ticlla Sánchez, D. (2024). *Bienestar Psicológico y afrontamiento al estrés en internos de un instituto penitenciario en Lambayeque 2023.* Universidad Católica de Trujillo Benedicto XVI.

Van Voorhis, P., Salisbury, E., Wright, E., & Bauman, A. (2008). *Achieving accurate pictures of risk and identifying gender responsive needs: Two new assessments for women offenders.* University of Cincinnati Center for Criminal Justice Research, National Institute of Corrections, Washington DC.

Verrecchia, P. J. (2009). Female delinquents and restorative justice. *Women & Criminal Justice, 19*(1), 80-93.

*Capítulo 13*

# *Condiciones psicológicas y familiares de las personas implicadas en los procesos restaurativos*[1]

**GLORIA BERNABÉ VALERO**
*Profesora Titular*
*Universidad Católica de Valencia, San Vicente Mártir*

**ROSA M. TRENADO SANTARÉN**
*Profesora Doctora del Departamento Psicología Básica*
*Universidad de Valencia*

**ELENA TORRES AVIÑÓ**
*Psicóloga del Cuerpo Superior Técnico de Instituciones Penitenciarias*
*Estudiante Programa Doctorado en Investigación en Psicología*
*Universidad de Valencia*

## I. NECESIDAD DE INVESTIGACIÓN PSICOLÓGICA EN JUSTICIA RESTAURATIVA

La Justicia Restaurativa (JR) ha demostrado aportar beneficios significativos en distintos contextos[2]. El *Manual de las*

[1] Esta publicación es parte del proyecto de I+D+i Modalidad "Generación de Conocimiento" 2021, Estudio crítico del uso de sanciones alternativas penales: una mirada a la salud mental y al género PID2021-126236OB-I00, financiado por MCIN/AEI/10.13039/501100011033/ y por "FEDER Una manera de hacer Europa".

[2] Rowsell K, Pegg K, Wallis P, Barker R. A Systematic Review of Participant and Facilitator Experiences of Restorative Justice Interventions

*Naciones Unidas sobre programas de justicia restaurativa* [3] elaborado en 2020 destaca efectos como la reducción de la reincidencia, la elevada aceptación por parte de víctimas y comunidades, la mejora del bienestar emocional —incluida la posible reducción de síntomas de estrés postraumático— y la disminución de costes judiciales. No obstante, aún se requiere mayor evidencia sobre su impacto en el fortalecimiento de capacidades comunitarias y familiares. A pesar de estos beneficios, su implementación varía ampliamente entre países, sin un modelo único aplicable universalmente[4]. Esta diversidad pone de relieve la necesidad de investigar qué condiciones legales, sociales y culturales favorecen su éxito, así como los mecanismos que promueven la participación activa de víctimas, ofensores y comunidad.

En el caso de España, aunque la web oficial del Ministerio de Justicia dedica un espacio a la JR, (https://www.administraciondejusticia.gob.es/justicia-restaurativa), ésta no es aún el modelo predominante. El reciente *Mapa Preliminar de Justicia Restaurativa* en España, elaborado por GEMME (Grupo Europeo de Magistrados por la Mediación) [5] evidencia una implantación limitada. A pesar de que algunos proyectos presentan un alto porcentaje de acuerdos alcanzados, su desarrollo se

---

in the Forensic Secure Estate. *International Journal of Forensic Mental Health.* 2024;23(3):229-240. doi:10.1080/14999013.2023.2289113

3 United Nations Office on Drugs and Crime. Handbook on restorative justice programmes. 2nd ed. New York: United Nations; 2020. Available from: https://www.unodc.org/documents/justice-and-prison-reform/20-01146_Handbook_on_Restorative_Justice_Programmes.pdf

4 Gunawan, M. M., Suwadi, P., & Rustamaji, M. (2024). Comparison Of Restorative Justice Implementation In Indonesia, Usa, Germany, Poland And Switzerland. *Revista de Gestao Social e Ambiental, 18*(1), 1-15.

5 GEMME España. (2023). *Mapa de la justicia restaurativa en España.* https://mediacionesjusticia.com/wp-content/uploads/2023/04/Mapa-JR-GEMME.pdf

ve obstaculizado por la falta de apoyo institucional, el desconocimiento generalizado y el predominio de una cultura punitiva. Entre las propuestas más relevantes se encuentran la necesidad de formación específica para facilitadores —principalmente psicólogos y abogados—, la creación de redes de cooperación y el establecimiento de mecanismos rigurosos de evaluación y control de calidad, que debería incluir también criterios claros para la selección, formación inicial y continua, así como la supervisión interna y externa de las personas facilitadoras. Como también señalan Presser y Van Voorhis[6], la evaluación de los programas de JR debe estar guiada por los valores que la inspiran, como la sanación y el bienestar social, lo que exige desarrollar indicadores coherentes con dichos principios.

Sin embargo, la evidencia empírica sigue siendo escasa, especialmente en lo que respecta a las condiciones individuales y contextuales que favorecen la participación en procesos restaurativos. En esta línea, estudios recientes han comenzado a arrojar luz sobre esta cuestión. Por ejemplo, Peleg-Koriat y Weimann-Saks [7] en su estudio entrevistaron a 23 personas adultas en situación de reclusión sobre su disposición a participar en procesos restaurativos durante su condena. Los resultados identificaron factores facilitadores en personas privadas de libertad, como el deseo de pedir perdón, mostrar respeto hacia la víctima, el reconocimiento de la propia experiencia como víctimas y la voluntad de reconstruir vínculos, junto con barreras como el miedo a la reacción de las víctimas, la creencia de

---

6 Presser, L., & Van Voorhis, P. (2002). Values and Evaluation: Assessing Processes and Outcomes of Restorative Justice Programs. *Crime & Delinquency, 48*(1), 162-188. https://doi.org/10.1177/001112870204800107

7 Peleg-Koriat, I., & Weimann-Saks, D. (2024). Restorative Justice Behind Bars: People in Custody's Facilitators and Barriers to Participating in Restorative Justice. *Criminal Justice and Behavior, 51*(10), 1493-1510. https://doi.org/10.1177/00938548241257608

que estas no serían capaces de perdonar y la resistencia a involucrar a sus propios círculos de apoyo. Por su parte, la revisión sistemática de Rowsell et al.[8] en contextos forenses de alta seguridad identificó cinco condiciones clave para el éxito de la JR: procesos grupales con clima de diálogo, integración con objetivos clínicos y terapéuticos, activación de mecanismos internos de cambio, condiciones organizativas adecuadas y relevancia del contexto relacional. De todas ellas, destacan por su relevancia psicológica la segunda y la tercera. La articulación de la JR con fines terapéuticos —como la empatía, la responsabilidad y la rehabilitación— promueve cambios emocionales y cognitivos profundos. A su vez, los mecanismos internos de cambio, como la reflexión personal, el reconocimiento del daño y la reparación simbólica, permiten la autorregulación emocional, la superación de distorsiones cognitivas y el fortalecimiento de vínculos interpersonales. Junto a estos factores, la formación de los facilitadores emerge como un elemento crítico. Su capacidad para crear un clima seguro, manejar dinámicas complejas y promover transformaciones profundas en los participantes determina en gran medida la calidad de los procesos restaurativos. Una formación deficiente puede conducir a intervenciones ineficaces o incluso perjudiciales, generando frustración y malestar.

Pero para poder articular una JR con fines terapéuticos y formar a los facilitadores, hace falta contar con los avances de la psicología, desde donde se debería encontrar con un respaldo teórico y práctico sólido. Pavlacic[9] (2022) plantea un parale-

---

8 Rowsell K, Pegg K, Wallis P, Barker R. A Systematic Review of Participant and Facilitator Experiences of Restorative Justice Interventions in the Forensic Secure Estate. *International Journal of Forensic Mental Health.* 2024;23(3):229-240. doi:10.1080/14999013.2023.2289113

9 Pavlacic, J.M., Kellum, K.K. & Schulenberg, S.E. Advocating for the Use of Restorative Justice Practices: Examining the Overlap between Restorative Justice and Behavior Analysis. *Behav Analysis Practice* **15, 1237–1246 (2022).** https://doi.org/10.1007/s40617-021-00632-1

lismo entre la JR y las ciencias del comportamiento, sugiriendo que su implementación desde un paradigma conductual —centrado en reforzar conductas prosociales y comprender los patrones implicados— puede favorecer el cambio de contextos y comportamientos dañinos, especialmente en entornos complejos como el policial.

En este marco, el presente estudio se propone contribuir a la evidencia empírica existente, indagando qué características familiares e individuales están presentes en personas privadas de libertad que participan en procesos de Justicia Restaurativa. En particular, se explorarán variables como los valores familiares inculcados, la relación actual con la familia, las expectativas de apoyo tras la excarcelación, el locus de control, la asunción delictiva y el bienestar psicológico. A través de este trabajo, buscamos aportar conocimiento relevante que permita mejorar los procesos restaurativos desde una perspectiva psicosocial y culturalmente adaptada a nuestro contexto.

## II. METODOLOGÍA Y MÉTODOS

El presente estudio utiliza una multiestrategia de investigación, que combina varios enfoques metodológicos desde una epistemología pragmática, lo que resulta más adecuado para el estudio de fenómenos complejos. Esta integración metodológica permite emplear los métodos más pertinentes según la naturaleza de cada dimensión del problema, articulando la comprensión profunda del análisis cualitativo con la capacidad descriptiva del enfoque cuantitativo[10]. En este estudio, se optó

---

[10] Morgan, D. L. (2007). *Paradigms lost and pragmatism regained: Methodological implications of combining qualitative and quantitative methods. Journal of Mixed Methods Research,* 1(1), 48–76. https://doi.org/10.1177/2345678906292462

por explorar las condiciones familiares mediante preguntas abiertas en una entrevista, y abordar las condiciones psicológicas a través de instrumentos psicométricos validados. Esta aproximación busca generar un conocimiento riguroso y transferible, sensible a la complejidad de los procesos restaurativos y aplicable a contextos similares, con personas privadas de libertad.

### 1. *Participantes*

Se utilizó un muestreo intencional, en el que se evaluaron un total de 186 personas privadas de libertad pertenecientes a diversos módulos del Centro Penitenciario de Valencia Antoni Asunción Hernández (Picassent-Valencia). La participación fue voluntaria y no recibieron compensación alguna, aunque se les ofreció proporcionarles un feedback personalizado si así lo requerían.

De estos participantes, se seleccionaron 12 para este estudio, aquellos que habían participado en alguna práctica Restaurativa. El tamaño de la muestra fue adecuado, pues se recogieron datos relevantes de participantes con un alto poder informativo. Estos participantes habían vivido directamente la experiencia objeto de estudio, lo que permitió obtener información idiosincrásica y contextual propia del ámbito penitenciario.

De estos 12 participantes, 4 son mujeres y 8 son hombres, tienen un rango de edad entre 32 y 60, con una media de 43,75 y una desviación típica de 8,59. En la tabla 1 del anexo aparecen diversas variables sociodemográficas relevantes para este estudio, como son el estado civil, nivel de estudios, los años desde que entró en prisión y el número de veces en prisión.

### 2. *Diseño*

La investigación se enmarca en un diseño concurrente anidado (*concurrent embedded design*), en el cual se aplican simultáneamente enfoques cualitativo y cuantitativo en una misma fase del estudio. No obstante, la aproximación metodológica principal es de naturaleza cualitativa, ya que la indagación se centra en las experiencias, significados y condiciones contextuales expresadas a través de preguntas abiertas. El componente cuantitativo, representado por la aplicación de instrumentos psicométricos, cumple una función secundaria y complementaria, al proporcionar información estructurada sobre variables psicológicas relevantes que enriquecen e informan el análisis cualitativo. De este modo, los datos cuantitativos se encuentran anidados dentro de un diseño cualitativo más amplio, contribuyendo a una comprensión más integral del fenómeno estudiado sin desplazar el énfasis interpretativo del estudio.[11]

Desde la metodología cualitativa, se ha utilizado un diseño de teoría fundamentada para indagar en los patrones sociales que emergen de las experiencias personales de las personas privadas de libertad, a partir de preguntas abiertas en un cuestionario, complementado con instrumentos cuantitativos que permitan describir y analizar las condiciones psicológicas y familiares vinculadas a los procesos restaurativos. Esta integración metodológica busca producir un conocimiento riguroso, contextualizado y transferible a otros entornos con características similares.

## *3. Métodos de recolección de datos*

Se utilizó una entrevista semiestructurada elaborada *adhoc* con una serie de preguntas: (1) ítems sociodemográficos; (2) preguntas abiertas relacionadas con su salud mental, sus relaciones familiares anteriores, actuales y esperadas a la salida de prisión; (3) preguntas de respuesta múltiple relacionadas con la opinión sobre la Justicia Restaurativa y la severidad de

---

[11] Creswell, J. W., & Plano Clark, V. L. (2017). *Designing and Conducting Mixed Methods Research* (3.ª ed.). Thousand Oaks, CA: SAGE Publications.

las penas en España. Este instrumento fue elaborado específicamente para el contexto y los objetivos del estudio, dado que no se encontraron herramientas previamente validadas que abordaran de forma integral las variables de interés desde una perspectiva cualitativa. La formulación de las preguntas se basó en una revisión teórica previa y en criterios de pertinencia, claridad y accesibilidad para la población participante. Antes de su aplicación definitiva, el instrumento fue sometido a un proceso de validación a través del juicio de profesoras académicas, funcionarias de prisión y estudiantes de grado y máster en criminología de la Universidad de Valencia.

También se administraron tres instrumentos psicométricos:

- Escala de Locus de Control, [12] en su versión castellana[13]. Consta de 29 ítems de elección obligatoria de los que 23 de ellos van dirigidos a evaluar el locus de control, mientras que 6 sólo tienen el propósito de hacer más ambigua la prueba. Cada ítem obliga a elegir entre dos frases, una que implica atribución interna y otra que implica atribución externa. La prueba parte de una concepción unidimensional del constructo, de manera que a medida que la puntuación del sujeto aumenta (obtenida tras sumar las alternativas con atribución externa) la expectativa de control externo es más alta. Esta escala, además de la medida total del Locus de Control Externo, ofrece la evaluación de este mismo constructo para diferentes ámbitos con las siguientes subescalas: Locus de Control Externo (LCE) en situaciones generales; LCE interpersonal, que evalúa

---

12 Rotter J. B., Generalized expectancies for internal versus external control of reinforcement Psychological Monographs: General and Applied, 80(1), (1966)

13 Pérez-García, A. M. (1984). Dimensionalidad del constructo «Locus de Control». Revista de Psicología General y Aplicada, 39, 471-788.

este constructo en las relaciones personales y ante la aceptación de los demás; LCE en rendimiento o logro, más relacionado con expectativas de autoeficacia; y LCE político, sobre la atribucionalidad ante cuestiones sociopolíticas. En lo referente a las características psicométricas de la escala, ésta ha presentado una fiabilidad test-retest entre .49 y .85, según el periodo utilizado entre las aplicaciones, así como una alta consistencia interna.

- Cuestionario de Asunción delictiva G-BAI-R (Inventario de atribución de la culpa de Gudjonsson versión revisada)[14] es una medida auto informada de la atribución de culpa de un individuo que consta de 42 ítems. El GBAI-R está diseñado específicamente para su uso con delincuentes y enmarca las declaraciones en relación con la atribución de su(s) delito(s) cometido(s) anteriormente. El inventario mide tres factores: atribución al elemento mental (es decir, culpar del delito a una enfermedad mental o falta de autocontrol), atribución externa (es decir, culpar del delito a las circunstancias sociales, a las víctimas o a la sociedad) y atribución del sentimiento de culpa (es decir, sentimientos de arrepentimiento y remordimiento por la ofensa). Las tres escalas tienen una confiabilidad test-retest y una consistencia interna satisfactorias[15].

---

14 Gudjonsson, G., & Singh, K.K. (1989). The revised Gudjonsson blame attribution inventory. Personality and Individual Differences, 10, 67-70.

15 Cima, M., Nijman, H., & Merckelbach, H. (2007). *It was not me: Attribution of blame for criminal acts in psychiatric offenders.* Psychiatry Research, 150(2), 231–238. https://doi.org/10.1016/j.psychres.2006.04.002

- *Escalas de Bienestar Psicológico de* Carol Ryff [16], versión de Van Dierendonck [17]. Se ha utilizado la versión adaptada a población española de 29 ítems[18]. El cuestionario evalúa seis dimensiones fundamentales del bienestar psicológico: Autoaceptación, Relaciones positivas con los demás, Autonomía, Dominio del entorno, Propósito en la vida y Crecimiento personal. Los ítems se responden en una escala Likert de 6 puntos que va de "Totalmente en desacuerdo" a "Totalmente de acuerdo". Los niveles de fiabilidad del instrumento son buenos (α de Cronbach 0,84 a 0,70) así como su nivel de validez, al ajustarse al modelo teórico propuesto.

### *4. Procedimiento*

La investigación se enmarca en un modelo de participación voluntaria, con consentimiento informado firmado por todas las personas participantes. El estudio se desarrolla en el Centro Penitenciario Valencia "Antoni Asunción Hernández".

El proyecto fue aprobado por la Comisión de Ética en Investigación Experimental de la Universidad de Valencia y por Instituciones Penitenciarias, conforme a los principios éticos

---

16 Ryff, C. D. (1989). *Happiness is everything, or is it? Explorations on the meaning of psychological well-being. Journal of Personality and Social Psychology,* 57(6), 1069–1081. https://doi.org/10.1037/0022-3514.57.6.1069

17 Van Dierendonck, D. (2004). *The construct validity of Ryff's Scales of Psychological Well-Being and its extension with spiritual well-being. Personality and Individual Differences, 36*(3), 629–643. https://doi.org/10.1016/S0191-8869(03)00122-3

18 Díaz, D., Rodríguez-Carvajal, R., Blanco, A., Moreno-Jiménez, B., Gallardo, I., Valle, C., & Van Dierendonck, D. (2006). *Adaptación española de las escalas de bienestar psicológico de Ryff. Psicothema, 18*(3), 572–577.

para la investigación con seres humanos. La recogida de datos se inició en 2024 y continuará hasta 2026. Para el presente estudio, se han analizado los datos recogidos entre diciembre de 2024 y mayo de 2025.

La evaluación fue realizada en sesiones presenciales, con apoyo de estudiantes en prácticas del Instituto Universitario de Investigación en Ciencias Penales. Previamente, los evaluadores fueron formados y realizaron pruebas piloto con el set de cuestionarios. Durante las sesiones, los participantes recibieron información detallada del estudio y firmaron el consentimiento informado. Los cuestionarios fueron cumplimentados en presencia de dos evaluadores, quienes resolvieron posibles dudas.

La base de datos fue pseudoanonimizada, utilizando la herramienta de Anonimización de Protección de Datos de Carácter Personal proporcionada por la Agencia Española de Protección de Datos (actualización, septiembre 2023) con el objetivo de proteger la confidencialidad de todas las personas participantes.

## Análisis de datos

Para el análisis de datos cualitativos se utilizó el análisis temático, que pretende generar un pequeño número de temas clave, definidos como "patrones de significado compartido apuntalados por un concepto organizador central" (p. 589)[19]. Para ello, se codificaron los datos y se agruparon en temas.

Para el análisis de los datos cuantitativos, se calcularon las puntuaciones totales y de las subescalas correspondientes a cada instrumento. Estas puntuaciones fueron categorizadas en niveles bajos, medios y altos a partir de sus respectivos percentiles, lo

---

19 Braun, V., & Clarke, V. (2019). Reflecting on reflexive thematic analysis. *Qualitative Research in Sport, Exercise and Health, 11*(4), 589–597. https://doi.org/10.1080/2159676X.2019.1628806

que permitió identificar distintos grados de locus de control, asunción de culpa delictiva y bienestar psicológico.

## III. RESULTADOS Y DISCUSIÓN

A continuación, se presentan los resultados obtenidos. En primer lugar, se profundiza en las relaciones familiares de los participantes, indagando su pasado con los valores inculcados, su presente ante su situación de prisión y sus expectativas de apoyo familiar ante su excarcelación. En segundo lugar, se analizan las respuestas a las escalas psicométricas aplicadas, centradas en las condiciones individuales de locus de control, asunción de la culpa y bienestar psicológico.

### *1. Relaciones familiares*

En relación con las condiciones familiares de los participantes, se les preguntó si consideraban que su familia o situación familiar había influido en los problemas que tuvieron con la ley. La mayoría respondió que no, como ejemplifica el participante 77: "No, siento que todo ha sido provocado por mis malas acciones". Solo cuatro participantes indicaron que su contexto familiar sí influyó, como expresó la participante 149 desde su rol de madre: "Debido a mi dependencia, hice lo que hice para que ellos estuviesen contentos y orgullosos, y tuvieran mejor vida".

Respecto a su relación actual con la familia, la totalidad de los participantes indican tener ahora una buena relación con su familia, expresada de distintas formas:

- Apoyo familiar integral (3) "Me apoyan en todos los sentidos" (p.11), "Me llevo bien con mi familia, son todo para mí, siempre están presentes" (p.52)

- Apoyo incondicional (3) "buena, siempre, ningún problema hoy por hoy. Un gran apoyo. Siempre ahí en las buenas y las malas" (p.89)
- Importancia otorgada a la familia (1) "Muy buena, los tengo ahí siempre y son súper importantes" (p.86)
- Mantenimiento del contacto regular (2) "Mis padres y mi hija vienen todas las semanas" (p. 149), "Con mi familia genial, vienen a visitarme cuando pueden y nos llevamos muy bien" (p. 147)

Estos resultados son congruentes con la revisión sistemática de De Claire y Dixon [20], en la que encontraron que las visitas familiares en prisión han demostrado ser una fuente muy importante de apoyo emocional para las personas privadas de libertad. En base a los estudios encontrados, concluyeron que las visitas de familiares tienen un efecto positivo significativo en el bienestar psicológico de los presos, reducen las infracciones dentro de la prisión y disminuyen las tasas de reincidencia, destacando que el contacto con la familia actúa como un amortiguador del impacto negativo del encarcelamiento. Por su parte, Dixey y Woodall [21] resaltan que las visitas son valoradas tanto por los presos como por sus familias y el personal penitenciario, ya que proporcionan apoyo emocional, reducen el estrés y refuerzan los vínculos familiares, además de contribuir a un ambiente penitenciario más positivo. En la misma

---

20 De Claire, K., & Dixon, L. (2015). The Effects of Prison Visits From Family Members on Prisoners' Well-Being, Prison Rule Breaking, and Recidivism: A Review of Research Since 1991. *Trauma, Violence, & Abuse, 18*(2), 185-199. https://doi.org/10.1177/1524838015603209 (Original work published 2017)

21 Dixey, R and Woodall, J (2012) The significance of 'the visit' in an English category-B prison: Views from prisoners, prisoners' families and prison staff. Community, Work and Family, 15 (1). 29- 47. ISSN 1366-8803 DOI: https://doi.org/10.1080/13668803.2011.580125

línea, La Vigne et al., [22]sostienen que el contacto familiar en prisión, mediante visitas, llamadas o correspondencia, puede mitigar el deterioro de las relaciones familiares causado por el encarcelamiento, al afirmar que la frecuencia del contacto está asociada positivamente con la calidad de las relaciones familiares durante la prisión.

Así lo han reflejado nuestros resultados, ya que, ante la pregunta "Cuando salgas de la prisión, ¿Crees que tu familia te va a ayudar/apoyar? ¿Qué crees que hará tu familia por ti cuando salgas en libertad?, la totalidad de los 12 participantes expresaron con claridad la importancia del apoyo familiar como un pilar fundamental en su proceso de reintegración. Uno de ellos manifestó con esperanza que su familia lo acogerá al salir de prisión (p. 28), mientras otro destacó la entrega incondicional de su hija, afirmando que "mi hija se desvive por mí y yo por ella", en contraste con la ausencia de apoyo por parte de su hermana (p.29). Este sentimiento de respaldo incondicional se repite en quienes afirman con seguridad: "cuando salga de prisión mi familia siempre me va a apoyar a pesar de todos mis errores" (p. 52), o simplemente lo resumen en un rotundo "sí, por supuesto" (p. 69). Otros participantes expresaron expectativas específicas sobre ese apoyo: "creo que sí me van a ayudar y apoyar" (p.73), "sí, tendré apoyo, me darán techo, apoyo psicológico y compañía" (p. 77), e incluso "sí, me quedo con el negocio familiar" (p. 86), señalando no solo asistencia emocional sino también oportunidades concretas de reintegración. La constancia del respaldo familiar también se refleja en frases como "sí, darme su apoyo como siempre lo han hecho" (p. 89) y "ellos desean que salga, y cuando lo haga me apoyarán" (p. 147). Esta red

---

22 La Vigne, N. G., Naser, R. L., Brooks, L. E., & Castro, J. L. (2005). Examining the Effect of Incarceration and In-Prison Family Contact on Prisoners'Family Relationships. *Journal of Contemporary Criminal Justice, 21*(4), 314-335. https://doi.org/10.1177/1043986205281727

de apoyo se sintetiza en la afirmación de un participante que expresó: "sí, ellos me apoyan" (p.149), y en otro caso, con énfasis en la figura materna: "mi madre sí me ayudará económicamente y en todo lo que esté en su mano" (p.151). Estas respuestas reflejan un patrón de confianza y expectativa en la familia como agente esencial en el proceso de reinserción.

Cabe especial mención de un participante (p.77) que, además de recalcar la buena relación que tiene con la familia, indica una preocupación suya por un miembro familiar: "Mi relación es muy buena, están presentes para todo, no suelen haber problemas. Mi padre está pasando por un cáncer y me preocupa", una muestra de una vinculación familiar fuerte y, con ello, quizás, una motivación para reintegrarse a la sociedad. Coincide esta idea con el estudio cualitativo llevado a cabo por Roig y Bou[23] en el que concluyeron que los vínculos familiares son uno de los factores más importantes que afectan la rehabilitación y la no reincidencia de los internos tras su liberación. De este modo, la existencia y el fortalecimiento de estos lazos durante el encarcelamiento pueden promover narrativas de cambio y desistimiento delictivo en la persona presa.

## *2. Valores familiares*

Con respecto a los valores familiares que estos participantes han recibido por parte de su familia, cabe comentar que todos ellos reconocen un esfuerzo por sus familias para educarles bien, inculcándoles valores relacionados con el respeto, la honradez y el esfuerzo. En la tabla 1 se pueden observar los valores mencionados y las citas de ejemplificación.

---

[23] Roig, A. I., & Bou, A. P. (2018). El papel de las familias en la reinserción de las personas que salen de la prisión. Generalitat de Catalunya. Centre d'Estudis Jurídics i Formació Especialitzada. Àmbit d'execució penal.

**Tabla 1. Valores humanos extraídos de las narrativas personales**

| Categoría temática | Valor subyacente | Citas textuales de los participantes |
|---|---|---|
| Valores familiares | Unidad Familiar | "Estar unida con la familia" (p.11)<br>"Mi educación ha sido buena siempre, era importante estar unidos" (p.52) |
| | Valoración de la familia | "Para mí lo importante era la familia" (p.73)<br>"Mi familia son mi tesoro" (p.52) |
| | Cuidado / Rol familiar | "Ser buena ama de casa" (p.73) |
| Ética personal | Honestidad | "ser honrada y con educación y respetar a las personas" (p.11) |
| | Responsabilidad | "En la responsabilidad, en no meterme en problemas, ..., son la mejor educación que he podido tener" (p.147) |
| | Lealtad / Compromiso | "Ayudar en medida de lo posible a la gente (familia que lo ha necesitado). No dejar nunca en mal sitio si alguien nos ayuda" (p.149) |
| | Humildad | "Me enseñaron humildad, respeto y educación" (p.89) |
| Convivencia social | Respeto a la convivencia | "Estar unida con la familia, ser honrada y con educación y respetar las personas" (p.11) |
| | Respeto | "Y la educación basada en el respeto" (p.69)<br>"En el respeto a los demás, responsabilidad, en no meterme en problemas" (p.147) |
| | Solidaridad | "ayudar en medida de lo posible a la gente" (p.149) |
| Relaciones afectivas | Afecto / Empatía | "Cariño de su familia" |
| Regulación personal | Prudencia / Autocontrol | "En no meterme en problemas, llevar una vida sana, ser trabajadora" (p.147)<br>"Que en esta vida lo más bonito es vivir tranquilo sin problemas y trabajar" (p.86)<br>"Que si vuelvo con ellos me deje el alcohol y estoy en ello" (p.61) |

| | | |
|---|---|---|
| Bienestar personal | Cuidado de sí / Salud | "Llevar una vida sana" (p.147) |
| | Esfuerzo / Laboriosidad | "Que si querías algo lo tenías que conseguir por ti mismo trabajando" (p.69)<br>"Que en esta vida lo más bonito es vivir tranquilo sin problemas y trabajar" (p.86) |
| Transmisión intergeneracional | Sabiduría / Orientación | "Sus consejos. Que por mi mala cabeza iba a entrar preso" (p.89) |
| Formación moral y religiosa | Espiritualidad / Moral | "Educación católica de respeto y humildad" (p.89) |

Como puede observarse, es grande la variedad de valores que nombran las personas privadas de libertad. Todos han reconocido haber tenido una buena educación, y han sabido nombrar valores que en sus familias han intentado inculcarles. Llama la atención que hayan cometido un delito que, generalmente, vulnera alguno de los valores. El hecho de que hayan participado en procesos restaurativos puede explicarse por la teoría de la disonancia cognitiva, ya que ésta es entendida como el malestar psicológico que surge cuando la conducta contradice los propios valores o creencias. Por ello, la participación en procesos restaurativos podría constituir una estrategia de los infractores para restablecer la coherencia interna, al ofrecerles la posibilidad de asumir responsabilidad y reparar el daño causado, reduciendo así la tensión derivada de la incongruencia entre sus valores y su comportamiento delictivo.

Algunos de estos valores han sido identificados en la bibliografía previa como importantes factores protectores frente al desarrollo de la conducta delincuente. Por ejemplo, un metaanálisis[24] encontró una asociación significativa entre un apego deficiente a los padres y una mayor probabilidad de conducta delictiva en adolescentes. Aunque nuestros participantes han cometido algún delito, su confianza en que su familia está para otorgarles seguridad y su valor de la importancia de la familia, pueden ser aspectos fundamentales en su decisión de comprometerse en modelos de justicia restaurativa y pretender una reinserción. También el artículo de Kirkwood [25] destaca que la justicia restaurativa se fundamenta en valores éticos esenciales, entre los cuales se encuentran el respeto, la honestidad y la responsabilidad, señalados por los participantes de este estudio. Por su parte, Johnstone [26] reconoce el valor de la responsabilidad como fundamental en los procesos restaurativos. La regulación personal, nombrada a partir del desarrollo del autocontrol, la prudencia y la buena regulación está estrechamente vinculada con la justicia restaurativa. Por ejemplo, la motivación para superar una adicción se presenta como un valor esencial de autorregulación en el contexto de la justicia restaurativa aplicada al ámbito penitenciario. Según la Guía del Ministerio del Interior del Gobierno de España sobre "Justicia restaurativa y tratamiento de drogodependencias en el sistema penitenciario español" elaborada por Bascones y Ollero[27], el

---

24 Hoeve, M., Stams, G.J.J.M., van der Put, C.E. *et al.* A Meta-analysis of Attachment to Parents and Delinquency. *J Abnorm Child Psychol* 40, 771–785 (2012). https://doi.org/10.1007/s10802-011-9608-1

25 Kirkwood, S. (2022). A practice framework for restorative justice. *Aggression and Violent Behavior, 63*, 101688. https://doi.org/10.1016/j.avb.2021.101688

26 Johnstone, G. (2011). Restorative Justice: Ideas, Values, Debates (2nd ed.). Routledge. https://doi.org/10.4324/9780203804841

27 Bascones, A., y Ollero, J. E. (2021). *Justicia restaurativa y tratamiento de drogodependencias en el sistema penitenciario español.* Ministerio del Interior. https://www.interior.gob.es/opencms/pdf/archivos-y-documentacion/documentacion-y-publicaciones/publicaciones-descargables/instituciones-penitenciarias/

proceso de justicia restaurativa basado en la voluntariedad y el compromiso personal, fomenta la autorregulación y la transformación personal, pilares fundamentales para la reparación del daño y la reintegración social. Así, la decisión consciente de abandonar el consumo de sustancias se convierte en un acto de responsabilidad ética, alineado con los principios de la justicia restaurativa.

En definitiva, el desarrollo moral que promueve la justicia restaurativa[28] se potenciaría cuando una persona privada de libertad reconoce que fue educada en valores morales dentro de su familia. Este reconocimiento facilita la reactivación de referentes éticos personales que pueden haber sido olvidados o desdibujados por experiencias de vida adversas. Al enfrentarse al daño causado en un proceso restaurativo, el infractor no solo toma conciencia del impacto de sus actos, sino que también puede reconectar con aquellos principios morales aprendidos en su entorno familiar.

## *3. Condiciones individuales: evaluación del locus de control, la culpa y el bienestar psicológico*

A continuación, se describen los aspectos personales del perfil de cada participante en relación con el locus de control, la culpa y el bienestar psicológico. La Tabla 2 presenta los distintos perfiles.

---

Justicia restaurativa y tratamiento de drogodependencias en el sistema penitenciario espanol 126210468.pdf

28 Gavrielides, T. (2020). *Restorative justice theory and practice: Addressing the discrepancy*. RJ4All Publications.

**Tabla 2. Resultados en Locus de control (LCE), Asunción delictiva (AD) y Bienestar Psicológico**

| ID | LCE TOTAL | LCE GENERAL | LCE INTER PERSONAL | LCE LOGRO | LCE POLÍTICO | LCE AMBIGÜEDAD | AD ASPECTOS MENTALES | AD ASPECTOS EXTERNOS | AD A LA CULPA | BIENESTAR PSICOLÓGICO |
|---|---|---|---|---|---|---|---|---|---|---|
| 11 | Medio bajo | Bajo | Medio | Bajo | Medio | Medio-bajo | Medio-bajo | Alto | Medio-bajo | Elevado |
| 28 | Bajo | Alto | Bajo | Medio | Bajo | Medio | Medio | Medio-alto | Medio-bajo | Alto |
| 31 | Alto | Alto | Alto | Alto | Alto | Alto | Alto | Alto | Alto | Alto |
| 52 | Medio alto | Medio | Medio | Alto | Medio-bajo | Alto | Bajo-medio | Alto | Medio-bajo | Alto |
| 61 | Medio | Alto | Medio-alto | Bajo | Medio-bajo | Bajo | Alto | Alto | Alto | Sin datos |
| 69 | Medio-bajo | Medio | Bajo | Medio | Medio | Bajo | Medio | Bajo | Alto | Moderado |

| | | | | | | | | | |
|---|---|---|---|---|---|---|---|---|---|
| 73 | Alto | Alto | Alto | Medio | Alto | Bajo | Bajo | Medio | Medio-alto | Elevado |
| 77 | Bajo | Bajo | Alto | Bajo | Bajo-medio | Bajo | Alto | Bajo | Alto | Alto |
| 86 | Medio-alto | Bajo | Medio-alto | Alto | Medio | Alto | Medio | Medio-alto | Bajo | Alto |
| 89 | Bajo | Bajo | Bajo | Bajo | Medio | Bajo | Alto | Bajo | Medio | Elevado |
| 147 | Bajo | Bajo | Medio | Bajo | Medio | Bajo | Bajo-medio | Bajo-medio | Alto | Elevado |
| 149 | Medio | Alto | Medio | Bajo | Medio | Bajo-medio | Alto | Bajo | Alto | Medio |

La primera idea que destaca es la complejidad con la que las personas privadas de libertad abordan las atribuciones, tanto en relación con los hechos como con la asunción delictiva. No se observa un patrón único entre los 12 participantes analizados, lo que pone de manifiesto la diversidad en sus procesos de interpretación y posicionamiento personal. Por otro lado, la Tabla 2 muestra que el bienestar psicológico de la mayoría de los participantes es alto o muy alto, con solo dos excepciones: uno con un nivel moderado y otro con un nivel medio.

Un análisis más detallado de los datos revela que cinco participantes (31, 61, 77, 89 y 149) atribuyen la causa de su conducta delictiva a factores de naturaleza mental, como la falta de autocontrol o la impulsividad. Al mismo tiempo, manifiestan una elevada atribución de culpa por el delito cometido, lo que sugiere un estilo de locus de control predominantemente internalizante. Esta combinación indica que estas personas no solo reconocen la influencia de sus estados mentales en su comportamiento delictivo, sino que además asumen la responsabilidad moral por el daño causado. Este reconocimiento resulta coherente con los hallazgos de Abbaszadeh et al., [29]quienes demostraron que un locus de control interno se asocia estrechamente con una mayor disposición a participar en programas de justicia restaurativa. En este sentido, un estilo atribucional basado en el reconocimiento de causas internas y la asunción de sus consecuencias facilita la implicación activa del infractor en procesos de diálogo, reparación y reconciliación.

El hecho de que algunos participantes con baja o media asunción de culpa (participantes 11, 28, 52 y 86) muestren un locus de control más bien externo e interpersonal —es decir,

---

29 Abbaszadeh, M., Aghdam, M. B. A., & Pour, N. M. (2016). A sociological study on the tendency of prisoners to applying the restorative Justice programs on them and its relationship with psychological capital. *Journal of Studies in Social Sciences and Humanities*, *2*(2), 55-60.

tienden a atribuir la causa del delito a factores o personas externas—, puede interpretarse en la línea de los planteamientos que defienden que las mismas personas pueden oscilar entre víctimas y victimarios[30-31]. Esta percepción está relacionada con los planteamientos de que las personas en conflicto con la ley han atravesado múltiples situaciones de vulnerabilidad social, estructural y afectiva, que los colocan simultáneamente como sujetos dañados y agentes de daño. Por ello, su atribución externa no necesariamente implica evasión de responsabilidad, sino una narrativa compleja donde el delito aparece como consecuencia de trayectorias marcadas por el abandono, la exclusión y la falta de oportunidades. Comprender este entramado es fundamental para no reducir el proceso de responsabilización a una visión punitiva, sino para integrarlo en una lógica restaurativa que reconozca tanto el daño causado como las condiciones que contribuyeron a su comisión.

Por otro lado, nuestra investigación revela que la mayoría de los presos presentan puntuaciones medio-bajas en locus de control externo respecto a temas sociopolíticos; es decir, no tienden a atribuir su situación a factores como el gobierno, las leyes o las estructuras sociales. Este hallazgo resulta especialmente significativo al contrastarlo con las ideas de la criminología sociológica [32], que sostiene que la criminalidad está fuertemente condicionada por factores estructurales como la desigualdad, la pobreza, la exclusión social o las políticas

---

30 Morás, L. E., & Malet, M. (2009). Víctimas y victimarios. *Revista de la Facultad de Derecho,* (27), 105-122.

31 Siegel, D., & De Blank, S. (2010). Women who traffic women: the role of women in human trafficking networks–Dutch cases. *Global crime, 11*(4), 436-447.

32 Merma, R. G. C., Calcina, B. M. I., Chagua, E. I., & Ccori, S. G. M. (2019). Factores sociales que llevan al sujeto FFF a la comisión del delito de actos contra el pudor analizado desde la criminología sociológica. *Revista de Derecho, 4*(1), 145-162.

públicas. Desde esta perspectiva, el delito se entiende como el resultado de procesos sociales y políticos, más que como una mera condición individual. Sin embargo, los participantes en esta investigación parecen no reconocer plenamente estos factores como determinantes de su conducta, lo que sugiere una posible interiorización de la responsabilidad individual. Esta disociación entre las propuestas teóricas de la criminología sociológica y nuestros resultados sobre locus de control y atribución del delito reflejan el proceso de reflexión en el que están inmersos estos participantes a partir de su participación en la Justicia Restaurativa. Un caso especialmente ilustrativo es el de un participante (p.73), quien presenta un locus de control externo alto en todas las dimensiones, incluida la referida a factores sociopolíticos, y, al mismo tiempo, una atribución medio-alta de culpa personal por su delito. Este perfil sugiere que, aunque reconoce su implicación directa en los hechos, también es capaz de adoptar una mirada crítica sobre los fallos estructurales que contribuyen a la comisión de delitos. En este sentido, los resultados son coherentes con el proceso de Justicia Restaurativa que atraviesan estos participantes, en el cual se promueve una comprensión compleja y compartida de la responsabilidad delictiva.

Por otro lado, la mayoría de los 12 participantes de nuestro estudio muestra un alto nivel de bienestar psicológico, lo que sugiere que los distintos estilos de atribución observados pueden estar cumpliendo una función adaptativa. Esta interpretación se alinea con los hallazgos de Fariña et al.[33], quienes señalan que un locus de control interno en personas sancio-

[33] Fariña, F., García, P., & Vilariño, M. (2009). *Autoconcepto y procesos de atribución: estudio de los efectos de protección/riesgo frente al comportamiento antisocial y delictivo, en la reincidencia delictiva y en el tramo de responsabilidad penal de los menores. Revista de Investigación en Educación*, 6(2), 35–50

nadas se asocia con una mayor asunción de responsabilidad, conductas más adaptadas y un mayor bienestar psicológico. En cambio, un locus externo y un autoconcepto débil aumentan la vulnerabilidad ante comportamientos delictivos, reducen el bienestar y se relacionan con mayor probabilidad de reincidencia. Por tanto, nuestros resultados refuerzan la importancia de los estilos atribucionales en el ajuste personal y en los procesos de cambio en contextos de intervención. En este sentido, nuestros participantes, que todos ellos han participado en procesos restaurativos, han mostrado un alto nivel de bienestar psicológico eudaimónico. Estos resultados son congruentes con el "Modelo de Buenas Vidas"[34], que sostiene que el reconocimiento y la búsqueda de metas personales significativas es fundamental en la rehabilitación delictiva. En esta línea, el estudio de Dumas [35] encontró que, en población reclusa, la presencia de metas de crecimiento personal se relaciona con un locus de control interno y altos niveles de apertura, mientras que una percepción positiva de las metas se asocia principalmente con la estabilidad emocional.

Así, tanto nuestros hallazgos como los de Dumas refuerzan la relevancia de incorporar la evaluación y fortalecimiento de metas vitales en los procesos de intervención, favoreciendo no solo el bienestar individual, sino también una reintegración social más sólida.

---

34 Ward, T. (2002). The management of risk and the design of good lives. *Australian psychologist, 37*(3), 172-179. https://doi.org/10.1080/00050060210001706846

35 Dumas, Luci L., "Do offenders' life goals reflect locus of control and personality traits?" (2014). *Dissertations and Theses @ UNI.* 88. https://scholarworks.uni.edu/etd/88

## IV. CONCLUSIÓN

El presente trabajo ha pretendido explorar variables como los valores familiares inculcados, la relación actual con la familia, las expectativas de apoyo tras la excarcelación, el locus de control, la asunción delictiva y el bienestar psicológico. A través de este estudio, buscamos aportar conocimiento relevante que permita mejorar los procesos restaurativos desde una perspectiva psicosocial y culturalmente adaptada a nuestro contexto.

Las conclusiones más relevantes del estudio son las siguientes:

Respecto a la relación familiar, los resultados muestran que la mayoría de los participantes no atribuyen sus conductas delictivas a su contexto familiar previo y reconocen actualmente mantener vínculos familiares sólidos, cercanos y emocionalmente significativos. Todos los participantes expresan una percepción positiva de su relación familiar en el presente, lo que se manifiesta en descripciones de apoyo incondicional, contacto regular y valoración explícita del rol de la familia. Esta constatación es coherente con la literatura previa que subraya la función protectora de las relaciones familiares durante el encarcelamiento y tras la excarcelación, en tanto que facilitan la estabilidad emocional, reducen la reincidencia y refuerzan las narrativas de cambio. Asimismo, las expectativas de apoyo familiar futuro constituyen un eje central en las aspiraciones de reintegración de los participantes, lo cual refuerza el papel de la familia como agente restaurativo.

Respecto a los valores inculcados en la familia, los testimonios recogidos revelan un reconocimiento generalizado de que sus familias hicieron esfuerzos por transmitir principios éticos como el respeto, la honradez, el esfuerzo y la responsabilidad. Este reconocimiento, a pesar del comportamiento delictivo posterior, puede entenderse desde la teoría de la disonancia cognitiva: los procesos restaurativos habrían facilitado una reactivación de referentes morales adquiridos, contribuyendo a la toma de conciencia del daño causado y a la voluntad de reparación. Además, el desarrollo de la autorregulación y la toma de decisiones responsables, expresadas por algunos participantes como esfuerzos por superar adicciones o controlar impulsos, se alinean con los valores restaurativos y con intervenciones que promueven el desarrollo moral como base para la transformación personal. En este sentido, la justicia restaurativa se convierte en un contexto propicio para reconectar con los valores familiares, favoreciendo el compromiso ético y social.

Respecto al locus de control, la asunción delictiva y el bienestar psicológico, se observa una notable diversidad en los estilos atribucionales de los participantes. Una parte significativa muestra un locus de control interno y una alta asunción de culpa, lo que sugiere una disposición favorable a la responsabilización y al cambio, en consonancia con los principios de la justicia restaurativa. Otros participantes adoptan explicaciones más externas o contextuales de su conducta, sin que ello suponga necesariamente una evasión de responsabilidad, sino más bien una interpretación compleja en la que el delito se inscribe en trayectorias vitales marcadas por la vulnerabilidad estructural. Esta doble lectura, tanto individual como contextual, resulta especialmente valiosa para los modelos restaurativos que integran la reparación con el reconocimiento de las condiciones sociales que favorecen la criminalidad. Por otra parte, el alto nivel de bienestar psicológico generalizado entre los participantes, evaluado desde una perspectiva del "bienestar basado en valores", refuerza la idea de que los procesos restaurativos no solo contribuyen a la responsabilización, sino también al crecimiento personal y a la construcción de proyectos de vida con sentido. Estos hallazgos son coherentes con modelos como el de Buenas Vidas, que promueven la búsqueda de metas significativas como parte del proceso de rehabilitación.

Los puntos fuertes del trabajo han sido el acercamiento metodológico empleado, con un predominio cualitativo que permite profundizar en los temas abordados, complementado por instrumentos psicométricamente validados que facilitan la identificación de perfiles y la integración de dimensiones personales, familiares y sociales. Además, se ha trabajado con una muestra amplia para este tipo de estudios, integrada por personas privadas de libertad con alto poder informativo, dada su experiencia directa y completa en procesos de justicia restaurativa.

Entre las principales limitaciones del estudio se encuentra la dificultad para reclutar una muestra más diversa que permitiera categorizar los resultados según variables como tipo de delito, metodología restaurativa específica o la presencia de psicopatología. No obstante, estas líneas están proyectadas como parte del trabajo futuro, dado que el proceso de recogida de muestra se encuentra en activo.

En definitiva, este estudio representa una aportación relevante que contribuye a llenar un vacío en la literatura sobre justicia restaurativa, al integrar dimensiones personales y familiares desde una perspectiva psicosocial. Los resultados obtenidos invitan a continuar investigando en esta línea, fomentando intervenciones restaurativas que no solo promuevan la responsabilización, sino también la reconstrucción identitaria, el fortalecimiento de vínculos significativos y la apertura de nuevas oportunidades para la reintegración social.

# V. ANEXO

**Tabla 1. Datos sociodemográficos de los participantes**

| Edad | Nacionalidad | Género | Estado Civil | Estudios | Nº veces prisión | Años desde la primera prisión |
|---|---|---|---|---|---|---|
| 60 | Española | Femenino | Separa/ Divorc | Estudios universitarios | 1 | 5 |
| 49 | Española | Masculino | Soltero/a | Secundarios | 12 | 31 |
| 32 | Española | Masculino | Con pareja | | 2 | 3 |
| 31 | Colombiana | Masculino | Soltero/a | Bachiller o FP | 3 | 1 |
| 53 | Española | Masculino | Soltero/a | Secundarios | 3 | 28 |
| 48 | Española | Masculino | Soltero/a | Bachiller o FP | 5 | 32 |
| 38 | Española | Femenino | Casado/a | Primarios | 4 | 18 |
| 36 | Española | Masculino | Soltero/a | Bachiller o FP | 2 | 9 |
| 48 | Española | Masculino | Separa/ Divorc | Secundarios | 5 | 32 |
| 43 | Española | Masculino | Separa/ Divorc | Bachiller o FP | 2 | 7 |
| 45 | Colombiana | Femenino | Casado/a | Secundarios | 1 | 1 |
| 42 | Española | Femenino | Viudo/a | Bachiller o FP | | 2 |

## VI. REFERENCIAS BIBILIOGRÁFICAS

Abbaszadeh, M., Aghdam, M. B. A., & Pour, N. M. (2016). A sociological study on the tendency of prisoners to applying the restorative Justice programs on them and its relationship with psychological capital. *Journal of Studies in Social Sciences and Humanities, 2*(2), 55-60.

Bascones, A., y Ollero, J. E. (2021). *Justicia restaurativa y tratamiento de drogodependencias en el sistema penitenciario español.* Ministerio del Interior. https://www.interior.gob.es/opencms/pdf/archivos-y-documentacion/documentacion-y-publicaciones/publicaciones-descargables/instituciones-penitenciarias/Justicia_restaurativa_y_tratamiento_de_drogodependencias_en_el_sistema_penitenciario_espanol_126210468.pdf

Braun, V., & Clarke, V. (2019). Reflecting on reflexive thematic analysis. *Qualitative Research in Sport, Exercise and Health, 11*(4), 589–597. https://doi.org/10.1080/2159676X.2019.1628806

Cima, M., Nijman, H., & Merckelbach, H. (2007). *It was not me: Attribution of blame for criminal acts in psychiatric offenders.* Psychiatry Research, 150(2), 231–238. https://doi.org/10.1016/j.psychres.2006.04.002

Creswell, J. W., & Plano Clark, V. L. (2017). *Designing and Conducting Mixed Methods Research* (3.ª ed.). Thousand Oaks, CA: SAGE Publications.

De Claire, K., & Dixon, L. (2015). The Effects of Prison Visits From Family Members on Prisoners' Well-Being, Prison Rule Breaking, and Recidivism: A Review of Research Since 1991. *Trauma, Violence, & Abuse, 18*(2), 185-199. https://doi.org/10.1177/1524838015603209 (Original work published 2017)

Díaz, D., Rodríguez-Carvajal, R., Blanco, A., Moreno-Jiménez, B., Gallardo, I., Valle, C., & Van Dierendonck, D. (2006). *Adaptación española de las escalas de bienestar psicológico de Ryff. Psicothema, 18*(3), 572–577.

Dixey, R and Woodall, J (2012) The significance of 'the visit' in an English category-B prison: Views from prisoners, prisoners' families and prison staff. Community, Work and Family, 15 (1). 29- 47. ISSN 1366-8803 DOI: https://doi.org/10.1080/13668803.2011.580125

Dumas, Luci L., "Do offenders' life goals reflect locus of control and personality traits?" (2014). *Dissertations and Theses @ UNI.* 88. https://scholarworks.uni.edu/etd/88

Fariña, F., García, P., & Vilariño, M. (2009). Autoconcepto y procesos de atribución: estudio de los efectos de protección/riesgo frente al comportamiento antisocial y delictivo, en la reincidencia delictiva y en el tramo de responsabilidad penal de los menores. *Revista de Investigación en Educación,* 6(2), 35–50

Gavrielides, T. (2020). *Restorative justice theory and practice: Addressing the discrepancy.* RJ4All Publications.

GEMME España. (2023). *Mapa de la justicia restaurativa en España.* https://mediacionesjusticia.com/wp-content/uploads/2023/04/Mapa-JR-GEMME.pdf

Gudjonsson, G., & Singh, K.K. (1989). The revised Gudjonsson blame attribution inventory. Personality and Individual Differences, 10, 67-70.

Gunawan, M. M., Suwadi, P., & Rustamaji, M. (2024). Comparison Of Restorative Justice Implementation In Indonesia, Usa, Germany, Poland And Switzerland. *Revista de Gestao Social e Ambiental, 18*(1), 1-15.

Hoeve, M., Stams, G.J.J.M., van der Put, C.E. *et al.* A Meta-analysis of Attachment to Parents and Delinquency. *J Abnorm Child Psychol* **40**, 771–785 (2012). https://doi.org/10.1007/s10802-011-9608-1

Johnstone, G. (2011). Restorative Justice: Ideas, Values, Debates (2nd ed.). Routledge. https://doi.org/10.4324/9780203804841

Kirkwood, S. (2022). A practice framework for restorative justice. *Aggression and Violent Behavior, 63,* 101688. https://doi.org/10.1016/j.avb.2021.101688

La Vigne, N. G., Naser, R. L., Brooks, L. E., & Castro, J. L. (2005). Examining the Effect of Incarceration and In-Prison Family Contact on Prisoners'Family Relationships. *Journal of Contemporary Criminal Justice, 21*(4), 314-335. https://doi.org/10.1177/1043986205281727

Merma, R. G. C., Calcina, B. M. I., Chagua, E. I., & Ccori, S. G. M. (2019). Factores sociales que llevan al sujeto FFF a la comisión del delito de actos contra el pudor analizado desde la criminología sociológica. *Revista de Derecho, 4*(1), 145-162.

Morás, L. E., & Malet, M. (2009). Víctimas y victimarios. *Revista de la Facultad de Derecho,* (27), 105-122.

Morgan, D. L. (2007). *Paradigms lost and pragmatism regained: Methodological implications of combining qualitative and quantitative methods. Journal of Mixed Methods Research,* 1(1), 48–76. https://doi.org/10.1177/2345678906292462

Pavlacic, J.M., Kellum, K.K. & Schulenberg, S.E. Advocating for the Use of Restorative Justice Practices: Examining the Overlap between Restorative Justice and Behavior Analysis. *Behav Analysis Practice* **15, 1237–1246 (2022).** https://doi.org/10.1007/s40617-021-00632-1

Peleg-Koriat, I., & Weimann-Saks, D. (2024). Restorative Justice Behind Bars: People in Custody's Facilitators and Barriers to Participating in Restorative Justice. *Criminal Justice and Behavior, 51*(10), 1493-1510. https://doi.org/10.1177/00938548241257608 (Original work published 2024)

Pérez-García, A. M. (1984). Dimensionalidad del constructo «Locus de Control». Revista de Psicología General y Aplicada, 39, 471-788.

Presser, L., & Van Voorhis, P. (2002). Values and Evaluation: Assessing Processes and Outcomes of Restorative Justice Programs. *Crime & Delinquency, 48*(1), 162-188. https://doi.org/10.1177/0011128702048001007

Roig, A. I., & Bou, A. P. (2018). El papel de las familias en la reinserción de las personas que salen de la prisión. Generalitat de Catalunya. Centre d'Estudis Jurídics i Formació Especialitzada. Àmbit d'execució penal.

Rotter J. B., Generalized expectancies for internal versus external control of reinforcement Psychological Monographs: General and Applied, 80(1), (1966)

Rowsell K, Pegg K, Wallis P, Barker R. A Systematic Review of Participant and Facilitator Experiences of Restorative Justice Interventions in the Forensic Secure Estate. *International Journal of Forensic Mental Health.* 2024;23(3):229-240. doi:10.1080/14999013.2023.2289113

Rowsell K, Pegg K, Wallis P, Barker R. A Systematic Review of Participant and Facilitator Experiences of Restorative Justice Interventions in the Forensic Secure Estate. *International Journal of Forensic Mental Health.* 2024;23(3):229-240. doi:10.1080/14999013.2023.2289113

Ryff, C. D. (1989). *Happiness is everything, or is it? Explorations on the meaning of psychological well-being. Journal of Personality and Social Psychology, 57*(6), 1069–1081. https://doi.org/10.1037/0022-3514.57.6.1069

Siegel, D., & De Blank, S. (2010). Women who traffic women: the role of women in human trafficking networks–Dutch cases. *Global crime, 11*(4), 436-447.

United Nations Office on Drugs and Crime. Handbook on restorative justice programmes. 2nd ed. New York: United Nations; 2020. Available from: https://www.unodc.org/documents/justice-and-prison-reform/20-01146_Handbook_on_Restorative_Justice_Programmes.pdf

Van Dierendonck, D. (2004). *The construct validity of Ryff's Scales of Psychological Well-Being and its extension with spiritual well-being. Personality and Individual Differences, 36*(3), 629–643. https://doi.org/10.1016/S0191-8869(03)00122-3

Ward, T. (2002). The management of risk and the design of good lives. *Australian psychologist, 37*(3), 172-179. https://doi.org/10.1080/00050060210001706846

*Capítulo 14*

# *Violencia obstétrica y salud mental. Retos y posibilidades para la reparación del daño*[1]

**RAQUEL QUILES MÍNGUEZ**
*Personal investigador/a no doctor/a*
*Universitat de València*

## I. INTRODUCCIÓN

Aunque no parece existir consenso acerca de una definición operativa sobre violencia obstétrica (VO) y sus características[2], este hecho no ha restado entidad a la problemática que supone la VO en todo el mundo, al igual que no ha impedido que diversas instituciones se pronuncien al respecto.

En 2014, la OMS realizó una declaración en la que a nivel práctico perfiló el concepto de VO, matizando aspectos sig-

---

1 Este trabajo se enmarca en el proyecto PID2021-123441NB-I00 financiado por MCIN/AEI/10.13039/501100011033 y por FEDER Una manera de hacer Europa

2 Amorim, M. M., da Silva Bastos, M. H., & Katz, L. (2020). "Mistreatment during childbirth – Correspondence". *The Lancet*, 396, p. 816; Mena-Tudela, D., Iglesias-Casás, S., González-Chordá, V. M., Cervera-Gasch, Á., Andreu-Pejó, L., & Valero-Chilleron, M. J. (2021). "Obstetric violence in Spain (Part II): Interventionism and medicalization during birth". *International Journal of Environmental Research and Public Health, 18*(199), 1–14, p. 1

nificativos como la ruptura de la confianza entre las mujeres y el personal sanitario y la vulnerabilidad de estas durante el proceso de parto, si bien no niega la posibilidad de que la VO pueda producirse en otros momentos relacionados con la gestación. Asimismo, indicó que este maltrato, negligencia o la falta de respeto en el parto pueden constituir una violación de los derechos humanos fundamentales de las mujeres[3].

Unos años antes, la asociación *White Ribbon Alliance* había lanzado una Carta para una atención materna respetuosa y los derechos universales de mujeres y recién nacidos/as, en la que se enumeran una serie de declaraciones sobre la atención materna y neonatal, relativas a la libre determinación, al consentimiento informado, a la privacidad y a la atención respetuosa, entre otras. Considera, además, diversas acciones, entre las que destaca la conexión entre los derechos humanos y la atención sanitaria y el apoyo al personal sanitario para lograr un ambiente de trabajo saludable[4].

Del mismo modo, en 2019, la Relatora Especial sobre la violencia contra la mujer redactó un informe respecto a la atención del parto y la VO, indicando la generalización y sistematización de este fenómeno[5].

---

3 OMS. (2014). *Prevención y erradicación de la falta de respeto y el maltrato durante la atención del parto en centros de salud.*, p.1

4 White Ribbon Alliance. (2011). *Carta para una atención materna respetuosa: los derechos universales de las mujeres y recién nacido-as,* pp. 2-5. Extraído de: OMS, 2014

5 Šimonović, D. (2019). *Informe de la Relatora Especial sobre la violencia contra la mujer, sus causas y consecuencias acerca de un enfoque basado en los derechos humanos del maltrato y la violencia contra la mujer en los servicios de salud reproductiva, con especial hincapié en la atención del parto y la violencia obstétrica,* p. 4.

## *1. Conceptualización de la violencia obstétrica*

Debido a las dificultades en su conceptualización, no han sido pocos los/as autores/as que han destinado esfuerzos para tratar de aportar una definición amplia de la VO. Si bien parte de la literatura científica considera que el término surge de una publicación en *The Lancet* de 1827[6], por la cual James Blundell criticaba las prácticas obstétricas de la época y abogaba por una menor injerencia en el parto, lo cierto es que el impulso y la concienciación de su estudio en las últimas décadas del siglo pasado[7], han contribuido a visibilizar el entramado que conforma este fenómeno, así como todas sus aristas e intersecciones. Es por ello, por lo que la conceptualización de esta problemática es compleja, diversa y multidisciplinar, abarcando, ya no sólo las conductas que se incluyen dentro de la VO, si no también todos los intervinientes, características propias, consecuencias e interseccionalidades.

---

6 Chervenak, F. A., McLeod-Sordjan, R., Pollet, S. L., de Four Jones, M., Gordon, M. R., Combs, A., Bornstein, E., Lewis, D., Katz, A., Warman, A., & Grünebaum, A. (2024). "Obstetric violence is a misnomer". *American Journal of Obstetrics and Gynecology*, 1138–1145, p. 1138; Ramallo Castillo, R. M., Lozano Vidal, M., Durán Castellanos, I., & Corrales Gutiérrez, I. (2024). "Violencia obstétrica, una visión actual. Definición, percepción por parte de profesionales y propuesta de mejora. Revisión narrativa". *Ginecología y Obstetricia de México, 92*(2), 85–96, p. 86.

7 Existen discrepancias acerca de la datación del surgimiento de la concienciación y el planteamiento de la VO, en función de la región estudiada y de la perspectiva analizada. No obstante, algunos autores remarcan el auge de la antropología médica como germen del cuestionamiento de los sistemas de salud. García, E. M. (2018). *La violencia obstétrica como violencia de género. Estudio etnográfico de la violencia asistencial en el embarazo y el parto en España y de la percepción de usuarias y profesionales*, p. 130; Rodríguez Mir, J., & Martínez Gandolfi, A. (2021). "La violencia obstétrica: una práctica invisibilizada en la atención médica en España". *Gaceta Sanitaria, 35*(3), 211–212, p. 211

A su vez, la naturaleza de esta problemática la convierte en un concepto sujeto a constante evolución y revisión, influenciado por los avances médicos, sociales, tecnológicos y científicos, que perfilan las actuaciones y la práctica obstétrica común y someten a evaluación aquellas prácticas y actitudes tradicionalmente realizadas, lo que contribuye a la toma de conciencia, a la visibilización de este fenómeno y al replanteamiento de las actuaciones sanitarias[8].

De hecho, existen voces que incluso estiman que el término "violencia obstétrica" es un término inapropiado[9], al considerar que la palabra "violencia" supone una actuación deliberada e intencional, que puede ser malinterpretada y acotarse únicamente al ámbito físico, por lo que dificultaría la inclusión e identificación de una mayor gama de conductas subrepticias, como podrían ser las desatenciones[10].

Algunos estudios que han decidido participar en la perfilación del concepto de VO, han centrado sus esfuerzos en catalogar las actuaciones y características propias, que van desde actos no consensuados o no apropiados, a actos de violencia psicológica, como la infantilización de la mujer, humillaciones o un trato autoritario, entre otros[11].

---

8 Maravall Buckwalter, I. (2025). "Violencia obstétrica. Un concepto internacional inconcluso". *Eunomía. Revista En Cultura de La Legalidad, 28,* 332–354, pp. 334 y 351; Rodríguez Mir et al. "La violencia obstétrica: una práctica..." *op. cit.*; Sociedad Marcé Española (MARES). (2021). *Comunicado violencia obstétrica.* Recuperado el 30 de abril de 2025 de: https://www.sociedadmarce.org/detall.cfm/ID/16416/MARES/comunicado-violencia-obstetrica-14-julio-2021

9 Chevernak et al. "Obstetric violence is...", *op. cit.* p. 1138; Moreno Sánchez, J. A. (2023). "Violencia obstétrica. ¿Es el término, o sus implicaciones?" *Revista CONAMED, 28*(3), 148–154, p. 149.

10 Chevernak et al. "Obstetric violence is...", *op. cit.* p. 1138; Maravall Buckwalter, I. "Violencia obstétrica..." *op. cit.* p. 344

11 Chávez Courtois, M. L., & Sánchez Maya, N. A. (2018). "Violencia obstétrica y morbilidad materna: Sucesos de violencia de género".

A este respecto, otros/as autores/as remarcan la existencia de VO a lo largo de todo el proceso reproductivo de la mujer, no acotando la definición únicamente a los periodos de gestación, parto y puerperio[12].

Otras investigaciones optan por definiciones que conectan la VO con los DDHH y los derechos sobre la salud y los derechos sexuales y reproductivos, en línea con el planteamiento de la OMS a este respecto[13].

Otros estudios, sin embargo, la consideran una forma de violencia contra las mujeres, y, por tanto, una forma de violencia de género y de violencia institucional hacia las mismas. Violencias que, ejercidas de forma normalizada e incrementada a partir de la intersección de diversos factores sociales, vulneran derechos, deshumanizan y patologizan el proceso reproductivo de la mujer, incluso fuera de las fronteras de las instituciones sanitarias[14].

Asimismo, se remarca el carácter sistémico y estructural de esta violencia, al estar integrada en el sistema de salud y al encontrarse

---

*Revista de El Colegio de San Luis, 16*(8), 103–119, p. 112; Rodríguez Mir et al. "La violencia obstétrica: una práctica..." *op. cit.*, p. 211

12 al Adib Mendiri, M., Ibáñez Bernáldez, M., Casado Blanco, M., & Santos Redondo, P. (2017). "La violencia obstétrica: un fenómeno vinculado a la violación de los derechos elementales de la mujer". *Medicina Legal de Costa Rica, 34*(1), p. 3

13 Rodríguez Mir et al. "La violencia obstétrica: una práctica..." *op. cit.*, p. 211

14 Laínez Valiente, N. G., Martínez Guerra, G. de los Á., Portillo Najarro, D. A., Alvarenga Menéndez, A. F., & Véliz Flores, A. M. (2023). "Consecuencias físicas y psicológicas de la violencia obstétrica en países de Latinoamérica". *Alerta, Revista Científica Del Instituto Nacional de Salud, 6*(1), 70–77, pp. 70 y 73; Méndez Aristizábal, D. (2024). "La violencia obstétrica frente a la interseccionalidad y el derecho a la salud sexual y reproductiva: una aproximación desde los derechos humanos". En D. Mena-Tudela. (Ed.), *Violencia obstétrica e interseccionalidades.* Publicacions de la Universitat Jaume I.

entretejida de forma alambicada en el ámbito médico, político y social[15]; de hecho, según la *International Confederation of Midwives*, la VO se ve influenciada por las condiciones del personal sanitario, la jerarquización del sistema de salud, la formación profesional y la dotación económica[16]. Prueba de ello podrían ser el mayor encarnizamiento con las mujeres de mayor vulnerabilidad o el recrudecimiento de la VO motivada por la situación de pandemia[17].

Del mismo modo, existen autores/as que abordan la cuestión simbólica y epistémica en el concepto y la génesis de la VO. Los primeros distinguen los roles e interacciones de los/as profesionales sanitarios y de las mujeres como pacientes en el contexto biomédico actual. Este contexto contribuye a la medicalización y alimenta el desconocimiento y la ausencia

---

15 International Confederation of Midwives. (2024). *Declaración: Violencia obstétrica y maltrato y violencia contra las mujeres en los servicios de salud reproductiva.* Recuperado el 05 de mayo de 2025 de: https://internationalmidwives.org/es/resources/violencia-obstetrica-y-maltrato-y-violencia-contra-las-mujeres-en-los-servicios-de-salud-reproductiva; Mena-Tudela, D., Iglesias-Casás, S., Valero-Chillerón, M. J., Llagostera-Reverter, I., & Mahiques-Llopis, J. (2025). "Violencia obstétrica durante la pandemia del SARS-CoV-2 en España: estudio descriptivo". *Enfermería Clínica, 35*, p. 2; Rodríguez Mir et al. "La violencia obstétrica: una práctica..." *op. cit.*

16 International Confederation of Midwives. "Declaración: violencia obstétrica...", *op. cit.*, p. 3; Šimonović, D. "Informe de la Relatora Especial...", *op. cit.*, p. 15

17 Grilo Diniz, S., de Oliveira Salgado, H., Faria de Aguiar Andrezzo, H., Galdino Cardin de Carvalho, P., Cavalcanti Albuquerque Carvalho, P., de Azevedo Aguiar, C., & Yoshie Niy, D. (2015). "Abuse and disrespect in childbirth care as a public health issue in Brazil: Origins, definitions, impacts on maternal health, and proposals for its prevention". *Journal of Human Growth and Development, 25*(3), 377–382, p. 380. Extraído de: Rodríguez Mir et al., 2021; Massó Guijarro, E. (2023). "La violencia obstétrica como injusticia epistémica: el parto en disputa". *Salud Colectiva, 19*, p. 2

de cuestionamiento de la autoridad y la práctica médicas por parte de las pacientes[18]. Por su parte, los paradigmas de la justicia epistémica defienden la necesidad de visibilizar, conciencia y dotar de sentido a este fenómeno a través de la narración y la credibilidad de los testimonios y las experiencias de las mujeres[19].

En atención a todas las definiciones y conceptualizaciones planteadas, es indudable la complejidad y multifactorialidad de la VO, lo que la convierte en un fenómeno difícil de abordar, especialmente debido a esa invisibilización y naturalización por parte de toda la sociedad, incluyendo el personal sanitario.

## *2. Características de la violencia obstétrica*

### 2.1. Los actores intervinientes en la violencia obstétrica y sus roles. Aplicación y fronteras del concepto de violencia obstétrica

Partiendo de los párrafos anteriores, podría afirmarse que los actores principales de la VO son, en primer lugar, las mujeres como sujeto pasivo de esta violencia, que se encuentran atravesando su proceso gestacional, existiendo conceptualizaciones que consideran la VO una forma de violencia contra las

---

[18] Casal-Moros, N., & Alemany-Anchel, M. J. (2014). "Violencia simbólica en la atención al parto, un acercamiento desde la perspectiva de Bourdieu". *Index de Enfermería, 23*(1–2), 61–64; Castro, R., & Frías, S. M. (2022). "Introducción. Violencia simbólica, violencia obstétrica y ciencias sociales". En Castro, R., & Frías, S. M. (coords.). *Violencia obstétrica y ciencias sociales. Estudios críticos en América Latina.* Universidad Nacional Autónoma de México.

[19] Granero Ferrer, R. (2023). "La judicalización del parto. Un ejercicio de injusticia epistémica testimonial". *Eunomía. Revista En Cultura de La Legalidad, 24,* 163–183; Massó Guijarro, E. "La violencia obstétrica como...", *op. cit.*

mujeres, por el mero hecho de serlo, y las cuales soportan una situación asimétrica respecto a quienes ejercen esta violencia[20].

Por tanto, el sujeto activo sería todo aquel personal de la salud en contacto con estas mujeres, tanto del ámbito público como privado, que realizan y repiten conductas y patrones que generan indefensión y consecuencias negativas sobre las víctimas, precisamente por ese binomio de conocimiento y poder que sostienen[21]. De hecho, existen legislaciones que específicamente definen la VO partiendo del personal de salud como su principal ejecutor, como es el caso de Venezuela[22], Paraguay[23] o Portugal[24].

---

[20] Barbosa Jardim, D. M., & Modena, C. M. (2018). "La violencia obstétrica en el cotidiano asistencial y sus características". *Revista Latino-Americana de Enfermagem, 26*, p. 2; Llobera Cifre, R., Ferrer Pérez, V. A., & Chela Álvarez, X. (2019). "Violencia obstétrica. La perspectiva de mujeres que la han sufrido". *Investigaciones Feministas, 10*(1), 167–184, pp. 168-169; Adjuntía para los derechos de la mujer. (2020). *Informe de Adjuntía No 023-2020-DP/ADM. Violencia obstétrica en el Perú*, p. 69

[21] Díaz García, L. I., & Yasna Fernández, M. (2018). "Situación legislativa de la Violencia obstétrica en América latina: el caso de Venezuela, Argentina, México y Chile". *Revista de Derecho de La Pontificia Universidad Católica de Valparaíso, 51*, 1–21, p. 5; Montiel, J. P. (2017). "'Violencia obstétrica' como disposición ilegítima del cuerpo de la parturienta". En H. Kudlich, J. P. Montiel, & Í. Ortiz de Urbina Gimeno (Eds.), *Cuestiones actuales del Derecho penal médico* (pp. 57–79). Marcial Pons, p. 66.

[22] García, E.M., "La violencia obstétrica como…", *op. cit.*, p. 48

[23] Ley nº 5777 de 2016. Protección Integral a las Mujeres, contra toda forma de Violencia. 27 de diciembre de 2016. Biblioteca Nacional del Congreso de la Nación de Paraguay. Recuperado el 06 de mayo de 2025 de: https://www.bacn.gov.py/leyes-paraguayas/8356/ley-n-5777-de-proteccion-integral-a-las-mujeres-contra-toda-forma-de-violencia.

[24] Lei nº 33/2025 de 2025. Promove os direitos na gravidez e no parto e altera a Lei n.º 15/2014, de 21 de março. 31 de marzo de 2025. Diário da República, nº 63/2025, Série I de 2025-03-31. Recuperado el 08 de mayo de 2025 de: https://diariodarepublica.pt/dr/detalhe/lei/33-2025-913048477

No obstante, algunos estudios remarcan el papel de víctima del personal sanitario que, lejos de ser fruto de actos negligentes o deliberados, aunque puedan causar maltrato, la VO es la conjunción de prácticas institucionalizadas y la ausencia de formación con perspectiva de DDHH y género[25].

A su vez, como se ha mencionado anteriormente, existen estudios que remarcan esa ampliación del concepto de VO a todo el proceso reproductivo de la mujer, incluyendo los procesos de duelo materno y aborto[26], si bien el parto suele convertirse en el momento por excelencia en el que esta violencia tiene lugar, al tratarse de una fase de gran vulnerabilidad para la mujer[27].

Del mismo modo, algunos/as autores/as extienden el concepto de víctima de VO también a las parejas y entorno familiar de la mujer, así como al/la recién nacido/a, al considerarlos también depósito de las consecuencias de la VO[28].

---

25 Šimonović, D. "Informe de la Relatora Especial...", *op. cit.*, p. 7; Vivas, E. (2019). *Mamá desobediente. Una mirada feminista a la maternidad* (7a ed.). Capitán Swing, pp. 198 y 200-202

26 al Adib Mendiri et al., "La violencia obstétrica: un fenómeno...", *op. cit.*, p. 3; Méndez Aristizábal, D., "La violencia obstétrica frente a la interseccionalidad...", *op. cit.*, p. 19

27 Arguedas Ramírez, G. (2014). "La violencia obstétrica: propuesta conceptual a partir de la experiencia costarricense". *Cuadernos Intercambio sobre Centroamérica y el Caribe, 11*(1), p. 147. Extraído de: Díaz García, et al., 2018; OMS, "Prevención y erradicación... ", *op. cit.*

28 Crespo-Antepara, D. N., Sánchez-Zambrano, B. M., & Domínguez-Ontano, D. P. (2018). "La violencia obstétrica como elemento deshumanizador del parto". *Polo Del Conocimiento, 3*(7), 347, p. 350; Martínez-Galiano, J. M., Martinez-Vazquez, S., Rodríguez-Almagro, J., & Hernández-Martinez, A. (2021). "The magnitude of the problem of obstetric violence and its associated factors: A cross-sectional study". *Women and Birth, 34*(5), e526–e536, p. 527; García, E.M., "La violencia obstétrica como...", *op. cit.*, p. 432

Asimismo, otras investigaciones matizan la necesidad de visibilizar todas las esferas sanitarias donde puede darse esta violencia (sanidad pública, privada, atención domiciliaria…), incluso ampliarla a toda la sociedad, puesto que es un tipo de violencia estructural e institucional, con impacto y consecuencias económicas y sociales[29]. De hecho, aspectos integrados en las políticas públicas, como la duración de los permisos de maternidad, incidirían directamente en la atención y los cuidados[30].

## 2.2. Causas, conductas e interseccionalidades de la violencia obstétrica

Se considera que el origen de la VO es eminentemente estructural, a través de un compendio entre las condiciones de los sistemas sanitarios, el marco legal y las prácticas médicas hegemónicas discriminatorias y alejadas de la perspectiva de género, las creencias y estereotipos de género arraigados socialmente y dinámicas de poder y abuso de la doctrina médica, que generarían un desbalance en la relación médico-paciente[31].

Si bien existen quienes han tratado de clasificar las conductas de la VO, como Bowser y Hill, estas clasificaciones han sido

---

29 Mena-Tudela et al., "Violencia obstétrica durante…", *op. cit.*, p. 2; Rodríguez Mir et al. "La violencia obstétrica: una práctica…" *op. cit.*, p. 211

30 Méndez Aristizábal, D., "La violencia obstétrica frente a la interseccionalidad…", *op. cit.*, p. 19.

31 Adjuntía para los derechos de la mujer. "Informe de Adjuntía…", *op. cit.*, pp. 14-15; European Comission: Directorate-General for Justice and Consumers, Fondazione Giacomo Brodolini (FGB), Scientific Analysis and Advice on Gender Equality in the EU (SAAGE), & Quattrocchi, P. (2024). *Obstetric violence in the European Union: Situational analysis and policy recommendations*, pp. 16-17

criticadas por sus limitaciones[32]. Así pues, en términos generales, la bibliografía señala como conductas propias de la VO la excesiva patologización y medicalización del parto, así como la realización de actos o prácticas médicas no consensuadas, no informadas o no apropiadas en atención al caso, incluyendo aquellas con mayor incidencia en el bienestar psicológico de la víctima, consistentes en un trato paternalista, despersonalizado, autoritario o humillante, intimidaciones, chantajes o culpabilizaciones[33].

Asimismo, existen estudios que alertan sobre las conductas omisivas. Se trataría de conductas que provocan una sensación de pérdida de control, de la autonomía y la privacidad durante el proceso, al ignorarse activamente la presencia o las peticiones de la mujer[34].

Todas estas conductas mencionadas en párrafos superiores formarían parte de la mencionada naturalización del maltrato, por la cual algunas voces críticas enfatizan esa rutinización de conductas que producen un impacto negativo en la mujer, pese al auge de la concienciación en VO y/o pese a las peticiones y advertencias activas de las mujeres.

---

32 Bohren, M. A., Vogel, J. P., Hunter, E. C., Lutsiv, O., Makh, S. K., Souza, J. P., Aguiar, C., Saraiva Coneglian, F., Araújo Diniz, A. L., Tunçalp, Ö., Javadi, D., Oladapo, O. T., Khosla, R., Hindin, M. J., & Gülmezoglu, A. M. (2015). "The mistreatment of women during childbirth in health facilities globally: a mixed-methods systematic review". *PLoS Medicine, 12*(6), pp. 2-3

33 Barbosa et al. "La violencia obstétrica en el cotidiano...", *op cit.*; Rodríguez Mir et al. "La violencia obstétrica: una práctica..." *op. cit*, p. 211; Távara-Orozco, L. (2024). "Cómo entendemos la violencia obstétrica". *Revista Peruana de Ginecologia y Obstetricia, 70*(2), p. 3

34 Díaz et al., "Situación legislativa de...", *op. cit.*, p. 6; International Confederation of Midwives. "Declaración: violencia obstétrica...", *op. cit.*, p. 2; Llobera Cifre et al., "Violencia obstétrica. La perspectiva...", *op. cit.*, pp. 173-174

A su vez, la VO se entrelaza con diferentes factores sociales que pueden agravarla, como la pertenencia a una minoría o condiciones de salud previas[35]. Existen investigaciones que ponen de relevancia que la etnicidad o el estrato socioeconómico y cultural aumentan el riesgo de padecer VO[36]: un estudio en India mostró que la probabilidad de sufrir maltrato es 3,6 veces superior en mujeres de bajo estrato socioeconómico[37], mientras que otros alertan sobre las probabilidades incrementadas de morbilidad materna y parto prematuro en mujeres de color[38].

La población indígena, romaní, migrante y las personas con discapacidad experimentan dificultades a la hora de acceder a los servicios asistenciales y son víctimas de estereotipos y tratos que atentan contra su capacidad decisoria y reproductiva, que en ocasiones incrementan las complicaciones y la morbilidad[39].

---

35 OMS, "Prevención y erradicación… ", *op. cit.*, p. 1

36 Bohren et al. "The mistreatment of women…", *op. cit.*, p. 15

37 Šimonović, D. "Informe de la Relatora Especial…", *op. cit.*, p. 16

38 Marçal, F. (2024) "Obstetric racism: black women's perspectives on healthcare during pregnancy, childbirth and postpartum in Brazil", p. 175. En Mena-Tudela, D. (2024). *Violencia obstétrica e interseccionalidades* (D. Mena Tudela, Ed.). Publicacions de la Universitat Jaume I.

39 Brunello, S., Gay-Berthomieu, M., Smiles, B., Bardho, E., Schantz, C., & Rozee, V. (2024). *Obstetric and gynaecological violence in the EU-Prevalence, legal frameworks and educational guidelines for prevention and elimination*, pp. 38-41; Méndez Aristizábal, D., "La violencia obstétrica frente a la interseccionalidad…", *op. cit.*, pp. 25-26; Miranda-Herrera, M. de L. A., & Alcalá, A. (2023). "La violencia obstétrica: rutas de reparación en las comisiones estatales de derechos humanos en San Luis Potosí, México". *MUSAS. Revista de Investigación En Mujer, Salud y Sociedad, 8*(2), 66–91, p. 84; Šimonović, D. "Informe de la Relatora Especial…", *op. cit.*, p. 9

Esta VO también se ceba con aspectos como la edad[40], la sexualidad[41], el peso[42] y con aquellas personas con problemas de salud (mental), adicciones o historia de violencia o abuso previos[43].

Por todas estas razones, la bibliografía demanda la aplicación de un enfoque interseccional y de DDHH para abordar la VO que fomente la accesibilidad a los servicios de salud y a los derechos de las víctimas[44].

## 2.3. Consecuencias de la violencia obstétrica

Las consecuencias que puede abarcar la VO exceden el plano físico para impactar en la salud mental de las mujeres. En este sentido, son numerosos los estudios que señalan la incidencia de sentimientos de culpa, baja autoestima y trastornos de especial gravedad, como TEPT o depresión[45]. Esto repercute en la calidad de vida en diversos aspectos, como la sexualidad, incluyendo las decisiones sobre una futura maternidad[46].

---

40 Bohren et al., "The mistreatment of women...", *op. cit.*, p. 15; Cárdenas Castro, M., & Salinero Rates, S. (2022). "Violencia obstétrica en Chile: percepción de las mujeres y diferencias entre centros de salud". *Revista Panamericana de Salud Pública, 46.*, p. 3

41 *Ibidem*; Brunello et al., "Obstetryc and gynecological...", *op. cit.*, pp. 41-42

42 *Ibidem*; Castro Fernández, E. (2024). "Gordofobia y violencia obstétrica: intersecciones de opresión y prácticas eugenésicas", pp. 135-144. En Mena-Tudela, D. (2024). *Violencia obstétrica e interseccionalidades* (D. Mena Tudela, Ed.). Publicacions de la Universitat Jaume I.

43 Vivas, E., "Mamá desobediente...", *op. cit.*, p. 176

44 Méndez Aristizábal, D., "La violencia obstétrica frente a la interseccionalidad...", *op. cit.*, pp. 31-32; Miranda-Herrera et al., "La violencia obstétrica: rutas...", *op. cit.*, p. 83

45 Brunello et al., "Obstetryc and gynecological...", *op. cit.*, pp. 17-19; Cárdenas et al., "Violencia obstétrica en Chile...", *op. cit.*, p. 2

46 Brunello et al., "Obstetryc and gynecological...", *op. cit.*, p. 18; Vivas, E., "Mamá desobediente...", *op. cit.*, p. 173

De hecho, un estudio de 2017 en España mostró que un 13% de las mujeres se siente traumatizada tras el parto y que el 27% siente más miedo de un parto posterior[47]. A su vez, un estudio brasileño destaca el incremento de probabilidades de padecer depresión postparto al sufrir VO, al igual que un estudio español mostró la asociación entre el TEPT y la VO[48].

A este respecto, globalmente se estima que un 2-6% de las mujeres desarrollan un TEPT tras el parto y un 35% presenta sintomatología, asociados a un evento de VO traumático[49].

Otros estudios muestran datos nada despreciables sobre la incidencia del TEPT tras un parto violento en diferentes países, alcanzando un 18% en EE. UU., lo que provoca un efecto negativo en el apego, la lactancia o en la relación con el sistema de salud. En este sentido, no se requiere la materialización lesiva para generar un impacto desfavorable, si no que bastaría con la percepción individual del peligro[50].

Las secuelas del TEPT provocarían interferencias en la creación del vínculo y apego maternos. Mientras que, estudios sobre la ansiedad revelan la situación de vulnerabilidad en la que se hallan las mujeres previas al parto[51].

Por su parte, pese a poseer una incidencia global del 15%, la depresión postparto es hasta seis veces más probable tras haber experimentado VO, siendo los sentimientos de abandono en el parto uno de los factores de riesgo para su aparición[52]. A su vez, los resultados de un estudio de 2019 alertan de la relación entre el abuso físico y/o verbal con la depresión postparto

47 *Ibidem*

48 Martínez-Galiano et al., "The magnitude of…", *op. cit.*, p. 527

49 García, E.M., "La violencia obstétrica como…", *op. cit.*, p. 435

50 Vivas, E., "Mamá desobediente…", *op. cit.*, p. 173

51 Laínez et al., "Consecuencias físicas y psicológicas…", *op cit.*, pp. 74-75

52 *Ibidem*

moderada y severa, siendo esta correlación mucho más acusada si existían problemas de salud mental previos[53].

Asimismo, otra investigación reciente reveló que existen numerosas complicaciones psicológicas en el puerperio tras un parto traumático en comparación con mujeres que no sufrieron VO, como una mayor incidencia de trastornos del sueño[54]. Además, puede darse un impacto emocional, que, pese a no desembocar en un trastorno, sí puede generar secuelas, como humillación o "desempoderamiento"[55].

Estas consecuencias también afectan al personal sanitario, quienes, por exposición a VO, también desarrollan sintomatología de TEPT, pudiendo afectar al desempeño de su trabajo o llegar a abandonarlo[56].

## II. INCIDENCIA Y SITUACIÓN LEGAL DE LA VIOLENCIA OBSTÉTRICA

### *1. La violencia obstétrica en el mundo. Incidencia y situación legal*

En 2019, la Relatora Especial sobre la violencia contra la mujer destacaba el significativo alcance de la VO[57]. Ese mismo

---

53 Freitas Silveira, M., Arndt Mesenburg, M., Damaso Bertoldi, A., Loret de Mola, C., Garcia Bassani, D., Rodrigues Domingues, M., Stein, A., & Coll, C. V. N. (2019). "The association between disrespect and abuse of women during childbirth and postpartum depression: Findings from the 2015 Pelotas birth cohort study". *Journal of Affective Disorders, 256*, 441–447. p. 443

54 Robles Rosa, A. C., & Jódar Martínez, R. (2024). "Violencia obstétrica y su relación con las complicaciones psicológicas durante el puerperio". *Escritos de Psicología, 17*(2), 72–83, pp. 75-78

55 García, E.M., "La violencia obstétrica como...", *op. cit.*, p. 435

56 European Comission et al., "Obstetric violence in the European...", *op. cit.*, p. 25; Vivas, E., "Mamá desobediente...", *op. cit.*, p. 202

57 Šimonović, D. "Informe de la Relatora Especial...", *op. cit.*, p. 4

año, un estudio de la OMS denunciaba que, en países como Ghana, Guinea, Myanmar y Nigeria, el 42% de las mujeres sufrieron abusos verbales y físicos, así como altas tasas de medicalización e intervención médica sin consentimiento[58].

En Latinoamérica, la VO se cifra en hasta el 43% durante el parto y, un estudio chileno, reveló que cerca del 80% de las encuestadas consideró haber experimentado alguna forma de VO[59]. Asimismo, existen prácticas gineco-obstétricas ya consideradas como violaciones de los derechos humanos, como la sinfisiotomía, la cual tuvo un terrible impacto entre los años 40-80 en Irlanda[60]. En este sentido, incluso se ha llegado a calificar la episiotomía como una forma de mutilación genital[61].

---

58 Bohren, M. A., Mehrtash, H., Fawole, B., Maung, T. M., Balde, M. D., Maya, E., Thwin, S. S., Aderoba, A. K., Vogel, J. P., Irinyenikan, T. A., Adeyanju, A. O., Mon, N. O., Adu-Bonsaffoh, K., Landoulsi, S., Guure, C., Adanu, R., Diallo, B. A., Gülmezoglu, A. M., Soumah, A. M., ... Tunçalp, Ö. (2019). "How women are treated during facility-based childbirth in four countries: a cross-sectional study with labour observations and community-based surveys". *The Lancet, 394,* 1750–1763, p. 1756

59 Amorim et al., "Mistreatment during...", *op. cit.*; Cárdenas et al., "Violencia obstétrica en Chile...", *op. cit.,* p. 2-3.; Tobasía-Hege, C., Pinart, M., Madeira, S., Guedes, A., Reveiz, L., Valdez-Santiago, R., Pileggi, V., Arenas-Monreal, L., Rojas-Carmona, A., Piña-Pozas, M., Gómez Ponce de León, R., & Souza, J. P. (2019). "Irrespeto y maltrato durante el parto y el aborto en América Latina: revisión sistemática y metaanálisis". *Revista Panamericana de Salud Pública, 43,* p. 11

60 Delay, C., & Sundstrom, B. (2020). "The Legacy of Symphysiotomy in Ireland: A Reproductive Justice Approach to Obstetric Violence". En: M. E. Armstrong, S. Markens, & M. M. Waggoner (Eds.), *Reproduction, Health and Medicine*; Šimonović, D. "Informe de la Relatora Especial...", *op. cit.*, p. 9

61 Wagner, M. (1999). "Episiotomy: a form of genital mutilation". *The Lancet, 353*(9168) 1977-1978

En Europa, la incidencia de VO es muy variable, dependiendo del país y la forma de violencia analizada. No obstante, una escasa incidencia no debe asociarse con una inexistencia de este fenómeno, ya que dichas cifras podrían obedecer a la invisibilización, su escaso y novedoso estudio, la variabilidad de sus manifestaciones o la presencia de otros síndromes[62].

Respecto a las prácticas gineco-obstétricas que sirven como indicadores de la presencia de VO, debe tenerse en consideración la variabilidad interhospitalaria. En Europa, la incidencia de cesárea supera el 50% de los nacimientos en 2019 en Chipre, quedando Polonia y Hungría próximos a esta cifra, muy por encima de las recomendaciones de la OMS. De igual modo, ese mismo año, las tasas más altas de partos vaginales instrumentalizados se encontraron en España y en Irlanda[63].

Respecto a la incidencia de episiotomía, datos de 2010 muestran una incidencia elevada en países como Portugal (72,9%), Rumanía (68,2%) y Polonia (67,5%)[64]. A su vez, estudios asiáticos y africanos muestran porcentajes de episiotomía por encima del umbral de la OMS en Indonesia (20-30,8%, según estudios y hospital), Etiopía (43,4%), Myanmar (68,7%) o Nigeria (24,5%)[65].

---

62 Rodríguez Mir et al. "La violencia obstétrica: una práctica..." *op. cit.*, p. 211

63 Euro-Peristat. (2020). *European Perinatal Health Report. Core indicators of the health and careof pregnant women and babies in Europe from 2015 to 2019*, pp. 99-103

64 European Comission et al., "Obstetric violence in the European...", *op. cit.*, p.20

65 Bohren et al., "How women are treated...", *op. cit.*, p.1759; Djusad, S., Permatasari, I. I., Futihandayani, A., Shahnaz, P., Hadiwinata, D., & Herianti, H. F. (2024). "Analysis of episiotomy incidence and risk factors in vaginal deliveries: a single-center". *Am J Obstet Gynecol Global Reports, 4,* p. 3

Sobre los partos inducidos, las cifras continúan siendo muy variables entre estudios: un estudio de 2018 halló que, en Noruega, un parto de cada diez es inducido sin una causa médica estricta[66] y esta cifra se encontraba en el 28,3% en 2022[67]; en Francia, casi el 14% de las inducciones fue electiva en 2015[68].

Datos a este respecto de Euro-Persitat en 2010, muestran que países como Alemania, Bélgica, Francia, Reino Unido, Países Bajos, Luxemburgo y Malta, superan el 20% en inducciones, llegando a superar el 30% en la región belga de Valonia[69]. A su vez, la OMS estima que las tasas de inducción en algunos países desarrollados supera el 20%[70].

En el estudio de Brunello et al. (2024) se realiza una recopilación de investigaciones y encuestas sobre formas de VO relativas al contacto con los/as profesionales sanitarios en países de la UE, mostrando cuestiones como las que se expondrán a continuación[71]:

---

66 Dögl, M., Romundstad, P., Berntzen, L. D., Fremgaarden, O. C., Kirial, K., Kjøllesdal, A. M., Nygaard, B. S., Robberstad, L., Steen, T., Tappert, C., Torkildsen, C. F., Vaernesbranden, M. R., Vietheer, A., & Heimstad, R. (2018). "Elective induction of labor: A prospective observational study". *PLoS ONE, 13*(11), p. 5

67 Lundh, C., Øvrum, A. K., & Dahl, B. (2023). "Women's experiences with unexpected induction of labor: A qualitative study". *European Journal of Midwifery, 7*(March), p. 1

68 Coulm, B., Blondel, B., Alexander, S., Boulvain, M., & le Ray, C. (2015). "Elective induction of labour on maternal request: a national population-based study". *BJOG*, 123(13), pp. 2191 y 2193. Extraído de: Dögl et al., 2018

69 Euro-Peristat. (2010). *European Perinatal Health Report. Health and care of pregnant women and babies in Europe in 2010*, p. 92

70 OMS (2018). WHO recommendations: Induction of labour at or beyond term, p. 32

71 Brunello et al., "Obstetryc and gynecological…", *op. cit.*, pp. 21-32

Si las prácticas médicas mencionadas en párrafos superiores tienen una incidencia considerable, estas todavía tienen un mayor potencial lesivo cuando no se solicita el consentimiento expreso de la paciente. En República Checa, en 2021, el 100% de las mujeres manifestaron sentirse molestas por el menosprecio hacia las capacidades de la madre en los hospitales y las intervenciones sin consentimiento. En países como Alemania (2023), Bélgica (2021), Portugal (2022), Finlandia (2019) e Italia (2017), más del 30% de mujeres sufrieron alguna intervención sin haberla consentido.

Respecto al abuso verbal y físico, en Grecia (2021) el 16,5% experimentó algún tipo de violencia verbal, al igual que en Polonia (21% en 2021) y Portugal (23,3% en 2022); mientras que, en Alemania (2023), más del 30% de mujeres sufrió alguna forma de violencia física.

Las desatenciones y el trato irrespetuoso fueron reportados en Italia (2017) en un 40%, y cerca del 20% en Letonia y Suecia (2022). Asimismo, la falta de información y de cuidados apropiados se hizo patente en países como Polonia en 2018, donde más del 73% de mujeres reportaron haber sido separadas de sus bebés inmediatamente tras el parto, mientras que, en Chipre, el 31% no recibió información ni apoyo suficientes (2023).

En Finlandia, el 32% sufrió abuso emocional, incluyendo no permitir acompañamiento de una persona designada (2019) y en Polonia, alrededor del 50% de mujeres sufrió una falta de privacidad en los hospitales (2020). Respecto a la restricción de movimientos, en Suecia, al 35,4% de las mujeres no se les permitió decidir sobre la posición para dar a luz (2022). Por último, en Alemania y Polonia existen porcentajes de discriminación por cuestiones como la edad, peso, etnicidad, idioma y por discrepancias con los profesionales.

Por tanto, una vez establecida la incidencia global de la VO y si previamente se exponían las numerosas definiciones y pronunciamientos sobre la VO por parte de la literatura científica y por instituciones de referencia en materia sanitaria, no puede ignorarse el impacto de los diferentes cuerpos legales que específicamente tratan la VO en el mundo a la hora de dotar de trasfondo y perfilar el concepto de esta.

La introducción de la VO en el marco legal es pionera en algunos países de Sudamérica y Centroamérica, siendo legislaciones referentes a nivel mundial. Ello ha contribuido a una expansión del conocimiento y la concienciación del término de VO[72].

Venezuela fue la precursora en adoptar una norma que incluyese la VO como tal en 2007[73]. Su Ley Orgánica sobre el Derecho de las Mujeres a una Vida Libre de Violencia, contiene un articulado centrado en el reconocimiento de las diferentes formas de violencia contra la mujer y la protección de los derechos de estas, quedando enmarcada la VO como una variante de violencia de género[74].

Otros Estados de la región siguieron la estela de Venezuela y adoptaron normas que, en el marco de los derechos de la mujer y la violencia contra estas, ha regulado la VO, o bien ya poseían una regulación previa del parto humanitario y respetado, como Argentina en este último caso, aunque no contemplase la inclusión normativa del concepto hasta 2009[75].

---

72 Amorim et al., "Mistreatment during…", *op. cit.;* Massó Guijarro, E. "La violencia obstétrica como…", *op. cit., p. 2*

73 *Ibidem*; Castro et al., "Introducción. Violencia simbólica…", op. cit., p. 14

74 García, E.M., "La violencia obstétrica como…", *op. cit.*, pp. 44 y 48

75 Al Adib Mendiri et al., "La violencia obstétrica: un fenómeno…", *op. cit.*, p. 3-4; Ley 25.929 de 2004. Recuperado el 06 de mayo de 2025 de: https://servicios.infoleg.gob.ar/infolegInternet/anexos/95000-99999/98805/norma.htm; Secretaría de Derechos Humanos de la República de Argentina. Parto Respetado (Ley nº 25.929). Recuperado el 06 de mayo de 2025 de: https://www.argentina.gob.ar/derechoshumanos/parto-respetado-ley-ndeg-25929

Dentro de los otros Estados de la región que cuentan con una normativa que recoge la VO, además de los mencionados, se encuentran: Chile[76], Ecuador[77], Panamá[78], Paraguay[79], Perú[80] y Uruguay[81].Todos ellos tienen en común la integración

---

76 Ley 21.675 de 2024. Estatuye Medidas para prevenir, sancionar y erradicar la violencia en contra de las mujeres, en razón de su género. 03 de junio de 2024. Ministerio de la Mujer y la Equidad de Género. Biblioteca del Congreso Nacional de Chile. Recuperado el 06 de mayo de 2025 de: https://www.bcn.cl/leychile/navegar?i=1204220

77 Laínez et al., "Consecuencias físicas y psicológicas...", *op cit.*, p. 73; Ledesma Muñoz, D. B., Martens, C., & Brandão, T. (2023). "Violencia obstétrica en Ecuador: una realidad invisibilizada". *Mundosplurales*, *10*(1), 39–57, p. 40

78 Ley nº 82 de 2013. Que adopta medidas de prevención contra la violencia en las mujeres y reforma el Código Penal para tipificar el feminicidio y sancionar los hechos de violencia contra la mujer. 24 de octubre de 2013. Gaceta Oficial nº 27403. Recuperado el 07 de mayo de 2025 de: https://www.gacetaoficial.gob.pa/Busqueda

79 Ley nº 5777 de 2016, "Protección integral...", *op. cit.*

80 Ley 30.364 de 2015. Ley para prevenir, sancionar y erradicar la violencia contra las mujeres y los integrantes del grupo familiar. 23 de noviembre de 2015. Plataforma del Estado Peruano. Recuperado el 06 de mayo de 2025 de: https://www.gob.pe/74905-ley-n-30364-ley-para-prevenir-sancionar-y-erradicar-la-violencia-contra-las-mujeres-y-los-integrantes-del-grupo-familiar; Reglamento de la Ley 30.364 de 2016. Decreto Supremo Nº 009-2016-MIMP que aprueba el Reglamento de la Ley Nº 30364, Ley para prevenir, sancionar y erradicar la violencia contra las mujeres y los integrantes del grupo familiar. 27 de julio de 2016. Plataforma del Estado Peruano. Recuperado el 07 de mayo de 2025 de: https://spij.minjus.gob.pe/spij-ext-web/#/detallenorma/H1159087; Decreto Supremo Nº 004-2019-MIMP de 2019. Decreto Supremo Nº 004-2019-MIMP mediante el cual se modifican diversos artículos del Reglamento de la Ley N° 30364: Ley para prevenir, sancionar y erradicar la violencia contra las mujeres e integrantes del grupo familiar. 07 de marzo de 2019. Plataforma del Estado Peruano. Recuperado el 08 de mayo de 2025 de: https://spij.minjus.gob.pe/spij-ext-web/#/detallenorma/H1230264

81 Ley 19.580 de 2017. Ley de Violencia hacia las Mujeres basada en Género. 22 de diciembre de 2017. Centro de Información Oficial.

de la VO dentro de un cuerpo legislativo genérico, dedicado a la protección de la mujer y garantizar los derechos de estas. Otros países, como Brasil y México han desarrollado normativa a nivel regional en algunos de sus Estados, y en otros, como en Colombia, la adopción de normativa que considera la VO se ha producido a consecuencia de sentencias[82]. Asimismo, hay otros países, como Bolivia, que, aunque no mencionen expresamente la VO, sí mantienen una protección hacia los derechos reproductivos y la violencia sanitaria[83].

Algunas de estas regulaciones tipifican como delito ciertas manifestaciones de la VO, como en el caso de Venezuela o México, con penas de multa y prisión, en el caso de México[84].

En el panorama europeo, no consta ningún país en la UE que posea una regulación específica nacional de este fenómeno[85]. Sin embargo, de forma extraordinariamente reciente, Portugal ha aprobado la Lei nº 33/2025, de 31 de março, convirtiéndose en el primer país en el marco de la UE en poseer una legislación que específicamente comprende la VO. Entre sus particularidades, es destacable el registro y justificación obligatorios de los procedimientos realizados durante el parto[86].

No obstante, la mayoría de los países miembros posee legislación que asegura los derechos de los pacientes y unos estándares

---

Normativa y Avisos Legales del Uruguay. Recuperado el 06 de mayo de 2025 de: https://www.impo.com.uy/bases/leyes/19580-2017

82 Méndez Aristizábal, D. "La violencia obstétrica frente a la interseccionalidad…", *op. cit.*, p. 22

83 Adjuntía para los derechos de la mujer. "Informe de Adjuntía…", *op. cit.*, pp. 48-49

84 Montiel, J. P.,."'Violencia obstétrica' como disposición…", *op. cit.*, p. 66

85 European Comission et al., "Obstetric violence in the European...", *op. cit.*, p. 27; Massó Guijarro, E. "La violencia obstétrica como…", *op. cit.*, p. 4

86 Lei nº 33/2025 de 2025.,"Promove os…", *op. cit.*

mínimos de ética y cuidado, los cuales se aplicarían en el caso de las mujeres y los recién nacidos[87].

En el marco de las instituciones europeas, la Resolución nº 2306 de la Asamblea Parlamentaria del Consejo de Europa en 2019 y la Resolución del Parlamento Europeo, de 24 de junio de 2021, sobre la situación de la salud y los derechos sexuales y reproductivos en la Unión, en el marco de la salud de las mujeres (2020/2215(INI)), adoptaron la VO como forma de violencia de género[88].

## *2. La violencia obstétrica en España. Incidencia y situación legal*

En nuestro país, un estudio encontró que el 34% de las mujeres consideraban haber sido víctimas de VO[89], si bien un estudio de 2021 reveló que cerca del 70% de su muestra manifestó haberla sufrido[90].

Asimismo, se advierte el alto grado de intervencionismo en los partos en España[91], con porcentajes superiores al 30% en prácticas como la episiotomía o la maniobra de Kristeller[92]. De hecho, ya en 2012 se advertía la existencia de numerosas prácticas que superaban los estándares recomendados por la OMS y demás instituciones y documentos referentes en la materia[93].

---

87 European Comission et al., "Obstetric violence in the European...", *op. cit.*, pp. 26-27.

88 Brunello et al., "Obstetryc and gynecological...", *op. cit.*, p. 20

89 Iglesias, S., Conde, M., González, S., & Parada, E. M. (2019). "¿Violencia obstétrica en España, realidad o mito? 17.000 mujeres opinan". *Musas, 4*(1), 77–97, p. 89

90 Martínez-Galiano et al., "The magnitude of...", *op. cit*, p. 528

91 al Adib Mendiri et al., "La violencia obstétrica: un fenómeno...", *op. cit.*, p. 6

92 Mena-Tudela et al., "Obstetric violence in Spain (Part II) ...", *op. cit.*, p. 4

93 Ministerio de Sanidad (2012). *Informe sobre la atención al parto y nacimiento en el Sistema Nacional de Salud*, pp. 66-69

En cuestión de cesáreas, España mantiene un 25,7% en 2019, no superando la mediana europea del 26%[94]. En 2022, el porcentaje total de cesáreas se sitúa en un 24,7%, distinguiéndose un 22,4% en la sanidad pública y alcanzando un 34,5% en la privada. Por comunidades autónomas, la tasa de cesárea más elevada la encontramos en Extremadura (30%) y la Comunidad Valenciana (28%), mientras que el País Vasco y Navarra son las dos autonomías con menor porcentaje[95].

Asimismo, España es el país de la UE con mayor porcentaje de partos instrumentalizados (14,4% frente a la mediana europea del 6,1%)[96]. Respecto a la práctica de la episiotomía, si bien pueden contabilizarse progresos, pues una ponencia de Mardsen Wagner cifraba este procedimiento con una tasa del 89%[97] y otro estudio contabilizaba una prevalencia del 92,62% en partos instrumentales en 2006[98], cifras de 2018 muestran una considerable reducción al 27,52%, si bien continúan excediendo las recomendaciones de la OMS[99].

Sin embargo, existen investigaciones que muestran cifras muy dispares entre centros. Un estudio de 2019 sobre un hospital

---

94 Euro-Peristat. (2020). "European Perinatal Health Report...", *op. cit.* pp. 99-103

95 Ministerio de Sanidad. (2022). *Estadística de Centros de Atención Especializada. Año 2022,* p. 25 y 116

96 Euro-Peristat. (2020). "European Perinatal Health Report...", *op. cit.* pp. 99-103.

97 Šimonović, D. "Informe de la Relatora Especial...", *op. cit,* p. 11

98 Melchor, J. C., Bartha, J. L., Bellart, J., Galindo, A., Miño, M., & Perales, A. (2008). "La episiotomía en España. Datos del año 2006". *Progresos En Obstetricia y Ginecologia, 51*(9), 559–563, p. 560

99 Agència de Qualitat i Avaluació Sanitàries de Catalunya. (2021). *Episiotomia i part vaginal,* p. 1; Ministerio de Sanidad. (2021). *Atención perinatal en España: Análisis de los recursos físicos, humanos, actividad y calidad de los servicios hospitalarios, 2010-2018,* p. 33; Brunello et al., "Obstetryc and gynecological...", *op. cit.*, p. 26

murciano mostraba un porcentaje de episiotomías superior al 35%, llegando al 95,25% en partos instrumentados[100]; mientras que, en otro estudio, un 52,3% de la muestra percibió que la episiotomía fue injustificada o innecesaria[101].

Sobre los partos inducidos, los datos de Euro-Peristat de 2010 muestran que en Valencia el total de inducciones llegó al 32%[102]. Mientras que, datos más actuales muestran que, en regiones como en Cataluña, los partos inducidos se tasan en más del 34%[103]. En 2018, tras una serie ascendente, el porcentaje nacional de partos inducidos se situaba en un 34,18%[104].

Asimismo, se cifra en un 13% la rotura manual de la bolsa amniótica, maniobra no recomendada en este mismo documento, si bien la tendencia es a la baja; y a un 21,5% de la muestra de un estudio de 2021 le fue realizada la maniobra de Hamilton[105].

Otros estudios muestran datos sobre VO relativa al contacto con el personal sanitario. Una de las formas de VO analizadas sería la falta de consentimiento e información. Un estudio de 2019 mostraba que más del 45% de su muestra reportó no haberle sido recabado el consentimiento y cerca del 50% manifestó no

---

100 García-Lorca, A. I., Vigueras-Martinez, M. de los Á., Ballesteros-Meseguer, C., Fernández-Alarcón, M. de las M., Carrillo-García, C., & Martínez-Roche, M. E. (2019). "Tasa de episiotomía en el Hospital Clínico Universitario de La Arrixaca y factores que influyen en su práctica". *Rev Esp Salud Pública*, 93, 1–174, pp. 5-7

101 Iglesias et al., "¿Violencia obstétrica en España...", *op. cit.*, p. 87

102 Euro-Peristat. (2010), "European Perinatal Health Report...", *op. cit.*, p. 92

103 ALPAC. Associació de Llevadores del Part a Casa de Catalunya. (2023*). Inducción médica en el parto*, p. 4

104 Ministerio de Sanidad (2021), "*Atención perinatal en España...", op. cit.*, p. 31

105 I*bidem*, p. 30; Brunello et al., "Obstetryc and gynecological...", *op. cit*, p. 24

poder aclarar dudas o miedos[106]; otro estudio mostró que al 37% de las mujeres no se le pidió el consentimiento, ni tampoco fueron debidamente informadas (42,5%)[107].

Otra investigación de 2021 reveló que un nada despreciable 54,5% sufrió alguna forma de maltrato físico, un 36,7% alguna forma de violencia psico-afectiva y un 25,1% sufrió abuso verbal[108].

Respecto al acompañamiento, a cerca del 30% no se le permitió ser acompañada por la persona elegida; mientras que, aproximadamente el 40% sufrió restricción de movimientos[109].

Por todos estos motivos, España ya ha sido condenada triplemente por VO por el CEDAW de la ONU, al haber sometido a las víctimas a procedimientos innecesarios y sin consentimiento y haberles provocado graves secuelas[110].

Pese a ello, España carece de legislación específica que regule la VO, si bien existen regulaciones autonómicas que sí la contemplan, como la Llei 17/2020 de Cataluña[111], la cual define la VO como una forma de violencia machista; la Ley 10/2014 de Salud de la Comunitat Valenciana, la cual regula la

---

106 Iglesias et al., "¿Violencia obstétrica en España…", *op. cit.*, pp. 78 y 86

107 Brunello et al., "Obstetryc and gynecological…", *op. cit.*, pp. 22 y 29

108 Martínez-Galiano et al., "The magnitude of…", *op. cit.*, p. 528

109 Brunello et al., "Obstetryc and gynecological…", *op. cit.*, pp. 30-31

110 CEDAW/C/75/D/138/2018, CEDAW/C/82/D/149/2019 y CEDAW/C/84/D/154/2020; Menéndez Pérez, A. (2023). "¿Vulneración del derecho a decidir entre parto natural o cesárea?: Análisis de la Sentencia 233/2023, 22 de febrero Juzgado de lo Contencioso Administrativo número 5 de Las Palmas de Gran Canaria". *Revista de Derecho y Genoma Humano, 59* (julio-diciembre), 259–271, p. 269

111 Llei 17/2020, del 22 de desembre, de modificació de la Llei 5/2008, del dret de les dones a erradicar la violència masclista. Recuperado el 20 de mayo de 2025 de: https://portaljuridic.gencat.cat/eli/es-ct/l/2020/12/22/17

VO desde la perspectiva de la salud[112]; o la Ley 4/2005, modificada por el Decreto Legislativo 1/2023, de 16 de marzo, por el que se aprueba el texto refundido de la Ley para la Igualdad de Mujeres y Hombres y Vidas Libres de Violencia Machista contra las Mujeres del País Vasco[113].

A nivel nacional, aunque no se recoge específicamente la VO, la LO 2/2010 promueve las intervenciones ginecológicas y obstétricas adecuadas, que serían las que promueven y protegen la salud física y psíquica en la salud sexual y reproductiva, particularmente evitando las intervenciones innecesarias. A su vez, mediante su última modificación, se regula la violencia reproductiva, categoría en la cual estaría incluida la VO, según algunos planteamientos, e implicaría una misma vulneración de derechos[114].

No obstante, algunas voces aprecian una primigenia protección constitucional contra la VO, así como en diferentes cuerpos normativos: en el Código Penal, cuando se produzcan resultados lesivos tipificados; en la Ley 41/2002, básica reguladora de la autonomía del paciente y la Ley 14/1986, de 25 de abril, General de Sanidad, estas dos últimas con relación al consentimiento, la información y el respeto a la autonomía y la capacidad de decisión de los/as pacientes[115].

---

112 Ley 10/2014, de 29 de diciembre, de Salud de la Comunitat Valenciana. Recuperado el 20 de mayo de 2025 de: https://www.boe.es/buscar/act.php?id=BOE-A-2015-1239

113 Decreto Legislativo 1/2023, de 16 de marzo, por el que se aprueba el texto refundido de la Ley para la Igualdad de Mujeres y Hombres y Vidas Libres de Violencia Machista contra las Mujeres. Recuperado el 30 de mayo de 2025 de: https://www.boe.es/buscar/doc.php?id=BOE-A-2023-9168

114 Trapero Barreales, M. A. (2024). "La violencia reproductiva y obstétrica: su prevención a través del Derecho penal". *Estudios Penales y Criminológicos, 45*, 1–43, pp. 6-8

115 García, E.M., "La violencia obstétrica como...", *op. cit.*, pp. 49-50; Vivas, E., "Mamá desobediente...", *op. cit*, p. 181; Menéndez Pérez, A., "¿Vulneración del derecho...", *op. cit.*, p. 267

Si bien existen posiciones que consideran innecesaria la regulación penal específica y la prevención a través del derecho penal de la VO[116], otras voces advierten en la conveniencia de su regulación, ante las dificultades en la visibilización y prevención de este fenómeno y en el proceso de acceso a la vía judicial[117], que con frecuencia culmina en reclamaciones ante la administración sanitaria, o, cuando se logra el acceso a la justicia, esta es mediante la vía contenciosa[118]. A este respecto, existen juristas que aluden a la VO como forma de violencia de género, que, al igual que sucede con este tipo de violencias, únicamente llega a los tribunales cuando se producen situaciones de especial gravedad[119].

Sin embargo, existen sentencias que aprecian VO, como la reciente Sentencia 233/2021, del 22 de febrero de 2023, del Juzgado de lo Contencioso-Administrativo nº 5 de Las Palmas de Gran Canaria, por la cual, de forma paradigmática, el tribunal reconoce estos hechos como "*un reflejo de la concepción patriarcal de la mujer, desdeñosa con su capacidad de autodeterminación*" y se indica que *"la decisión final no es del facultativo sino de la paciente, bajo su responsabilidad, una vez correctamente informada de su situación y de las alternativas existentes, en este caso el parto natural o la cesárea"*, por lo que se condena al Servicio Canario de Salud a indemnizar a la victima[120].

---

116 Trapero Barreales, M. A., "La violencia reproductiva…", *op. cit.*, p. 30

117 Brunello et al., "Obstetryc and gynecological…", *op. cit*, p. 99-100; García, E.M., "La violencia obstétrica como…", *op. cit.*, pp. 42, 50-51 y 459

118 *Ibidem*, p. 50; Granero Ferrer, R., "La judicalización del parto…", *op. cit.*, pp. 174-175; Fernández Guillén, F. (2015). "¿Qué es la violencia obstétrica? Algunos aspectos sociales, éticos y jurídicos". *ILEMATA* Año, 7, 113–128, pp. 124-125

119 *Ibidem*, p. 124; García, E.M., "La violencia obstétrica como…", *op. cit.*, p. 51; Vivas, E., "Mamá desobediente…", *op. cit*, p. 181

120 Menéndez Pérez, A., "¿Vulneración del derecho…", *op. cit.*, p. 267; Sentencia 233/2021 de 22/02/2023. SJCA 1039/2023-ECLI:ES:JCA:2023:1039 (TOL9.591.544)

## III. ANÁLISIS NARRATIVO DE TESTIMONIOS DE VIOLENCIA OBSTÉTRICA

Para este trabajo se realizó un análisis narrativo de testimonios de VO, con el objetivo de obtener una aproximación al fenómeno y a la situación de las víctimas en nuestro contexto. Para ello, se analizaron 20 testimonios aleatorios, de los 994 comentarios a fecha de 01 de abril de 2025, contenidos en el apartado correspondiente de la página web de la asociación *El Parto es Nuestro.*

Dichos comentarios fueron cribados atendiendo a los siguientes criterios y reemplazados cuando no se cumplieron: que el relato tratase del proceso y experiencia del parto; que no constase expresamente que el parto se había producido en el extranjero; que en el testimonio únicamente figurase el relato de un único parto; que el testimonio estuviese accesible para su lectura.

Se analizaron, de forma exploratoria y en atención al contenido de los testimonios, y se recopilaron todos aquellos datos de interés para este trabajo: fecha y lugar donde había sucedido el parto; tipo de parto; existencia de actuaciones medicalizadoras del parto; problemas con el personal sanitario; secuelas físicas a corto plazo; secuelas físicas a largo plazo; secuelas psicológicas y emocionales.

Llegados a este punto, deben destacarse ciertas limitaciones metodológicas relativas a los testimonios: el reducido tamaño muestral que otorga a este estudio un carácter exploratorio, el hecho de que ningún testimonio figura como verificado, y la condición de que, aunque se presentan ordenados según su actualidad, en ningún momento se menciona la fecha de registro del testimonio y la fecha de parto que se menciona puede ser muy anterior a la de registro.

Esto debe conectarse con el avance del conocimiento mencionado anteriormente, por el cual, prácticas habitualmente realizadas en el pasado relacionadas con VO habrían sido desplazadas por prácticas más respetuosas y dentro de los estándares de recomendación de la OMS.

Asimismo, no todos los testimonios analizados presentan el mismo grado de compleción ni exhaustividad en el relato, debido a las diferencias expresivas y narrativas, así como las propias limitaciones interpretativas de la persona atestiguante, por lo que se ha tratado de recopilar la mayor cantidad de información disponible. No obstante, según mantienen las corrientes sobre justicia epistémica, el relato y las experiencias de las mujeres deben valorizarse para la visibilización de este fenómeno[121].

## *1. Datos generales*

La mayoría de los casos analizados en los que consta la ubicación geográfica o el centro de salud/hospital, se produjeron en la Comunidad de Madrid (6 de 20 casos; 30%). En el 65% de los casos, el parto fue por vía vaginal; el 35% restante fueron cesáreas. De estas últimas, salvo en 2 casos[122], todas las cesáreas se corresponden con los casos en los que existe separación de la madre y el/la recién nacido/a.

Esto se debe a que, según los relatos, en el proceso de monitorización de la madre y hasta su reanimación de la anestesia es mantenida en un habitáculo separado, especialmente concebido para ese fin. El único de los casos de parto vaginal en los que se produce separación fue debido a que a la madre y al bebé hubo que hacerles un seguimiento y analíticas. En este sentido, algunos estudios advierten del potencial impacto pernicioso en la madre y el/la recién nacido/a si estos son separados al nacer[123].

---

121 Massó Guijarro, E. "La violencia obstétrica como...", *op. cit*

122 De los casos de cesáreas, hay dos en los que no consta separación entre madre-bebé.

123 Grupo de trabajo de la Guía de Práctica Clínica sobre la atención al parto normal (2010). *Guía de Práctica Clínica sobre la atención al parto*

A este respecto, tomando las cifras globales, en un 30% de los casos los/as bebés fueron separados/as de sus madres. De los relatos que aportaron el dato, el tiempo medio de separación aproximado fue de 9h (mín.: 3h, máx.: 24h; rango: 21h). En este sentido, dos de estos casos relatan problemas para forjar y mantener el vínculo y apego maternos[124]. En 5 casos se menciona la separación y el impedimento de acompañar de la persona elegida por la mujer (25%).

Todos los partos narrados se han producido en hospitales, salvo uno, que se produjo en casa. Ese caso y otro, producido en una clínica especializada en partos naturales, fueron los únicos que relataron experiencias de parto positivas y no manifestaron ningún contacto desfavorable con el personal sanitario, ni medicalización. En este sentido, sólo 4 de los 20 casos (20%) no refiere ningún tipo de medicalización, por lo que podrían no haberla sufrido o no constar en el relato. De esos 4 casos, 2 se corresponden con el parto domiciliario y el parto en la clínica especializada en partos naturales (10%). Por tanto, de los casos de parto en hospitales convencionales, tan sólo un 10% no refieren expresamente medicalización de ningún tipo.

## 2. Datos sobre el contacto con el personal sanitario

El 85% de los casos manifiesta haber sufrido algún tipo de conducta abusiva por parte del personal sanitario. El 15% restante se corresponden con los casos del parto domiciliario, en la clínica especializada en partos naturales y un parto en

---

*normal*, p.70; Soto Conti, C. (2018). "Primera hora de vida: una ventana de oro". *Rev. Hosp. Mat. Inf. Ramón Sardá, 3*(3), 167, pp. 173-176

124 Hay un tercer caso que ha manifestado problemas para la vinculación y el apego, pese a no haber indicado sufrir separación. En este caso, los problemas de apego se produjeron por las propias consecuencias traumáticas de la experiencia.

un hospital convencional, en el cual no consta ninguna forma de VO por parte del personal sanitario.

La conducta más referida son los problemas en la relación entre el personal sanitario y la mujer, presentes en el 70% de los testimonios. Esta forma de violencia consistiría en un trato administrado por parte del personal sanitario en forma de frialdad, despersonalización, autoritarismo, infantilización de la mujer, actitudes negativas para con ella, imposibilidad o dificultad de la mujer para manifestar miedos e inquietudes, falta de proximidad, insensibilidad, escasa empatía... [125]; seguido de abuso verbal, en un 65% de los casos (lenguaje o comentarios rudos o inapropiados, gritos, vejaciones, humillaciones, burlas, críticas, culpabilizaciones, amenazas...) [126]. Este tipo de conductas realizadas por el equipo profesional evidenciarían, por una parte, el déficit de formación en habilidades sociales y de sensibilidad y el *burnout* profesional, y por otra, la existente deshumanización del proceso de parto y su patologización [127].

También merece la pena destacar la desatención sufrida por las mujeres, en un 50% de los casos, la cual hace referencia a conductas como la indisponibilidad del personal sanitario, el abandono o la escasa asistencia e implicación en el proceso por parte de este personal, o la excesiva demora en la atención, algo que se ha observado con frecuencia en las salas de reanimación [128]. Todo ello pone de relevancia cuestiones como la

---

125 Llobera Cifre et al., "Violencia obstétrica. La perspectiva...", *op. cit.*, pp. 172-175; Tobasía-Hege et al., "Irrespeto y maltrato...", op. cit., pp. 8-9 y 11

126 Bohren et al., "The mistreatment of women...", *op. cit.*, pp. 9-15

127 Rodríguez Mir et al. "La violencia obstétrica: una práctica..." *op. cit.*

128 Jaramillo, M., & López, A. (2023). *Percepción de la violencia obstétrica informada por las mujeres atendidas en dos hospitales públicos de la ciudad de Quito, en el año 2023*, p. 12

saturación de los servicios de salud, los frecuentes cambios de turno y de personal y la deshumanización del proceso del parto.

Asimismo, la falta de información y de consentimiento para con las mujeres ha sido reportada en un 45% de los casos. Esta categoría se materializaría en conductas como no recabar el pertinente consentimiento previo a cualquier procedimiento, no mantener informada a la mujer del procedimiento a realizar (aun cuando esta lo demanda), realizar cambios de procedimiento o de técnica sin informar, ni solicitar el consentimiento previos, e imponer este tipo de procedimientos no informados[129].

Por su parte, categorías analizadas como la restricción de movimientos y la posición de parto forzada (conductas como restringir o impedir los movimientos, obligar o forzar a parir en una determinada postura, impedimentos para cambiar de posición o no considerar la postura deseada[130]), junto a la adhesión al plan de parto, documento similar o la propia desestimación de los deseos y peticiones de la madre sobre el proceso del parto y las intervenciones (referido a conductas como ignorar los planes y documentos que obran en poder de la administración sanitaria, en los que figuran por escrito las preferencias de la mujer, ignorar o no cumplir las peticiones de la mujer conforme al proceso de parto, prohibición y denegación de conductas o peticiones, como la ingesta de líquidos[131]), han sido deficientes en un 30% de los casos.

---

129 Brunello et al., "Obstetryc and gynecological...", *op. cit*, p. 14; *Ibidem*, p. 10

130 Bohren et al., "How women are treated...", *op. cit.*; Bohren et al., "The mistreatment of women...", *op. cit.*, pp. 12 y 18; Ministerio de Sanidad, "Informe sobre la atención al parto...", *op. cit.*, p.25

131 Iglesias et al., "¿Violencia obstétrica en España...", *op. cit.*, p. 88; Llobera Cifre et al., "Violencia obstétrica. La perspectiva...", *op. cit.*, p. 179

Del mismo modo, aspectos como la presencia excesiva de personal (situaciones en las que, debido a ese excesivo número de profesionales, incluyendo estudiantes, observadores y terceros, sin autorización ni conocimiento de la mujer, se vulnera su intimidad[132]) o la falta de apoyo de la persona elegida por la mujer (cuando se impide el acompañamiento por parte de la persona designada por la mujer, o esta persona es apartada o echada del proceso[133]) se han detectado en un 25% de los casos.

Las posibles negligencias o irregularidades en el proceso manifestadas en los relatos son la menor de las categorías analizadas, con un 10% de representación en el total de testimonios. Estas supuestas negligencias son producto de la interpretación de las personas atestiguantes, habiendo manifestado alguna de ellas el inicio de algún tipo de procedimiento de queja y reclamación ante el centro hospitalario.

### *3. Datos sobre la medicalización y patologización del parto*

El 80% de los casos manifiesta haber sufrido algún tipo de actuación medicalizadora del parto. El 20% restante se corresponden con los casos del parto en casa, en la clínica especializada en partos naturales y dos casos en hospitales convencionales, en los cuales no consta ningún tipo de medicalización.

La conducta más referida es la aplicación de oxitocina y/o prostaglandinas (65%), sustancias endógenas del proceso fisiológico natural, con el objetivo de acelerar, estimular o inducir la dinámica del parto. Estas sustancias no han sido administradas en el caso de los dos partos naturales, ni en los partos que desde el inicio han sido considerados objeto de cesárea.

---

132 Šimonović, D. "Informe de la Relatora Especial...", *op. cit.*, p. 12; Távara-Orozco, L., "Cómo entendemos...", *op. cit.*, p. 5

133 Bohren et al., "The mistreatment of women...", *op. cit.*, pp. 12 y 18

Si bien, hay partos iniciados como vaginales que culminaron en cesárea, y sí les fueron administradas estas sustancias. La administración de sustancias inductoras puede incrementar el riesgo de conducir a una cesárea, además de los riesgos potenciales que acarrean, como el reemplazo de la versión endógena y natural de estas sustancias[134].

La segunda conducta más mencionada es la maniobra de Kristeller (30% de los casos), si bien no aplicada en los partos naturales, ni en los que se resolvieron por cesárea. Esta maniobra no está recomendada en varios países, incluso existiendo tribunales que han fallado en contra de su uso, al igual que también está desaconsejada por la OMS y la Sociedad Española de Ginecología y Obstetricia (SEGO)[135]. Según el Informe sobre la atención al parto y nacimiento en el sistema nacional de salud de diciembre de 2012, la maniobra de Kristeller no está recomendada por sus riesgos potenciales y se encuentra en desuso: no mejora la tasa de partos vaginales espontáneos, no reduce la tasa de parto instrumental y es ineficaz en la reducción del trabajo de parto. Sin embargo, en ese informe se reporta su uso en el 26,1% de los partos vaginales[136]. Estudios más recientes confirman la continuidad de su uso en el servicio de salud español, en un 12,2% y 22,1% en 2017 (en el modelo

---

134 ALPAC, "Inducción médica...", op. cit.; García, E.M., "La violencia obstétrica como...", *op. cit.*, p. 196-197; Ministerio de Sanidad, "Informe sobre la atención al parto...", *op. cit.*, p. 88

135 García, E.M., "La violencia obstétrica como...", *op. cit.*, p. 216; Farrington, E., Connolly, M., Phung, L., Wilson, A. N., Comrie-Thomson, L., Bohren, M. A., Homer, C. S. E., & Vogel, J. P. (2021). "The prevalence of uterine fundal pressure during the second stage of labour for women giving birth in health facilities: a systematic review and meta-analysis". *Reproductive Health, 18*(1), 1–17, p. 10

136 Ministerio de Sanidad (2012), "Informe sobre la atención al parto...", *op. cit.*, pp. 25 y 69

de asistencia público y privado, respectivamente) [137] y en un 69,2% [138] en 2015, existiendo gran variabilidad entre estudios.

Merecen especial atención la práctica de episiotomías, la rotura de la bolsa amniótica de manera manual y el uso de fórceps o ventosas para extraer al/a la recién nacido/a (todas ellas mencionadas en el 20% de los casos). No están recomendadas ninguna de estas actuaciones en partos espontáneos con progresión adecuada, así como el balance entre beneficios y riesgos no siempre está claro y debe ajustarse ese balance según el caso[139].

La maniobra menos mencionada es la maniobra de Hamilton (10% de los casos), la cual sería una técnica poco estudiada, controvertida y arbitraria, por los riesgos que conlleva[140]. Dos de los casos han manifestado maniobras y procedimientos distintos a los aquí detallados, como la maniobra de versión cefálica externa (10%). La conducta medicalizadora mencionada con menor frecuencia en los testimonios son los tactos excesivos (5%), lo cual se ha manifestado en un único

---

137 Garriga Comas, N. (2017). *Pràctiques obstètriques en l´atenció al part normal hospitalari: satisfacció, cost i variabilitat segons el model d´atenció públic o privat*, p. 151

138 Cuerva, M. J., Tobias, P., Espinosa, J. A., & Bartha, J. L. (2015). "Intrapartum ultrasound prior to Kristeller maneuver: An observational study". *Journal of Perinatal Medicine*, 43(2), 171–175, p. 172

139 García-Lorca et al., "Tasa de episiotomía en el Hospital…", *op. cit.*, pp.4 y 10-12; Grupo de trabajo de la Guía de Práctica Clínica sobre la atención al parto normal, "Guía de Práctica Clínica…", *op. cit.*, pp. 56-57; Ministerio de Sanidad (2021), "Atención perinatal en España…", *op. cit.*, pp. 30-38; Murialdo Miniello, V. (2019). *La construcción cultural del parto respetado en Madrid*, pp. 98 y 154-156

140 Brunello et al., "Obstetryc and gynecological…", *op. cit*, p. 21; Gilart Cantizano. (2016). *Actualización sobre el uso de la maniobra de Hamilton como método de inducción parto vs inducción farmacológica.* Revista Portales Médicos. https://www.revista-portalesmedicos.com/revista-medica/maniobra-hamilton-induccion-parto/

relato. Esta práctica puede acarrear consecuencias como el incremento del riesgo de infecciones neonatales[141].

### *4. Datos sobre las consecuencias físicas y psicológicas*

Un total de 10 casos han manifestado secuelas físicas y/o psicológicas (50%). De estos, tres casos fueron parto por cesárea. Las secuelas más mencionadas, son las secuelas físicas a corto plazo (7 de 20 casos; 35% del total de casos), consistentes en desgarros, dolor y otras lesiones no especificadas. No obstante, las secuelas psicológicas y emocionales constituyen el grueso total de las secuelas mencionadas (55%), si bien han sido 6 casos de 20 los que han mencionado este tipo de secuelas (30%). Sólo dos casos (10%) refieren lesiones físicas a largo plazo, consistentes en lesiones genitales y/o del suelo pélvico.

De entre las consecuencias psicológicas, las más reportadas han sido los problemas para crear y sostener el vínculo y apego maternos (15% del total de casos); seguidas de depresión (postparto), pensamientos recurrentes sobre la experiencia del proceso y pérdida de confianza o miedo hacia el personal sanitario (10% del total de casos). Las secuelas psicológicas menos reportadas han sido la disfunción sexual y el miedo a futuros embarazos/partos y/o cuestiones relacionadas con la gestación (5% del total de casos).

Merece la pena destacar que, el caso más medicalizado de los analizados (sustancias inductoras, rotura de bolsa, episiotomía y uso de fórceps/ventosa), también es uno de los que más secuelas enumera (dolor y lesiones a corto plazo, problemas con el apego y disfunción sexual). Sin embargo, este no relata ningún tipo de VO por parte del personal sanitario.

---

141 Grupo de trabajo de la Guía de Práctica Clínica sobre la atención al parto normal, "Guía de Práctica Clínica...", *op. cit.*, p. 40

## IV. ABORDAJE DE LA VIOLENCIA OBSTÉTRICA. ¿POSIBILIDADES DE REPARACIÓN?

El abordaje de la VO parte de una situación compleja y multifactorial, la cual está marcada por el desconocimiento y la invisibilización de este fenómeno, así como la normalización de ciertas conductas en la práctica médica, basadas en la desigualdad estructural entre el personal de salud y la mujer. Este abordaje se entorpece ante la ausencia de una conceptualización unificada y una regulación específica. Según autores/as, este hecho agrava el desconocimiento de la VO, incidiendo en políticas públicas y en el acceso de las víctimas a la justicia y la reparación[142].

Para muchas víctimas, la única opción de obtener un reconocimiento del daño es a través de la reclamación ante la administración sanitaria, o de obtener una indemnización económica a través de la vía contenciosa como forma de compensación. En esta situación, son numerosas las víctimas que, ante los escollos del proceso, la vulnerabilidad del momento, el miedo a la revictimización y los costes judiciales, declinan actuar[143]. De hecho, las investigaciones muestran que, aunque existen, los canales de reclamación apenas se usan[144], por lo que existiría una cifra negra en la VO, así como un proceso de atrición entre aquellos procedimientos de reclamación y judiciales iniciados y aquellos que culminan favorablemente en cuestiones de reparación y reconocimiento de los hechos. Esto presenta un panorama poco halagüeño para aquellas víctimas que desean obtener un reconocimiento de su experiencia, la cual difícilmente es reparada[145].

---

142 Brunello et al., "Obstetryc and gynecological…", *op. cit*, p. 99

143 García, E.M., "La violencia obstétrica como…", *op. cit.*, p. 50-51 y 356-362

144 Brunello et al., "Obstetryc and gynecological…", *op. cit*, p.105

145 García, E.M., "La violencia obstétrica como…", *op. cit.*, pp. 50-51.

De hecho, son diversos los estudios que señalan las repercusiones de la VO y la medicina defensiva, ya que se provocarían consecuencias nefastas, como la pérdida de confianza en el sistema sanitario[146].

A este respecto, existen voces que remarcan la necesidad de reparación y reclaman el establecimiento de canales que garanticen la responsabilidad y la sanción, además de la reparación del daño[147]. Asimismo, algunas voces denuncian, además de la inefectividad de la normativa para conducir a la búsqueda de responsabilidad, la inexistencia de mecanismos de reparación en diversas legislaciones y la carencia de estudios estadísticos que revelen la magnitud del problema a abordar[148].

En este sentido, autores/as y organismos de relevancia abogan por diferentes estrategias a la hora de garantizar la adecuada reparación y la mejora de la asistencia, entre ellas, la necesidad de una formación gineco-obstétrica amplia, basada en los DDHH y en la inclusión de la perspectiva de género; el desarrollo de políticas públicas que consideren la autonomía de la mujer; la inclusión de modelos diversos y no medicalizados de atención al parto en el sistema de salud, así como la reestructuración del sistema con el fin de que se respeten, tanto las condiciones laborales del personal, como la capacidad

---

146 *Ibidem*, p. 362; OMS. "Prevención y erradicación..." *op. cit.*, p. 1

147 Adjuntía para los derechos de la mujer. "Informe de Adjuntía...", *op. cit.*, pp. 16-18; International Confederation of Midwives, "Declaración: violencia obstétrica...", *op. cit.*, p. 4; Šimonović, D. "Informe de la Relatora Especial...", *op. cit.*, p. 25

148 Brunello et al., "Obstetryc and gynecological...", *op. cit*, pp. 99-103; Canevari, C. (2022). "La autonomía profesional como amenaza a la garantía de los derechos de las mujeres en maternidades públicas". En Castro, R., & Frías, S. M. (2022). *Violencia obstétrica y ciencias sociales. Estudios críticos en América Latina.* Universidad Nacional Autónoma de México, p. 202

de decisión de las mujeres y los tiempos naturales del parto, vilipendiados en un contexto que patologiza este proceso[149].

Otras cuestiones para reducir el impacto de la VO se centran en la adhesión a las recomendaciones y estándares empíricos, en el seguimiento de los planes de parto o documentos similares[150], en la inclusión de modelos de cuidado individualizados[151] o en la adopción de prácticas que promuevan la transparencia, como en el caso de Portugal[152].

Asimismo, conseguir ámbitos de trabajo en los que se fomente la comunicación entre los/as profesionales de la salud y las mujeres, sería una buena opción para el intercambio de saberes, inquietudes y perspectivas, que podría garantizar ese contacto respetuoso con la autonomía de la mujer y la reflexión de la práctica médica de forma segura[153].

En este sentido, la mediación sanitaria ha demostrado impactos y resultados positivos para los/as pacientes. Pese a ser una esfera de la mediación menos conocida y practicada, se reportan beneficios como la evitación de la judicialización, el restablecimiento de la confianza entre sanitarios/as y pacientes,

---

149 Brunello et al., "Obstetryc and gynecological...", *op. cit.*, pp. 87-92, 99, 107-109; International Confederation of Midwives, "Declaración: violencia obstétrica...", *op. cit.*, p. 4; Rodríguez Mir et al. "La violencia obstétrica: una práctica..." *op. cit.*

150 Martínez-Galiano et al., "The magnitude of...", *op. cit.*, p. 535; Rodríguez Mir et al. "La violencia obstétrica: una práctica..." *op. cit.*, p. 212

151 Grupo de trabajo de la Guía de Práctica Clínica sobre la atención al parto normal, "Guía de Práctica Clínica...", *op. cit.*, p. 34; Brunello et al., "Obstetryc and gynecological...", *op. cit.*, p. 107

152 *Ibidem*, pp. 105-107

153 OMS, "Prevención y erradicación... ", *op. cit*, p. 3; Organización Panamericana de la Salud. (2019). *Recomendaciones de la OMS: cuidados durante el parto para una experiencia de parto positiva.*, p. 3; Rodríguez Mir et al. "La violencia obstétrica: una práctica..." *op. cit.*; Olza, I. (2024, May 14). Criminalizar prácticas médicas no es la solución. El País, 16–16.

la mejora y humanización de la calidad asistencial, e incluso evitar la reiteración de los hechos reclamados[154].

Si bien no se han hallado aplicaciones de la mediación sanitaria a la VO, existen iniciativas académicas que defienden el modelo de justicia restaurativa como medio para lograr un cambio en el reconocimiento de la VO y evidenciar aquellas prácticas que la sostienen, alejadas de la mera compensación material. Incluso existen propuestas en torno a una mediación *ex ante*, que garantice el diálogo y la negociación fluidos en la elaboración de las instrucciones previas al parto[155].

El paradigma de justicia restaurativa en la VO, enfocado a través de los DDHH y la violencia contra la mujer, se considera una opción de reparación que propiciaría la atención a las necesidades y a la visibilización de la víctima, al reconocimiento del hecho, al atajamiento de las causas del suceso, el interés por enmendar el daño y, de forma destacada, la adopción de medidas para evitar que se reitere la conducta, lo que podría producir impactos favorables en la comunidad, al entablar un diálogo entre el sistema sanitario y las afectadas y garantizar la adopción de medidas tendentes a prevenir la VO y su impacto en las víctimas[156].

---

154 Munuera Gómez, P. (2020). "La mediación sanitaria en Chile". *Rev Med Chile, 148,* 792–798, pp. 792 y 796-797; Munuera Gómez, P., & Armadans Tremolosa, I. (2024). "La mediación sanitaria como vía alternativa en la solución de conflictos en el ejercicio de la medicina en tiempos convulsos: puesta al día". *Medicina Clinica, 162,* 29–34.

155 Champo Sánchez, N. M., & Serrano Sánchez, L. I. (2024). "Violencia obstétrica y reparación del daño". *DIKE. Revista de Investigación En Derecho y Criminología, 32,* pp. 78-85; Iglesias Ortuño, E. de los Á. (2021). "La mediación como herramienta de inclusión sanitaria en obstetricia". En L. A. Silva Morín (Ed.), *Reflexiones en torno a la inclusión y grupos vulnerables* (1a ed., pp. 33–49). Universidad Autónoma de Nuevo León, pp. 42-47

156 Champo Sánchez et al., "Violencia obstétrica y reparación...", *op. cit.*, pp. 66 y 78-85

## REFERENCIAS BIBILIOGRÁFICAS


Adjuntía para los derechos de la mujer. (2020). *Informe de Adjuntía Nº 023-2020-DP/ADM. Violencia obstétrica en el Perú.* www.defensoria.gob.pe

Agència de Qualitat i Avaluació Sanitàries de Catalunya. (2021). "Episiotomia i part vaginal". In *Acta Obstetricia et Gynecologica Scandinavica* (Vol. 95, Issue 7). Taylor and Francis Ltd. https://doi.org/10.1111/aogs.12894

al Adib Mendiri, M., Ibáñez Bernáldez, M., Casado Blanco, M., & Santos Redondo, P. (2017). "La violencia obstétrica: un fenómeno vinculado a la violación de los derechos elementales de la mujer". *Medicina Legal de Costa Rica, 34*(1).

ALPAC. Associació de Llevadores del Part a Casa de Catalunya. (2023). *Inducción médica en el parto.*

Amorim, M. M., da Silva Bastos, M. H., & Katz, L. (2020). "Mistreatment during childbirth – Correspondence". *The Lancet, 396.*

Arguedas Ramírez, G. (2014). "La violencia obstétrica: propuesta conceptual a partir de la experiencia costarricense". *Cuadernos Intercambio sobre Centroamérica y el Caribe,* 11 (1).

Barbosa Jardim, D. M., & Modena, C. M. (2018). "La violencia obstétrica en el cotidiano asistencial y sus características". *Revista Latino-Americana de Enfermagem, 26.* https://doi.org/10.1590/1518-8345.2450.3069

Bohren, M. A., Mehrtash, H., Fawole, B., Maung, T. M., Balde, M. D., Maya, E., Thwin, S. S., Aderoba, A. K., Vogel, J. P., Irinyenikan, T. A., Adeyanju, A. O., Mon, N. O., Adu-Bonsaffoh, K., Landoulsi, S., Guure, C., Adanu, R., Diallo, B. A., Gülmezoglu, A. M., Soumah, A. M., ... Tunçalp, Ö. (2019). "How women are treated during facility-based childbirth in four countries: a cross-sectional study with labour observations and community-based surveys". *The Lancet, 394,* 1750–1763. https://doi.org/10.1016/S0140-6736(19)31992-0

Bohren, M. A., Vogel, J. P., Hunter, E. C., Lutsiv, O., Makh, S. K., Souza, J. P., Aguiar, C., Saraiva Coneglian, F., Araújo Diniz, A. L., Tunçalp, Ö., Javadi, D., Oladapo, O. T., Khosla, R., Hindin, M. J., & Gülmezoglu, A. M. (2015). "The mistreatment of women during childbirth in health facilities globally: a mixed-methods systematic review". *PLoS Medicine, 12*(6). https://doi.org/10.1371/journal.pmed.1001847

Brunello, S., Gay-Berthomieu, M., Smiles, B., Bardho, E., Schantz, C., & Rozee, V. (2024). *Obstetric and gynaecological violence in the EU- Prevalence, legal frameworks and educational guidelines for prevention and elimination.*

Canevari, C. (2022). "La autonomía profesional como amenaza a la garantía de los derechos de las mujeres en maternidades públicas". En Castro, R., & Frías, S. M. (2022). *Violencia obstétrica y ciencias sociales. Estudios críticos en América Latina.* Universidad Nacional Autónoma de México.

Cárdenas Castro, M., & Salinero Rates, S. (2022). "Violencia obstétrica en Chile: percepción de las mujeres y diferencias entre centros de salud". *Revista Panamericana de Salud Publica/Pan American Journal of Public Health, 46.* https://doi.org/10.26633/RPSP.2022.24

Casal-Moros, N., & Alemany-Anchel, M. J. (2014). "Violencia simbólica en la atención al parto, un acercamiento desde la perspectiva de Bourdieu". *Index de Enfermería, 23*(1–2), 61–64. https://doi.org/10.4321/S1132-12962014000100013

Castro Fernández, E. (2024). "Gordofobia y violencia obstétrica: intersecciones de opresión y prácticas eugenésicas" En Mena-Tudela, D. (2024). *Violencia obstétrica e interseccionalidades* (D. Mena Tudela, Ed.). Publicacions de la Universitat Jaume I.

Castro, R., & Frías, S. M. (2022). "Introducción. Violencia simbólica, violencia obstétrica y ciencias sociales". En: Castro, R., & Frías, S. M. (coords.). Violencia obstétrica y ciencias sociales. Estudios críticos en América Latina. Universidad Nacional Autónoma de México.

Champo Sánchez, N. M., & Serrano Sánchez, L. I. (2024). "Violencia obstétrica y reparación del daño". *DIKE. Revista de Investigación En Derecho y Criminología, 32.*

Chávez Courtois, M. L., & Sánchez Maya, N. A. (2018). "Violencia obstétrica y morbilidad materna: Sucesos de violencia de género". *Revista de El Colegio de San Luis, 16,* 103–119. https://doi.org/10.21696/RCSL9162018769

Chervenak, F. A., McLeod-Sordjan, R., Pollet, S. L., de Four Jones, M., Gordon, M. R., Combs, A., Bornstein, E., Lewis, D., Katz, A., Warman, A., & Grünebaum, A. (2024). "Obstetric violence is a misnomer". *American Journal of Obstetrics and Gynecology,* S1138–S1145. https://doi.org/10.1016/j.ajog.2023.10.003

Coulm, B., Blondel, B., Alexander, S., Boulvain, M., & le Ray, C. (2015). "Elective induction of labour on maternal request: a national population-based study". *BJOG, 123*(13), 2191–2197. https://doi.org/10.1111/1471-0528.13871

Crespo-Antepara, D. N., Sánchez-Zambrano, B. M., & Domínguez-Ontano, D. P. (2018). "La violencia obstétrica como elemento deshumanizador del parto". *Polo Del Conocimiento, 3*(7), 347. https://doi.org/10.23857/pc.v3i7.559

Cuerva, M. J., Tobias, P., Espinosa, J. A., & Bartha, J. L. (2015). "Intrapartum ultrasound prior to Kristeller maneuver: An observational study". *Journal of Perinatal Medicine, 43*(2), 171–175. https://doi.org/10.1515/jpm-2014-0079

Delay, C., & Sundstrom, B. (2020). "The Legacy of Symphysiotomy in Ireland: A Reproductive Justice Approach to Obstetric Violence". En M. E. Armstrong, S. Markens, & M. M. Waggoner (Eds.), *Reproduction, health and medicine.*

Díaz García, L. I., & Yasna Fernández, M. (2018). "Situación legislativa de la Violencia obstétrica en América latina: el caso de Venezuela, Argentina, México y Chile". *Revista de Derecho de La Pontificia Universidad Católica de Valparaíso, 51,* 1–21.

Djusad, S., Permatasari, I. I., Futihandayani, A., Shahnaz, P., Hadiwinata, D., & Herianti, H. F. (2024). "Analysis of episiotomy incidence and risk factors in vaginal deliveries: a single-center". *Am J Obstet Gynecol Global Reports, 4.* https://doi.org/10.1016/j.xagr.2024.100371

Dögl, M., Romundstad, P., Berntzen, L. D., Fremgaarden, O. C., Kirial, K., Kjøllesdal, A. M., Nygaard, B. S., Robberstad, L., Steen, T., Tappert, C., Torkildsen, C. F., Vaernesbranden, M. R., Vietheer, A., & Heimstad, R. (2018). "Elective induction of labor: A prospective observational study". *PLoS ONE, 13*(11). https://doi.org/10.1371/journal.pone.0208098

European Comission: Directorate-General for Justice and Consumers, Fondazione Giacomo Brodolini (FGB), Scientific Analysis and Advice on Gender Equality in the EU (SAAGE), & Quattrocchi, P. (2024). *Obstetric violence in the European Union: Situational analysis and policy recommendations.*

Euro-Peristat. (2010). *European Perinatal Health Report. Health and care of pregnant women and babies in Europe in 2010.*

Euro-Peristat. (2020). *European Perinatal Health Report. Core indicators of the health and careof pregnant women and babies in Europe from 2015 to 2019.*

Farrington, E., Connolly, M., Phung, L., Wilson, A. N., Comrie-Thomson, L., Bohren, M. A., Homer, C. S. E., & Vogel, J. P. (2021). "The prevalence of uterine fundal pressure during the second stage of labour for women giving birth in health facilities: a systematic review and meta-analysis". *Reproductive Health, 18*(1), 1–17. https://doi.org/10.1186/s12978-021-01148-1

Fernández Guillén, F. (2015). "¿Qué es la violencia obstétrica? Algunos aspectos sociales, éticos y jurídicos". *ILEMATA Año, 7,* 113–128.

Freitas Silveira, M., Arndt Mesenburg, M., Damaso Bertoldi, A., Loret de Mola, C., Garcia Bassani, D., Rodrigues Domingues, M., Stein, A., & Coll, C. V. N. (2019). "The association between disrespect and abuse of women during childbirth and postpartum depression: Findings from the 2015 Pelotas birth cohort study". *Journal of Affective Disorders, 256*, 441–447. https://doi.org/10.1016/j.jad.2019.06.016

García, E. M. (2018). *La violencia obstétrica como violencia de género. Estudio etnográfico de la violencia asistencia en el embarazo y el parto en España y de la percepción de usuarias y profesionales.*

García-Lorca, A. I., Vigueras-Martinez, M. de los Á., Ballesteros-Meseguer, C., Fernández-Alarcón, M. de las M., Carrillo-García, C., & Martínez-Roche, M. E. (2019). "Tasa de episiotomía en el Hospital Clínico Universitario de La Arrixaca y factores que influyen en su práctica". *Rev Esp Salud Pública, 93*, 1–174. www.msc.es/resp

Garriga Comas, N. (2017). *Pràctiques obstètriques en l´atenció al part normal hospitalari: satisfacció, cost i variabilitat segons el model d´atenció públic o privat.*

Gilart Cantizano. (2016). *Actualización sobre el uso de la maniobra de Hamilton como método de inducción parto vs inducción farmacológica.* Revista Portales Médicos. https://www.revista-portalesmedicos.com/revista-medica/maniobra-hamilton-induccion-parto/

Granero Ferrer, R. (2023). "La judicalización del parto. Un ejercicio de injusticia epistémica testimonial". *Eunomía. Revista En Cultura de La Legalidad, 24*, 163–183. https://doi.org/10.20318/eunomia.2023.7660

Grilo Diniz, S., de Oliveira Salgado, H., Faria de Aguiar Andrezzo, H., Galdino Cardin de Carvalho, P., Cavalcanti Albuquerque Carvalho, P., de Azevedo Aguiar, C., & Yoshie Niy, D. (2015). "Abuse and disrespect in childbirth care as a public health issue in Brazil: Origins, definitions, impacts on maternal health, and proposals for its prevention". *Journal of Human Growth and Development, 25*(3), 377–382. https://doi.org/10.7322/jhgd.106080

Grupo de trabajo de la Guía de Práctica Clínica sobre la atención al parto normal. (2010). *Guía de práctica clínica sobre la atención al parto normal.*

Iglesias Ortuño, E. de los Á. (2021). "La mediación como herramienta de inclusión sanitaria en obstetricia". En L. A. Silva Morín (Ed.), *Reflexiones en torno a la inclusión y grupos vulnerables* (1a ed., pp. 33–49). Universidad Autónoma de Nuevo León.

Iglesias, S., Conde, M., González, S., & Parada, E. M. (2019). "¿Violencia obstétrica en España, realidad o mito? 17.000 mujeres opinan". *Musas, 4*(1), 77–97. https://doi.org/10.1344/musas2019.vol4.num1.5

International Confederation of Midwives. (2024). *Declaración: Violencia obstétrica y maltrato y violencia contra las mujeres en los servicios de salud reproductiva.* www.internationalmidwives.org

Jaramillo, M., & López, A. (2023). *Percepción de la violencia obstétrica informada por las mujeres atendidas en dos hospitales públicos de la ciudad de Quito, en el año 2023.*

Laínez Valiente, N. G., Martínez Guerra, G. de los Á., Portillo Najarro, D. A., Alvarenga Menéndez, A. F., & Véliz Flores, A. M. (2023). "Consecuencias físicas y psicológicas de la violencia obstétrica en países de Latinoamérica". *Alerta, Revista Científica Del Instituto Nacional de Salud, 6*(1), 70–77. https://doi.org/10.5377/alerta.v6i1.15231

Ledesma Muñoz, D. B., Martens, C., & Brandão, T. (2023). "Violencia obstétrica en Ecuador: una realidad invisibilizada". *Mundosplurales, 10*(1), 39–57.

Llobera Cifre, R., Ferrer Pérez, V. A., & Chela Álvarez, X. (2019). "Violencia obstétrica. La perspectiva de mujeres que la han sufrido". *Investigaciones Feministas, 10*(1), 167–184. https://doi.org/10.5209/infe.60886

Lundh, C., Øvrum, A. K., & Dahl, B. (2023). "Women's experiences with unexpected induction of labor: A qualitative study". *European Journal of Midwifery, 7*(March). https://doi.org/10.18332/ejm/161481

Maravall Buckwalter, I. (2025). "Violencia obstétrica. Un concepto internacional inconcluso". *Eunomía. Revista En Cultura de La Legalidad, 28,* 332–354. https://doi.org/10.20318/eunomia.2025.9501

Marçal, F. (2024) "Obstetric racism: black women's perspectives on healthcare during pregnancy, childbirth and postpartum in Brazil", p. 175. En Mena-Tudela, D. (2024). *Violencia obstétrica e interseccionalidades* (D. Mena Tudela, Ed.). Publicacions de la Universitat Jaume

Martínez-Galiano, J. M., Martinez-Vazquez, S., Rodríguez-Almagro, J., & Hernández-Martinez, A. (2021). "The magnitude of the problem of obstetric violence and its associated factors: A cross-sectional study". *Women and Birth, 34,* 526–536. https://doi.org/10.1016/j.wombi.2020.10.002

Massó Guijarro, E. (2023). "La violencia obstétrica como injusticia epistémica: el parto en disputa". *Salud Colectiva, 19.* https://doi.org/10.18294/SC.2023.4464

Melchor, J. C., Bartha, J. L., Bellart, J., Galindo, A., Miño, M., & Perales, A. (2008). "La episiotomía en España. Datos del año 2006". *Progresos en Obstetricia y Ginecologia, 51*(9), 559–563. https://doi.org/10.1016/S0304-5013(08)72329-X

Mena-Tudela, D., Iglesias-Casás, S., González-Chordá, V. M., Cervera-Gasch, Á., Andreu-Pejó, L., & Valero-Chilleron, M. J. (2021). "Obstetric violence in Spain (Part II): Interventionism and medicalization during birth". *International Journal of Environmental Research and Public Health, 18*(199), 1–14. https://doi.org/10.3390/ijerph18010199

Mena-Tudela, D., Iglesias-Casás, S., Valero-Chillerón, M. J., Llagostera-Reverter, I., & Mahiques-Llopis, J. (2025). "Violencia obstétrica durante la pandemia del SARS-CoV-2 en España: estudio descriptivo". *Enfermeria Clinica, 35*. https://doi.org/10.1016/j.enfcli.2024.10.003

Méndez Aristizábal, D. (2024). "La violencia obstétrica frente a la interseccionalidad y el derecho a la salud sexual y reproductiva: una aproximación desde los derechos humanos" en D. Mena-Tudela. (Ed.), *Violencia obstétrica e interseccionalidades.* Publicacions de la Universitat Jaume I.

Menéndez Pérez, A. (2023). "¿Vulneración del derecho a decidir entre parto natural o cesárea?: Análisis de la Sentencia 233/2023, 22 de febrero Juzgado de lo Contencioso Administrativo número 5 de Las Palmas de Gran Canaria". *Revista de Derecho y Genoma Humano, 59*(julio-diciembre), 259–271.

Ministerio de Sanidad. (2021). *Atención perinatal en España: Análisis de los recursos físicos, humanos, actividad y calidad de los servicios hospitalarios, 2010-2018.*

Ministerio de Sanidad. (2022). *Estadística de Centros de Atención Especializada. Año 2022.* https://cpage.mpr.gob.es/

Ministerio de Sanidad, S. S. e I. (2012). *Informe sobre la atención al parto y nacimiento en el Sistema Nacional de Salud.*

Miranda-Herrera, M. de L. A., & Alcalá, A. (2023). "La violencia obstétrica: rutas de reparación en las comisiones estatales de derechos humanos en San Luis Potosí, México". *MUSAS. Revista de Investigación En Mujer, Salud y Sociedad, 8*(2), 66–91. https://doi.org/10.1344/musas2023.vol8.num2.4

Montiel, J. P. (2017). "'Violencia obstétrica' como disposición ilegítima del cuerpo de la parturienta". En H. Kudlich, J. P. Montiel, & Í. Ortiz de Urbina Gimeno (Eds.), *Cuestiones actuales del Derecho penal médico* (pp. 57–79). Marcial Pons.

Moreno Sánchez, J. A. (2023). Violencia obstétrica. "¿Es el término, o sus implicaciones?" *Revista CONAMED, 28*(3), 148–154. https://doi.org/10.35366/113067

Munuera Gómez, P. (2020). "La mediación sanitaria en Chile". *Rev Med Chile, 148,* 792–798.

Munuera Gómez, P., & Armadans Tremolosa, I. (2024). "La mediación sanitaria como vía alternativa en la solución de conflictos en el ejercicio de la medicina en tiempos convulsos: puesta al día". *Medicina Clinica, 162,* 29–34. https://doi.org/10.1016/j.medcli.2023.07.026

Murialdo Miniello, V. (2019). *La construcción cultural del parto respetado en Madrid.*

Olza, I. (2024, May 14). Criminalizar prácticas médicas no es la solución. *El País,* 16–16.

Organización Mundial de la Salud. (2014). *Prevención y erradicación de la falta de respeto y el maltrato durante la atención del parto en centros de salud.*

Organización Mundial de la Salud (2018). *WHO recommendations: Induction of labour at or beyond term.*

Organización Panamericana de la Salud. (2019). *Recomendaciones de la OMS: cuidados durante el parto para una experiencia de parto positiva.*

Ramallo Castillo, R. M., Lozano Vidal, M., Durán Castellanos, I., & Corrales Gutiérrez, I. (2024). "Violencia obstétrica, una visión actual. Definición, percepción por parte de profesionales y propuesta de mejora. Revisión narrativa". *Ginecología y Obstetricia de México, 92*(2), 85–96. https://doi.org/10.24245/gom.v92i2.9395

Robles Rosa, A. C., & Jódar Martínez, R. (2024). "Violencia obstétrica y su relación con las complicaciones psicológicas durante el puerperio". *Escritos de Psicología, 17*(2), 72–83. https://doi.org/10.24310/escpsi.17.2.2024.20294

Rodríguez Mir, J., & Martínez Gandolfi, A. (2021). "La violencia obstétrica: una práctica invisibilizada en la atención médica en España". *Gaceta Sanitaria, 35*(3), 211–212. https://doi.org/10.1016/j.gaceta.2020.06.019

Šimonović, D. (2019). *Informe de la Relatora Especial sobre la violencia contra la mujer, sus causas y consecuencias acerca de un enfoque basado en los derechos humanos del maltrato y la violencia contra la mujer en los servicios de salud reproductiva, con especial hincapié en la atención del parto y la violencia obstétrica.*

Sociedad Marcé Española (MARES). (2021). Comunicado violencia obstétrica. Recuperado el 30 de abril de 2025 de: https://www.sociedadmarce.org/detall.cfm/ID/16416/MARES/comunicado-violencia-obstetrica-14-julio-2021

Soto Conti, C. (2018). "Primera hora de vida: una ventana de oro". *Rev. Hosp. Mat. Inf. Ramón Sardá, 3*(3), 167.

Távara-Orozco, L. (2024). "Cómo entendemos la violencia obstétrica". *Revista Peruana de Ginecología y Obstetricia, 70*(2). https://doi.org/10.31403/rpgo.v70i2640

Tobasía-Hege, C., Pinart, M., Madeira, S., Guedes, A., Reveiz, L., Valdez-Santiago, R., Pileggi, V., Arenas-Monreal, L., Rojas-Carmona, A., Piña-Pozas, M., Gómez Ponce de León, R., & Souza, J. P. (2019). "Irrespeto y maltrato durante el parto y el aborto en América Latina: revisión sistemática y metaanálisis". *Revista Panamericana de Salud Publica, 43*. https://doi.org/10.26633/RPSP.2019.36

Trapero Barreales, M. A. (2024). "La violencia reproductiva y obstétrica: su prevención a través del Derecho penal". *Estudios Penales y Criminológicos, 45*, 1–43. https://doi.org/10.15304/epc.45.9586

Vivas, E. (2019). *Mamá desobediente. Una mirada feminista a la maternidad* (7ª ed.). Capitán Swing.

Wagner, M. (1999). "Episiotomy: a form of genital mutilation". *The Lancet, 353*(9168), 1977–1978.

White Ribbon Alliance. (2011). *Carta para una atención materna respetuosa: los derechos universales de las mujeres y recién nacido-as*